믿을 수 있는
고객
만들기

믿을 수 있는
고객
만들기

상위 20% 고객에게 집중하는 새로운 CRM전략

토니 크램 지음 _ 김민주 · 송희령 옮김

Customers
that
Count

차례

Customers
that
Count

관계의 이해
Understanding relationships

I

현실에 바탕을 둔 관계가 정립되지 않으면, 그 어느 누구라도 장기적인 사업에 성공할 수가 없다. 이 책의 1부에서는 우리가 일상에서 만나는 인간관계의 8가지 특징이 무엇인지 살펴보고, 이러한 특징을 어떻게 실질적인 고객관계에 이용할 수 있는지 그 모델을 제시하고자 한다. 이 모델은 특히 믿을 수 있는 최우량고객을 중심으로 한 접근방식에 근거를 두고 있음을 말해두고자 한다.

제1부는 4개의 장으로 구성되어 있다.

● 관계란 무엇인가? : 관계에 대한 정의 및 전반적인 고찰
● 기업의 당면과제와 그 해결책 : 장기적인 고객관계 구축은 기업 최고의 당면과제
● 새로운 관계 구축 - 숨어 있는 비용 : 새로운 관계 구축에 드는 비용과 이 비용의 환수 전략
● 고객 감동주기 - 숨어 있는 가치 : 파레토(Pareto) 법칙을 적용하여 믿을 수 있는 고객을 찾아내는 방법

1월 2일. CEO는 향후 12개월의 경제 예측이 실린 세계 유명 경제 잡지 이코노미스트지를 사무실 책상위에 내려놓는다. 그리고 그는 존 행콕 타워 빌딩의 커다란 전망창으로 보이는 창밖 경치를 응시한다. 평온해 보이는 그의 마음속에는 엄청난 고민이 밀려온다. '어떻게 이 경쟁을 이겨내고 여전히 선두자리를 고수할 것인가?'

이 CEO의 고민은 다른 기업 리더들의 고민과 크게 다르지 않다. 그 고민은 '어떻게 점점 복잡해지는 경제환경 속에서 현명한 선택을 하여 경쟁에서 이길 수 있을 것인가?' 하는 것이다.

기업의 사업 성격은 달라도 이에 대한 대답은 크게 다르지 않다. '장기적인 고객관계를 구축하는 것', 이것만이 최상의 답변이다. 그러나 말로는 몹시 쉬워보이지만 실제로 실천하기 가장 어려운 것이 바로 이 해결책이기도 하다. 그러므로 이 해결책을 모색하기 위해서는 새로운 눈으로 세상을 볼 줄 알아야 한다.

누구나 다 인정하듯이, 장기적인 충성도 구축을 통한 고객 확보는 기업의 수익성 및 가치 증대를 위해 가장 중요한 전략 중의 하나이다. 문제는 이를 인정하는 데 그치지 않고 이 충성도를 확보하는 실질적인 전략을 어떻게 도입하고 실천에 옮길 것인가에 있다. 기업의 고객 충성도에 대한 관심이 증가함에 따라 고객관계관리(Customer Relationship Management: CRM)와 데이터 위주 고객관계 구축에 관한 기업들의 관심 또한 증폭하고 있다. 이 책은 CRM에 관한 가장 최근 동향을 소개하기 위한 목적으로 쓰여졌는데, 그 중에서도 가장 실용적인 두 가지 접근방법을 이 책에서 소개하고자 한다.

1. **살아 있는 고객관계를 구축하라** 우리는 일상생활에서 많은 사람들을 만나고 그리고 이를 통해 관계가 이루어진다. 따뜻한 교류를 원하는 이 개인적인 관계 수립 원칙이 사업관계에도 적용되어 기업과 고객 간에 진정한 교류가 이루어질 수 있다면, 양측 모두에게 이보다 더 바람직한 일은 없을 것이다. 우리 인간은 마음이 통하는 친구를 사귀고 함께 즐기는 것을 좋아한다. 기업과 고객 간에도 이렇게 서로 마음이 통하는 관계를 얼마든지 구축할 수 있다. 고객들은 기업이 제공하는 상세한 수치정보보다는 기업의 인간적인 배려에 훨씬 더 마음이 끌린다는 사실을 기업은 알아야 한다. 이 책에서는 인간관계의 중심을 이루는 8가지 특징을 살펴보고, 이것을 어떻게 실제 고객관계 구축에 응용할 수 있는지 그 방법을 제시하고자 한다.

인간관계 모델을 중심으로 고객관계를 구축하기 위해서는 많은 인적, 물적 투자가 필요하다. 그렇다면 어떻게 이 모델을 모든 고객에게 다 적용하여 현실적인 보상을 받을 수 있을 것인가? 대답은 간단하다. 이 모델을 일부 고객들에게만 적용하면 되는 것이다.

2. **최우량고객에게 초점을 맞춰라** 대부분의 기업들은 믿을 수 있는 최우량고객 20%가 수익의 75~90%를 보장해준다. 고객의 충성도에 따라 80%의 일반고객과 20%의 최우량고객을 구분하는 방법을 우리는 80/20 접근방식이라고 부르는데, 고객과의 관계 구축은 무엇보다 소수인 20에 초점이 맞추어져야 한다. 사실 이러한 최우량고객이 고객의 절대다수를 차지하는 경우는 극히 드물거나 없다고 보면 된다. 이 양분법으로 고객을 분류해보면, 80%의 경우, 구매실적이 적당히 좋거나 미미한 편이다. 그러나 20%의 경우 구매실적(표 1_1 참고)이 매우 좋다. 그러므로 CRM은 당연히 이 20%에 최우선적으로 초점이 맞추어져야 한다. 이 책은 바로 20%에 속하는 최우량고객과의 관계 구축을 위해 쓰여진 책이다.

> *뛰어난 거래 실적
> 20%의 최우량고객의 경우
>
> *좋은 거래 실적
> 나머지 80% 고객의 경우

표 1_1 최우량고객에 맞추어진 초점

　일단 통계 수치에 의한 '하드' 데이터를 마련해 최우량고객을 일반고객으로부터 분리해낸 후, 기업들은 이 '믿을 수 있는 고객'과 상호 이익이 되는 관계를 구축하기 위한 '소프트' 전략을 수립해야 한다.

이 책의 구성

　이 책은 총 4부로 구성되어 있다 (표 1_2 참조).

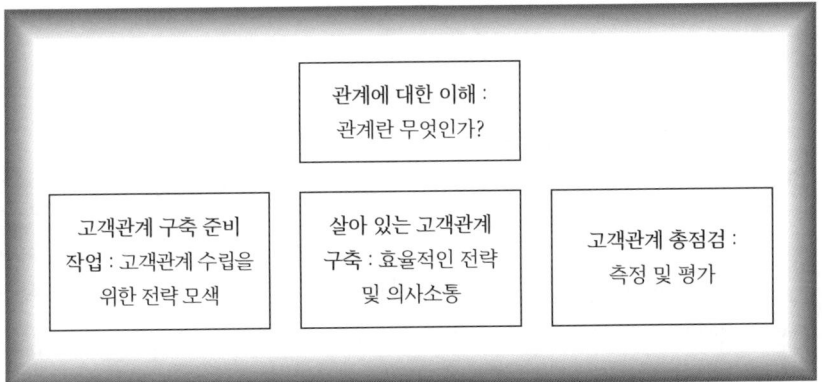

표 1_2 책이 다루는 내용

관계란 무엇인가?

　이 책의 제1부는 관계의 이해에 초점이 맞추어졌다. 우선 인간관계의 여러 양태에 대해서 살펴본 후 개인석으로 사람들은 이 인간관계에서 무엇을 기대하는지 상세히 소개하고자 한다. 중요한 것은 이 인간관계에서만 적용될 것 같은 사항들이 기업과 고객과의 관계에도 그대로 적용될 수 있다는 사실이다.

이러한 대고객관계 구축 성공의 예로 우리는 미국의 아웃도어 기어 선도 리테일러로 유명한 레크레이셔널 이큅먼트(Recreational Equipment Inc.)의 사례와 유럽 최고의 자동차정비센터로 알려진 퀵피트(Kwik-Fit)의 사례를 소개하고자 한다. 이 제1부에서는 신규고객 유치를 위해 필요한 비용은 얼마인지 계산을 해보고 이 비용을 기존고객 관리유지 비용과 비교해보는 작업도 함께 이루어질 것이다.

고객관계 구축의 준비 작업

성공적인 관계를 구축하기 위해서는 이 관계 시작 이전에 서로 생각하고 준비해야 할 것이 생각보다 많다. 이 책의 제2부에서는 고객관계 구축을 위하여 어떤 것을 준비해야 하는지에 대해서 살펴보고자 한다. 준비과정은 크게 두 가지로 나누어진다.

● 전략적 준비 : 직원, 투자자, 공급업체와 판매업체 등 기업에 연관된 모든 관계자들의 입장을 감안한 전략을 수립하는 것이 중요하다.
● 올바른 고객 선정 : 기업의 장래를 좌우할 고객을 찾아내야 한다.

제2부에서는 고객관리의 성공 사례로 공장자동화분야에서 세계 최고 선도 기업인 미국 밀워키 소재 록웰 오토메이션(Rockwell Automation)의 사례를 소개하고자 한다.

살아 있는 고객관계 구축

앞의 제1부와 2부에서 우리는 인관관계가 어떻게 구축되는지 그리고 이 인간관계가 상호 간에 어떠한 영향을 미치는지 살펴보았다. 제3부에서는 이 개인적인 인간관계를 유지하는 데 사용된 전략과 개인관계에서 얻을 수 있는 교훈을 어떻게 기업의 고객관계에 적용할 수 있는지 그 방법을 모색해보고자 한다.

고객의 요구 사항	기업의 요구사항 충족 전략
믿을 수 있는 품질	직원들의 꾸준한 교육 및 고객 이탈 방지를 위해 노력하며 일관성 있고 한결같은 품질을 보장한다.
상호 간의 신뢰	고객을 신뢰하고 프라이버시를 인정한다.
선택에 대한 인정	완벽한 고객관리제도를 도입하고 정보의 업데이트, 데이터베이스 구축, 직원 교육 등에 중점을 둔다.
열린 대화 창구	언제나 대화창구는 열려 있어야 하고 대화는 반드시 쌍방향으로 이루어지도록 한다.
기술적 서비스 지원	서비스 시간을 준수하고, 전문성을 가지고 필요한 순간에 서비스를 제공한다.
전문지식 공유	고객의 니즈를 예측하고, 고객의 가이드가 되어주고 상담자가 되어준다.
공정한 차별대우	공정한 가격을 제시하되, 우량고객 위주 차별화전략을 시도한다.
개성 있는 브랜드	브랜드의 가치와 개성을 계속 유지한다.

제3부에서는 고객관리에 있어 세계 최고로 손꼽히는 매리어트 (Marriot International) 호텔과 미국의 스마터키즈닷컴(Smarterkids.com), 유럽 13개국에서 최고 문구류 메이커로 인정받고 있는 파피루스(Papyrus) 그리고 인도의 홀릭(Horlick) 사례를 소개하고자 한다.

고객관계 총 점검

이 책의 마지막인 제4부에서는 원활한 고객관계관리가 지속적으로 이루어지는지 알아보기 위해 이미 구축된 고객관계를 총 점검해보려고 한다. 제4부는 다음과 같은 내용으로 구성되어 있다.

- 고객관계 진전도 측정 및 입소문 마케팅 방법
- 고객 이탈을 저지하기 위한 전환 비용(Switching Cost) 증대 방법
- 실패한 관계로부터 배우는 교훈과 이탈 고객을 다시 쟁취하는 방법
- 상호 발전에 이익이 되는 관계 추구

제4부에서는 네덜란드 그룹 DSM 폴리프로필렌과 영국 자선기관인 모터 뉴론 질병협회이다.

이 책의 결론은 명확하다. 기업의 성공은 최우량고객에 초점을 맞추는 전략으로부터 나온다는 것이다. 초점을 맞춘다는 것은 이 최우량고객과 관계를 구축한다는 뜻이다. 이 고객들과 얼마만큼 오랫동안 좋은 관계를 유지할 수 있느냐 하는 것이 바로 기업의 경쟁력과 직결되는 사항이라는 것이다. 한쪽의 영리에 중점을 둔 일방적인 전략으로는 절대 성공적인 고객관계 구축을 실현할 수가 없다. 고객과의 관계는 반드시 기업과 고객 상호 간의 이익에 기반을 두어야 한다.

이 책을 어떻게 활용할 것인가?

이 책의 주요 단계마다 우리는 여러 다른 산업분야의 고객관리 모범 사례를 소개할 예정이다. 물론 이 사례들은 성공적인 고객관계관리란 무엇인지 보여줄 목적으로 선정된 것이다. 직접적인 시도를 하기 이전에, 다른 기업들이 성공한 길을 따라가는 것도 나쁘지 않다고 생각하기 때문에, 그리고 장황한 이론보다는 실제 이야기가 오랫동안 기억에 남기 때문에 가능한 한 많은 사례를 소개하려고 노력했다. 성공기업들이 채택한 전략은 공유하기도 용이할 뿐 아니라 현실적이기 때문에, 이 전략을 채택했을 때 주변 사람들을 설득하기도 쉽다.

애쉬리지 경영대학 재직 기간 동안 나는 어떤 아이디어이든 그것에 가장 잘 맞는 현실적인 배경에서 실천에 옮겨졌을 때 가장 효율성이 높다는 사실을 발견했다. 머리 속에 어떤 아이디어가 떠오를 경우, 그것을 계속 마음에만 담아두지 말고 신속하게 사업 프로젝트로 만들어 실천에 옮길 때에만 그 아이디어는 꽃필 수 있다.

그러한 의미에서 각 장마다 맨 마지막에 점검사항들을 정리해서 제시해 놓았다. 각 장에서 배운 내용을 머리 속에만 담아두지 말고 즉시 비즈니스에 연결시키라는 뜻에서 그렇게 한 것이다. 물론 이러한 연습은 하지 않고 넘어갈 수도 있다. 그러나 저자로서 부탁하고 싶은 점은 가능하다면 꼭 시간을 내어 각 장 마지막에 나와 있는 사항들을 점검해보고 거기에서 얻은 아이디어와 개념을 실제 비즈니스를 위하여 반드시 실천에 옮겨보라는 것이다.

물론 이 책을 이루는 테마가 다른 만큼 독자들의 관심 사항도 다양할 것이라고 믿는다. 그러므로 혹시 특별히 관심이 더 가는 파트가 있다면, 이 책에 만족하지 말고 더 많은 연구를 통해 그 관심을 심화시키기 바란다.

퀵피트(Kwik-Fit)

모범사례 example

톰 파머 경(Sir Tom Farmer)이 영국 에딘버러 맥도널드 거리에 퀵피트(Kwik-Fit) 센터를 처음 설립한 것은 1971년이다. 지금은 포드자동차(Ford Motor Company)가 소유하고 있고, 톰 파머 경이 회장으로 있는 이 회사는 유럽 전역을 통해 2,300여 곳에 정비센터를 운영하고 있는 세계 최대 자동차 정비회사이다. 1만 명이 넘는 퀵피트 직원들은 잉글랜드, 웨일즈, 스코틀랜드, 아일랜드, 네덜란드, 벨기에, 스위스, 독일, 폴란드, 스페인, 프랑스 등에서 800만 명의 고객에게 타이어, 브레이크, 배기관 등 수많은 자동차 부품을 교체해주고 있다. 이 회사의 성장 속도가 워낙 빠르기 때문에 2005년 경에는 정비센터의 수가 5천 개에 도달할 것으로 전문가들은 예상하고 있다.

퀵피트는 라운드(Round)라는 CRM 컨설턴트 단체가 후원하는 리서치에서 고객관계가 가장 좋은 기업 랭킹 1위에 올랐다. 2000년 2월 시장조사 전문 기관인 AC 닐슨이 실시한 이 조사에는 300명의 CRM 전문가들이 의견을 제 시했었다. 이 리서치 결과, 퀵피트는 아마존(Amazon), 씨티은행(Citibank), 테스코 다이렉트(Tesco Direct), 그리고 다이렉트 라인 인슈어런스(Direct Line Insurance) 등 라이벌 기업들을 제치고 최고의 CRM 기업으로 선정되 었다.

퀵피트만큼 고객과의 관계에 신경을 쓰는 회사는 없을 것이다. 퀵피트가 설립되기 이전에 자동차 애프터서비스 시장은 기계에 대한 고객들의 무지를 이용하여 엄청난 돈을 뜯어내곤 하는 정비사들 때문에 그 이미지가 좋지 않 았었다. 그러나 퀵피트는 정비사들을 계속 교육시켜 정비실력을 향상시키는 반면, 어디에 문제가 있는지 아주 투명하게 고객에게 밝힌다. 퀵피트의 한 정비센터의 책임자로 있는 스튜어트 턴불 소장은 영국과 네덜란드에 있는 3 개의 트레이닝 센터와 이 회사가 특별히 설립한 멀티미디어 트레이닝 센터에 서 퀵피트의 모든 정비사들은 최고의 정비기술을 익히기 위한 특별 훈련을 받는다는 얘기를 했다. 이렇게 최고의 정비사를 배출하기 위한 최고의 프로 그램을 회사가 마련하여 계속적인 교육을 시키기 때문에, 이 회사 기술자들 의 수준은 유럽 최고이다.

퀵피트의 정비센터는 무엇보다 고객들이 찾아오기 쉬운 곳에 위치하고 있 다. 보유하고 있는 타이어와 부품 종류는 고객들을 금방 감동시킨다. 물론 모두 ISO 9002 규격 제품이다. 이 회사에서 일하는 모든 기술자들은 회사의 목표를 숙지하고 있다. 그것은 바로 '고객을 100% 만족시키자' 이다.

형식적인 관계로는 고객을 만족시킬 수가 없다. 퀵피트는 상호 감정교류와 의사소통을 통한 살아 있는 고객관계를 구축하도록 격려한다. 퀵피트의 정 비센터에 들어서는 순간 고객은 정비사들이 진심으로 자신을 반기고 있다는 사실을 바로 알아차릴 수 있다. 일단 약속 시간은 반드시 준수된다. 그리고 그 다음에 다시 정비센터를 찾았을 때 고객은 자신을 금방 알아보고 반기는 정비사의 기억력에 놀란다. 퀵피트 정비센터에 전화하기 또한 쉽다. 0800으 로 시작하는 이 회사의 번호를 누르면 늘 신속하게 응답을 한다. 또한 퀵피

우리 정비센터의 직원들은 :
- 고객 여러분의 자동차를 매우 조심스럽게 다루며 항상 보호커버를 씌워 놓습니다.
- 자격이 있는 정비기술자가 고객 여러분의 자동차를 점검하도록 합니다.
- 고객 여러분이 함께 있는 자리에서 자동차에 대한 문제를 평가하며, 그 평가 결과를 정직하게 제시합니다.
- 정비작업을 시작하기 전에 필요한 부품 교체에 드는 모든 비용을 빼놓지 않고 여러분에게 명확하게 밝힙니다.
- 고객 여러분의 자동차에서 빼냈으나 사용되지 않은 부품이나 부속은 가실 때 꼭 잊지 말고 가져가시도록 챙겨 드립니다.
- 회사에서 제시한 과정에 따라 모든 작업을 합니다.
- 혹시 문제가 발생하거나 정비 기간이 늦어지는 경우 즉시 고객 여러분께 그 사실을 통보해드립니다.
- 차를 찾아가기 전에 전문 정비기술자에게 문제가 없는지 최종적으로 점검을 다시 합니다.
- 고객 여러분이 차를 찾아가시는 그 순간 아무 문제가 없는지 여러분 앞에서 다시 한 번 확인을 해드립니다.

표 1_3 퀵피트의 행동 지침

트의 모든 정비센터에는 톰 파머 회장에게 직접 보낼 수 있는 엽서카드가 배치되어 있다.

퀵피트는 행동지침(표 1_3)을 마련하여 모든 서비스센터 및 이 회사의 웹사이트인 www.kwikfit.com에 이를 공개하고 있다. 이렇게 하는 이유는 남녀노소, 그리고 운전 경력에 관계없이, 이 정비센터를 찾는 모든 고객에게 얼마나 이 회사가 깊은 감사와 관심을 보이고 있는지 보여주기 위해서이다. 퀵피트가 고객에게 제공하고자 하는 것은 고객이 진심으로 원하는 현실적인 서비스이다.

퀵피트는 이처럼 고객에게 서비스를 제공하는 데에 그치지 않고, 고객관계를 계속 점검하고 있다. 매주 고객들에게 전화를 걸어 직원들이 행동지침 대로 행동했는지 그리고 고객이 서비스에 만족하고 있는지 확인을 한다. 스튜어트 턴불 소장은 '고객서비스팀 직원들이 매일 7천 명이 넘는 고객에게 퀵피트 정비센터를 다녀간 지 72시간 안에 전화를 걸어 그들이 받은 서비스에 대해 얼마만큼 만족하는지 확인을 한다'고 설명했다. 한편 톰 파머 회장은 2000년 보고서에서 "고객 만족도 조사 결과 고객의 98.2%가 우리 서비스에 만족한다는 반응을 보였다. 나머지 1.8%의 경우 우리 서비스에 대해 불만이 있지는 않지만, 우리가 생각하지 못했던 지적을 해준 고객들이다"라고 밝힌 바 있다.

이렇게 고객을 기쁘게 하는 CRM으로 퀵피트의 명성이 자자해지면서 이 회사는 사업분야를 자동차보험 분야로도 확장했다. 그리고 이 보험 분야에서도 성공을 거둠으로써, 퀵피트는 고객과 한번 구축한 신뢰관계가 기업의 미래에 얼마나 큰 영향을 미치는지를 잘 보여주었다.

퀵피트의 고객서비스에 대한 자부심은 이 회사의 광고에서도 잘 드러나고 있는데, 오로지 최고의 전문 기술자들이 정비서비스를 제공한다는 사실을 강조하며 퀵피트 광고는 자신 있게 이렇게 외치고 있다.

"그 어느 누구도 퀵피트의 정비기술자보다 더 잘할 수는 없다."

점검 1 exercise — 우리 회사 고객의 충성도 점수는 얼마나 될까?

1. 수익성에 의거하여 고객의 가치 순위를 매긴다.
2. 최상위 20명의 고객에게 초점을 맞춘다.
3. 이 20명의 고객마다 돌아가며 가치 점검을 한다.
4. 이 최상위 고객에게 1~5점까지 점수를 부여한다.
   - 향후 3년 동안 확실하게 고객으로 남아 있을 것 같은 경우 : 5점
   - 향후 3년 동안 고객으로 남아 있을 확률이 큰 경우 : 4점
   - 고객이 다른 곳으로 옮겨갈 이유가 없는 경우 : 3점
   - 고객의 충성도를 평가하기가 어려운 경우 : 2점
   - 향후 3년 동안 고객으로 남아 있을 가능성이 희박한 경우 :1점
   - 향후 고객으로 남아 있을 가능성이 완전히 제로인 경우 : 0점
5. 20명의 고객마다 점수를 주어 총점을 계산한다. 우리 회사의 고객 충성도 점수는 과연 몇 점일까?

참고 문헌

Cram, Tony (1996) *The Power of Relationship Marketing*, Financial Times, Pitman.

The Economist (2000) *The World in 2001*.

Farmer, Sir Tom (2000) 'The Quest for Customer Delight', *Market Leader, Spring*.

Hamel, Gary (2000) *Leading in the Revolution*, Harvard Business School Press.

그녀는 얼굴을 찡그렸다. 그리고 생각에 잠겼다. 한참 있다가 입밖으로 소리를 내뱉었다. '로열티'……그리고 그녀는 조금 더 생각에 잠겼다. 이 질문에 답변하는 것은 쉬운 일이 아니다. 다시 질문을 읽으며 그녀는 자신에게 질문을 던진다. '내가 누구에게 충실하고 누구와 마음으로 연결되어 있을까?' 그녀는 답변란에 우선 가족의 이름을 쓴다. 그리고 다시 생각한 후 두 명의 동창생 이름을 쓴다. 그 다음으로 그녀가 일하는 회사 사장 이름을 쓴다. 그러나 다시 생각해본 후 이것을 지운다. 그리고 그 자리에 자기 직속상사의 이름을 쓴다. 그러나 아직도 답변란이 많이 남았다. 누구를 쓸까? 아하! 나를 치료해주는 의사 선생님, 그리고 치과의사 선생님. 갑자기 마음 속에 떠오르는 사람들이 있다. 그녀의 차를 고쳐주곤 하는 정비사, 그리고 자주 가는 여행사의 직원을 쓸까? 아니다. 그 느낌은 '로열티'와는 다른 느낌이다.

오늘날 기업은 경쟁 심화와 고객의 니즈 변화 이외에도 새롭게 등장한 많은 변수 때문에 어려움을 겪고 있다. 그렇다면 어떻게 이 어려움을 극복할 수 있을까? 여러 해결책 중에서도 고객 로열티에 제일 큰 초점이 맞추어지고 있다. 고객관계관리(CRM) 같은 새로운 경영기법은 다른 해결책보다 더 간단하고 그 목표에 도달하기가 쉬워보이기 때문에 현재 로열티 마케팅(Loyalty Marketing)이 유행처럼 번지고 있다. 그러나 고객 로열티 확보는 하나의 결과이지 어떤 과정이 아니다. 그러므로 생각보다 관리하기가 어렵다. 그러나 고객 로열티, 즉 충성도를 확보하는 일은 가능한 일이다. 개인적인 인간관계의 특징을 파악하여 이것을 기업과 고객관계에 적용한다면 CRM은 분명 성공할 수 있다.

기업이 당면한 여러 문제들

많은 기업들이 21세기 첫 십년 동안을 기회와 위협이 동시에 공존하는 시기로 보고 있다. 21세기에 들어선 기업들은 새로운 접근책을 시도하고, 전략을 재정비하며, 다른 기업보다 앞서 행동을 취하지 않으면 자신들이 이 세상에서 사라질지도 모른다는 사실을 너무도 잘 알고 있다. 과거처럼 여러 기업들 사이에 적당히 끼어 사업을 한다는 것은 이제 불가능해졌다. 선택은 하나밖에 없다. 시장을 완전히 장악하느냐 아니면 도태되느냐 둘 중의 하나이다. 이러한 상황에서 새로운 트렌드와 신기술이 출현할 때마다 기업들이 긴장하는 것은 당연하다. 어떻게 하든 도태되지 않고 시장을 계속해서 장악하는 방법을 찾아야 하는데, 이러한 분위기 속에서 최근 기업들의 관심을 끄는 방법이 바로 CRM이다.

고객관계관리(Customer Relationship Management: CRM)

고객관계관리, 즉 CRM을 분더만 카토 존슨(Wundermann Cato Johnson, Young & Rubicam Inc.의 자회사)은 '고객관계관리 차별화를 통하여 고객의 가치를 최대화하는 총체적 접근방식'이라고 정의하고 있다. CRM은 크게 분석과 행동, 두 부분으로 나누어진다. 우선 데이터 분석을 통해 고객의 특성과 성향을 알아낸다. 이를 위하여 수많은 고객의 거래내역을 분석하여 내역별로 고객을 분류하는 작업을 한다. 그리고 기업은 이렇게 분류한 고객들을 각기 차별화된 방법으로 관리한다. 물론 고객과의 커뮤니케이션은 모든 단계에서 가장 중요하게 생각되는 전략 중의 하

- 분석 - 고객 성향 분류
- 행동 - 고객 차별화 경영
- 결과 - 기업 수입 증대

표 2_1 고객관계관리

나이다. 일단 이렇게 고객에 관한 자료를 확보한 기업들은 이 자료를 최대한도로 활용하여 기업의 수익을 증대시키려고 노력한다.

CRM 중요성을 강조하는 기업들이나 사람들은 CRM이야 말로 고객 로열티 확보를 통해 기업에게 안전과 성공을 보장해주는, 기업이 찾고 있던, 최상의 방법이라고 주장한다. CRM 솔루션의 세계적 선도업체 씨블(Siebel)이, 2000년 7월 11일 뉴욕타임즈지에 실은 이 회사의 CRM 응용 소프트웨어에 관한 광고는 특히 우리의 눈길을 끈다. 이 광고에는 씨블측이 조사한 리서치 결과가 나와 있는데, 이 조사에 따르면, 1995년 1월부터 1999년 12월까지 적어도 50만 달러 이상어치의 '고객관리 전용 씨블 E-비즈니스 소프트웨어'를 구입한 기업들의 경우, 그 경영실적이 스탠다드 앤푸어즈 인덱스 500 기업들보다 85%나 더 높은 수익률을 보이고 있다고 한다. 이외에 다른 연구도 고객 만족도는 기업매출 및 수익 증가, 그리고 종업원 생산성 증가와 직결된다는 사실을 보여주고 있다.

물론 CRM 말고 다른 해결책도 많다. 그러나 이들 해결책은 모두 많은 예산을 필요로 한다는 데에 문제가 있다. CRM도 적게 드는 편은 아니다. 프리미어 컨텐트(*Premier Content*)지 2000년 1월 18일자에 소개된 캡제미니(Cap Gemini)와 인터내셔널 데이터 코퍼레이션(International Data Corporation)의 조사결과에 따르면, 대기업들이 CRM 관련 프로젝트 실행을 위해 하드웨어, 소프트웨어 그리고 서비스에 투자하는 평균 비용이 310만 달러에 달한다고 한다.

기업의 숨통을 조이는 정치적, 경제적 위협과 이에 대한 대응책

유럽연합(European Union) 확대, 남미자유무역지대(Mercosur)의 성장, 북미자유무역지대, 아세안 등 수많은 정치, 경제 변수를 담은 지역 블록의 출현 및 그 세력 확대로 기업의 경쟁력은 더 심화되고 있다. 이러한 상황에서 CRM은 위협을 최소화해주는 무기가 될 수 있다. 라이벌 기업들이 점점 더 큰 규모로, 그리고 새로운 무기로 무장하고 있는 이 상황에서 사실 로열티 강화를 통한 고객 이탈방지만큼 믿을 수 있는 전략이 어디에 있겠는가?

사회 · 기술변화와 이에 대한 대응책

오늘날 기업의 전략 변화를 필요로 하는 많은 사회적 변화가 일어나고 있다. 커리어에 대한 기회가 증대되고, 여성들의 독립성(특히 아시아에서)이 증대되고, 또 청소년들이 상품 및 서비스 구매에 직간접적으로 미치는 영향도 급속히 증가하고 있다. CRM 경영을 하려면 물론 이러한 사회변화에 각별한 관심을 가져야 한다. 사회변화가 일어나면 당연히 그 구성원들의 라이프스타일이 변하기 때문이다. 과거와는 달리 정년퇴직 후에도 연금과 저축해 놓은 여유자금으로 정열적인 노년 생활을 보내는 인구가 점차 증가하고 있다. 물론 CRM은 이러한 변화추이를 놓쳐서는 안 된다.

그렇다면 모든 경쟁기업들이 새로운 카테고리의 고객을 찾아내기 위해 치열한 경쟁을 벌이는 상황에서 어떠한 차별화 전략을 시도해야만 살아남을 수 있을까? 그 대답을 찾기란 생각보다 어렵다. 일단 차별화 전략이라고 어느 기업이 도입을 해놓으면 다른 기업들이 이를 순식간에 모방을 하기 때문이다. 상품도 서비스도 금방 복제가 가능하다. 이와 더불어 불행하게도 마케팅에 대한 소비자들의 경계태세 강화로 광고효과도 점차 감소하고 있다. 그렇다면 어떻게 하면 기업 경쟁력을 강화할 수 있을까? 가격을 계속 인하해야 할까? 아니면 고객 로열티를 증가시킬 수 있는 기회를 잡아야 할까?

CRM에는 새롭게 개발된 많은 첨단 기술이 응용되기도 한다. 신기술이 잠식하는 상품 및 서비스와 관련된 기업들은 특히 신기술이 등장할 때마다 긴장을 한다. 그러나 CRM 전문가들은 새로운 기술이 기존 기술로는 알 수 없었던 고객의 여러 행동 패턴 및 라이프스타일을 파악할 수 있는 좋은 기회를 제공해준다는 점에서 신기술 출현을 긍정적으로 평가한다. 왑(Wap) 폰, 보이스메일, 랩탑, 플레이스테이션2, 신약 개발 및 새로운 치료제 개발, 그리고 뉴미디어 출현, 이 모든 것이 CRM 전략을 채택하는 기업에게는 큰 위협 요인이 되지 않는다. 데이터를 통해 고객 성향을 분석하고, 전문가들이 이를 관리하며 새로운 트렌드를 예측하고 준비하면서 고객과의 관계 개선에만 힘쓰면 되기 때문이다.

기존의 유통망 위주로 사업을 해온 기업의 CRM 부서는 상품, 서비스, 그리고 정보에 관한 세계적인 인터넷 시장 출현을 물론 담담하게 받아들일 수 없을 것이다. 오늘날 고객들은 클릭 한 번으로 전세계 경쟁기업의 상품을 찾아 비교해볼 수 있다. 소비재 상품의 경우 www.rusure.com에 들어가면 수많은 판매기업들 리스트가 나와 있으며, 상품마다 아주 상세한 내역이 제시되어 있다. 물론 찾는 고객이 최저가격 위주로 보기를 원하면 최저가격 리스트가 화면에 뜬다. 그렇다면 일부 경제학자들의 예언대로 '완전 시장(Perfect Market)' 단계에 우리가 도달한 것일까? 웹사이트에서 상품과 상품을 차별화시켜주는 요인이 오로지 가격밖에는 없는 것일까? 고객의 인정을 받아 CRM을 통하여 브랜드 관계를 구축하고 로열티를 약화시키는 웹사이트의 문제점을 극복하고 인간관계 위주의 맞춤서비스를 제공하여 기업의 수익을 증대시키는 방법은 없을까?

새롭게 출현한 세 가지 타입의 경쟁자들

위에서 살펴보았듯이 기존 시장구조에 큰 영향을 미치는 대규모 사회환경 변화 앞에서 CRM은 기업에게 희망을 주는 중요한 전략이 될 수 있다. 오늘날 기업들은 크게 세 가지 종류의 새로운 트렌드 경쟁자와 맞서 싸워야 한다.

첫 번째 트렌드는 기업 간, 국가 간 인수합병을 통한 통합 트렌드이다. 이 트렌드로 인해 틈새 시장을 뚫기가 하늘의 별따기가 되었다. 예를 들어 자동차 시장의 경우, 포드 자동차는 애스톤 마틴(Aston Martin), 재규어(Jaguar), 랜드로버(Land Rover), 볼보(Volvo)를 사들였다. 그리고 마쯔다(Mazda)와도 특별한 제휴관계에 있다. 폭스바겐은 램보르기니(Lamborghini), 벤틀리(Bentley), 시트(SEAT), 그리고 스코다(Skoda)와

합병했다. 무려 11개의 회사가 단 두 개로 흡수되어 통합된 것이다. 다른 자동차 메이커에게 이것은 두 마리의 커다란 상어가 달려들 태세를 취하고 있는 것과 같다. 이러한 메가 경쟁자들과 맞서 싸울 수 있는 방법이 있다면, 그것은 상호이해에 근거를 둔 탄탄한 고객관계 구축뿐이다.

두 번째 트렌드는 피라냐의 출현이다. 피라냐는 아주 빨리 떼지어 움직이는 작은 물고기인데, 그 수가 많으면 사람까지 잡아먹는 아주 위협적인 물고기다. 이러한 피라냐들이 경제계에도 등장했다. 물론 이 작은 물고기들에게는 기존의 대형 물고기를 잡아먹을 힘은 없다. 그러나 이 피라냐는 기존 기업들의 시장을 보이지 않게 야금야금 잠식하는 힘을 가지고 있다. 맥도널드, 버거킹, 피자헛 등 대형 패스트푸드 체인기업들이 생각지도 않은 작은 피라냐들, 즉 소형 패스트푸드점들이나 현지 식당들에게 조금씩 시장을 내어주고 있는 현실을 보면, 피라냐 세력을 결코 무시할 수만은 없다.

세 번째 트렌드는 자신의 비즈니스 영역을 뛰어 넘어 다른 비즈니스로 치고 들어오는 카테고리 파괴 기업의 출현이다. 버진(Virgin)은 리테일링 분야에서의 기록적인 세력 확장을 무기로 항공과 금융서비스 분야로 진출을 했다. 영국의 유명한 약국 체인인 부츠(Boots)는 안경산업 분야로 뛰어들어 벌써 확실하게 자리를 잡았다. 미국의 경우 전기관련 장비 제조업체로 알려진 GE가 금융 및 서비스 산업으로 뛰어들어 오랜 전통의 기업들에게 위협적인 존재로 부상하고 있다. 소프트웨어 왕국 마이크로소프트는 여행업에 뛰어들어 가장 바쁜 여행사(www.expedia.co.uk)를 웹에서 운영하고 있다. 이들 카테고리 파괴 기업들은 바다매에 비유될 수 있는데, 특정 시장에 머물지 않고 이 분야 저 분야로 날아다니는 특징을 지니고 있다. 그렇다면 새롭게 출현한 이러한 세 가지 타입의 경쟁자들과 어떻게 맞서 싸울 것인가?

가장 쉽고 간단한 대답은 바로 CRM이다.

시간에 쫓기는 고객들

시장을 형성하는 요소와 배경은 끊임없이 변화하고 있고, 이 변화는 고객과 고객의 행동에도 영향을 미치고 있다. 최우량 핵심고객도 역시 늘 시간에 쫓기면서 살고 있기 때문에, 오늘날에는 시간이 경쟁력의 중요한 요소 중의 하나로 등장하게 되었다. 현대인들은 과거와는 다르게 시간을 사용한다. 오랜 시간 일을 하는 것은 과거와 비슷하나, 좀더 많은 시간을 여행과 레저에 투자하고자 한다. 그리고 가족해체 현상으로 여기 저기 신경 쓸 곳이 많기 때문에 과거보다 훨씬 더 많이 시간에 쫓기면서 산다. 이렇게 시간에 쫓기면서 살다보니 고객들은 상품이나 서비스에 시간개념을 반영해주기를 기대하게 된다. 이러한 기대는 B2B의 경우에도 마찬가지이다. 다운사이징, QC 강화, 행정 지원 감소 등으로 언제나 기업은 시간에 쫓긴다. 그러므로 고객과의 관계를 개선하고자 하는 기업들은 개인고객이든 기업고객이든 시간 서비스를 새로운 개념으로 도입해야만 한다.

고객의 선택폭이 넓어짐에 따라 고객에게 선택 가이드를 해주는 것도 새로운 비즈니스로 자리잡게 되었다. 아이스크림 맛에서부터 사무실 가구에 이르기까지 수많은 종류의 상품이 존재하고 있는데, 그 폭과 종류는 점차 더 증가하고 있다. 2001년 3월에 문을 닫을 때까지, 생명공학 관련 시장이었던 켐덱스(Chemdex)에서는 무려 2,200개의 기업들이 만든 170만개의 상품을 판매했었다. 세계 자동차 메이커들은 매 2년마다 이전의 모델과 완전히 다른 새로운 자동차 모델을 선보이고 있다. 이렇게 상품 및 서비스 종류가 증가함에 따라 고객들은 새로운 도움을 필요로 하고 있다. 도움을 기대하는 고객들에게 시장의 생리를 잘 아는 기업이 고객과의 관계 구축을 통하여 도움을 줄 수 있다면, 고객들은 이러한 점을 높이 평가하고 고마워 할 것이다.

CRM이 바로 그 해법

지금까지 기업이 오늘날 당면하고 있는 여러 문제들을 살펴보았다. 이렇게 고민하고 있는 기업들에게 해답은 이미 주어진 거나 마찬가지이다. 그 답은 바로 CRM이다. CRM은 시장에 새롭게 등장한 세력에 맞서게 해주고 경쟁력을 강화시켜주며 변화하는 소비자들의 욕구를 충족시켜줄 수 있는 최상의 해결책이다. 이는 모든 경제 전문가들의 공통된 생각이다. 많은 경영서적들, 그리고 MBA 프로그램에 CRM이 빠지지 않는 이유도 바로 이것이다. 수많은 경제관련 신문 잡지에도 CRM 전략이 수시로 언급된다. CRM 소프트웨어 산업은 가장 성장이 빠른 산업 분야가 되었다. 유명한 리서치회사인 메타 그룹(Meta Group)에 따르면, 세계 2000대 기업이 2003년에 CRM 분야에 투자하려고 하는 예산을 모두 합하면 100억 달러가 될 것이라고 한다. 대부분 기업들의 사업계획서에는 고객관계강화 계획이 포함되어 있으며, 기업의 세력확장이라는 표현은 고객기반 확장이라는 표현의 동의어가 되고 있다.

아니면 부분적인 해법?

고객관계는 신기루 같아서 금방 보이는 듯하지만 그것을 확실히 구축했다고 자신하기는 정말 어렵다. 특정 기업이 고객관계강화 경영에 초점을 맞추고 기업을 운영한다고 해도, 그것이 완벽하게 구현되었다는 것을 증명하기는 몹시 어렵다. 2년 전에 기업들이 CRM 소프트웨어 구입에 사용했던 15억 달러의 돈은 정말 그 기대에 부응했을까?

10년 전에도 많은 경제전문가들이 관계 마케팅(Relationship Marketing)의 중요성을 외쳤었다. 그러나 이 마케팅 주창자들의 시각과 현실 사이의 갭은 너무도 컸다. 고객들은 10년이 지난 지금도 여전히 기업들로부터 따뜻하고 이해어린 눈으로 대우받고 있다는 느낌을 받고 있지 못하다. 기업들은 기업들대로 고객들이 생각만큼 충성도를 보여주지 않는다고 불만이다.

1998년 하버드 비즈니스 리뷰는 수잔 푸르니에(Susan Fournier), 수잔

도브챠(Susan Dobscha), 그리고 데이비드 글렌 믹(David Glen Mick)이 공동으로 쓴 논문「관계 마케팅의 조기 사망 방지 전략(Preventing the Premature Death of Relationship Marketing)」을 실어 이 마케팅 기법의 심각성에 대해 경각심을 불러일으켰다. 이 논문은 특히 관계 마케팅이란 이름으로 고객 정보가 남용되고 있음을 지적했다. 이 논문의 저자들은 특히 고객과 기업 관계 구축에 있어 제일 중요한 것은 양측 사이의 균형임에도 불구하고 지금까지의 관계는 기업에게 더 비중이 쏠려 있었기 때문에 올바른 관계가 구축되지 못했다고 주장했다. 기업과 고객 사이에는 우정을 바탕으로 서로에게 성실하며 서로를 존중하는 관계가 이루어져야만 한다. 그러나 보통 기업들은 고객들에게 일방적으로 이러한 것을 요구할 뿐, 반대로 이러한 자세를 고객에게는 보여주지 못하고 있다고 이 논문의 저자들은 강조했다.

고객의 기대를 외면하고 있는 CRM

개인적인 인간관계에서 보통 친구들끼리는 정보도 개인적인 일도 숨김 없이 털어놓는다. 기업은 이러한 사고방식을 대고객관계에 도입하여 CRM이라는 미명하에 고객들에게 개인적인 신상정보를 더 많이 내놓으라고 요구한다. 구매성향 분석 목적상 필요하다며 가계의 총소득, 자선행위 형태, 연령, 성별, 옷 사이즈, 직업, 즐기는 레저, 술소비량 그리고 어떤 신문 방송 프로그램을 보는지도 다 물어본다. 영국의 경우 특정 가계에 대한 동일 정보들이 여기 저기 기업에서 하루에 40번씩 검토 분석되고 있다고 한다.

문제는 고객과 기업과의 정보 교류가 상호 간에 이루어지지 않고 기업쪽으로만 흘러들어가고 있다는 데에 있다. 이러한 상황에서 기업과 고객 간에 올바른 관계가 구축될 수 없는 것은 자명한 일이다. 기업은 오로지 고객 개인 정보를 이용하여 어떻게 하면 소비자들의 생활 속으로 뚫고 들어가 더 많은 상품을 판매하여 수익을 올릴까 하는 생각만 하고 있다. 이러한 관계는 B2B 관계에서도 크게 다르지 않다. 기업은 고객들의 성향을 집중 파악한 후, 일주일 중 어느 하루를 잡아 고객들에게 상품 판매 광고메일을 보넘으로써 할 일을 다했다고 생각한다. 그러나 이렇게 해서는 절대로 진정한 고객관계가 구축될 수 없다. 기업의 이러한 일방적인 행동은 오히려 고객들로부터 외면받게 되고, 결국 남아 있는 기회마저 놓치게 될 수 있다.

많은 기업 관계자들이 CRM하면 컴퓨터를 이용한 고객정보 수집으로만 생각한다. 그러므로 CRM의 초점이 고객보다는 당연히 기업에게 맞추어지고, 고객의 사생활이 수시로 침해받는 현상이 발생하는 것이다. 기업중심이라는 것은 기업과 고객의 관계가 기업의 이익만을 쫓는 방향으로 간다는 것을 의미한다. 고객 정보를 기업 경비절감을 위해서, 그리고 기업 매출 및 이익 증가를 위해서 사용하면서 동시에 고객에게도 만족을 줄 수는 없을까?

바로 이 질문과 이에 대한 답변이 대부분의 CRM 전략들이 놓치고 있는 부분이다. 진정한 관계는 상호 간의 이익 균형이 맞을 때 그 효력을 발생할 수 있는 것이다. 이제까지 기업들이 앞세웠던 관계 마케팅이 놓쳤던 부분이 바로 이 부분이다. 상호 간의 균형을 위해서 CRM은 고객중심의 성격을 가져야만 한다. 고객은 기업과의 관계에서 무엇을 기대하고 무엇을 필요로 하는가? 이러한 질문을 던지며 상호 간의 관심사가 무엇인지 확인한 후에 그 다음에 서로 필요한 것이 무엇인지 찾아 보는 것이 순서이다. 이렇게 할 때에만 진정한 고객관계가 구축될 수 있는 것이다.

고객의 선택에 대한 보상 제공

고객에게 선택에 대한 보상을 지속적으로 제공해줄 때 진정한 고객관계가 구축될 수 있다. 물론 고객의 선택에 대해 보상을 해주는 데에는 여러 방법이 있지만 고객이 얻는 이익에서 고객이 지불한 비용을 뺀 것이 보상의 기본적인 방식(표 2_2 참조)이 될 것이다. 이 공식을 이해하면, 고객에게 얼마만큼의 보상을 해주어야 하는지 그 대책 강구가 가능하다. 고객이 지불하는 비용에 초점을 맞추는 기업이라면 가격을 인하하여 고객에 대한 보상 수준을 높이려고 할 것이다. 자칫하면 고객의 부담으로 돌아갈 수 있는 기업 경비를 줄이는 방안도 검토의 대상이 될 수 있다. 예를 들어 기업이 지나치게 많은 재고품을 쌓아두고 있는 것도 고객에게는 부담 원인으로 작용할 수 있다. 기업이 생산공장에서 판매현장까지 시간에 맞추어 배달하는 시스템을 구축하여 재고량을 줄일 수 있다면, 물론 고객의 부담은 감소할 것이다.

고객의 선택에 보상을 해줄 수 있는 또 다른 방법은 고객이 얻는 이익을 증가시켜 고객에 대한 보상 수치를 높이는 방법이다. 이 경우 고객이 얻는 이익은 제품 품질 향상, 서비스 및 지원 강화, 컨설팅, 정보 및 조언 제공 등 개인 고객이 필요로 하는 것들을 제공하는 방법으로 증가될 수 있을 것이다.

고객에 대한 보상 = 고객이 받는 이윤 – 고객이 지불하는 비용

표 2_2 고객의 선택에 대한 보상

고객의 기대 파악

고객이 받을 이익에 초점을 맞추든 아니면 고객이 지불하는 비용에 초점을 맞추든, 중요한 것은 고객이 기대하고 있는 바를 정확하게 파악하는 것이다. 고객 비용 감소 쪽에 초점을 맞추려 하는 기업들은 고객 개인의 특성에 맞추어 고객에게 맞는 상품과 가격을 제시하는 방식을 사용할 수 있을 것이다. 이 경우 기업측은 고객에게 실현할 수도 없는 약속을 하기보다는 고객이 이러한 경비 절감으로 얼마나 많은 이익을 얻을 수 있는지 상세히 설명해주는 편이 좋다. 물론 중요한 것은 개인적인 인간관계에서 얻을 수 있는 교훈을 고객과의 관계에도 적용하는 것이다. 각 고객 그룹에 맞는 아이디어와 기법을 도입하여 고객이 지불할 수 있는 수준의 가격을 제시하면 특히 성공할 수 있을 것이라고 믿는다.

고객에게 더 많은 이익을 주는 편을 택한 기업들의 경우에도 인간관계에서 얻을 수 있는 교훈을 얼마든지 적용하여 고객에게 좀더 많은 보상을 해줄 수 있다. 자신의 선택이 미래에 보상으로 돌아온다는 것을 확신하는 고객의 로열티가 높아지는 것은 당연한 일이다.

로열티란 무엇인가?

상당수 기업들은 로열티에 대해서 오해를 하고 있다. 특히 금융기관들의 경우 충성고객(loyal customer)에 대해 언급을 많이 하는데, 이들은 타성과 로열티를 혼돈하는 경향이 있다. 타성과 로열티는 전혀 다른 개념인 것이다. 타성이란 자신이 물건을 구입하던 기업이나 브랜드에서 물건을 재구매하는 경향을 말한다. 다시 말해, 그 기업이나 브랜드에 대한 특별한 애착이 있어서 계속 구매를 하는 것이 아니라 다른 상품에 무관심해서, 또는 다른 것을 찾기가 귀찮아서 그리고 다른 상품을 믿을 수가 없어서 그냥 습관적으로 특정 브랜드나 기업제품을 이용하는 것이다. 이것을 로열티와 혼돈해서는 안 된다. 이렇게 타성에 젖은 고객들에 의존하는 사업은 그 위험률이 매우 높다. 고객이 진정으로 좋아서 선택을 한 것이 아니기 때문에 라이벌 기업에 비해 경쟁력이 떨어지기 때문이다. 이러한 고객들에 의존하는 비즈니스에 갇혀 있으면 안 된다. 이들 타성에 젖은 구매자들이 어느 날 그 타성에서 벗어나게 되는 경우, 이들은 뒤도 안 돌아보고 그 브랜드나 기업을 버리기 때문이다. 또 다른 한편으로 무관심한 구매자들 역시 기업에게는 상당히 골칫거리이다. 아무리 기업이 이들에게 정보를 제공해도 이들은 이 정보에 관심을 보이지 않기 때문이다. 결국 기업은 쓸데없이 돈만 낭비하게 되는 것이다.

그렇다면 로열티는 타성과 어떻게 다를까? 로열티는 마음으로 유대관계가 구축되어야 나타나는 감정이다. 누군가와 함께 마음으로 연결되고 싶고 관계를 맺고 싶은 느낌이 들 때 비로소 로열티가 나타나는 것이다. 로열티란 상대에 대한 존중과 신의에 바탕을 둔 마음의 표현이다. 재구매가 단순한 종류의 행동이라면, 로열티는 그것이 있게 한 마음의 상태를 일컫는다.

그러므로 선물, 인센티브, 플라스틱 카드 등의 로열티 확보 전략을 채택한 기업의 경우 이러한 것들을 재구매를 위한 인센티브로 사용할 수는 있을 것이다. 그러나 이러한 선물 공세로 로열티를 확보할 수 있으리라는 생각은 잘못된 것이다. 포인트 제도는 '감사'의 표시이며 때로는 정보 제공에 대한 대가로 보면 된다. 영국의 유명한 서적판매 기업인 WH 스미스는 이 서점이 운영하는 클럽카드에서 얻은 정보를 이용하여, 고객들의 반감을 최소화하면서 판매수익을 극대화하고 있다. 델리아 스미스 요리책의 경우에는 타깃층에게 구매 권고 메일을 보내서 그 중 7%가 요리책을 구입하는 개가를 올리기도 했다. 그러나 이러한 전략들이 진정한 로열티 확보 전략은 될 수 없다.

계속적인 구매유도를 위한 인센티브 제도 : B2B의 경우

B2B에서는 포인트에 입각한 보상제도가 환경 변화로 인한 고객 이탈을 방지하는 데 크게 일조할 수 있다. 마케팅 다이렉트(*Marketing Direct*, 1998년 10월호)에 실린 한 사례에 따르면, 영국에서 에어컨을 판매하고 있는 도시바는 단순한 일반 유통망을 통한 에어컨 판매에서 에어컨 설치업자들과의 직거래 체제로 전략을 수정하면서 포인트 제도를 채택했다고 한다. 이러한 전략은 에어컨 설치업자들의 사업도 도우면서 에어컨도 판매할 목적으로 채택된 것이었는데, 결과적으로 대성공을 거두었다. 도시바는 설치업자들에게 에어컨 한 대당 일정 포인트를 주는 3단계 충성도 제도를 도입했다. 물론 이 포인트 제도에 따른 보상을 받기 위해 에어컨 설치업자들이 많은 가정에 도시바 에어컨을 추천하고 있음은 자명한 일이다.

고객의 행동을 변화시킬 수 있다

1981년 아메리칸 에어라인이 빈번하게 항공여행을 하는 이용객들을 위하여 최초로 고객카드제를 채택한 이래로, 포인트 제도는 고객들의 행동 패턴에 큰 영향을 미쳐왔다. 오늘날에는 수많은 전자상거래 웹사이트들이 이용률을 높이기 위하여 적극적으로 인센티브 제도를 도입하고 있다. 이 중 대표적인 경우가 마이포인트(MyPoints)인데, 미국에 본사가 있는 이 웹사이트는 영국, 일본에도 그 세력을 넓혀 무려 800만 명이 넘는 마이포인트 회원을 확보하고 있다. 이외에도 많은 웹사이트가 그 사이트를 서핑해주거나 이메일을 읽어주는 경우 그리고 질문에 답변을 해주는 경우 포인트를 주고 있다.

인터넷을 통한 로열티 구축 성공의 또 다른 예로 빈즈닷컴(www.beenz.com)이 있다. 세계적인 인센티브 관리회사인 이 영국회사는 회사 이름과 같은 웹통화를 관리하고 있다. 예를 들어, 혼다 유케이(Honda UK) 웹사이트를 방문해 온라인으로 시운전을 예약한 방문객에게는 50빈즈(beenz)가 주어지고, 실제 시운전을 하고 나서는 그 고객에게 다시 3천 빈즈가 주어진다. 이렇게 획득한 빈즈 포인트에 따라 DVD, 스포츠용품, 휴가패키지, 의류 선물들이 제공된다. 이런 제도를 시행하는 목적은 여러 다양한 방법으로 웹서퍼들의 행동 패턴을 변화시키기 위한 것이다. 기업은 자신들이 제시한 정보를 고객이 읽거나 보고 온라인으로 제품을 구입하거나 차후 온라인 또는 오프라인 모임에 참석하고 이메일 주소를 제공해주어 향후 마케팅 타깃으로 이용할 수 있기를 바란다.

로열티카드는 단기간의 고객 행동변화를 유도하는 하나의 방법이다. 카드제도는 차별화서비스나 맞춤서비스 제공을 위해서 상당히 유익한 제도라고 말할 수 있다. 이러한 제도를 도입하면 아무래도 고객과 기업 간 상호 관계가 긴밀해지고, 고객에게 브랜드를 상기시켜주는 역할을 하기 때문이다. 그러나 이렇게 로열티카드 제도를 도입한다고 해서 저절로 고객의 로열티를 확보할 수 있는 것은 절대 아니다.

무엇이 로열티를 가져다 주는가? 관계를 형성하는 요소들

진정한 로열티, 즉 충성도는 깊이와 애정이 담긴 관계에서만 나올 수 있다. 인간관계를 여러 요소로 나누어 분석해보면 4차원으로 이루어져 있다는 사실을 우리는 알 수 있다(표 2_3 참조). 깊이와 감정의 경우, 성공적인 인간관계일수록 왼쪽인 1단계 쪽에 가깝다. 다시 말하면 깊은 관계일수록, 따뜻한 관계일수록 성공하기 쉽다는 뜻이다. 그러나 밸런스에 있어서는 다르다. 개인적인 관계를 맺다보면, 모두 다 동등한 관계에 놓일 수는 없기 때문이다. 이와 마찬가지로 관계가 시작되는 계기도 특정 임무 중심일 때도, 사회적 관계 중심일 때도, 또는 두 가지가 다 합해진 경우일 때도 모두 성공적인 관계가 구축되는 것을 알 수 있다.

이 책에서 주장하고자 하는 것은 이러한 인간관계에 적용되는 특성을 기업과 고객과의 관계, 즉 로열티 구축에도 적용할 수 있다는 것이다. 그렇다면 이 인간관계의 4차원적 요소를 기업과 고객관계 차원에서 살펴보기로 하자.

관계의 깊이	깊다	얕다	피상적이다
상호 호감도	매우 호감적이다	중립적이다	경쟁적이다
관계의 균형도	동등하다	우대적이다	불평등하다
관계의 토대	업무적이다	다기능적이다	사회적이다

⟵⟶

표 2_3 인간관계의 차원

- **관계의 깊이** 로열티에 의거한 기업과 고객과의 관계는 중간 단계인 '얕은' 수준을 훨씬 능가하는 것이다. 물론 피상적인 관계에 의거해서는 절대 로열티가 구축될 수 없다. 그러나 저가이면서도 편리한 서비스에 의거한 관계의 경우, 조금 더 저렴하거나 조금 더 편리한 대안이 나오지 않는 한, 장기적으로 재구매가 반복적으로 이루어질 수 있기도 한다.
- **상호 호감도** 로열티에 의거한 비지니스 관계는 중립적인 수준에서부터 호의적인 수준에 걸쳐서 위치한다. 이 호의적인 감정들은 직업과 관련

된 감정일 수도 있고, 개인관계에 의거한 감정일 수도 있다. 반대로 물품 공급업체와 구매업체 사이에 라이벌 의식이 존재하는 경우, 서로 상대방의 이해관계에 대해 견제를 하기 때문에, 서로에게 피해를 주기가 쉽다.

● **관계의 균형도** 인간관계의 경우, 이 관계가 서로 균등할 필요는 없다. 동등한 관계가 아니라고 하더라도, 한 쪽이 다른 한 쪽을 이용하는 관계만 아니면 상관이 없다. 왜냐하면 상대방을 이용하려는 관계에서는 절대 로열티가 구축될 수 없기 때문이다.

● **관계의 토대** 기업과 고객 간의 상호 충성관계는 특정 업무를 토대로 형성될 수도 있고, 또 여러 기능에 의거하여 형성될 수도 있다(물론 사회적인 특정 배경에서 관계가 시작되는 경우도 있다).

개인적 인간관계의 특징

성공적인 인간관계에는 다음과 같은 공통점이 있다.

● **서로 주고받을 정보가 있다** 성공적인 인간관계는 현실에 근거를 두고 구축이 되고, 관계를 맺은 당사자들끼리는 상호 간에 많은 정보를 주고받는다. 늘 정보를 업데이트하려고 접촉을 하기 때문에 관계가 지속적으로 유지된다.

● **받은 정보를 활용할 곳이 있다** 이렇게 상호 간에 교환한 정보는 사장되지 않고 여기 저기에서 이용된다. 예를 들어 서로 처음 만난 사람이 상대편이 페라리 스포츠카에 관심이 있다는 사실을 알았다면, 페라리 스포츠카에 대한 이벤트가 있거나, 페라리 테스타로사(Ferrari Testarossa) 모델이 실린 잡지가 나오는 경우, 이 소식을 즉시 상대에게 알려주게 된다. 물론 이 상대편을 고속 스포츠카에 관심 있는 다른 친구들에게 소개해주기도 한다.

- **대화는 반드시 쌍방향으로 이루어진다** 성공적인 인간관계에서 대화는 반드시 쌍방향으로 이루어진다. 상대방 얘기를 듣고 나서 얘기를 하고, 질문과 대답이 오고 간다.
- **관계가 오랫동안 지속된다** 보통 사람들이 다른 사람들과 친해지는 경우 이 관계가 오랫동안 지속될 것이라는 확신을 가지고 이 관계를 유지한다. 단기적으로 반짝 이루어졌다가 사라지는 관계는 대개 상대방을 이용하기 위해서 맺어지는 것이다.
- **상호 간에 이익이 된다** 관계를 맺으면 자신의 이익도 추구하지만 상대방에게 이익을 주기 위해서라도 노력을 해야 한다.

현실적인 관계의 형성

상품을 판매하는 기업이든 아니면 서비스를 전문으로 하는 기업이든, 고객과의 상호적인 로열티 전략을 도입하고자 하는 기업은 CRM에 인간관계에서 느낄 수 있는 끈끈한 요소를 도입해야 한다. 이렇게 인간관계의 모델을 비즈니스 관계에 도입하게 될 때에만 비로소 말 그대로 살아 있는 관계가 구축될 수 있기 때문이다. 그렇다면 살아 있는 관계란 무엇인가?

살아 있는 관계란 상호 간에 이익이 되며 장기적으로 계속될 수 있는 관계를 구축·발전시킬 목적으로 특별히 선별된 고객에게 상품과 서비스에 관한 정보를 계속 업데이트해서 공급하여 주되, 쌍방향으로 커뮤니케이션이 이루어지는 관계를 말한다.

이 책은 앞서 언급했듯이 끈끈한 인간관계 모델을 어떻게 기업의 대고객관계에 적용할 수 있을 것인가를 설명하기 위해 쓰여진 것이다. B2C 관계뿐만 아니라 B2B시장에 있어서도 강하고, 오래 지속될 수 있는 양자관계를 형성하는 길만이 기업이 살 길이다. 이 CRM에는 상품, 서비스, 지역시장, 국가시장, 그리고 세계시장의 구분이 따로 없다.

그렇다면 고객이 기대하는 것은 무엇일까?

살아 있는 관계를 통해 고객이 기업에게 기대하는 것은 모두 8가지이다 (표 2_4 참조). 상품으로 연결된 관계이든 서비스로 연결된 관계이든 간에, 이 8가지 요소가 총체적으로 연결될 때 기업은 고객에게 진정한 만족과 그들의 선택에 대한 보상을 해줄 수가 있다.

- 믿을 수 있는 품질 - 기업이 품질에 대한 약속을 지켜주기를 원한다.
- 상호 간의 신뢰 - 기업의 모든 결정을 전적으로 믿는다.
- 선택에 대한 인정 - 기업이 자신의 니즈를 기억해주기를 원한다.
- 열린 대화 창구 - 언제든지 대화할 수 있기를 원한다.
- 기술적 서비스 지원 - 언제든지 기술 지원을 해주기를 원한다.
- 전문지식 공유 - 최신 전문 지식을 계속 공급해주기를 원한다.
- 공정한 차별대우 - 우량고객에게는 공정한 특별 대우를 원한다.
- 개성 있는 브랜드 - 나만이 느낄 수 있는 브랜드 개성을 원한다.

표 2_4 살아 있는 관계 구축

1. **믿을 수 있는 품질** 고객에게는 자신이 거래하는 기업을 믿는 습성이 있다. 이 믿음이 관계의 시발점이 된다. 많은 경영서적이 고객의 기대 충족의 중요성을 강조하듯이, 실제로 고객들은 매번 자신들의 기대가 충족되기를 기대한다. 스위스는 대중교통 수단이 가장 잘 발달되고 또한 이에 대한 이미지가 좋은 나라라고 알려져 있다. 스위스 여행을 해본 사람들은 모두 이 의견에 공감을 한다. 사실 스위스 대중교통의 좌석이 고급인 것은 ―대부분 딱딱한 나무의자― 아니다. 그렇다고 운전자들이 유머러스하거나 상냥한 것도 아니다. 또한 어린이 고객 유치를 위한 만화영화 주인공을 내세운 광고도 없다. 성인들을 위한 깜짝 판촉행사나 추첨을 통한 선물 공세는 생각조차 할 수 없다. 그런데도 불구하고 스위스의 대중교통수단을 이용하는 사람들은 이 서비스 공급업체와 어떤 유대감을 느낀다. 그 이유는 무엇일까? 간단하다. 믿을 수 있는 서비스를 제공하기

때문이다. 이른 아침이든 늦은 밤이든, 더운 여름이든 추운 겨울이든, 그리고 날씨에 상관없이 스위스 대중교통 수단은 믿을 수 있는 서비스를 제공한다. 기차 스케줄은 버스와 배로 즉시 환승할 수 있도록 미리 짜여져 있으며, 결코 늦는 법이 없다. 이렇게 믿을 수 있다는 의식을 고객에게 심어주는 것이 기업에게는 무엇보다 중요하다.

광고에서 한 약속을 포함하여 모든 약속은 반드시 지켜야 한다. 일반 소비자들과는 달리 특정 기업의 고객들은 이 기업과 자신들 사이에 어떤 유대관계가 설립되어 있다고 믿고, 이 관계에 의거해서 기업이 자신들에게 진실된 정보를 제공해줄 것이라고 기대한다. 그러나 고객들은 새로운 고객 유치를 위해 기업들이 과대선전을 하고 있지 않나 의심을 하기도 한다. 이러한 의혹을 떨쳐버리기 위해서는 정직한 광고를 해야 한다. 모든 정보를 제공하고, 서비스 지원을 해주고, 특별 판촉 상품을 판매할 때 이러한 정직성을 보여주어야 한다. 물론 직접적으로 소비자들을 기만하는 행위를 해서는 더더욱 안 된다. 그러나 오늘날 불행하게도 상당수 기업들은 여러 해석이 가능하게 한다든가, 아니면 문제의 소지가 있는 부분은 생략하거나 숨기는 방법으로 완벽한 정보를 제공하지 않는 정도의 행위는 괜찮다고 생각하고 있다.

2. **상호 간의 신뢰** 기업과 유대관계를 구축하면서 고객은 상호 간에 높은 수준의 신뢰관계가 형성되어야 한다고 생각한다. 특히 통신판매의 경우, 물건을 사고팔면서 고객은 기업이 믿을 수 있는 상품을 판매할 것이라고 믿고, 기업은 고객이 확실하게 그 가격을 지불할 것이라고 믿는다. 기업은 또한 고객이 확실한 정보─예를 들어 상품이 배달될 주소지에서 거주한 지는 얼마나 되었는지─를 제공해줄 것이라고 믿는다. 그렇다면 고객만 일방적으로 믿음을 보여야 하는가? 아니다. 기업도 또한 믿을 수 있는 품질의 상품으로 고객의 기대에 부응해야 한다. 이러한 기초적인 신뢰관계 외에도 고객은 자신들이 제공한 정보가 '외부에 노출되지 않을 것'이라고 믿는다. 그러나 불행하게도 자신들이 수거한 정보를 다른 회사들에게 파는 그런 회사들이 꽤 있다. 일부 국가에서는 다른 업종별 간에 서로 정보를 주

고받는데, 실제로 신용카드 거래 수준을 다른 업종에 판매하는 경우가 상당히 많다. 이러한 상황을 잘 알기에 미국에서는 데이터 수집 분야에서 일을 하는 사람들 중 상당수가 술을 구입할 때 신용카드가 아닌 현금으로 구입한다고 한다. 자신들의 술소비량에 관한 정보가 외부에 누출되어 이것이 상업적으로 이용되는 것을 바라지 않기 때문이다.

3. **선택에 대한 인정** 어느 모임에서 만나 친해지고 나중에 그 사람을 다시 만났을 때, 우리는 그 사람을 바로 기억하고 그 때 즐거웠던 기억을 다시 떠올리며 즐거워한다. 기업과 고객과의 관계도 이렇게 될 수는 없을까? 여행이나 출장 때문에 어느 호텔에서 머물렀던 손님이 다시 그 호텔을 찾아갔을 때, 체크인을 위해서 이전에 썼던 것과 같은 내용의 신상명세서를 다시 써달라는 요청을 받으면 그 손님은 형식적인 호텔직원의 행위에 짜증이 날 것이다. 똑같은 종이를 다시 내밀지 않고, 즉시 알아보고 반가움을 표시하면서 이전에 작성해서 준 정보가 아직 남아 있으니 다시 쓸 필요가 없다고 말해주면 얼마나 좋을까? 기업이 성공적으로 고객관계를 구축하지 못하는 가장 큰 문제점 중의 하나는 이렇게 고객을 알아보지 못한다는 것이다. 예를 들어 A은행의 신용카드를 보유하고 있는 고객이 A은행측이 보낸 '신용카드를 신청하라' 는 광고메일을 받는 경우, 이 고객은 이 은행이 제공하는 서비스의 품질에 대해서 의심을 하게 된다. '내가 자신들의 은행에 계좌를 보유하고 있고 신용카드를 보유하고 있다는 사실조차 모르는 수준이라면, 어떻게 이 은행이 내 돈을 잘 관리하고 있다는 걸 믿을 수 있겠는가?' 성공적인 관계는 기업이 고객을 알아보고 고객에게 관심을 가져주는 자세를 갖출 때 그때야 비로소 구축될 수 있다. 오늘날 많은 E-커머스 웹사이트들은 이전의 정보들을 기억해놓았다가 고객에게 상기시켜줌으로써 고객을 기쁘게 해주는 전략을 이용해 성공하고 있다.

4. **열려 있는 대화 창구** 고객은 자신들이 편리한 시간에 언제든지 기업과 접촉할 수 있기를 원한다. 이미 구입한 상품이나 서비스에 대해 문의하기 위해, 또는 앞으로 구입하고 싶은 제품에 대해 정보를 얻기 위한 경우가

대부분이다. 물론 편리한 시간이라는 개념은 상품 혹은 국가에 따라 다를 수 있다. 기업과 고객 사이에 성공적인 유대관계가 이룩되려면 고객이 원하는 커뮤니케이션 방법대로 대화가 이루어질 수 있어야 한다. 웹사이트, 전화, 직접 면담, 녹음 서비스, 또는 개인적인 서비스 등 모든 종류의 서비스를 기업은 다 제공할 수 있어야 한다. 가장 최악의 서비스는 기업과의 직접 접촉을 원하는 고객에게 기업이 일방적으로 선택의 여지가 없는 커뮤니케이션 방법을 선택하여 미리 정해진 정보만 제공하는 경우이다. 문의를 위해 어느 캐나다 가구회사에 전화를 걸었는데, 자동응답장치에서 인간적인 배려가 하나도 없는 '앞에 기다리고 있는 사람이 이미 36명이 있으니 기다리라' 는 안내방송을 들었을 때, 고객이 느끼는 분노는 얼마나 크겠는가?

5. **기술적 서비스 지원** 항시적인 서비스를 신속하게 제공받기를 바라는 것은 모든 고객들의 한결같은 기대이다. 물론 이러한 기대를 충족시켜야 돈독한 관계가 유지될 수 있다. 물건을 구입하고 난 후 고객에게는 기업의 도움이 필요한 순간이 꼭 있다. 이때 제대로 된 기술적인 지원을 해주게 되면, 고객과 기업 간의 관계는 진일보한다. '필요할 때 친구가 진정한 친구이다' 라는 속담이 있다. 신속하고 올바른 서비스만큼 고객이 기업에게 기대하는 서비스가 또 있을까?

6. **전문지식 공유** 고객들은 기업이 특정 분야에 있어서는 전문가라고 믿는다. 그렇기 때문에 전문가로서 고객의 가이드 역할과 조언자 역할을 해주기를 바란다. 고객에게 좋은 기업이란 좋은 길잡이 역할을 해주는 기업이다. 고객과 기업을 연결해주는 것이 상품이건 서비스이건 상관없이, 최고의 기업은 어떻게 서로에게 이익이 되는 관계를 발전시켜 나갈 수 있는지 최선을 다하여 그 방법을 모색하는 기업이다. 예를 들어, 구매준비과정, 주문량, 테크닉 선택, 구매 가능성, 상품이나 서비스의 용도 등에 대해 상세한 정보를 제공해준 후, 어디에서 상품을 구입하는 것이 좋은지, 최종적으로 남아 있는 상품의 구매 정보까지 자세한 정보를 제공해주는 기업이 고객에게는 최고의 기업인 것이다.

고객들은 자신들이 이용하는 커뮤니케이션 방법을 이용하여 제때에 정보를 보내주는 기업을 높이 평가한다. 그리고 그 정보가 특정 고객에게 필요한 정보인지 불필요한 정보인지 친절하게 질문하는 기업을 특히 높이 평가한다. 언제가 고객이 바쁜 시간이고 언제가 한가한 시간인지 파악을 하고, 고객의 사생활 패턴을 감안해서 적절한 커뮤니케이션 창구를 열려고 노력하는 기업은 고객과의 관계 구축에 성공할 수 있다. 그러나 반대로 기업이 자신들에게 대포를 겨냥해놓고 시시탐탐 때를 엿보고 있는 것같은 느낌을 받을 때 고객은 이에 대해 큰 거부반응을 느낀다. 텔레마케팅의 경우, 보통 이러한 느낌을 받는데, 고단위 트레이닝을 받는 세일즈팀들은 이러한 마케팅 방식으로도 꽤 많은 판매와 수익을 올리기도 한다. 그러나 이렇게 시도 때도 없이 고객의 사생활을 침략하는 타입의 마케팅 방법은 장기적으로는 고객관계 구축에 해가 된다. 관계 구축의 효율성 면에서 볼 때, 커뮤니케이션 테크닉을 잘못 사용하는 경우, 사용하지 않은 것만 못하다.

7. **공정성 있는 차별 대우** 수많은 제품과 수많은 기업과 브랜드 중에서 특정 기업이나 브랜드를 선택한 경우, 고객들은 이러한 행동에 대해 기업이 고마움을 표시하고 그리고 이를 눈에 보이게 또는 마음으로 표시해주기를 원한다. 기업이 자신들의 선택을 인정해주지 않는 경우, 고객들은 다른 기업이나 브랜드로, 그리고 마음에 안 드는 경우 또 다른 기업으로, 인정을 해주는 기업을 만날 때까지 계속 이동을 할 수밖에 없다. 고객은 자신이 공정하게 대우받기를 원한다. 그러므로 다른 사람들에 비해 많은 양이나 많은 액수의 상품이나 서비스를 구입한 경우, 이에 상응하는 대접을 받는 것이 공정하다고 생각한다. 그리고 이러한 고객들은 기업이 자신들을 알아보고 인정해주는 차원을 넘어서, 일반고객들은 상상할 수 없는 특별하고 깊은 관계가 자신들과 기업 간에 형성되기를 기대한다.

8. **개성 있는 브랜드** 고객들은 자신들이 애용하는 브랜드가 다른 브랜드들이 제공해주지 못하는 특별한 라이프스타일, 가치, 지위 등을 제공해주

2 기업의 당면과제, 고객관계 개선만이 해결책 – 43

기를 원한다. 친구들의 개성이 다 다르듯이, 브랜드의 개성도 다 다르다. 이러한 개성이 고객과의 관계 구축의 시발점이 된다. 보스턴 글로브, 뉴욕타임즈, 그리고 인콰어러지 등 여러 신문들로부터 편지, 전화, 그리고 판촉메일 등을 받을 때, 고객들은 이 신문들의 목소리가 제각기 다르고 색깔도 제각기 다를 것이라고 기대한다. 그러나 오늘날 CRM 분야에 가장 많은 예산을 쏟는 금융서비스 분야의 경우, 브랜드의 개성과 차이를 도무지 느낄 수가 없다. 이것은 참으로 불행한 일이다.

지금까지 고객이 기업으로부터 어떤한 것을 기대하는지 설명을 했다. 이렇게 길게 설명한 이유는 기업과 고객 간 최고의 관계가 인간적인 개인 관계의 특징을 그대로 살려 적용할 때 비로소 구축될 수 있다는 사실을 강조하기 위해서이다. CRM이란 단어가 고객에게 의미 있게 다가오게 하려면, 데이터베이스를 이용한 모델 구축 전략, 비용 위주 고객관리 등 원초적이고 물질적인 단계에 머물러서는 안 된다. 진정한 CRM은 기업이 인간적인 따뜻함을 보여줄 때 이룩될 수 있다. 기업이 '친구'로 여겨질 때 진정한 대고객관계는 성립될 수 있는 것이다.

고객의 친구로 거듭나야 한다

『관계의 해부(*The Anatomy of Relationships*)』의 저자 마이클 아쥘(Michael Argyle)과 모니카 핸더슨(Monika Henderson)은 이 책에서 친구를 다음과 같이 정의하고 있다. '마음이 끌리며 곁에 있으면 즐거운 사람, 생각과 취미가 비슷하고 어렵고 힘들 때 서로 이해하고 도와줄 수 있는 사람, 같이 있으면 편하고 마음으로 늘 용기를 주는 사람.' 이 책의 저자들은 우정의 개념에 대해서 심도 있는 연구를 한 끝에 친구라면 해야 할 일과 하지 말아야 할 일을 제시했다. 또한 연구의 결론으로 우정에 대한 17가지 원칙도 제시했는데, 이 원칙 중 다음 3가지는 특히 기업의 고객관계 구축에 필요한 항목이다.

1. 필요할 때 기꺼이 도와줄 수 있어야 한다 : 특히 기술적인 서비스 지원
2. 프라이버시를 지켜주어야 한다 : 사생활을 침해하는 무분별한 마케팅
   지양
3. 신의를 지켜야 한다 : 고객과 기업 간에 상호신뢰를 계속 유지

모범사례 example

레크레이셔널 이큅먼트(Recreational Equipment Inc.)

고객과의 관계가 가장 인간적인 기업의 예를 들라고 하면 많은 사람들이 두말없이 드는 예가 바로 레크레이셔널 이큅먼트(Recreational Equipment Inc.)이다. 시애틀에 본사가 있는 REI는 카약, 캠핑 장비, 장화, 자전거, 배낭 등 야외활동에 관련된 제품을 파는 협동조합기업으로 미국 전역에 60개 매장을 보유하고 있다. 또한 www.rei.com을 통해 E-비즈니스를 하고 있으며, '믿을 만한 제품을 가장 저렴한 가격에'라는 광고문구 아래, www.rei-oulet.com이라는 인터넷 아울렛 매장도 운영하고 있다. REI는 2000년 중반에 일본 토쿄에 지점을 설치하고 인터넷 엔화 결제 사이트도 개설했으며, 현지 유통센터도 오픈했다.

앞서 제시한 고객이 원하는 8가지 기대에 부응하려고 적극적으로 노력하는 REI의 대고객관계에 대한 자세를 보면, 이 기업의 성공 요인을 금방 이해할 수 있다.

● **믿을 수 있는 품질** 우편으로 주문한 얼음 깨는 도끼의 품질에 실망한 시애틀의 등산가 부부 료이드 앤더슨과 매리 앤더슨 부부(Lloyde and Mary Anderson)는 차라리 그들이 등산장비 사업을 하면 더 잘 할 수 있을 것이라고 믿고 사업 시작을 결심했다. 그리하여 그들이 1938년 설립한 것이 바로 품질 좋은 캠핑 장비 및 등산장비를 공급하는 협동조합 REI이다. 이 회사는 협동조합답게 장비를 구입하기 위해 매장에 오는 고객에게 15불을 내고 협동조합 회원으로 가입할 것을 권한다. REI에서 근무하는 마이

크 폴리(Mike Foley)의 품질 자랑을 한번 들어보자.

　우리 매장에서 판매하는 대부분의 장비는 이미 야외 현장에서 우리 회사 직원들과 REI 회원 대표이사회에 의해 실험을 거친 장비들입니다. 물론 현장 테스트를 하기 이전에 REI의 실험실에서 먼저 품질 테스트를 합니다. 최고 품질의 장비를 판매함으로써 고객들이 만족스러운 레저활동을 하도록 하는 것이 우리 회사의 목적이기 때문이지요. 우리 회사는 단순한 장비 판매를 떠나 회원들과의 믿을 수 있는 관계를 유지하는 것을 회사의 중요한 목표로 생각하고 있습니다.

● **상호 간의 신뢰** 신상품이 개발되거나 세일을 할 때, 그리고 특별 이벤트를 할 때마다 협동조합 회원들에게는 온라인 우편물이 발송된다. 회원으로 가입할 때, 원하는 경우 이 회사의 온라인 서비스인 기어메일(Gearmail) 서비스를 받을지 여부에 대해 결정하게 하는데, REI측은 회사의 회원들에게 고객 정보에 대한 이용지침을 다음과 같이 분명하게 밝히고 있다. '우리는 고객의 프라이버시를 중요하게 여깁니다. 고객의 이메일 주소는 절대 다른 회사나 기관에 넘기지 않습니다.'
● **선택에 대한 인정** REI 회원들은 협동조합 이사진을 선출하는 데 참여하고 매년 7월이 되면 자신들이 한해 동안 장비 구입을 위하여 지불한 금액의 10%를 돌려받는다. 이 회사는 직원들의 이직률이 낮은 것으로도 유명한데, 그 결과 직원들은 고객들을 다 알고 있다. 그냥 얼굴만 알고 인사하는 정도가 아니라, 각 고객마다 어떤 활동에 관심이 많은지, 어디로 여행을 다녀왔는지 훤히 다 꿰뚫고 있다. 또한 이 회사는 고객이 중요한 산행을 하거나 모험에 도전하는 경우 기꺼이 스폰서 역할을 하기도 한다.
● **열린 대화 창구** REI의 간부들은 늘 고객의 만족도를 확인한다. 각 매장 출구 앞에는 판매를 했던 직원에 대한 점수를 7단계로 평가하도록 하는 직원평가 엽서가 배치되어 있다. 예를 들어 '직원과 쉽게 대화할 수 있었다.

그리고 편안하게 어떤 질문도 할 수 있었다' 하는 항목 등 여러 항목으로 나누어 직원 서비스에 대해 평가를 하고 있다. 물론 각 매장에는 고객서비스 담당 창구가 있다. 그리고 매장마다 컴퓨터가 배치되어 있어서 고객들은 구입하려는 장비가 있는지, 기술적인 선택 사양은 어떤 것이 좋을지 확인해본 후 문의를 할 수 있다. 이외에도 REI는 불어, 독어, 일어 그리고 스페인어로 웹사이트를 통해 정보를 제공하고 있는데, 물론 국제결제도 할 수 있으며 이 경우 선적에 관한 상세한 정보도 제공하고 있다. 회사에 직접 문의를 하고 싶은 사람들은 해외에 있는 경우 이메일로, 미국에 있는 경우 1-800 무료 전화로 언제든지 문의가 가능하다.

● **기술적인 서비스 지원** REI의 직원들은 모두 야외활동 — 예를 들어 카누, 카약, 등산, 자전거 하이킹 등 — 을 좋아하는 사람들이기도 하고 이 분야의 전문가들이기도 하다. 각 매장에는 이 직원들이 야외에서 직접 활동하는 사진들이 벽에 걸려 있다. 이 회사에서 5년 동안 일을 하게 되면, 자신이 원하는 어떤 야외활동도 할 수 있는 4~8주짜리 유료휴가를 갈 수 있다. 그러므로 미국에서 '일하고 싶은 회사' 명단 10위 안에 이 회사가 계속 빠지지 않고 들어가는 것은 너무도 당연한 일이다.

● **전문지식 공유** 모두 야외활동 전문가인 REI의 직원들은 언제나 고객과 지식을 공유할 준비가 되어 있다. 이 회사는 단순하게 물건만 팔지 않고 고객에 대한 교육프로그램을 항상 마련하고 있다. REI의 상당수 매장은 산악자전거 관리 방법이라든가 응급처치 자격증 획득에 관한 교육을 수시로 마련하고 있다.

● **공정한 차별 대우** REI의 회원들은 세일이나 특별 판촉행사가 있을 때 우선적으로 세일 기간에 앞서 그 정보를 받는다. 이들 회원에게는 또한 여름철에 '구입하기 전에 일단 시도해보라'는 제목의 메일이 발송되는데, 예를 들어 원하는 회원들은 회사측이 마련한 카약 강습에 참여해본 후 카약 구입 여부를 결정할 수 있다.

● **개성 있는 브랜드** 1938년 앤더슨 부부가 좋은 품질의 야외활동 장비를 제공하기 위해 설립한 이 회사는 아직도 그 열정이 계속 이어지고 있다. 다

시 말하면 고객을 위하여 회사가 존재하는데, 프래밍검(Framinghum) 매
장에는 고객이 언제든지 이용할 수 있는 실내 암벽등산 코스가 설치되어
있다. 또한 시애틀 매장에는 산악자전거 테스트 트랙이 마련되어 있고,
다른 REI 매장들에는 폭풍을 대비해 우비 및 등산장비 방수 실험을 할 수
있는 특별 실험실이 마련되어 있다. REI의 회원관리 방식은 독특하고 인
간적이다. 이 협동조합기업의 회원들은 자신들이 이용당하고 '관리되고'
있다는 느낌을 절대 받지 않는다. 대신 이들은 REI와 야외활동에 관한 열
정을 함께 공유할 수 있다는 사실을 진심으로 기쁘게 생각한다. 이러한
관계야말로 바로 살아 있는 고객관계 구축의 최상의 예라고 할 수 있을
것이다.

가장 친한 친구, 거래 은행 그리고 나의 치과의사는?

점검 2 exercise

아래 8가지 항목을 이용하여 가장 친한 친구, 거래 은행 그리고 나의 치과의사에 대한 평
가를 해보자.

	가장 친한 친구	거래 은행	치과의사
1. 믿을 수 있는 품질			
2. 상호 간의 신뢰			
3. 선택에 대한 인정			
4. 열린 대화 창구			
5. 기술적 서비스 지원			
6. 전문지식 공유			
7. 공정한 차별대우			
8. 개성 있는 브랜드			

참고 문헌

Argyle, Michael and Herderson, Monika (1990) *The Anatomy of Relationships*, Penguin Books.

Cram, Tony (2000) 'CRM - The Company is King' in *Handbook of Management*, Financial Times.

Fournier, S., Dobscha, S. and Mick, D.G. (1998) 'Preventing the Premature Death of Relationship Marketing' *Harvard Business Review*, January/February.

Mckenna, Regis (1999) *Real Time*, Harvard Business School Press.

Newell, Frederick and Lemon, Katherine Newell (2001) *Wireless Rules*, McGraw-Hill.

중역회의를 소집하여 진행하면서 이 회사의 CEO는 현재 추진 중에 있는 '경쟁업체 고객 빼앗아오기(Capturing Competitor Customers)' 캠페인에 무슨 문제가 있는지 그 원인 파악에 나섰다. 일명 '트리플 C'라고 불리우는 이 캠페인을 추진한 지가 벌써 2달이 넘었는데, 이상하게도 변화의 기미가 보이지 않기 때문이다.

이 중역회의에서 영업 담당 부사장은 타깃 소비자들이 나누어준 샘플을 사용해보기 위해 즐거운 마음으로 받아갔다는 사실을 강조했다. 그리고 이렇게 가져간 샘플을 사용해본 후, 기존의 주문을 취소하고 이 회사가 신규고객 유치를 위하여 열어놓은 특별 라인을 통해 이 회사 제품을 주문한 소비자들이 꽤 된다는 말도 잊지 않았다. 생산 담당 부사장은 신규고객의 첫주문을 소화해내기 위하여 기존의 생산라인을 변경하라는 지시를 내려놓았다는 보고를 했다. 엔지니어링 파트 인력도 에너지 소비억제 단열 프로젝트와 에너지 효율성 프로젝트에서 이 신규 프로젝트로 모두 이동시켜 놓았다. 한편 물류 담당 부사장은 '트리플 C' 프로젝트에 맞추어 제품 저장 창고도 완전히 비워놓았으며, 언제든지 배달할 수 있는 트럭이 대기하고 있다고 강조했다. 그러나 그는 이 지역에 저장 창고가 부족한 점을 감안하면, 이렇게 대기해놓고 있는 창고 유지비에 향후 몇 달 동안 상당한 예산이 들어갈 것이라고도 밝혔다.

한편 재정 담당 부사장은 벌써 특별라인을 통해 첫주문을 한 신규고객의 신용평가 결과서를 중역회의에 가져왔다. 이 보고서는 신규고객들의 신용도와 재정적 능력을 고려하여, 이들이 대량주문을 할 경우, 기업의 매출과 수익 향상에 얼마만큼 기여할 수 있을지 상세히 분석해놓았다. 그러나 이 중역은 자신의 오랜 경험에 비춰볼 때, 신규고객들을 유치하는 경우 고객이 새로운 시스템에 적응을 할 때까지 시간이 많이 걸린다는 것을 알고 있었다. 따라서 단시일내에 신규고객 효과를 기대하는 것은 무리라는 지적도 곁들였다. 그리고 이 재정 담당 부사장은 새로운 비즈니스의 마진이 예상보다 낮은데, 그 이유는 경쟁기업에서 이 회사의 신규 프로젝트에 대응하기 위하여 가격을 인하했기 때문이라고 밝혔다.

'트리플 C' 프로젝트가 진행되면서, 신규고객 유치 전략은 예상보다 복잡하고 경비가 많이 들어가는 계획이라는 사실이 속속 밝혀지게 되었는데, 그 이유는 직간접적으로 기존의 인적·물적 자원을 새로운 프로젝트를 위해 이동시켜야 하기 때문이다. 회의가 한창 진행되는 도중 CEO 개인 전화의 벨이 울렸다. 전화를 한 사람은 이 회사의 가장 큰 거래업체의 사장이었는데, 이 사장은 전화를 하자마자 영업 담당 부사장이 약속 시간이 다 되어서야 자신과의 약속을 취소하는 무례를 범해서 기분 나쁘다는 발언부터 했다. 그리고 그는 왜 약속한 제품의 배달이 제때에 이루어지지 않았는지 그 원인을 밝혀달라는 요구도 했으며, 항간에 제품 가격인하에 대한 소문이 돌고 있는데 그것이 사실인지도 따져 물었다.

신규고객 유치는 언제 봐도 매력적으로 보이는 전략이다. 많은 기업들이 신규고객 유치 전략이 판매 증가와 시장 점유율 증가라는 눈에 보이는 결과를 가져다주는 가장 쉬운 전략이라고 생각한다. 신규고객 유치 전략에 많은 장점이 있는 것이 사실이다. 그러나 현실적으로는 성과가 기대에 미치지 못하는 경우가 더 많다. 신규고객을 유치하는 데에는 10가지 비용 요소가 발생한다. 신규고객 유치 전략을 도입하려는 기업은 이 10가지 사항을 점검해보고 프로젝트를 추진하는 것이 좋다. 이번 장에서는 이 10가지 비용을 항목별로 점검해보고, 신규고객 유치에 들어간 투자비용 환수내역을 점검할 수 있는 5가지 테크닉도 아울러 소개하고자 한다.

기존고객은 '금', 신규고객은 '은'

미국 딜로이트 앤 투쉬(Deloitte and Touche)의 마이크 쿡(Mike Cook) 회장은 '기존고객을 잡는 것은 금을 캐는 것이고, 신규고객을 잡는 것은 은을 캐는 것이다' 라는 얘기를 했다. 이것은 무엇을 의미하는가? 신규고객을 유치하는 것보다 기존고객을 잡는 것이 기업에 더 큰 수익을 가져다준다는 뜻이다. 그렇다고 해서 기업에게 아예 신규고객 유치를 포기하라고 주장하는 것은 아니다.

예를 들어 영국의 사가 홀리데이스(Saga Holidays)라는 여행업체는 원래는 60세 이상 노인들의 단체여행 전문업체였는데, 그 연령층을 50세 이상으로 낮추어 틈새시장을 뚫고 들어가는 데 성공했다. 이 예에서 볼 수 있듯이 기존의 '금'인 고객을 만족시키고 이들의 이탈을 방지하는 것도 중요하지만, 고객의 기대 변화와 장기적인 사업구도를 위해서는 '은'인 신규고객 유치 또한 필요하다. 중요한 것은 어떻게 각각 '금'과 '은'의 상대적인 가치를 평가하고 그 균형을 잘 유지할 수 있는지 그 방법을 찾는 것이다.

회사마다 결론은 모두 다르다

고객유치 및 이탈방지 전략은 회사마다 모두 다르다. 그러나 마이클 트리시(Michael Treacy)와 프레드 비에르세마(Fred Wiersema) (1997)는 보통 기업들이 고객의 선택에 대해 보상을 해주는 방법을 크게 다음 세 가지로 나누어 설명하고 있다.

- 경영실적을 통하여 보상하는 방법 : 시장이 요구하는 평균적인 품질의 상품을 저가의 가격과 긍정적인 애프터서비스를 통해 제공한다.
- 품질을 통하여 보상하는 방법 : 끊임없는 기술 혁신 노력을 통하여 최상 품질의 상품과 서비스를 제공한다.
- 고객만족을 통하여 보상하는 방법 : 고객의 문제를 해결해주면서 바람직한 고객관계를 구축한다.

트리시와 비에르세마에 따르면 일반적으로 기업들은 이 세 전략 중 하나를 선택한다고 한다. 물론 하나를 선택한다고 해서 다른 전략을 완전히 포기한다는 뜻은 아니다. 다만 경쟁력 유지를 위하여 최소한 3가지 중 하나는 다른 경쟁업체에 비해 우위를 유지하고 다른 부분에 있어서는 경쟁업체와 비슷한 수준을 유지한다는 뜻이다.

당연히 고객만족에 초점을 맞추는 기업들의 경우 기존고객에게 전략적으로 큰 가치를 부여한다. 적당한 품질과 저가로 승부하는, 다시 말하면 경영실적을 통하여 승부하는 기업들에게는 신구 고객의 차별화가 큰 의미를 주지 않는다. 그러나 이러한 기업들에게도 규모의 경제 수준을 유지하기 위해서는 기존고객 이탈방지가 중요하다. 품질을 통한 보상 방법에 초점을 맞추는 기업들은 높은 품질로 고객을 유치하고 고객의 이탈을 방지한다. 이 경우에 고객의 기대 변화에 부응하고 상품이 고객을 진정으로 만족시키고 있는지 확인하기 위하여 단골고객과 끊임없이 대화를 해야 한다. 이렇게 어떤 전략을 선택하느냐는 기업마다 모두 다르다. 그러나 어떤 기업도 기존고객과 신규고객 중 100% 한쪽만을 선택하고 다른 쪽은 완벽하게 포기할 수는 없는 것이 오늘날의 사업 현실이다. 다만 비중의 차이는 있을 수 있다.

그렇다면 신구 고객 중 어디에 더 중점을 둘 것인가? 이에 대한 최종 답변을 하기 전에 우선 신규고객 유치 확보에 드는 실질적인 비용을 알아보자. 그 후에 이 비용을 기존고객 이탈방지에 드는 비용과 비교하여, 어느 쪽에 더 초점을 맞출 것인가 하는 결론을 내려보자.

• 연구 조사	• 할인/샘플 제공
• 분석 시간	• 유통망 뚫기
• 전략 개발	• 광고
• 상품 개발	• 세일즈팀 가동
• 기술 서비스	• 실패의 위험

표 3_1 신규고객 유치에 드는 비용

신규고객 유치, 어떤 비용이 들까?

　새로운 고객을 유치하기 위해서는 기업 전반에 걸쳐 많은 투자가 이루어져야 한다(표 3_1 참조).

1. **연구 조사** 어떤 소비자층이 신규고객으로 적당할지 파악하기 위해서는 연구 조사가 필요하다. 물론 이 조사는 시장의 생리를 잘 아는 중역이 영업팀 간부를 앞세워 잠재고객 명단을 작성하게 하거나, 영업팀 직원들을 시켜 전화로 예비고객을 파악하게 하는 등 비공식인 방법으로 이루어질 수도 있다. 이렇게 하는 경우, 직원들 임금 및 이 직원들이 그 시간에 해야 하는 다른 일을 못 했을 경우 발생하는 기회비용을 모두 비용으로 계산해야 할 것이다. 연구 조사는 또한 정식 연구기관을 통해서 이루어질 수 있는데, 이 경우 지불되어야 하는 연구비와 통신비, 그리고 브리핑과 프리젠테이션에 드는 시간도 경비로 계산에 넣어야 한다. 이외에도 거래 디렉토리나, 메일링 리스트 그리고 데이터베이스 구입에도 경비가 들어간다. 또한 새로운 시장에 관한 조사, 수출입 관련 사항, 그리고 외국과의 무역 및 특허에 관한 조사에도 추가로 경비가 들어갈 수 있다.

2. **분석 시간** 고객의 명단 분석과 같은 간단한 고객정보 분석에서부터 이 명단에서 필요한 명단을 추려내는 것과 같은 추가 작업에 이르기까지, 정보 분석에는 시간이 많이 들어간다. 예를 들어 고객의 과거 거래내역을 분석하고, 신용평가를 하고, 충성도를 분석하고, 고객자산을 분석하는 데에는 상당한 시간과 예산이 필요하다.

3. **전략 개발** 새로운 사업 분야를 개척하기 위한 전략을 개발 테스트하고, 포커스 상품, 기술적 서비스, 가격 책정, 할인 수준, 판매네트워크, 광고 방법, 직원들에 대한 브리핑, 거래업체와의 관계 정립 등에 대한 정책을 조정하고 결정하는 데는 상당히 많은 비용과 시간이 걸린다.

4. **상품 개발** 운이 좋은 기업의 경우 기존의 상품만으로 신규고객을 유치

할 수가 있다. 이런 경우에도 반드시 다시 한 번 정확한 상황 파악은 필요하다. 그러나 대부분의 경우 신규고객 유치를 위하여 신상품을 개발하거나 기존의 제품을 수정해야 하는 일이 발생한다. 이런 경우 생산라인에 필요한 기계 및 장비를 새로 구입해야 하고, 이외에도 여러 분야에서 수정 작업이 필요하다. 예를 들어 식품의 경우 특정 재료나 공정이 일부 국가에서는 허용이 되고, 또 다른 나라에서는 불법이 되기도 한다. 새로운 향, 색깔, 또는 스타일의 개발도 필요하다. 베엠베(BMW)의 경우 이태리에서는 2.5리터급 디젤 725를 판매하는데, 다른 대부분 나라의 경우 최소 엔진 사이즈를 3리터로 규정해놓고 있다. 새로운 라벨을 부착해야 하고, 이 라벨과 설명서를 다른 언어로 번역해야 하고, 추가 정보나 경고 사항도 적어넣어야 한다. 때로는 국제적인 심볼을 추가로 넣기도 한다.

5. **기술적 지원** 신규고객을 위한 서비스 지원 프로그램도 마련해야 한다. 신규고객은 구매단계와 그리고 이들이 구입한 제품에 익숙해질 때까지는 많은 기술적 지원과 조언을 필요로 한다. 게다가 기계나 시설인 경우, 특별 설치비, 연수비 그리고 고객의 기대에 맞는 특별 매뉴얼의 제작비도 감안하여야 한다.

6. **할인/샘플 제공** 기존의 거래업체를 버리거나 아니면 완전히 새로운 구매를 결정하면서 대부분의 고객들은 자신의 선택에 대한 어떤 인센티브나 보상이 주어질 것이라고 기대한다. 샘플을 제공하든지 아니면 다른 판촉제품을 제공하여 익숙치 않은 제품의 품질을 테스트해볼 기회를 주는 것도 이러한 기대에 부응하는 하나의 방법이다. 물론 제품가격 할인도 필요하다. www.egg.com 사이트를 통해 사업을 하고 있는 푸르덴셜(Prudential) 소유의 인터넷은행은 신용카드 사업 확장을 위하여 2001년 1월 광고를 통해 카드 계약을 한 후 첫 6개월 동안은 무이자 서비스를 제공하겠다는 발표를 했다. 이는 실제로 6개월 후부터 11.9%의 높은 이자를 지불해야 하는 점을 감안하면 상당히 파격적인 조건이다. 미국 캘리포니아에 새롭게 개업한 한 테이크 어웨이(Take-away) 피자

식당은 전화번호부에서 어떤 경쟁업체든지 그 업체의 광고를 하나 찢어 오면 피자가격의 20%를 할인해주었다. 이 전략은 고객을 유인하면서 동시에 경쟁업체들의 시장 진출을 방해하는 이중의 목적이 있는 것이다. 보통 소매점이나 슈퍼마켓에 새로운 식품을 넣는 경우, 소매점이나 슈퍼마켓은 좋은 위치에 상품을 진열해주는 조건으로 경비 지원을 요청한다. 이외에도 직원 연수비, 쓰레기 처리비, 비호환성 상품의 경우 추가 설치비, 그리고 경쟁사 제품의 재고 처리비를 요구하기는 경우도 비일비재하다.

7. 유통망 뚫기 유통업체나 도매업체 그리고 중간상인들의 경우 이미 거래하는 업체들이 다 있다. 이러한 업체들에게 기존의 거래선을 끊게 하고 새로운 거래를 트는 협상을 할 경우, 이들 업체들은 당연히 직원 특별교육, 재고 처리, 기술적 지원 그리고 광고전략 수립 등의 명목으로 금전적 지원을 요청해온다. 완전히 새로운 분야를 개척한 회사가 유통망을 새롭게 개척해야 하는 경우, 창고 디자인 및 관리, 신상품 관리, 그리고 수익성 보장 등 요구사항이 더 첨가된다.

8. 광고 광고는 특히 큰 경비 지출을 요하는 분야인데, 주요 대형 미디어를 통해 광고를 하는 경우 소비자에 미치는 영향력이 큰 만큼 그 비용 또한 엄청나다. 오늘날 대부분의 소비자들은 관심이 없는 TV 광고 및 지면 광고는 걸러버리고 아예 눈길조차 주지 않는다. 새롭게 개발된 녹화장비는 TV 프로그램 도중 '상업 광고'가 나오면 광고임을 재빨리 알아차리고 녹화를 멈추었다가 다시 본 프로그램이 시작되면 다시 녹화를 시작한다. 이외에도 기존고객에게 안도감을 주면서 동시에 신규고객을 새롭게 유치할 수 있는 메시지를 전하는 것도 점점 어려워지고 있다.

이렇게 전통적인 광고 매체인 매스 미디어를 통해 광고를 하기가 점점 어려워짐에 따라, 이제는 메일, E-메일, 그리고 텔레마케팅 같은 직접 마케팅 방식이 도입이 되고 있다. 미국의 캐피털 원(Capital One) 은행은 신용카드 사업을 위해 영국에 진출하면서, 2000년 5월까지 12개월 동안 직접 메일을 보내는 데 모두 2천7백만 파운드를 지출했다고 미디어 리서치 기관

AC 닐슨 NMS는 밝히고 있다. 잠재고객을 파악하여 가능성이 높은 고객층의 명단을 작성하기 위한 데이터베이스를 구축하는 데에도 예상보다 많은 비용이 들어간다. 특히 18~23세의 연령대의 소비자들의 경우 주소가 18개월마다 한 번씩 변경되기 때문에, 정확한 데이터 관리에 어려움이 많다. 이외에도 회사 카탈로그나 다른 편지도 반드시 타깃 고객의·관심과 성향을 반영한 개인 정보를 담고 있어야 하고, 메일에 대한 답변이 있다면 그 답변에 대한 분석 또한 체계적으로 이루어져야 한다.

B2B 마켓에서는 전시회나 무역박람회가 새로운 고객을 유치할 수 있는 좋은 기회가 된다. 이러한 행사에 참여하려면 전시공간 임대비, 컴퓨터 및 다른 장비 설치비, 전기기술자 등 인건비, 그리고 기타 서비스 분야에서 많은 경비가 든다. 이외에도 전시회에 가지고 갈 상품의 디자인, 개발, 관리에 들어하는 경비 또한 만만치 않다. 그러므로 전시회로 얻을 수 있는 이익과 경비와의 관계를 반드시 사전에 점검을 한 후 참가 여부를 결정하여야 한다.

9. **세일즈팀 가동** 물론 영업팀을 어떻게 구성하느냐 하는 것은 신규고객 유치 성공의 주요 관건이 된다. 직접 세일즈 인력 이외에도 연구 인력과 상품이나 장비를 배달, 설치 그리고 애프터 서비스하는 지원 인력도 추가해야 한다. 이러한 팀들을 가동시키려면 물론 봉급이 나가고 자동차 운행비도 든다. 보통은 실적에 따른 인센티브 제도를 도입하기 때문에 추가 보너스 및 보상금도 지불되어야 한다. 고객접대비 또한 많이 나간다. 특히 제약회사의 경우 거래나 법제정에 영향력을 행사하는 주요 인물들에게 접대나 향응을 베푸는 데 한 번에 8천 달러씩 사용하는 일도 흔하다.

10. **실패의 위험** 신규고객 유치에 드는 비용에는 또 다른 숨은 비용이 있다. 그것은 신규제품 구매자가 구입한 상품이나 서비스가 자신에게 적합하지 않거나 그 품질에 만족하지 않은 경우 발생하는 비용이다. 이 경우 상품의 구매자는 이 제품에 대해 악선전을 하고 다니기 때문에 이는 다른 신규고객 유치에 큰 장애가 된다. PC를 예로 들어보면, 구입자가 자신에게 필요한 것보다 실제 능력이 떨어지는 기종을 세일즈맨의 유혹에 넘어

가 구입했다면, 이 브랜드에 문제가 있다고 업체에 항의하고 부정적인 소문
을 내고 다닐 수 있는 것이다. 또한 이 소비자는 절대로 동일 브랜드 제품을
재구매하지 않고, 소비자 리서치에서도 이 브랜드를 맹렬하게 비난하게 된
다. 결국 제품에 불만이 있는 구매자로 인해서 기업은 다른 고객 유치에 방해
를 받게 되고 그로 인한 비용을 지불하는 셈이 된다.

신규고객 한 명을 유치하기 위하여 드는 비용은?

위에서 살펴본 것처럼 신규고객을 유치하기 위해서는 폭넓은 투자가 필
요한데, 사실은 많은 기업들이 이 내역에 대해서는 잘 의식하지 못하고 있
다. 이러한 투자의 성격은 크게 두 가지 특징으로 설명될 수 있다. 첫째,
이 투자는 모든 부서, 다시 말하면 모든 기업 조직에 걸쳐 골고루 이루어져
야 한다는 것이다. 그러나 문제는 신규고객 유치에 들어가는 이 모든 경비
의 내역을 체계적으로 추적하여 파악하고 있는 회사가 거의 없다는 데 있
다. 즉, 적당한 정보만 있을 뿐 정확한 경비 파악을 위해 노력하는 기업이
의외로 적다는 것이다.

고객 충성도 조사 및 컨설팅 전문회사인 보스턴 컨설팅 그룹(Boston
Consulting Group : BCG)은 미국 소매업체의 경우 업체의 종류에 따라
신규고객 한 명을 유치하는 데 다음과 같은 경비가 든다고 밝혔다.

> 카탈로그 위주 사업을 하는 업체의 경우 : 11달러
> 매장 중심 사업을 하는 업체의 경우 : 31달러
> 웹사이트 중심 업체의 경우 : 82달러

BCG는 매 분기마다 샵(www.shop.org)이라는 기구와 공동으로 온라
인 소매업체의 실적을 평가한다. 이 평가를 통해 이들은 웹 소매업체들이
어떻게 고객 유치에 드는 비용을 점차 줄여가고 있는지 보여주고 있다(관

련 웹사이트 : www.bcg.com, www.shop.org).

실제 투자비용이 환수되고 있는지 잘 모른다?

신규고객 유치비용의 두 번째 특징은 이 비용이 효율적으로 사용되었는지에 대한 전반적인 점검이 없다는 것이다. 새로운 공장을 짓는 경우 완전히 신규 자본이 투자되어야 한다. 여기에 기계 및 장비 설치비용이 추가될 것이고, 이 기계들을 작동시켜보고 완전 생산 체제에 돌입할 때까지 여러 가지 실험을 한다. 또 다른 한편으로는 어떻게 투자자본을 회수할 것인가 하는 전략이 수립되고 매분기마다 실적을 점검한다. 이외에도 중간 중간 좀더 투자액을 빨리 환수할 수 있는 방법을 모색한다. 공장의 경우 이렇게 투자에 대한 환수 과정을 확인할 수 있는데, 개인고객 유치의 경우 왜 되지 않는 것일까? 신규고객 유치의 경우에도 안 될 이유는 없다.

신규고객 유치 투자 환수액 파악을 위한 5가지 테크닉

기업에게 필요한 것은 신규고객 유치비용을 계산하고 이 비용의 환수 과정을 이해하는 기초 시스템을 구축하는 것인데 이 과정은 다음과 같다.

1. 신규 사업에 들어가는 모든 비용을 추적할 수 있는 시스템을 제도화한다.
2. 신규고객 유치에 들어간 총비용을 지난 12개월간 새로 유치한 고객의 수로 나누어 고객 한 명당 들어간 비용을 계산한다.
3. 고객 한 명당 수익성을 계산한다.
4. 신규고객 투자비를 환수하기 위하여 고객을 잡아두어야 하는 최소한의 비스니스 기간(월)이 얼마인지 평가한다.
5. 모든 임직원들에게 이 투자비 환수에 필요한 기간에 대해 분명히 인지시킨다.

상당수 선도 기업들은 이러한 비용을 파악하여 수익성 증가를 위한 적절한 전략을 수립하고 있다. 예를 들어서 영국의 산업전문가들에 따르면 런던의 한 가구가 전력공급업체에 1년 동안 기여하는 평균 금액이 19파운드인 반면, 전력공급업체가 시설을 설치하고 어카운트를 오픈하는 데 드는 비용은 50파운드라고 한다. 그러니까 새로운 고객을 유치하는 경우, 적어도 2년 1개월(표 3_2 참조)이 지나야 투자비용을 환수할 수 있다는 계산이 나온다. 한편 유사한 연구들이 미국의 신용카드 시장에 관해서 실시되었는데, 이들 연구에서는 새로운 카드 보유자를 적어도 18개월은 붙잡고 있어야 기본 투자비를 환수할 수 있다는 결론에 도달하고 있다.

입찰을 통해서 모든 것이 이루어지는 민간 건설산업 분야의 경우, 입찰에 응할 준비를 하는 비용이 만만치않게 들어간다. 그렇기 때문에 이들 기업들은 입찰 준비 비용과 입찰 성공률을 비교해가며 항상 비용과 그 환수율을 점검하고 있다. 이러한 점검 과정은 비단 건설 분야뿐만 아니라 다른 산업 분야와 일반 소비자 시장에서도 적용되어야 한다.

	파운드
새로운 시설 설치 비용	(50)
1년째 기여 비용	18
누적 수익 (손실)	(32)
2년째 기여 비용	18
누적 수익 (손실)	(14)
3년째 기여 비용	18
누적 수익 (손실)	4

표 3_2 고객투자비 환수

신규고객 유치를 위한 투자의 미래는 불확실하다

우리는 앞에서 신규고객 유치 과정을 살펴보고 신규고객 유치비용이 예상보다 높고, 또한 이 과정이 길고 투자비용 환수도 불확실하다는 사실을 확인했다. 그렇다면 우리가 도달할 수 있는 결론은 무엇인가? 결론은 기업은 기존고객을 만족시키고 기존고객의 이탈을 방지해야 하는 데 고객 전략 핵심을 맞추어야 한다는 것이다. 물론 새로 사업을 시작하여 신규고객을 집중적으로 유치해야 하는 경우, 신규고객 유치는 당연히 고객 전략의 포커스가 되어야 한다.

경영학의 거장 피터 드러커(Peter Drucker)는 '첫 번째 구매는 어디까지나 하나의 시도에 불과하다'고 말했다. 그러므로 기업의 역할은 이 시도가 성공적이었다는 것을 증명하여 고객이 이 기업에 계속 남아 있도록 해야 한다는 것이다. 다음 장에서 우리는 기존고객의 가치가 얼마나 되는지 그 가치에 대해 상세히 살펴보고자 한다.

실패사례 example **부닷컴(Boo.com)**

신규고객 유치비용이 너무 많이 들어 실패한 전형적인 사례는 바로 패션 이-테일러(fashion e-tailor) Boo.com이다. 1998년 언스트 말름스텐(Ernst Malmsten)과 유명한 패션 모델 카자 레안더(Kajsa Leander)가 설립한 이 회사는 웹의 선도 패션업체가 되겠다는 목표를 표방하며 많은 사람들의 눈길을 끌었었다. 이 사이트에서는 팀버랜드(Timberland), DKNY 등 유명 패션 브랜드 제품을 판매했는데, 1999년 11월에는 사업 지역을 18개국 7개 언어권으로 확대했다. Boo.com은 이 사업을 위해 모두 7,440만 파운드의 펀드를 투자자들로부터 조성했는데, 이 투자자들에는 베르나르 아르노가 경영하는 LVMH그룹, 베네통 패밀리, JP 모건(JP Morgan) 그리고 골드만 삭스(Goldman Sachs) 같은 쟁쟁한 기업들이 포함되어 있었다.

시장 조사를 하고, 기회 분석을 하고, 사이트를 만들기 위해 Boo.com은 패션전문가, 소매업체들, 마케터, 카피라이터, 그리고 기술자들을 대거 채용했다. 예를 들어 '미스 부(Miss Boo)'라는 모델이 3차원으로 개발되어 고객이 언제든지 자신이 사고자 하는 옷을 웹사이트에서 이 모델에게 입혀보고 살 수 있게 했다. 그러나 의욕이 높았던 만큼 개발과정에 예상보다 많은 돈을 투자하게 되었고, 사업 시작 시기도 6개월이나 늦어지게 되었다.

서비스 지원팀도 호화롭게 구성이 되었는데, 런던의 패션 거리 카나비 스트리트(Carnaby Street)에 80명이 일하는 콜센터가 마련되었다. 물론 이 사업의 제일 중요한 역할을 할 광고 분야에도 많은 투자가 필요했는데, 문제는 Boo.com이 너무 과도하게 이 분야에 예산을 쏟아부었다는 데에 있다. 특별한 이미지를 주기 위해 광고의 모델은 프란시스 포드 코폴라 감독(Francis Ford Coppola)이 선택되었고, Boo의 광고는 고객의 눈길을 끌기 위해 즉시 상업 TV방송과 유럽의 영화관에서 상영되었다.

처음 사업을 시작할 때 Boo.com은 구입 고객에게 프리미엄 가격으로 수준 높은 제품을 판매하려는 큰 꿈을 가지고 있었다. 그러나 불행하게도 판매는 예상에 훨씬 미치지 못했고, 겨우 한 시즌이 지난 후, Boo.com은 재고품 처리와 고객 유치를 위하여 제품 가격을 40%나 끌어내려야 했다.

결국 2000년 5월 이 회사의 예산은 모두 동이 나고 말았다. 그리하여 공동 창업자 말름스텐은 KPMG에게 이 회사의 사업청산을 해달라는 요청을 하게 되었다. KPMG의 파트너로 사업정리팀을 이끌고 있는 믹 맥롤린(Mick McLoughlin)은 이에 대해 다음과 같이 설명하고 있다. "이 회사의 경영진은 사업 인프라 구축에 지나치게 과도한 자금을 투자했다. 그러나 불행하게도 판매가 예상에 훨씬 못미쳤다. 이 상황에서는 누구라도 망할 수밖에 없다." 한편 BBC도 Boo.com의 파산에 대해 'Boo.com은 신속하게 고객을 유치하지 못해서 예상보다 높은 매출을 올릴 수 없었고, 그 결과 높은 투자비용을 회수하는 데 실패했다'고 그 실패의 원인을 보도했다.

점검 3
exercise

우리 회사의 신규고객 유치비용은 얼마나 될까?

우리 회사의 신규고객 한 명을 유치하는 데에 들어가는 비용이 얼마인지 계산해보자.

분야(연기준)   비용

1. 연구 조사 - 신규고객 유치에 배정된 예산 파악

2. 분석 - 직원 근무 시간 vs. 현재 시간당 임금

3. 전략 개발 - 신규고객 유치 전략 도입 및 집행시간

4. 상품 개발- 신규고객만을 위해 할애된 상품 개발 활동

5. 기술 서비스 지원 - 기술 지원서비스 활동 영역별로 비용 계산

6. 할인/샘플 제공 - 신규고객에게 제공된 할인 및 재정 혜택

7. 유통 - 신규고객을 위한 셋업 비용

8. 광고 - 신규고객을 위하여 할애된 광고비

9. 세일즈팀 가동 - 기존팀과 신규고객팀 간의 할애된 시간 파악

10. 기타

   총비용 =

   총 비용을 지난 12개월 동안 유치한 고객수로 나눈 비용 =

참고 문헌

Donald, Helen (2000), 'Lessons in Netiquette', *Marketing Means Business for the CEO*, Chartered Institute of Marketing, Spring.

Glick, Byran (2000) 'boo.com's fall makes realism the fashion', *Computing*, 26, May.

Newell, Frederick (2000) *Loyalty.com*, McGraw Hill.

Treacy, Michael and Wierseman, Frederik D. (1997) *The Discipline of Market Leaders: Choose your Customers, Narrow your Focus, Dominate your Market*, Addison Wesley.

Wileman, Andrew (1999) 'What's a customer worth?' *Management Today*, June.

뒷꿈치가 아파왔다. 그러나 아직도 전시회는 하루가 더 남았다. 매번 무역전시회에 참여할 때마다 수많은 사람들을 만나 미소를 짓고 악수만 한 것 같은 느낌이 든다. 에어컨 시설이 잘 되었음에도 불구하고 전시장에 워낙 방문객이 많아 실내 공기는 후덥지근하다. 그리고 여기 저기 사람들이 악을 쓰는 소리에 귀가 멍멍하다. 그녀의 목소리도 갈라지고 목도 아프다. 그런데도 상대방과 대화를 나누려면 자신도 모르게 목소리를 높여야 한다. 그 순간 그녀의 소망은 호화로운 시설이 갖추어진 스파 수영장의 시원한 물 속에 들어가 있는 것이다. 그러나 그러한 생각을 할 수 있는 시간을 내는 것조차 그녀에겐 사치이다.

그 때 수많은 사람들 사이로 낯익은 얼굴이 들어왔다. 그 얼굴을 보는 순간 그녀의 피로와 짜증은 순식간에 사라지고 그녀의 얼굴에는 자신도 모르게 미소가 떠올랐다. 자신이 진정으로 좋아하는 이 고객과 함께 비즈니스를 한 지가 얼마나 오래 되었던가? 언제부터 고객관계였었는지 정확하게 기억이 안 난다. 그러나 그녀의 마음에는 함께 했었던 행복했던 순간들이 하나 둘 밀려온다. 그녀가 처음으로 현장 근무 요원으로 발령이 났을 때, 그 고객은 물심양면으로 지지를 보내주었다. 그녀가 주위의 예상을 깨고 2단계 승진을 했을 때, 제일 먼저 전화를 해준 사람도 그 고객이었다. 또한 그녀가 정부 조사 문제로 곤란을 겪고 있을 때 그 고객은 조언을 아끼지 않았다. 양쪽 회사의 동료들끼리 함께 했었던 저녁 식사는 항상 즐겁기만 했다. 신상품 소개행사도 늘 유머러스한 분위기에서 진행되었다. 가끔 정시 배달 약속을 못 지키는 불상사가 발생했을 때에도 이 고객은 인내와 신뢰 그리고 예의를 가지고 기다려 주었다. 그녀에게 문제가 있을 때마다 달려와 도와준 그 정성에 대한 고마움을 어떻게 다 표현할 수 있을까?

그녀는 앞으로 10분 동안 매우 행복할 것 같다는 생각을 한다. '하느님, 어려울 때마다 저를 도와주는 충성고객을 제게 보내주셔서 정말 감사합니다!'

기 업에게 계속적으로 충성을 다하는 고객은 끊임없이 변화에 대응해야 하는 이 세계에서 기업이 뿌리를 내리고 버틸 수 있게 하는 확실한 버팀목 구실을 한다. 이 충성고객들의 존재는 겉으로 보이지는 않지만 기업에게 마음으로 안도감을 주고 물질적으로도 기업의 수익을 보장해주기도 한다. 기존고객이 기업에게 주는 가치는 크게 5가지로 요약해볼 수 있다(표 4_1 참조). 그런데 이 가치와 수익을 한층 더 높일 수 있는 방법이 있다. 잘 알다시피 일부 고객들은 다른 고객들보다 기업에게 훨씬 더 많은 수익을 제공해준다. 앞서 언급했듯이 이 파레토의 80/20 법칙은 20%의 고객이 기업 수익의 절대부분을 차지한다는 사실을 보여준다. 이 20%의 고객이야말로 바로 기업이 믿고 의지해야 할 충성고객인 것이다.

충성고객의 가치 1 : 만족하는 고객이 더 많은 구매를 하게 된다

로열티가 가치 있는 이유 중의 첫 번째는 바로 만족한 고객은 다시 돌아와 재구매를 하게 되고 그리하여 기업의 장기적인 수익원이 된다는 것이다. 인간에게는 즐겁고 긍정적이었던 경험은 다시 시도하고 싶어하고, 반대로 기분나쁘고 부정적이었던 경험은 피하고 싶은 본능이 있다. 또한 인간에게는 새로운 것을 매번 시도하는 복잡한 과정을 피하려는 심리가 있

> • 만족한 고객은 더 많은 구매를 하는 경향이 있다.
> • 고객에 대해 더 잘 알게 되면 될 수록 기업의 비용이 감소한다.
> • 충성고객은 기업과 마켓 지식을 공유한다.
> • 충분히 보상을 받았다는 느낌을 받은 고객은 프리미엄 가격을 지불할 준비가 되어 있다.
> • 만족한 고객은 다른 고객에게 기업이나 브랜드를 추천한다.

표 4_1 충성고객으로부터 얻을 수 있는 가치

다. 그러므로 한 번 구매를 통해 기분좋은 경험을 한 소비자는 다시 재구매를 하기 위해 그 업체와 브랜드로 돌아오게 된다. 이것이 바로 기업과 고객 간의 장기적인 관계의 시발점이 되는 것이다.

장기적인 고객관계 구축이 더 중요한 이유는 재구매를 위하여 기업이나 브랜드를 찾은 고객은 첫 번째 구매보다 더 많이 구입하는 경향이 있기 때문이다. 시간이 흐름에 따라 반복적인 구매를 하는 고객들은 구매 액수, 구매량 그리고 구매 빈도에 있어 계속적으로 증가하는 경향을 보인다. 물론 이러한 경향에도 예외가 있기는 하다. 예를 들어 구매자가 멀리 이사를 가서 다시 돌아올 수 없는 경우 그리고 상품의 특성상 한 번 구입하면 재구매가 필요없는 경우가 바로 그것이다. 이외에도 첫 번째 구매를 하고 나서 재구매를 시도하려고 하는 순간 기업이 제공하는 상품이나 서비스의 가치가 경쟁력이 없거나, 서비스가 형편없거나 또는 구매하려는 상품이 없는 경우 재구매는 불가능하다.

이러한 예로 들 수 있는 것이 바로 혼다자동차(Honda)인데, 1970년대 혼다자동차는 소형차로 로열티 구축에 성공을 했다. 그러나 시간이 가면서 이 자동차회사는 고객을 붙잡는 데 실패했는데, 불행하게도 소형 자동차 이후 그 다음 단계로 고객들이 구입하고 싶어하는 중대형 사이즈의 자동차의 종류가 형편없이 부족했기 때문이다. 이러한 점을 감안해볼 때, 기업들은 고객의 현재 성향을 분석해보고 고객의 다음 구매 행동을 예측하고 준비해야 한다. 그래야만 판매 증대를 통한 수익성 증가라는 목표에 도달할 수 있는 것이다(표 4_2 참조).

- 동일 카테고리에서 지출하는 경비를 늘리도록 유도한다.
- 장르를 가로지르며 다양한 종류의 제품을 구매하도록 한다.
- 고객의 다음 구매 욕구를 예측하여 신상품을 개발한다.
- 제품을 업그레이드한다.
- 구매 빈도수를 증가시킨다.
- 고객의 사업 규모 확대로 구매도 증가하게 만든다 (B2B의 경우).

표 4_2 만족한 고객의 구매를 증가시키는 다양한 방법

그렇다면 어떻게 고객의 구매를 증가시켜 수익성을 증가시킬 것인가? 첫째, 특정고객이 여러 브랜드를 동시에 애용하는 경우에 시장점유율을 증대시키는 방법을 찾아야 한다. 보통 많은 시장에서는 한 고객이 여러 업체의 제품을 동시에 애용하는 경우가 많은데, 브랜드마다 다른 특성을 모두 즐기고 싶어하는 심리 때문이다. 예를 들어 호주의 맥주 애용가들은 보통 4가지 브랜드의 맥주를 다 같이 애용하는데, 때와 장소에 따라 이 중 원하는 브랜드 맥주를 선택하여 마시는 경향이 있다. 또한 레스토랑에서 식사하기를 좋아하는 파리 사람들은 보통 좋아하는 단골 레스토랑 6~8군데를 오가며 식사를 하는 경향이 있다. 이처럼 공통 시장에서는 다른 브랜드보다 얼마나 더 큰 몫을 차지하는가에 기업의 미래가 달려 있다. 고객을 단순히 유인하는 데 그치지 않고, 여러 브랜드 중에서도 고객이 가장 선호하는 브랜드가 될 수 있는 대고객관계를 구축하는 것이 중요한데, 제1의 선호 브랜드가 되면 당연히 이 브랜드를 위해 고객이 지출하는 경비는 타 경쟁 브랜드에 비해 높을 수밖에 없다.

두 번째로 고객의 교차구매(cross-buying) 유도에서 기업 성장의 기회를 찾아야 한다. 특정 기업이나 브랜드 제품에 만족한 고객은 일단 믿을 수 있는 브랜드라는 생각이 들면 그 동일 브랜드의 타 제품이나 서비스를 망설임없이 구입한다. 예를 들어 GE의 장비생산 회사는 제트 엔진과 의료장비 보수유지로 2000년에 170억 달러를 벌어들였는데, 이것은 1995년의 80억 달러에 비하면 2배 이상 증가한 것이다. 또한 스웨덴의 광산 산업 장비 전문 생산업체인 스베달라(Svedala)도 GE와 비슷한 방향으로 가고 있다.

이를 증명하듯이 2000년 4월 11일에 개최된 스베달라의 연례총회에서 토마스 올데르(Thomas Older) 회장겸 CEO는 "우리 회사가 애프터마켓에 중점을 두는 이유는 바로 서비스, 수리 그리고 부품 판매 등의 분야가 우리 회사 전체 수입의 40%를 상회했기 때문이다"라고 밝힌 바 있다. 이 회사가 도입한 서비스패키지 제도에는 필요한 모든 부품의 차질 없는 공급, 정기적인 검사, 사고 예방을 위한 장비 관리 패키지 등이 포함되어 있다. 장비 그 자체 시장보다 서비스와 부품 시장의 규모가 4배나 더 크다는 판단하에 이처럼 적극적으로 제2의 시장으로 발을 넓혀가고 있는 것이다.

교차구매(cross-buying) 개념을 개발, 도입함으로써 고객의 욕구를 더 잘 이해하려고 노력하는 기업이 있다. 이 경우, 노력이 단순히 고객의 욕구 파악 단계에 그치지 않고 한 발 더 나아가 신상품을 개발하고 이에 걸맞는 새로운 서비스를 도입하는 단계로까지 발전할 수 있다. 예를 들어서 블록버스터 비디오(Blockbuster Video)는 아이가 태어나기 전까지는 극장에 잘 가다가 아이가 생겨서 극장에 가지 못하고 대신 비디오를 빌려보는 젊은 부부들의 안타까운 마음을 파악했다. 그래서 찾아낸 상품이 바로 팝콘이었다. 그리하여 비디오 대여점 진열장에 극장에서 먹던 팝콘이 새롭게 등장하게 되었다. 또한 블록버스터 비디오는 젊은 남자 손님들이 스릴러 비디오를 특히 좋아하는 것을 파악한 후 이들에게 유사한 성격을 가진 '총격전을 벌이는' 컴퓨터 게임을 권하게 되었다. 한편 영국의 축구팀 맨체스터 유나이티드(Manchester United)는 인터넷 사이트 www.trebleturf. co.uk를 통해 자신들의 전용 축구장인 올드 트래포드 축구장의 잔디를 조금씩 떼어서 판매하는 획기적인 아이디어를 도입했다. 보통 사람들에게는 이상하게 들릴지 모르는 이 판매 제안에 이 축구팀의 서포터들은 1999년 성공적인 시즌 마감을 축하하는 의미에서 기꺼이 이 잔디를 구입하는 긍정적인 반응을 보였다.

이런 식으로 기민한 마케터들은 고객의 욕구를 신속히 파악하여 대체상품 개발을 통해 판매량을 증가시키기도 한다.

장기적인 고객관계 구축이 중요한 또 다른 이유는 충성고객은 기존의 상품이나 서비스를 쉽게 업그레이드한다는 것이다. 상품을 구입해서 사용해본 후 그 업체가 확실히 믿을 수 있는 업체라는 확신이 들면, 고객은 그 다음 구매 때 좀더 기술적으로 복잡하고 가격도 더 높은 제품을 선택하게 된다. 예를 들어서 호주의 적포도주인 스톡만스 브릿지(Stockman's Bridge) 맛이 마음에 든 적포도주 애호가들은 그 다음 구매 때에는 이보다 훨씬 비싼 동일 까베르네 종류의 와인을 기꺼이 선택한다고 한다. 그리고 직장 근무를 위해 빅토리아스 시크릿의 심플한 스타일의 속옷을 사 입어

본 후 편안함에 만족한 미국 젊은 직장 여성의 경우, 특별할 때를 위해 이 브랜드에서 만든 화려한 속옷을 구입하는 데 돈을 아끼지 않는다고 한다.

만족한 고객의 또 다른 특징은 일반 고객들보다 구매 빈도가 더 높다는 것이다. 특히 소비재 상품의 경우 이러한 경향이 짙은데, 미국 버몬트 주에 있는 벤앤제리(Ben & Jerry's) 아이스크림이나 영국의 커피 체인 코스타 커피(Costa Coffe)는 이러한 특징의 대표적인 예라고 할 수 있다.

마지막으로 B2B의 경우, 만족한 고객의 사업이 잘되면 당연히 고객 기업의 수요가 증가하여 공급업체의 사업도 덩달아서 번창하게 된다. 영국의 문방구 도매업체인 바이킹(Viking)은 고객의 사업이 잘 되면 그와 더불어 사무용 문방구 이용도 급증한다는 사실을 발견했다. 이처럼 고객의 사업이 잘 되면 공급업체에 주문을 더 하게 되고, 그 결과 당연히 공급업체의 수익도 증가하게 된다. 그러므로 B2B 고객관계에서는 고객의 사업 번창은 공급업체의 사업번창과 직결되는 중요한 요소가 된다.

고객을 만족시켜 판매량을 최대한 증가시켜라

만족한 고객들은 더 많은 상품을 더 자주 구입하고, 그리고 더 고품질의 제품으로 전환하는 경향이 있다는 얘기를 위에서 언급했다. 이 모든 성향이 기업에게는 사업 확장의 기회가 된다. 그렇다면 고객의 이러한 성향을 어떻게 사업에 이용할 것인가? 고객을 더 만족시켜 이러한 경향을 더 가속화시킬 수 있는 구체적인 방법은 없을까?

이를 위해 기업은 전투에서 전열을 정비하듯 구체적인 상품 디스플레이 전략을 수립해야 한다. 예를 들어 최초의 구매를 유도하기 위한 '리드 라인' 상품으로 어떠한 상품을 내놓을 것인지, 그 다음 라인에는 어떠한 제품을 디스플레이할 것인지 소비자 심리를 파악해서 제품을 진열하는 것이 중요하다. 이것은 가장 쉬우면서도 확실한 방법이다.

예를 들어 의류업체 갭(Gap)은 항상 매장 제일 앞쪽에 티셔츠를 진열한다. 그 이유는 처음 매장에 들른 고객들은 값이 비싼 제품보다는 값이 저렴하고 부담이 없는 티셔츠류를 구입하는 경향이 있기 때문이다. 그리하여 특히 갭은 티셔츠 디자인에 각별히 신경을 쓰고 그리고 이에 대한 자신감을 보이고 있는데, 이 티셔츠의 품질과 디자인에 만족한 고객은 다른 제품을 구매하기 위해 매장으로 다시 돌아온다는 사실을 매우 잘 파악하고 있기 때문이다.

폭스바겐(Volkswagen)의 경우, 대가족들과 함께 골프를 치러다니는 작은 차에 만족하지 못하는 골프마니아를 위한 Passat라는 모델을 개발한 바 있다. 이처럼 최초 구매자와 재구매자들의 심리와 욕구를 파악하여 상품과 서비스를 카테고리별로 정리하는 전략은 고객을 만족시키며 기업이 원하는 방향으로 고객을 몰고갈 수 있는 가장 좋은 전략 중의 하나이다. 물론 최초의 구매자가 예상치 못한 고가의 고급 제품을 구입하는 일도 많다. 그러나 가장 기본적인 구매성향을 파악하여 충성고객을 증가시키는 방법이 제일 편안한 방법이라고 생각한다. 영국의 한 DIY(Do It Yourself) 소매업체는 고객들이 한 단계씩 계획을 세워 집안의 공사를 한다는 사실을 파악했다. 그리하여 고객이 와서 욕실 욕조를 구입해가는 경우, 이것이 공사의 시작이라는 사실을 짐작하고 그 다음 단계 공사인 타일 공사를 위한 타일 제품과 본드 제품 카탈로그를 보낸다. 고객이 타일과 시멘트풀에 필요한 기타 욕실 장식제품을 구입하는 경우, 마케터는 향후 2주 정도 후에 샤워커튼이 필요할 것이라고 믿고 그 때는 샤워커튼에 관한 안내 카탈로그를 보낸다.

이렇게 상품의 구매 성향을 파악하고 이에 대비를 하면 교차구매 유도가 용이해진다. 매 단계마다 고객이 필요한 것이 무엇인지 파악을 하고, 고객보다 한 발 앞서 고객에게 그 다음 단계에 대한 정보를 주고 조언을 해주는데 어떤 고객이 만족하지 않겠는가? 특히 서점들은 고객이 책을 구입하는 것을 보면서 그 고객이 어떤 성향의 책을 좋아하는지 쉽게 파악할 수 있다. 그리하여 구입한 책 사이에 북마크를 끼워 넣어주는데, 그 북마크에는 '이 책을 재미있게 읽으셨다면, 고객님께 OOO책도 추천해드리고 싶습니다' 라는 문구가 쓰여 있다. 이러한 구매 유도 테크닉을 '협업 필터링 (collaborative filtering)' 이라고 부르는데, 이 테크닉은 고객의 만족도 확인 여부에 관한 조사에서 중요한 역할을 한다. 어떤 책이든 이와 유사한 성격의 다른 책 구매를 유도할 수 있고, DVD를 한 번 구입한 고객은 다른 DVD를 구입하게 되어 있다.

이처럼 협업 필터링은 카테고리 별로 상품 재구매를 유도하는 방법이다. 영국의 국제적인 약품 및 관련 제품 소매체인인 부츠(Boots)는 아기 용품을 사는 고객들이 사진 액자도 많이 구입한다는 사실을 파악했다. 그리하여 이제는 고객의 편의와 판매 증진을 위해 기저귀 제품 진열대 옆에 사진 액자들을 진열해놓고 있다. 이제 기업들은 신규고객 유치도 좋지만, 기존고객을 만족시켜 더 많은 제품 구입을 유도하는 것을 기업의 사업목표로 삼아야 한다.

충성고객의 가치 2 : 고객을 알면 경비를 절약할 수 있다

기존고객을 많이 확보하고 있는 기업의 또 하나의 좋은 점은 기존고객의 성향을 파악하고 이에 대비한 상품이나 서비스를 준비할 수 있기 때문에 성향 파악에 들어가는 경비를 줄일 수 있고, 그 결과 수익성을 증가시킬 수 있다는 것이다(표 4_3 참조).

사실 고객의 다양한 특성을 잘 알고 있으면 기업에게 유리한 점이 한두 가지가 아니다. 우선은 직접적인 경제 효과가 있다. 예를 들어 고객과 기업 간에 서로 신뢰가 조성되면 상호 간에 직접 거래를 시작할 수 있다. 이것은 상호 간 모두에게 경제적인 방법이다. 보통 새롭게 사업을 시작하는 경우, 잘못하면 받아야 할 대금을 못 받는 경우가 발생한다. 그러나 고객과 장기적인 신뢰관계가 조성되면 기업의 간을 졸이게 만드는 일은 거의 발생하지 않는다. 대출 전문 기업들은 고객의 상환 방법을 분석해보면 고객의 수입이 얼마만큼 정기적으로 들어오는지 쉽게 파악할 수 있다. 이러한 정보는 향후 대출상품 권유를 쉬해 소

- 공동 계획 수립
- 거래 절차 간소화
- 간단한 어카운팅 시스템
- 인건비 감소
- 쓰레기 감소
- 악성 미납대금 감소
- 관리비 감소
- 실수 감소
- 지원 필요성 감소
- 고객 스스로 문제 해결
- 미래 예측으로 원료
  변동가에 대한 대비 가능

표 4_3 고객과의 관계가 깊어질수록 절감할 수 있는 비용

중하게 이용될 수 있다. 이렇게 충성고객은 계속적으로 기업 경비 지출을 감소하게 해주는 소중한 자산이 될 수 있는 것이다.

위에서 언급한 직접적인 경제효과 외에 간접적인 경제효과도 있다. B2B는 공급업체가 시간이 가면서 주문업체인 고객의 사업 성향을 더 잘 파악하고, 그 결과 주문 패턴을 쉽게 파악할 수 있다는 장점이 있다. 따라서 시간이 가면서 더 효율적으로 거래상의 관리가 이루어짐에 따라 실수도 현저하게 줄어든다. 설령 실수를 한다고 하더라도, 오래 거래를 한 거래업체는 앞으로도 오랫동안 계속 거래를 할 것이기 때문에 신규 거래업체보다 더 관용적인 태도를 보여주기 쉽다. 공급업체의 입장에서 보면 '미래 수요'를 예측하기 쉽고, 무엇보다 주문업체인 고객과 협의 하에 공동계획을 세울 수 있어 재고관리면에서 경비와 노력을 많이 절약할 수 있다. 수요에 대한 확신이 있는 경우 원료 조달면에서도 준비가 용이해지는데, 이 또한 공급업체의 경비 절감에 도움이 된다.

또한 거래가 장기화되면서 충성고객 주문업체는 행정적인 백업면에서 요구가 줄어든다. 상대 기업의 시스템을 잘 이해하고 이에 맞게 효율적으로 일을 하게 되기 때문이다. 또한 이미 상품에 대한 믿음이 있기 때문에 요구사항이 적어지는 면도 있다. 또한 문제가 발생할 때, 스스로 해결하는 경우도 많다. 예를 들어 소프트웨어 문제 해결 지원팀의 한 연구에 따르면, 지원을 요청하는 사람들의 절반 정도가 신제품 소프트웨어를 구입한 지 일주일이 안되는 신규고객이라고 한다. 일주일이 지나고 나면 문의 빈

도수가 급격히 감소한다. 그러므로 아무래도 그 제품에 익숙하지 않은 신규고객 수가 많은 경우, 그에 대한 지원 부담도 증가하고 그 결과 회사의 마진은 감소할 수밖에 없다.

그렇다면 여기에서 우리는 다시 한번 질문을 던져보아야 한다. 어떤 고객이 기업의 수익성에 가장 기여하는 것일까? 수천 개의 고객명단을 확보하고 있는 기업의 경우 정확한 분석과 평가를 거쳐 고객을 세분화하면 어떤 고객 부류가 가장 수익성에 기여하는지 찾을 수 있을 것이다. 기업 발전에 가장 큰 기여를 하는 이 고객 부류는 꼭 찾아내야 한다. 물론 B2B의 경우, 원료, 프로세스 타임, 인건비 등을 감안해서 보통은 경비 위주로 파악을 한다. 또한 어느 분야에 어느 정도의 인력을 배치했는가 하는 업무 위주 접근 방식으로도 파악이 가능하다. 그렇게 하면 가장 큰 수익성을 보장하는 고객 부류와 가장 큰 서비스와 지원 부담을 주는 최악의 고객 부류를 쉽게 가려낼 수 있다.

고객의 기업 수익성에 대한 연구를 하여 충성고객의 명단을 확보하게 되면, 그 다음에는 이들이 어떻게 하면 더 많이 기업의 수익성에 기여하게 할 수 있을지 그 방안을 강구해야만 한다. 그러기 위해서는 우선 고객의 가치 확인을 해야 한다. 고객이 진정으로 기업의 서비스를 높이 평가하고 있는지, 고객에게 최상의 서비스를 제공해주어도 전혀 아깝지 않은지에 대한 평가를 해야 한다. 그리고 어떻게 하면 고객의 시간과 돈과 근심을 덜어주면서 고객에게 가장 편리한 서비스를 제공해줄 수 있는지 그 방안을 찾아야 한다. 반대로 어떠한 서비스가 기업의 이윤을 갉아먹는지, 또 잘 사용하지 않으면서도 경비만 많이 들고 그 결과 고객에게도 별 이득이 안 되는 그런 서비스는 없는지 모두 확인을 해야 한다.

이를 위해서는 무엇보다 고객의 성향을 파악하는 것이 중요하다. 예를 들어서 환경보호 의식이 높은 독일(유사한 다른 나라에서도 마찬가지)에서 바디샵(Body Shop)은 고객이 물건을 구입할 때 주던 쇼핑백을 더 이상 주지 않겠다는 결정을 내렸다. 그러나 이러한 결정이 오히려 소비자들의 신뢰를 얻어 이 제품의 판매는 더욱 증가했는데, 고객들이 쓰레기 배출을 줄이면서 경비를 줄이려는 바디샵의 노력을 높이 평가했기 때문이다.

B2B 거래의 경우, 고객에 대한 이해 정도와 경비 절감에 관한 사항을 아예 거래 계약서 조항에 집어넣기도 한다. 계약직 직원을 파견하는 업체인 맨파워(Manpower)는 거래가 오래 계속될수록 인력 공급업체와 공급을 받은 업체 간에 편리한 점이 많은 것을 감안하여 계약서에 고객의 사용 기간이 길어지면 비용을 할인해주는 조항을 넣고 있다.

고객의 입장에서 경비를 절감시켜주려는 노력은 효율적인 대고객관계 구축에 있어서도 매우 소중한 요소가 될 수 있다. 예를 들어 TI그룹(TI Group)의 계열사인 분디(Bundy)는 체코의 자동차 생산업체 스코다(Skoda)에 연료 공급관을 공급하면서 고객에게 최대한 유리한 경비 절감 방안을 제시했다. 분디는 이전에 스코다에게 직선 튜브를 공급했다. 따라서 그 직선 튜브를 자동차 생산업체가 직접 구부려서 모양을 만들어야 했다. 그러나 분디는 전략을 바꾸어 사전에 곡선 모양의 튜브를 공급하여 자동차 생산업체가 그것을 바로 조립만 하면 되도록 만들었다. 물론 이렇게 만든 곡선 튜브의 값은 직선 튜브보다 더 비싸다. 그러나 곡선으로 만들다 실패하여 버려지는 원료와 직선을 곡선화하는 데 드는 인건비를 감안해보면, 실제로 스코다는 이전보다 더 적은 경비를 지출하게 되었다.

충성고객의 가치 3 : 고객 성향 파악은 트렌드 파악의 지름길

장기적인 고객관계 구축을 통해 얻을 수 있는 또 다른 좋은 점은 고객으로부터 기업이 많은 것을 배우고 문제를 개선할 수 있다는 것이다. 고객을 오랫동안 관찰하다 보면 문제점을 개선할 수도 있고, 또 고객으로부터 직접 정보를 받아서 상품 및 서비스의 품질 향상으로 이어질 수 있다(표 4_4 참조).

또한 장기간 거래 고객의 구매 패턴을 관찰하다 보면 새롭게 등장하는 트렌드를 예측할 수 있다. 100% 한 업체만 상대하는 고객이 갑작스럽게 특별한 아이템에 대한 주문을 줄이면 그것은 이 업체가 경쟁업체로 거래선을 바꿨다는 뜻이 아니고 마켓이 하향곡선을 타기 시작했다는, 즉 경기 흐름의 변화를 보여주는 현상이다. 실제 이러한 일이 호주의 알코올 함유 소프트 드링크 시장에서 발생한 적이 있다. 호주의 해당 업체는 시장 변화에 대한 공식적인 통계 자료가 제시되기 이전에 소비자 행동 패턴 변화를 통해 이러한 하향 조짐을 일찌감치 짐작하고 그에 대한 대책을 세울 수 있었다. 물론 때로는 고객들이 경쟁업체로 눈을 돌려 수요가 감소할 수도 있다. 그러나 영업 데이터에 의하면, 100% 한 업체하고만 거래하던 고객업체가 구매량을 줄이는 경우, 확실히 경기가 불황으로 접어들었다는 신호라고 한다. 그리하여 러시아 시장의 경우처럼 정확한 시장 데이터를 알 수 없는 곳에서는 100% 거래 고객 정보를 이용하여 시장동향을 파악한다.

- 트렌드 데이터
- 고객 행동 패턴을 통한 미래 예측
- 경쟁력 있는 정보 제공
- 신상품 및 서비스에 대한 아이디어 제공
- 피드백, 불만 및 리서치 제공
- 신상품에 대한 테스트 대상
- 세미나 및 교육 프로그램에 기여

표 4_4 고객이 기업에게 제공할 수 있는 시장 정보

　정기적으로 물품을 구매한 고객은 보통 경쟁력이 있는 데이터를 공급해준다. 그들은 라이벌 공급업체의 신기술, 신상품 개발 그리고 새로운 전략 개발에 관한 정보를 기꺼이 제공해준다. 오스트리아의 공구 및 공장자동화 사업의 경우, 현재 시장가격에 관한 가장 정확한 정보는 모두 공식적인 통계에서 오는 것이 아니라 가깝게 지내는 고객으로부터 피드백 형태로 나오는 것이다.

　충성고객들과의 커뮤니케이션은 경쟁력 확보에 있어 매우 중요한 바탕이 된다. 하인즈 앤 팔리(Heinz and Farly)는 '베이비 앳 홈(Baby at Home)' 캠페인을 통해 1년 동안 습식 또는 건식 유아 식품을 1,110만 파운드 어치나 판매했는데, 이러한 캠페인을 시도하게 된 배경은 150만 명에 이르는 젊은 엄마들과의 대화에서 얻은 정보였다.

　충성고객과 대화를 통해 고객의 반응을 정확히 파악함으로써 기업은 대고객 서비스를 개선하고 서비스의 질을 높일 수 있다. 또한 그렇게 함으로써 장기적으로는 시장에서 세력을 강화할 수 있다. 충성고객의 불만사항은 보통 단순한 불만으로 처리되지 않고 주의깊게 듣게 되어, 장기적으로는 제품이나 서비스의 개선을 가져오는 중요한 정보가 된다.

　영국의 한 소비자 대상의 은행은 고객의 불만사항을 주의깊게 관찰한 결과, 고객별 차별화 메일에 관한 불만이 제일 많다는 사실을 발견했다. 보통 한 가정에는 은행 계좌를 가지고 있는 사람이 2명 이상 있다. 식구 중 한 명은 '고객님은 우리 은행의 가장 소중한 고객이십니다' 라는 문구와 함께 특별 차별화 상품의 권유를 받았는데 다른 식구는 이런 메일을 받지 못하는 경우, 이 고객은 이러한 차별 대우에 대한 불만을 토로하게 되는 것이다. 이 문제를 파악한 은행은 그 다음부터는 한 가정당 계좌 보유현황을 파악하여 '가족' 단위별로 메일을 보내게 되었고, 불만이 감소한 고객들의 호응으로 그만큼 경쟁력을 더 확보하게 되었다.

　충성고객이 중요한 또 다른 이유는 다른 일반 고객이나 직원들을 위해 교육 세미나를 개최할 때 충성고객의 참여를 유도할 수 있다는 점이다. 애쉬리지 경영대학(Ashridge Management College)에서는 고객관리 관련 수업을 할 때, 꼭 중간에 주요 공급업체 대표를 초빙하여 어떻게 왜 고객이 중요하고 장기적인 고객관계를 통해서 무엇을 얻을 수 있는지 배우는 과정을 마련한다. 나중에 기업 경영자 입장에서 볼 때 고객을 제대로 이해하고 고객을 최우선으로 놓는 전략이 무엇보다 중요하기 때문이다.

충성고객의 가치 4 : 프리미엄 가격

충성고객의 네 번째 가치는 이들이 최초로 구매를 하는 신규고객보다 가격에 덜 민감한 반응을 보인다는 것이다(표 4_5 참조). 그들에게는 가격이 이 기업을 선택한 유일한 선택기준이 아니기 때문이다. 충성고객은 브랜드나 기업을 선택할 때 고객 서비스, 배달에 대한 신뢰감, 기업의 문제해결 자세, 제품 개발 과정, 고객에 대한 예우 및 상호 간의 이해관계 등 전반적인 가치를 평가한 후 그 브랜드나 기업을 선택한다. 이렇게 전반적인 경험을 통해 고객은 낯선 기업을 선택하는 것보다는 기꺼이 프리미엄 가격을 지불하는 편을 선택한다. 우리는 이것을 보통 '브랜드 프리미엄'이라고 부른다. 예를 들어 티켓마스터 UK(Ticketmaster UK)는 웹과 전화로 콘서트와 공연 티켓을 판매한다. 3만8천 명 정도 되는 이 회사의 고정 고객들은 18파운드라는 가입비를 기꺼이 지불했는데, 이는 앞으로 있을 행사 등에 관한 상세한 정보를 사전에 통보받는 등 많은 잇점이 있기 때문이다.

- 신규고객보다 가격에 덜 민감하다.
- 가치의 확실성을 중요시한다.
- 장기 관계의 이득을 파악하고 있다.
- 브랜드 가치를 안다.
- 경쟁자의 가격을 이용해 가격인하를 유도한다.
- 거래선 변경 시 비용을 따져본다.

표 4_5 만족한 고객들이 프리미엄 가격을 지불하는 이유

범용 상품 시장처럼, 충성고객이 가격에 더 예민한 반응을 보이는 시장의 경우 관계의 가치는 다르게 나타난다. 이탈리아 시멘트 시장 경우를 보면, 고객은 프리미엄 가격에 크게 흔들리지 않는다. 그렇지만 경쟁 공급업체가 더 낮은 가격을 이 고객에게 제시하는 경우, 경쟁업체의 오퍼를 거절하고 대신 그동안 거래하던 공급업체에 경쟁업체과 같은 가격으로 공급해

주거나, 가격 격차를 줄여줄 것을 요구함으로써 기존 공급업체와 거래를 계속한다. 이러한 것도 중요한 충성도 현상의 하나로 볼 수 있다. 이러한 형태의 관계는 프리미엄 가격은 지불하지 않지만, 기업의 경쟁력을 높여 장기적으로는 수익이 증가할 수 있는 중요한 요인이 된다.

고객이 프리미엄 가격을 지불하는 중요한 이유 중의 하나는 거래선을 바꾸게 되면 그에 따른 추가 경비가 들기 때문이다. 거래선의 변경은 경제적인 부담뿐만 아니라 시간 낭비도 초래한다. 그러므로 고객들은 이러한 복잡한 과정보다는 차라리 프리미엄 가격을 지불하는 편을 선택하는 것이다. 여기에 낯선 공급업체와 낯선 상품 및 서비스를 선택하면서 느끼는 심리적인 공포감도 충성도에 큰 역할을 한다. 거래업체나 브랜드 변경에 대한 이 모든 요인를 잘 평가하고 이해하는 것이 무엇보다 고객관계 구축의 이해에 있어 중요한 열쇠가 된다.

충성고객의 가치 5 : 입소문 효과

장기적인 고객관계 구축의 다섯번째 가치는 바로 입소문 효과이다. 만족한 고객은 입소문을 내고 다니면서 그 브랜드나 기업을 새고객에게 추천하는데, 이의 비즈니스 효과는 절대 무시할 수 없다. 자신의 구매에 만족한 고객들은 즉시 그리고 확실하게 주변에 있는 사람들이나 다른 회사에 같은 선택을 할 것을 권고한다. 많은 나라에서 혼다자동차의 쇼룸으로 자동차를 사기 위해 오는 사람들은 대부분 혼다자동차를 구입한 후 만족한 기존고객들의 강력한 추천을 받고 오는 사람들이다. 이러한 지인들의 추천은 광고를 잘 믿지 못하고 새로운 것을 선택하는 것을 두려워하는, 나이가 좀 든 연령층에게 특히 효과적이다.

2000년 6월 DCI가 미국 매사추세츠 주 보스턴에서 개최한 CRM 회의 겸 전시회에서 행한 기조연설에서 프라이스라인닷컴(Priceline.com)의 론 로즈(Ron Rose) 정보담당최고임원(CIO)은 최근에 발표된 고객관리

- 즉각적인 입소문을 낸다.
- 기꺼이 품질에 대해 증언을 해준다.
- 고객들을 소개해준다.
- 시범을 보인다.
- 특정 브랜드의 '쇼핑백을 들고 다니며' 광고 효과를 낸다.

표 4_6 만족한 고객이 다른 고객을 유치하는 다양한 방법

조사 결과와 유사한 예를 발표한 바 있다. 그에 따르면 프라이스라인닷컴에 만족하는 사용자의 경우 한 사람당 평균 18명의 친구들에게 자신의 만족스러운 경험을 이야기한다고 한다. 이러한 예를 보면 입소문 추천이 사업 확장에 얼마나 큰 역할을 하는지 잘 알 수 있다.

물론 한 발 더 나아가 기업이 이러한 추천을 유도하고 고객이 이에 대해 적극적으로 참여하는 방법도 고려해 볼 수 있다. 제한된 방법이기는 하지만, 고객의 허락을 받아 특별 고객 명단을 작성하여, 적극적으로 공급업체를 추천하는 편지를 쓰게 하거나 추천란에 증언을 하게 하는 방법도 사용할 수 있다. B2B 마케팅의 경우, 이러한 방법은 새롭게 거래처를 찾는 신규고객에게 이 회사와 거래하면 안심할 수 있다는 믿음을 주고 두려움을 없애준다는 점에서 특히 효과가 있다.

충성고객의 가치 6 : 고객의 경험 고백을 통한 선전 효과

영국의 한 대형 백색가전 소매체인은 영업팀 직원들에게 제품이 배달된 지 5일 안에 신규 구매자들에게 전화를 하게 한다. 그리하여 배달원들의 태도, 효율적인 설치 과정, 제품에 대한 이해도 등 모든 사항에 불만이 없는지 조사를 하게 한다. 만일 문제가 있다면 물론 즉시 시정을 한다. 그러나 대부분의 경우, 고객의 대답은 긍정적이다. 영업팀 직원은 전화를 끊기 전에 마지막으로 그 제품을 구입하기 위해 매장에 들른 고객이 제품 사용

경험을 듣고 싶은 경우, 전화문의를 해도 되는지 물어본다. 기존의 고객들에게 제품 사용 문의를 위해 연락해도 되냐고 묻는 경우 혼쾌히 허락을 할까? 약 60% 정도는 거절을 하거나 아니면 조건을 단다. 그러나 나머지 40%는 기꺼이 그 제안을 받아들인다. 이 고객들은 자신들의 구매에 매우 만족하고 자부심을 갖고 있는 사람들이다. 그렇기 때문에 새로운 구매자들과 기꺼이 그들의 정보를 나누려고 하는 것이다. 이 가전업체는 기존고객에게 이와 같은 질문을 던짐으로써 다음 5가지의 이득을 얻을 수 있다.

1. 단순히 이 질문만 던져도 보통 고객들은 앞으로 다른 물건을 더 구입하겠다는 생각을 하게 된다.
2. 이 질문은 최근에 구입한 구매자로서 만족감을 표시한 구매자들의 명단인 '블랙 북'을 가지고 있는 영업 직원의 자신감을 증가시켜 준다.
3. 만일 구매자가 확실한 결정을 하지 못하고 망설일 때, 판매 담당 직원은 이 강력한 추천 무기를 꺼내기만 하면 된다. "최근에 이 제품을 구입하신 고객분과 말씀 한 번 나누어보시겠습니까?" 물론 이렇게 질문을 하면 대부분은 기존고객의 추천을 들어보지 않고서도 구매 결정을 내린다.
4. 만일 망설이던 고객이 전화를 하는 경우, 이들은 기존 구매고객의 설명을 듣고 보통은 설득을 당한다. 그리고 다음에는 기꺼이 자신이 추천자의 역할을 하게 된다.
5. 이렇게 추천에 의해 제품 구입을 결정한 고객의 경우, 나중에 설치에 문제가 조금 발생해도 이를 그리 문제삼지 않는다. 이들은 추천자의 견해를 믿으며, 이러한 문제가 발생한 이유는 서비스가 형편없어서가 아니라 그날 '운이 나빴기' 때문이라고 해석을 한다.

기존고객을 추천인으로 내세우는 이 테크닉은 보통 B2B 거래에서 흔히 행해지는 방법인데, 요즘에는 신기하게도 이러한 접근 방식이 오히려 B2C 시장에서 그 세력을 확장하고 있다.

이러한 추천인 역할을 거절한 기존고객도 물론 간접적이고 수동적인 가치를 얼마든지 제공할 수 있다. 예를 들어 아주 잘 차려입은 쇼핑객이 노드스트롬(Nordstrom) 백화점 쇼핑백을 들고 가는 경우, 그것만으로도 충분히 간접적인 추천 효과가 있는 것이다.

황금 고객들로부터 이익을 거둬들이자

결론적으로 말하자면, 장기적인 '황금' 고객들이야말로 기업에게 엄청난 이득을 가져다주는 사람들이다. 그러므로 이들과 실질적인 관계를 구축하는 데 아낌없는 투자를 해야 한다. 이러한 관계가 구축되면 시간이 가면서 기업의 이익은 당연히 증가한다. 더 발빠른 기업들의 경우 이러한 성장에 만족하지 않고 한발 더 나아가 이익을 최대화하기 위해 노력한다. 그리하여 적극적으로 고객관계에 매달리는데, 기업의 이윤이야말로 이 고객관계를 어떻게 관리하느냐에 따라 변화한다는 사실을 누구보다도 더 잘 이해하고 있기 때문이다. 이 고객관계관리 과정을 다시 정리하여 보여주자면 다음과 같다.

항목	확인 사항
신규고객 확보 비용	신규고객 유치에 들어간 비용을 회수하기 위한 최소한의 고객 이탈방지 기간을 계산한다.
판매량 증가	고객의 구매 패턴을 분석하여 판매량을 더 증가시킬 수 있는 영업 방법을 개발한다. 특히 교차구매를 유도한다.
경비 절감	고객의 입장에서 수익성을 평가해본다. 가치가 전혀 창출되지 않는 항목을 찾아낸다. 고객으로부터 고객의 성향을 잘 관찰하여 앞으로의 트렌드를 예측한다.
지식 획득	시장 동향을 파악하고 고객과 노하우를 공유한다.

	프리미엄 고객의 거래선 변동 시 드는 모든 비용을 파악하여 이들이 빠져나가지 못하도록 높은 장벽을 설치한다.
추천	고객의 추천을 유도하고 이를 증표와 말로 제시하도록 한다. 고객 추천은행 제도를 도입한다.

로열티를 확보하고 고객관계 중요성을 강화시키기 위한 실천방안의 수립이야말로 기업 수익성 확보의 지름길이라는 사실을 잊지 말자.

황금 중에서도 더 소중한 고객을 찾자

기존고객은 황금이라고 했는데, 이들 중에서도 더 빛이 나는 고객들이 있다. 이들은 똑같은 황금이라도 크기가 다르다. 고객의 거래실적을 살펴보면, 확실히 기업에 더 많은 수익을 안겨주는 고객이 있다. 유럽의 휴대폰 시장을 보면 선불카드를 이용하는 고객들이 절대적으로 많다. 그러나 금액이나 빈도수에 있어서는 선불카드를 이용하는 고객들보다는 계약제로 전화를 사용하는 소수의 고객들이 대다수 선불카드 이용 고객을 앞서고 있다. 영국 동부에 있는 건설회사에 건설원료를 공급해주는 한 회사는 고객들의 거래실적을 분석해 본 결과 상위 20%의 고객이 이 회사 전체수입의 80.2%를 차지하고 있다는 사실을 발견했다.

이렇게 소수의 사람들이 가치의 대부분을 차지하는 이 80/20 경향에 대해 최초로 연구를 한 사람은 바로 이탈리아 사회학자이자 경제학자였던 빌프레도 파레토(Vilfredo Pareto, 1843~1923)이다. 자신의 첫 번째 저서 『정치경제학 강의(*Cours d'Économie Politique*, 1896/7)』에서 이탈리아 부의 80%가 전체 인구의 20% 손에 있다는 사실을 밝혀냈다. 복잡한 수학 공식을 이용하여 그는 소득분배가 아무렇게나 이루어지는 것이 아니라 늘 과거에도 80/20의 방식으로 이루어졌다는 사실을 밝히려는 시도를 했다.

표 4_7 수익 저울 : 20%의 고객이 80% 고객의 수익 보장

믿을 수 있는 고객은 누구인가?

80/20의 법칙은 이제 누구나 인정하는 확실한 법칙으로 자리잡았다. 이제는 누구나 소수 20%의 고객들이 전체 기업 수입의 80%를 차지한다는 사실을 인정한다(표 4_7 참조). 같은 분석 논리로 20%의 고객이 전체 서비스나 기술적 지원 요구의 80%를 차지한다는 결론에 도달할 수 있다. 이러한 비율은 업종의 차이에도 불구하고 대부분 유사하게 나타나는 경향이 있다.

다시 말하면 소수의 고객들이 대부분의 수익을 보장한다는 것이고 이들의 가치는 나머지 고객들과 비교할 수 없을 정도로 크다는 것이다. 기업의 지출 면에서 이 비율을 따져보면 소수 고객이 기업 지출 부담의 대부분을 차지한다는 사실을 알 수 있다. 이렇게 기업의 지출과 수입의 양면을 평가해보고 이제는 가장 높은 수익성을 보장하는 고객들을 찾아내야 한다. 이것이 바로 고객관계 전략에서 최우선으로 해야 할 일이다.

최고의 고객에게 집중하라

CRM 소프트웨어만 있으면 이제는 높은 수익을 보장하는 고객들을 쉽

게 가려낼 수 있다. 일단 최우량고객의 명단이 확보되면 이들의 현재 요구사항과 미래의 필요사항을 파악하고 이에 부응하는 전략을 수립해야 한다. 물론 이 고객들을 붙잡는 것이 기업의 최상 목표이다. BT 와이어리스(BT Wireless)의 피터 어스킨(Peter Erskine) 대표는 파이낸셜 타임즈(2000년 9월 21일자)에서 다음과 같이 얘기한 바 있다. "고객수에 있어 최고의 기업이 되는 데에는 전혀 관심이 없다. 양이 많으면 당연히 쓰레기도 많기 때문이다. 내가 관심이 있는 사람들은 바로 최고의 가치를 지닌 고객들이다."

CRM 소프트웨어의 또 다른 장점은 지금 당장은 아니더라도 미래에 큰 수익을 안겨줄 잠재고객들을 찾아낼 수 있다는 점이다. 그러나 찾아내는 것은 쉬워도 이들 핵심고객들과 살아 있는 고객관계를 구축하는 것은 생각만큼 쉬운 일이 아니다.

80/20 법칙

비즈니스 관계는 생각보다 규모도 크고 복잡해서 이를 실제 무리없이 실현하고 유지하는 데에는 인간 특유의 섬세한 대응 기술이 요구된다. 우리가 앞서 소개한 8가지 인간관계 특성을 감안한 대고객관계의 특징은 지극히 인간적인 노력을 요구하는 것들이다. 이러한 인간적 고객관계를 유지하고 충성고객을 위한 정보를 계속 업데이트하기 위해서는 사람만이 생각해낼 수 있는 인간적인 노력이 필요하다.

즉, 컴퓨터만으로는 이러한 인간관계를 유지할 수 없다는 얘기이다. 컴퓨터는 고객 한명 한명에게 자신이 특별하다는 느낌을 줄 수 없다. 물론 어떤 기업도 고객에게 개별적인 일대일 서비스를 보장해줄 만큼 충분한 인적자원을 보유하고 있지 않다. 사실 최고의 고객들은 인간적인 서비스와 컴퓨터가 제공해주는 자동화된 정보가 균형을 이루며 제공되기를 원한다. 이러한 노력을 기울이되 기업은 80%의 노력을 기업 수익의 80%를 보장해주는 20%의 고객에 집중시켜야 한다.

여기에서 무엇보다 중요한 것은 기업에게 80%의 수익성을 보장해주는 이 20%의 고객과 관계를 구축하되, 인간적인 관계의 특징을 그대로 반영해야 한다는 것이다. 그래야만 살아 있는 기업과 고객과의 관계가 실현 및 유지될 수 있을 것이다.

모범사례 example — 스위스에어(Swiss Air)

현재 유럽 최고의 항공사 중의 하나로 알려진 스위스에어(www.swissair.com)는 1931년 3월에 설립되었다. 1934년 유럽 항공사로는 최초로 스튜어디스 제도를 도입한 항공사가 바로 이 스위스항공이다. 이 항공사는 1968년 모두 제트기로 기종을 바꾸었고 1982년에는 수송 승객 1억 명을 돌파한 바 있다. 그러나 스위스에어는 양보다는 질에 전략 포커스를 둔다. 고급서비스에 대한 고객들의 욕구가 높아지자 1984년 이 항공사는 비즈니스 클래스 제도를 도입한다. 그리고 항공사의 단골 승객들의 의견을 반영하여 1988년, 스위스 모든 기차역에서 체크인을 할 수 있는 제도를 도입한다. 그리하여 기차와 비행기가 연결되어 승객 짐을 수송하는 제도가 최초로 도입된 것이다.

스위스에어는 일찍이 출장여행을 하는 소수 승객들이 이 회사 수입의 큰 부분을 차지한다는 사실을 파악했다. 스위스에어의 한 자료에 따르면, 20~30명의 개인 승객이 이 항공사 수입의 상당 부분을 보장하고 있다고 한다. 그러므로 당연히 스위스에어 각 지점장들은 이 최고고객들을 주말에 집이나 최고의 레스토랑으로 초대해 접대를 하고 이들과 친구처럼 지낸다. 그리고 이들로부터 여행에 관한 여러 정보와 그리고 향후 전망에 관한 견해도 듣는다.

스위스에어는 비즈니스 클래스 제도에 만족하지 않고 1999년에는 퍼스트 클래스 제도를 도입했다. 그리하여 2000년 6월에는 스위스에어의 모든 장거리 노선에 이 일등석 제도를 확대했다. 이들 일등석 손님을 위해 취리히나 제네바(이 항공사의 정기 노선들이 대부분 이 두 도시를 중심으로 이루어짐)에서는 그 손님들의 차를 대리주차하는 서비스를 제공한다. 그뿐만 아니라 이 최우량고객의 차를 세차해주고 연료탱크도 채워놓는다.

물론 이런 서비스보다 더 중요한 것은 운항 시간의 정확성이다. 이 정확성 면에서 스위스에어는 어느 항공사보다 우수하다. 다른 항공사에서 매일 다반사로 일어나는 출발 지연이 이 항공사에는 1년에 몇 번 일어날까 말까이다. 혹시 출발이 지연되는 사태가 발생할 경우 일등석 승객들에게는 휴대폰으로 즉시 지연에 관한 안내 메시지가 나간다. 물론 기내 일등석 손님 좌석 앞에는 TV가 놓여 있어 얼마든지 뉴스를 볼 수 있고, 에어버스 330 기종의 경우 승객 앞에 놓인 스크린으로 매 시간 문자뉴스가 업데이트되어 제공된다. 식사는 최고급으로 제공되며 모든 일등석 좌석은 201센티미터짜리 침대로 변신된다. 2000년 6월 22일 언론에 발표한 자료를 통해서 베르나르 에클린 상품담당 매니저는 "우리는 우리가 생각했던 목표를 훨씬 뛰어넘었다. 이는 우리 최고고객들 중에서도 75%가 일등석만 이용하기 때문이다"라고 얘기한 바 있다.

한편 최고고객들에게 항공사가 이들을 얼마나 소중히 여기는지 보여주기 위하여 스위스에어는 '패스트 트랙 시스템(Fast Track System)'을 도입했다. 1999년 12월 16일에 시작된 이 제도에 따라 스마트카드를 보유한 승객들은 이 카드만 제시하면 복잡한 체크인 절차를 서류없이 신속하게 처리할 수 있다. 이 카드가 효과를 거두자 스위스에어는 이 카드 제도를 부킹, 체크인, 라운지서비스, 보딩, 그리고 기내서비스, 도착 및 화물서비스에 까지 확대하였다.

물론 이 카드와 연결된 회사의 CLIP 시스템에는 승객과 승객의 여행에 관한 모든 정보가 다 들어 있다. 그러므로 비행기 조종사들을 비롯한 승무원들과 지상근무 요원들은 카드를 제시한 승객의 예약 정보, 과거 여행전력, 특별한 요구사항, 승객의 화물 등 승객에 관한 모든 정보를 이미 다 파악하고 있다. 이때문에 승객이 요구하지 않아도 주어진 시간에 가장 자연스러운 방법으로 각 개별고객의 요구에 쉽게 부응할 수 있는 것이다.

점검 4 exercise

우리 회사 고객의 수익 기여도는?

1. 고객을 기업 수익 기여도 별로 분류해보자. 그리고 고객을 두 부류, 즉 기업 수익의 80% 창출에 기여하는 고가치 고객들과 그렇지 않은 저가치 고객들로 분류한다.

2. 서비스 지원에 대한 고객들의 이용량을 계산해서 이에 들어가는 여러 가지 요소들, 즉 직원근무 시간, 헬프라인 통화수 그리고 기타 경제적 가치로 환산하여 본다.

3. 서비스 지원 요청 고객들을 두 부류, 즉 전체 이용 중 80%를 차지하는 고빈도 요청자 와 그렇지 않은 저빈도 요청자로 분류한다.

4. 고객을 다음 4부류 중 하나로 분류한다.

● 고가치/고빈도 서비스 지원 요청자 - 균형 있는 고객

● 저가치/저빈도 서비스 지원 요청자 - 균형 있는 고객

● 고가치/저빈도 서비스 지원 요청자 - 수익성이 매우 높을 수 있지만, 이탈방지에 어려움이 있을 수도 있는 고객

● 저가치/고빈도 서비스 지원 요청자 - 기업에게 지나치게 서비스 지원 비용 부담을 지우는 고객

참고 문헌

Hallberg, Garth, and Ogilvy, David (1995) *All Consumers Are Not Created Equal*, John Wiley.

Reichheld, Frederick F., and Schefter, Paul (2000) 'E-Loyalty Your Secret Weapon on the Web', *Harvard Business Review*, July-August.

Ries, Al (1997) *Focus*, HarperCollins

Schumpeter, J. (1952) *Ten Great Economists*, George Allen & Unwin, pp. 110-142 (thanks to Department of Economics, University of Melbourne for this reference).

관계의 구축
Setting up for relationships

II

앞서 우리는 장기적인 고객로열티가 주는 모든 잇점을 살펴보고 이제 이러한 로열티 확보를 위한 전략을 수립해야 한다는 결론에 이르렀다. 그렇다면 이 믿을 수 있는 고객과 살아 있는 고객관계를 구축하기 위하여 기업이 제일 먼저 취해야 할 조치는 무엇일까?

제2부에서는 이 준비과정을 집중적으로 다루도록 하겠다. 정상적인 상황에서라면 준비과정은 정보를 계속 업데이트하면서 실천 방안, 고객과의 쌍방 커뮤니케이션 방안 그리고 실천 후 검토 방안을 강구하는 과정이다. 이러한 분류는 사실 인위적인 것인데, 각 분야별 설명이 필요하기 때문에 어쩔 수 없이 분리를 해놓았다는 사실을 강조하고 싶다.

준비과정은 크게 두 가지 조율과정을 거친다. 그 중 하나는 기업내부 조율과정으로 조직과 모든 이해 당사자에게 수립된 전략에 대하여 설명을 한 후 전열을 재정비하는 과정이다. 이 조직 정비 과정은 꼭 거쳐야 하는데, 그래야만 일관된 메시지가 조직 전체에 전달될 수 있기 때문이다. 조직이 정비가 잘 되지 않아 여러 메시지가 동시에 전달이 되면 조직원들 간에 불화가 조성되고 결국 조직 전체에 불신풍조가 만연될 수 있다.

두 번째 조율과정은 외부 조율과정으로 이것은 누가 과연 믿을 수 있는 고객인가를 결정하는 과정이다. 현재 누가 기업에게 제일 중요한 고객인지, 그리고 미래에는 누가 제일 중요한 고객이 될 것인지 찾아내야 한다. 좋은 관계의 시작을 위해서는 무엇보다 고객과 기업 간에 서로 주파수가 맞아야 하기 때문이다. 믿을 수 있는 고객과의 관계는 기업의 성장을 좌우하는 요소이다. 그러므로 이 관계 구축에 대한 준비는 철저할수록 좋다.

그저 차 한 잔 준비하는 것처럼 아무 생각없이 편안한 마음으로 하면 됩니다.

무슨 말씀을? '근사한' 차 한 잔을 준비하려면 이를 위한 준비작업이 필요해요.

정말요? 그런데 '근사한' 차 한 잔이란 게 뭡니까?

그저 아무 생각없이 차를 만드는 게 아니라 차 한 잔이 탄생되는 과정을 세심하게 준비해야 한다는 뜻이에요. 차 한 잔 만드는 데도 국제 규격으로 ISO 기준이 있다는 걸 모르셨지요?

에이 설마요!

아니, 진짜예요. 테틀리(Tetley) 같은 회사에서 차를 감식하는 일을 하는 전문가들은 정해진 규칙에 따라 차를 마십니다. 그들은 정확히 6.5그램의 차를 저울에 달아 정확히 정해놓은 온도로 물을 끓인 후 정해진 순간에 물을 부은 다음, 더도 말고 덜도 말고 6분 동안 기다렸다가 마신답니다.

무슨 일을 하든지 첫 번째 과정은 바로 준비과정이다. 믿을 수 있는 고객과의 관계 구축을 위해서는 무엇보다 모든 이해관계자들의 지지가 필수적이다. 제일 중요한 이해관계자들은 역시 회사의 직원들이다. 물론 공급업체나 유통업체들도 중요하다. 그리고 수립된 전략을 제대로 실천에 옮기기 위해서는 투자가들과 장기적으로 좋은 관계를 유지하는 것 또한 필요하다. 한마디로 정리하자면, 장기적인 계획을 수립하여 이를 실천에 옮기려면 무엇보다도 이해관계자들이 팔을 걷어부치고 나서야 한다는 뜻이다.

준비, 준비, 그리고 또 준비

　연극 배우들은 본 공연에 앞서 늘 리허설을 한다. 교사들도 수업에 들어가기 전에 늘 준비를 하고 연습을 한다. 골프 선수인 게리 플레이어(Gary Player)는 "내가 더 연습을 하면 할수록, 행운의 여신은 내게 더 가까이 온다"라고 말한 바 있다. 공식 개점 일주일 전 맨체스터 메리어트 호텔(Manchester Marriot Hotel)과 컨트리 클럽(Country Club)은 이미 완전 풀가동을 하고 자매 회사들의 직원, 비즈니스 파트너, 공급업체 대표들을 초대하여 그 다음 주에 처음으로 이 호텔을 이용하게 될 손님들을 맞이할 준비가 완벽하게 되었는지 리허설을 하며 점검 작업을 한다. 이처럼 준비는 완벽할수록 좋은데, 이러한 준비과정이 고객관계 구축에도 물론 필요하다.

　기업은 사회제도 안에 있는 하나의 조직이다. 기업은 이 사회조직 안에서만 존재하는 것이며, 그러기에 사회를 형성하는 조직원들과의 관계 구축은 필수불가결한 것이다. 기업과 협력관계에 있는 사람들의 종류가 다양한 만큼 그 수도 많다(표 5_1 참조). 어떤 이해관계자도 단독으로 고객에게 만족을 줄 수는 없다. 오히려 이들의 분열은 고객의 만족도를 감소시킨다. 기업과 관련된 모든 이해관계자들의 적극적인 협력과 지지가 보이지 않으면 고객은 불안감과 위기감을 느낀다. 물론 그런 경우 고객과 좋은 관계가 구축될 수가 없다. 특히 서비스 비즈니스에서는 단 한 명의 직원이라도 행동에 문제가 있으면 그 회사 서비스 전체에 문제가 있는 것으로 고객은 해석한다.

임직원	공급업체	유통업체	지역사회	투자가
영구직	원료	소매체인	이웃	기관투자가
임시직	서비스	에이전트	지역사회	개인투자가
가족	자체 인력	자체 인력	나라	컨설턴트

표 5_1 기업의 모든 이해관계자들

　물론 고객과 제일 가깝게 있는 일선 직원들은 고객들의 신뢰를 획득하며 고객에게 가까이 가야 하고, 지원부서 직원들은 신속한 배달로 이를 뒷받침해주어야 한다. 특히 슈퍼마켓은 고객에게 어떤 인상을 주느냐가 판매 결과를 좌우한다. 상품의 진열 상태, 청결도 그리고 배달 기사의 예의도 중요하다. 미국 뉴잉글랜드에 있는 스탑앤샵(Stop & Shop) 트럭과 프랑스 까루프(Carrefour)의 배달트럭 기사들의 예의바른 행동은 이 브랜드의 지속적인 성장의 바탕이 되고 있다. 모든 면에서 소비자들이 기대하는 수준에 계속 못 미치는 회사는 결국 소비자로부터 외면을 당하게 된다. 슈퍼같은 소매체인의 경우, 그곳에서 일하는 직원은 곧 브랜드와 동일시된다. 결국 유통업체의 명성은 직원들이 얼마나 많은 노력을 경주하느냐에 달려 있다고 해도 과언이 아니다.

　지역사회 구성원들의 역할도 기업에게는 매우 중요하다. 만일 소수 지역사회 구성원이 어떤 브랜드와 관련된 문제를 공개적으로 제기하는 경우, 이는 이 브랜드의 좋았던 이미지를 순식간에 훼손시키며 이웃 소비자들에게 즉각적인 영향을 미쳐 결국 이 브랜드에 대한 구매 욕구를 약화시켜버린다. IBM의 경우 컴퓨터 금속 하드웨어 케이스를 공급하는 한 회사를 공급업체 명단에서 축출했는데, 전문가들은 이러한 IBM의 결정을 잘 이해할 수가 없었다. 왜냐하면 이 공급업체의 제품은 가격경쟁력도 매우 높고 물건의 품질도 좋았으며 배달도 정시에 잘 하고 있었기 때문이다. 그렇다면 이 공급업체가 축출된 이유는 무엇일까? 그 이유는 이 공급업체가 세 번에 걸쳐서 공장 인근에 있는 강에 산업폐기용수를 배출하여 물고기들이 폐사하는 사건이 발생했기 때문이다. IBM은 특정 공급업체의 상품이나 서비스의 품질도 중요하지만, 고객들에게 윤리적인 경영을 통해 좋은 이미지로 브랜드 가치를 높이길 원했기 때문에 바로 이러한 조치를 내린 것이었다.

　마지막으로 기업 이해관계자들 중에서 투자가들의 역할도 절대 무시할 수가 없다. 투자가들이 자신의 투자에 자부심을 가지고 그 투자를 계속해야만 기업이 계속 성장을 할 수 있기 때문이다. 누구나 다 아는 사실이지만 투자가들의 이해와 신뢰가 높은 기업은 사업이 날로 발전할 수밖에 없고, 투자가들의 변동이 심한 회사는 아무래도 위험을 안고 사업을 해나가야 한다. 기업의 장기 전략을 믿고 투자가들이 기다려주는 기업은 조급하게 단기적인 결과에 연연하는 기업에 비하여 훨씬 더 여유 있게 고객 이탈을 방지하기 위한 장기 전략을 수립할 수 있다.

　이렇게 목표를 세우게 되면, 이 목표를 모든 이해관계자들에게 설명해야 한다. 그리고 상품과 서비스가 이러한 목표를 향해 효율적으로 움직이도록 모든 제도를 정비해야 한다. 이러한 준비과정이 없으면 절대 살아 있는 대고객관계를 구축할 수 없다.

기업의 존재이유는?

　이 질문을 하면 대부분의 사람들은 기업의 임무를 떠올린다. 우리 회사의 임무는 무엇일까? 다시 말하면 우리 회사는 무엇 때문에 존재하는 것일까? 만약 우리 회사를 캠페인에 비유한다면, 어떤 종류의 캠페인이 될 수 있을까? 또한 우리 회사가 이 사회에 존재하지 않았다면, 사람들은 그 사실을 내내 아쉬워 했을까?

　많은 기업들이 사무실마다 야심에 가득찬 기업의 임무를 담은 소위 미션 스테이트먼트(mission statement)라는 것을 걸어놓고 있다. 이 미션 스테이트먼트의 문구들은 한결같이 최고의 상품, 최고 브랜드 가치, 최고 수준의 R&D, 최대 판매 및 수익, 100% 고객 만족, 전직원의 헌신적인 참여 등 온갖 그럴듯한 단어들을 나열하고 있다. 물론 이러한 것을 나열하고 맹세하는 것은 가치가 있는 일이다. 그러나 문제는 효과가 없다는 것이다. 모두 너무 길기 때문에 그 안에 무슨 내용이 들어 있는지 다 기억하기도 힘들다. 더 끔찍한 일은 회사가 다르고 산업 분야도 분명히 다른데도 내세우는 목표들이 모두 그게 그거라는 사실이다(표 5_2 참조).

'우리는 완전한 팀워크를 통해, 최선을 다하여 고객에게 헌신하고 언제 어디서나 고객이 원하는 순간 한 명도 빠짐없이 모든 고객을 만족시켜 수익을 증가시키기 위해 노력할 것이다.'

'우리 고객을 만족시킨다는 것, 그것은 우리가 높은 품질과 서비스 그리고 뛰어난 가치를 고객에게 제공한다는 것이다. 이를 위해 우리 모두는 품질을 향상시키고 생산성을 높이기 위해서 정열적으로 일할 것이다.'

표 5_2 모든 산업 분야에 다 적용될 수 있는 미션 스테이트먼트들
출처: 서비스 트레이닝 전문기업, 마르쿠스 차일드(Marcus Child)

실천가능한 목표

급성장하고 있는 영국의 커피샵 체인인 코스타 커피(Costa Coffee)는 보통 사람이 봐도 실천가능한 목표를 제시하고 있다. 이 회사의 미션 스테이트먼트는 간단하다. 그것은 '커피에 대한 이해와 사랑을 우리의 고객과 공유하자' 이다. 공항터미널, 영국의 쇼핑몰 그리고 번화가에 위치한 코스타 커피점에 가보라. 어느 곳이든지 이 커피회사와 그곳에서 일하는 직원들의 커피에 대한 정열이 바로 느껴질 것이다. 실제 커피에 관심이 있는 많은 사람들이 이 회사에서 일하고 싶어한다. 그리고 이렇게 커피에 관심이 많은 사람들을 뽑아서 이 회사는 커피에 대한 더 큰 사랑을 심어준다. 이 회사는 커피의 향과 커피 생산에 관한 모든 과정에 세심한 주의를 기울이는 그런 공급업체로부터만 커피를 공급받는다. 그리고 코스타 커피 모회사의 모든 주주들은 연례주주총회가 열리는 날엔 어김없이 자신 있게 준비된 맛있는 한 잔의 커피를 대접받는다.

차별화된 목표

그렇다고 특별하게 차별화되지 않은 목표들이 모두 쓸모가 없다는 것은 아니다. 예외적으로 평범하지만 진실된 미션 스테이트먼트도 있다. 프록터앤갬블(Procter & Gamble)은 연례 보고서에 다음과 같은 미션 스테이트먼트를 제시한 바 있다. 이 미션 스테이트먼트 내용을 보면 매우 평범해

보이지만 이 회사의 성격과 실제 전략과 잘 부합하고 있음을 알 수 있다.

　　우리 회사는 세계 고객의 필요에 최고로 잘 부응할 수 있는 그런 고품질과 고가치의 상품을 제공할 것입니다. 이러한 목표 달성을 위해 기업 전반에 걸쳐 이에 맞는 최고의 인재들을 유치하여, 이 목표에 부합되는 근무 분위기를 조성할 것입니다. 그리고 이렇게 채용한 각 개인의 자질을 개발하고 이들에게 새로운 목표에 도전하게 할 것입니다. 또한 우리 사업 발전을 위해 이들에게 자유롭고 적극적인 정신으로 서로 협력하도록 격려할 것입니다. 우리 회사는 이들에게 화합과 정의라는 우리 회사의 전통적인 기본 원칙을 잊지 않도록 늘 주지시킬 것입니다. 이렇게 총력을 기울여 우리 목표 달성을 위해 노력하다 보면, 우리 브랜드는 리딩브랜드로서 역할을 계속 수행할 것이고 또한 수익도 증대될 것입니다. 그렇게 되면, 우리 회사, 우리 모든 임직원, 우리 회사의 모든 주주들 그리고 우리가 몸담고 있는 지역사회가 다 같이 번영할 수 있을 것입니다.

긴 문장으로 표현된 이 회사의 목표들을 항목별로 살펴보면 다음과 같다.

● **최고 품질의 상품 제공** : 프록터앤갬블(P&G)에는 경쟁브랜드의 제품들 사이에서 이 P&G의 제품들을 눈을 감고 느낌으로 골라내는 일만 전담하는 한 부서가 있다. 그만큼 품질 관리에 신경쓴다는 뜻이다. 이 부서에서는 또한 소비자 모니터들을 고용해서 한 부류 상품들을 상표없이 제시한 후 그 샘플의 품질을 비교하게 한다. 물론 이러한 시도는 그 분야에서 P&G의 것이 최상이라는 대답이 나올 때까지 계속된다.

● **최고의 인재 유치** : P&G의 인사팀은 여러 언론 및 연구 결과를 내세우면서 최고의 인재들을 유치하는 전략을 구사하고 있다. 실제로 스웨덴의 컨설팅 회사인 우니베르숨(Universum)이 유럽 13개국 경영학 전공 대학생들을 대상으로 실시한 조사에서, P&G는 가고 싶은 직장 세계 순위 6위에 오른 바 있다(이코노미스트지, 1999년 5월 8일자).

- **화합과 정의에 대한 원칙 준수** : 이러한 목표는 P&G의 윤리경영에 대한 원칙을 잘 보여주는 것이다.
- **리딩브랜드로서의 역할** : 사실 여러 리서치 결과에 따르면 현재 P&G는 이미 관련 시장에서 리딩브랜드로 높은 시장 점유율을 보이고 있다.

상품의 품질, 경제적 가치, 사회적 책임감

1998년 미국 버몬트 주 소재 아이스크림 및 냉동 요구르트 제조업체인 벤앤제리(Ben & Jerry's)는 10년 동안의 기업 운영에 관한 원칙을 다음의 미션 스테이트먼트로 요약해놓았다. 이 미션 스테이트먼트는 다음 3부분으로 나누어져 있다.

- **제품** : 최상 품질의 100% 천연 아이스크림 및 관련 제품을 만들고 판매하며 다양한 향과 맛을 개발하는 데 지속적인 노력을 기울인다. 아이스크림에 들어가는 모든 유제품 재료는 버몬트 주 농부들로부터만 공급받는다.
- **경제성** : 건전한 재무구조로 회사를 운영하여 수익성을 증가시키고, 우리 회사 주주들의 가치를 증가시킨다. 회사를 발전시켜 더 많은 고용기회를 창출하고 우리 회사 직원들에게 더 많은 경제적 이익이 돌아갈 수 있도록 최선을 다한다.
- **사회성** : 기업이 사회에서 해야 하는 중심적인 역할을 인정하고 사회에 기여할 수 있는 방법으로 회사를 운영한다. 이를 위해 지역사회 ─ 지역, 국가, 국제사회 등 ─ 구성원의 삶의 질을 향상시킬 수 있는 혁신적인 경영방법을 강구할 수 있도록 노력한다.

벤앤제리(Ben & Jerry's)는 이러한 각 파트별 목표를 설명한 후 이 목표들을 달성하기 위한 구체적인 실천방안을 제시하고 실제 이를 실천에 옮기고 있다. 예를 들어 '100% 천연 아이스크림'만을 생산하기 위하여 성장호르몬을 먹여 키운 젖소에서 나온 우유는 일체 사용하지 않고 있다. 그리고 2000년부터는 염소표백제를 이용한 포장재는 일체 금하고 있는데, 이러한 조치는 독성 물질이 수자원을 오염시키는 것을 방지하기 위한 노력의 일환으로 해석된다. 이 회사의 경제적 가치는 2000년 4월 12일 다국적 소비재 생산기업인 유니레버가 주당 43.60달러의 가격으로 벤앤제리의 주식 840만 주를 사들인 것으로 충분히 증명이 되었는데, 이 거래 덕분에 벤앤제리의 많은 주주들은 투자에 대해 큰 보상을 받을 수 있었다. 이 거래 당시 언론 발표를 통해 벤앤제리의 공동 창업주 벤 코헨(Ben Cohen)과 제리 그린필드(Jerry Greenfield)는 앞으로도 이 회사가 변함없이 지금과 같은 방향으로 경영될 것이며, 사회적 책임감을 잊지 않고 사회복지를 위한 여러 기금에 계속 기부할 것이라고 말했다.

사실 이처럼 기업의 미션 스테이트먼트는 경영진에게 창의적인 전략을 수립할 기회를 주고, 임직원들에게는 이를 실천할 방법을 알려준다. 또 공급업체들에게는 좀더 긴밀한 협력을 제공하도록 격려하며, 고객들에게는 기업에게 무엇을 기대할 수 있는지에 대해 알려주며, 주주들에게는 기업에 대한 정확한 판단을 할 수 있게 하는 그런 지침 역할을 하는 것이다.

고객 입장에서 만든 미션 스테이트먼트

많은 기업들이 전문 주력 분야에 대해서는 특별한 문장으로 만들어 주지시키고 있다. 우리가 스피치 버블(speech bubble)이라고 부르는 이러한 특별 문장의 특징은 대개 고객의 입장에서 문장을 만든다는 것이다. 특히 만화 대사 스타일의 문장이 많은 것이 특징인데, 이 대사의 주인공들은 언제나 고객이다. 이는 고객이 원하고 생각하는 방향으로 가고 행동하겠다는 기업의 의지를 보여주기 위한 것이다.

예를 들어 영국 자동차 정비 서비스 회사인 AA(Automobile Association)의 만화대사 같은 스피치 버블은 이러한 특징을 아주 잘 보여주고 있다(표 5_3 참조). 이 스피치 버블은 이 회사에서 근무하는 모든 직원에게 고객이 생각하는 대로 실천하기를 바라는 의미에서 이렇게 작성해놓은 것이다.

저도 모르게 본능적으로 AA로 가게 됩니다. 왜냐고요? 당신은 늘 그자리에 있어서 제가 원할 때 언제든지 만날 수 있고 그리고 항상 도와주니까요. 당신은 늘 믿을 수 있는 규격제품을 사용하고, 매번 서비스를 받을 때마다 저를 감동시키고 그리고 제 문제를 해결해주니까요.

표 5_3 고객의 입장에서 만든 AA의 스피치 버블

그렇다면 실제로 고객들에게 '언제든지 만날 수 있고 항상 도와줄 수 있다'는 것을 보여주려면 어떻게 해야 할까? 이것은 전화벨이 세 번 울리기 전에 전화를 받는다든가 48시간 내에 문의 편지에 답장을 한다든가 하는 형식적인 반응을 의미하는 것이 아니다. 고객에게 실제로 이런 느낌을 주기 위해서는 언제든지 접촉할 수 있고, 고객의 문제를 해결해주기 위해 진심으로 노력하는 자세를 보여주는 인간적인 관계가 구축되어야만 한다. 이를 위해서 모든 직원들이 고객 만족을 위해 최선을 다 해야 하는데, 이것이 말로만 그쳐서는 안 되고 직원들의 행동을 통해서 직접 보여주어야만 한다. 실제 고객에 대한 직원들의 행동과 기업의 발전을 비교, 평가해보면 직원들의 행동이 기업의 발전에 얼마나 큰 영향을 미치는지 잘 알 수 있다.

기업들의 스피치 버블은 표에서 봤듯이 거의 다 만화 구어체로 표현이 된다. 물론 기업 전체 목표를 강조한 기업 미션 스테이트먼트는 대개 무거운 문어체로 표현이 된다. 사실 문어체 문장과 구어체 문장은 많이 다르다. 영어의 경우 단어가 60만 개나 되기 때문에, 원하는 상황에 따라 쉽고 어려운 단어를 적절하게 골라 사용하면 된다. 예를 들어 문어체 표현에서는 '제일 선호하는 공급업체'라고 사용한다. 그러나 실제 개인끼리의 대화에서는 제일 좋아하는 맥주 브랜드 얘기를 하면서 '제가 제일 선호하는

공급업체' 라는 표현은 쓰지 않는다. 구어체에서는 '내가 제일 좋아하는……' 이라든가, '내가 제일 끌리는……' 또는 내 입맛에 제일 맞는……' 등의 표현을 쓴다. 또한 문어체 목표문에는 '증대하는 기대' 라는 표현을 흔히 사용하는데, 실제 고객들이 개인적인 대화에서 이러한 표현을 쓰는 경우는 거의 없다. 대신 일상대화에서 고객들은 "그 회사가 매번 날 감격시켜" 라고 표현하곤 한다.

그렇다면 기업이 쉬운 스피치 버블을 전략적으로 만들어 사용하는 이유는 무엇일까? 그 이유는 크게 두 가지로 설명할 수 있다. 먼저 이것을 직원들이 매일 보다 보면, 자신도 모르게 고객의 입장에서 생각을 하게 된다는 것이다. 두 번째로는 스피치 버블은 고객의 희망사항을 쉬운 일상 대화체로 표현해놓았기 때문에 눈에 쉽게 들어오고 기억하기도 쉽다.

고객 중심, 직원 중심, 주주 중심

영국 레이게이트(Reigate)에 위치한 세인트 폴 인터내셔널 보험회사(St. Paul International Insurance Company)의 영국 지사는 영국시장에 진출한 지 10년 만에 급성장을 했다. 이러한 급성장의 비결에 대해, 마틴 허드슨(Martin Hudson) 영국 지사 전무는 '특별히 겨냥한 부류의 고객층에서 리딩 포지션을 차지했기 때문' 이라고 설명하고 있다. 다시 말해 이 회사는

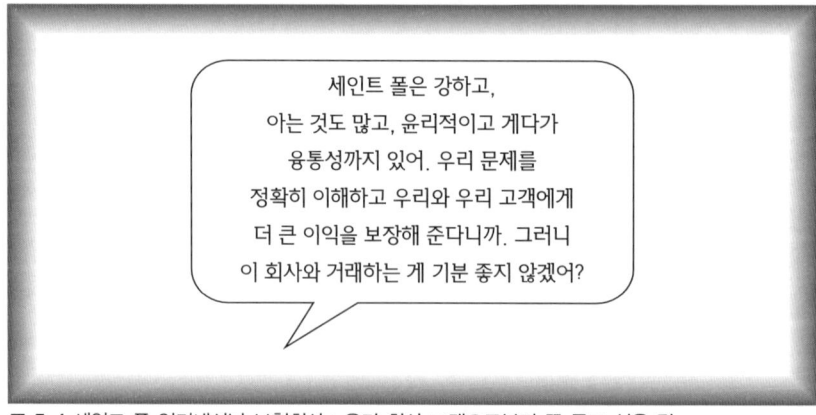

세인트 폴은 강하고,
아는 것도 많고, 윤리적이고 게다가
융통성까지 있어. 우리 문제를
정확히 이해하고 우리와 우리 고객에게
더 큰 이익을 보장해 준다니까. 그러니
이 회사와 거래하는 게 기분 좋지 않겠어?

표 5_4 세인트 폴 인터내셔널 보험회사 : 우리 회사 고객으로부터 꼭 듣고 싶은 말

> 주요 특정 고객층을 겨냥해
> 프랜차이즈 서비스를 겨냥한다면
> 확실히 그 분야에서 선도적인 보험회사가
> 될 거라고 확실히 믿습니다. 그렇게 선도적인
> 기업이 되면 우리 회사의
> 경제적인 가치도 엄청나게 높아질
> 것이라고 믿습니다.

표 5_5 세인트 폴 인터내셔설 보험회사 : 우리 회사 주주들로부터 꼭 듣고 싶은 말

> 세인트 폴에서 일하는 건
> 정말 재미있어. 도무지 지루할 틈이 없다니까.
> 새로운 일에 도전할 기회도 주고, 내게 책임 있는
> 일도 맡겨주고, 정말 특별한 대접을 받고 있다는
> 느낌을 받아. 그리고 내가 일을 잘 할 경우
> 반드시 이에 대해 높이 평가받고
> 보상까지 받으니 얼마나 좋아?

표 5_6 세인트 폴 인터내셔널 보험회사 : 우리 회사 직원들로부터 꼭 듣고 싶은 말

특정 고객층을 겨냥한 다음 이에 맞는 목표를 직원들과 이해관계자들에게 주지시킨 덕분에 이러한 성과를 얻을 수 있었던 것이다. 정해진 목표에 도달하기 위하여 마틴 허드슨 전무는 그의 팀과 머리를 맞대고 고객들과 이 회사 주주들 그리고 전 직원들에게 강력한 느낌을 줄 수 있는 스피치 버블을 찾아냈다. 그리고 이러한 연구결과 만들어낸 이 스피치 버블 형태의 미션 스테이트먼트는 이 회사의 사무실에 걸려 있다(표 5_4, 5_5, 5_6 참조).

시각적 미션 스테이트먼트

미국 미시건 주 디어본(Dearborn)에 위치한 포드 자동차 금융(Ford Motor Credit)의 미션 스테이트먼트에는 말이 들어가 있지 않다. 창의적인 CEO 돈 윙클러(Don Winkler)의 지휘 하에 이 회사의 113명 간부직원들은 말이 들어가 있지 않은 창의적인 사진으로 이 회사의 미션 스테이트먼트를 개발해내기 위해 아이디어를 짜내고 또 짜냈다. 꼭 말이 들어가야 감명을 주는 것은 아니라는 생각 하에 말이 들어가지 않은 미션 스테이트먼트 개발에 나선 것이다. 이렇게 개발된 포드 자동차 금융의 사진 미션 스테이트먼트는 전직원에게 큰 영향을 미치고 있다. 각 사진은 회사의 희망을 상징한다. 예를 들어 로켓 우주선은 신상품을 신속하게 그리고 단순한 디자인으로 개발하자는 것을 의미한다. 수많은 사람들이 좁은 통로를 통과하는 사진은 언제나 최고의 인재들만 발탁하겠다는 회사의 의지를 보여주는 것이다. 그리고 수많은 사람들이 계속 악수를 하는 사진은 파트너들과 효율적으로 일을 함으로써 살아 있는 고객관계를 구축하겠다는 목표를 보여주는 것이다(USA 투데이, 섹션 B1, 2000년 7월 19일자).

기업의 목표 어떻게 알리면 좋을까?

현실적이며 차별화되고 그리고 확실한 이슈에 촛점을 맞춘 미션 스테이트먼트를 만들어냈다면, 그 다음 단계는 이것을 알리는 단계이다. 우선 누구보다 회사 직원들에게 이것을 주지시켜야 한다.

무엇보다 회사 경영진들은 직원들을 생각하는 경영 마인드를 가져야 한다. 인도에서는 기업 조직에 관한 다음과 같은 비유가 있다. '한 조직은 원숭이가 가지마다 가득 매달린 큰 나무와 같다. 나무 위에서 아래를 내려다보면 웃고 있는 원숭이 얼굴들만 보인다. 그렇다면 아래에서 올려다보면 무엇이 보일까?'

과연 아래에서 올려다보면 보이는 것은? 그것은 독자들의 상상에 맡긴다. 이 비유는 기업의 위에서 보는 입장과 아래 직원들이 보는 입장은 같을 수가 없다는 것을 보여주는 아주 좋은 예이다. 어느 직장에나 하부직원들의 냉소주의가 존재한다. 회사 경영진의 근본적인 역할은 기업의 살아있는 가치를 계속적으로 보여주고 강조하며 부정적인 사고방식을 없애나가는 것이다. 만일 기업이 진실로 충성고객이 중요하다고 생각한다면, 회사 경영진이 이에 대한 생각을 직원들에게 주지시키고 이것을 경영전략을 통해 실천해나가야 한다. 주어진 전략에 부합하는 행동은 포상으로 격려하고, 그 반대로 부합하지 않는 행동은 페널티를 주어서 조직 전체가 주어진 방향으로 나아가도록 지휘해야 한다.

이를 위해서는 단순한 권고보다는 모범을 보여야 하고, 말로만 떠들지 말고 믿음을 심어주어야 한다. 예를 들어 미션 스테이트먼트에서는 고객이 왕이라고 떠들어놓고, 실제 회사 이사회에서는 고객의 만족도에 관한 통계 수치는 한 번도 들춰보지 않는 기업의 미션 스테이먼트는 장식에 불과하다. 이런 회사에는 절대 발전이 있을 수 없다. 간부진들의 말이 아닌 직접 행동을 보고 직원들이 목표를 깨닫게 하는 것이 제일 좋다.

어쩌다가 대규모 행사를 개최하거나, 직원 교육 세미나를 개최하거나 목표달성식을 거창하게 거행하는 것보다는 작은 행동이라도 지속적이고 규칙적으로 실천하는 것이 좋다. 규모가 크지는 않아도 정기적으로 주어지는 실천방안이 최상의 방법이다. 또한 직원들에게 회사의 목표를 주지시키는 방법도 단 한 번 통보를 하기보다는 이메일, 편지, 개인 접촉, 시각적 상징물, 격려문 그리고 실제 행동과 같은 다양한 커뮤니케이션 방법을 통하는 것이 좋다.

폭포식 커뮤니케이션

일단 회사 경영진에서 많은 사람들의 아이디어를 규합하여 회사의 목표를 정했다면 이것을 기업 전체 조직에 알려야 한다. 우리는 이 과정을 보통 폭포식 의사 전달이라고 부른다. 폭포물이 위에서 아래로 쏟아져 내리듯 내용이 계속 아래로 전달되기 때문이다. 이 폭포식 의사 전달법은 말 그대로 일방통행이다. 물을 거슬러 올라올 수 있는 것은 죽을 각오를 하고 올라오는 연어떼 외에는 없다. 그러나 이러한 일방적인 폭포식 의사 전달 방법은 기업을 위험에 빠뜨릴 수 있다. 이렇게 내려온 목표물에 대해 아래 사람들의 견해를 들을 방법도 없고 누군가 문제를 제시하는 사람도 없으며, 그 결과 문제가 있어도 개선할 방법이 없기 때문이다. 진정으로 기업이 필요로 하는 목표를 달성하기 원한다면 이런 일방통행이 아닌 상하 간 커뮤니케이션을 할 수 있는 방법을 찾아야만 한다.

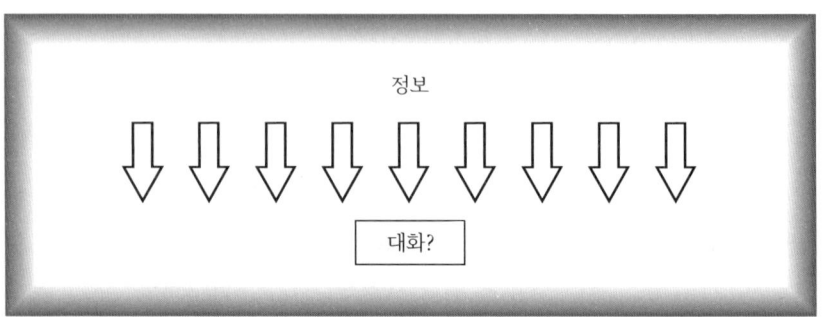

표 5_7 폭포식 의사 전달 방식

관계의 시작은 직원들로부터

고객관계의 실마리를 풀어내야 하는 주체는 기업, 그중에서도 그 기업에서 일하는 사원들이다. 사원들의 적극적인 참여와 헌신 없이는 절대 강력한 대고객관계를 기대할 수 없다. 고객들은 사원들의 태도와 반응을 보고 그 기업에 대한 느낌을 평가한다. 영국에서는 1996년 이래로 칼슨 마케팅 그룹(Calson Marketing Group, www.cmg.carlson.com)이 고객 충성도에 대한 조사를 해마다 해오고 있다. 2000년에는 특히 기업의 어떠한 태도와 특징이 고객이 그 기업에 충성도를 보이도록 만드는지의 요인에 대해 리서치를 실시한 바 있다. 이 조사(마케팅, 2000년 9월 14일자 참조)는 3천 명의 영국인들을 대상으로 실시한 양적 그리고 질적 인터뷰에 근거하고 있는데, 이 조사 결과 슈퍼마켓, 은행, 백화점 등에서 고객들에게 가장 큰 영향을 미치는 요인은 '우수한 사원'(49%)으로 두 번째 요인인 '좋은 가격'을 크게 앞지르는 것으로 나타났다.

인재를 고용해야 한다

무엇보다 회사가 처음 설립되었을 때 창업자가 어떠한 사람을 채용했느냐에 따라 그 회사의 장래가 달라진다. 기업은 직원들을 채용하면서 이들이 함께 고객관계를 구축할 것이라고 기대한다. 즉, 이 사원들이 어떻게 관계를 창출하고 이를 다져 나가느냐에 따라 기업의 흥망이 달라진다는 사실을 경영진은 명심하여야 한다.

기업에 꼭 필요한 인재를 유치하기 위해서는 무엇보다 기업이 솔직하게 기업의 상황과 그가 맡게 될 직책을 설명해야 한다. 20세기 초 런던의 신문에 한 광고가 실렸다. 이 광고는 언스트 새클턴 경(Sir Ernest Shackleton)이 남극 탐험대에 참여할 탐험대원들을 찾기 위한 것으로 그 내용은 다음과 같았다.

> 위험한 여행에 동반할 남자 일군을 구함. 보수는 적고, 혹한의 날씨, 칠흑 같은 암흑 속에서 몇 달 동안 견뎌야 하며, 위험은 계속되고 안전하게 돌아온다는 보장도 하지 못함. 단 성공하는 경우 명예와 그에 따르는 보상이 주어질 것임.

새클턴 경의 이 솔직한 광고는 많은 사람들에게 감동을 주었으며, 그 결과 그는 계획하는 탐험에 꼭 맞는 탐험대원들을 성공적으로 찾을 수 있었다. 이처럼 직원들을 채용할 때는 어떤 임무가 주어질 것인지 명확하게 밝혀야 한다. 그러나 보통의 경우 구인 광고들은 '명예와 그에 따른 보수' 쪽에 포커스를 맞추고 그 직책을 맡으면서 이겨내야 할 '혹한의 날씨' 쪽에 대해서는 얘기를 하지 않고 슬쩍 넘어가는 경향이 있다.

일반적으로 전직 경험은 또 하나의 채용 기준이 된다. 보통은 동종 계통의 경험을 높이 사나 꼭 그렇지 않은 기업들도 많다. 예를 들어 영국의 보험회사인 세인트 폴 인터내셔널 보험회사는 상당수 직원들을 보험업계나 금융업계 경력이 아닌 다른 산업 분야 경력자들로 채용한다. 위기관리업인 보험 분야에서 일을 하려면 보험 산업의 전문 지식도 필요하지만, 다른 분야의 지식 또한 필요하기 때문이다. 이 회사는 이러한 전문인력 고용 정책을 20년 전부터 실시하고 있는데, 그 결과 고객들은 이 회사의 위기관리 능력을 특히 높이 평가하고 있다. 예를 들어 이 회사에서는 건강관련 업무 및 위기 관리는 간호사 및 특별 전문 의사출신 직원들이 직접 한다. 그러므로 당연히 다른 기업들과 차별화가 될 수밖에 없다.

인터뷰는 여러 사원 후보들 중 회사에 필요한 정예 부대를 찾아내는 제일 중요한 과정이다. 사실 인터뷰 때 던진 질문에 정확하게 대답했다고 해서 그 사람이 후에 그 직책에 맡는 임무를 제대로 수행하리라는 보장은 없다. 그래서 오늘날에는 많은 기업들이 지원자가 그 직책에 꼭 맞는 사람인지를 파악하기 위하여 정해진 인터뷰 과정 외에 롤플레이, 단체훈련을 통해 여러 가지 면모를 종합적으로 점검을 한다.

예를 들어, 콜센터 직원 채용을 위해서는 실제로 전화를 받게 한 후에 지원자의 일 처리능력, 자질 그리고 전화받는 태도를 살펴본다. 고객의 신뢰를 얻는 최상의 방법이 깨끗하고 정갈한 매너에 있다고 생각하는 한 영국 회사는 직원들의 자연스러운 행동을 관찰하여 직원을 채용한다. 한 번은 출입구와 인터뷰하러 가는 방 사이에 있는 복도 마루 바닥에 일부러 종이 쓰레기 조각들을 떨어뜨려 놓았다. 그리고 지원자들이 이 휴지를 보고 어떠한 반응을 보이지는지 관찰을 했다. 물론 지원자들은 자신들이 관찰당하고 있다는 사실을 몰랐다. 최종 면접까지 올라온 세 명의 후보들 중에 이 휴지를 보고 주운 사람은 단 한 명이었다.

영국의 여성 패션 전문 소매업체인 웨어하우스(Warehouse)는 지원자들에게 토요일 오후 매장에서 물건을 판매하게 한다. 이 회사의 경우 보통 토요일은 고객들 중에서도 최고의 단골고객들이 오는 날이다. 매장의 매니저와 동료 판매직원들은 후보 직원들이 실제 손님을 대하는 태도를 관찰한다. 그리고 그 직책을 제일 잘 수행할 능력이 있다고 생각되는 후보에게 높은 점수를 주어 채용한다.

미국의 사우스웨스트 항공사(Southwest Airlines)는 특별한 직원 채용 노하우를 이용하여 항공 서비스를 진심으로 좋아하는 사람들을 직원으로 채용하고 있는데, 물론 이렇게 채용된 직원들은 이 회사의 경쟁력을 높이는 데 큰 몫을 담당하고 있다. 프레데릭 비에르세마(1998)는 이 그룹의 채용 비결을 30여 명의 후보들이 함께 인터뷰를 하는 단체 인터뷰 덕분이라고 언급한 바 있다. 30명이 모인 인터뷰실에서 각 지원자에게는 5분 동안 자신을 소개할 기회가 주어진다. 이 5분 발표 시간 동안 다른 후보들의 말은 듣지 않고 각자 자신의 소개말만 생각하기에 바쁠 것이라고 사람들은 생각할 것이다. 그러나 의외로 대부분의 지원자들은 동료 지원자들이 하는 말을 귀담아 듣고, 그들을 격려하며 그들에게 환호를 보내는 동료애를 발휘한다.

신입 직원을 채용할 때 그 직책에 제일 알맞은 사람을 골라낼 안목이 있는 사람들은 바로 현재 그 회사에서 일하고 있는 사원들이다. 이미 회사의 문화와 분위기 그리고 충성고객들의 기대를 매우 잘 파악하고 있기 때문에 그 기대를 충족시킬 수 있는 신입직원들을 골라내기 쉬운 것이다. 그러므로 신입직원을 채용할 때는 사원들의 의견을 들어보는 것이 좋다.

인재가 떠나지 말도록 한다

미국의 패스트푸드 체인인 타코벨(Taco Bell)은 안정된 노동력이야말로 고객과 공급업체와의 관계 구축에 가장 필요한 요소라는 사실을 깨닫고 직원 이탈 방지에 최우선을 두는 전략을 실천에 옮기고 있다. 켄 아이런(1998)에 따르면, 직원 이직률이 가장 낮은 매장 20%의 경우, 직원 이직률이 가장 높은 매장 20%와 비교해볼 때 수익률이 무려 55%나 더 높다고 한다.

중국 정규 군인의 수보다 더 많은 110만 명의 직원을 두고 있는 월마트(Wall Mart) 또한 직원들의 이탈 방지가 얼마나 기업의 장래에 중요한지 깨닫게 되었다. 그리하여 1999년 이 세계 최고 유통기업은 인력관리 철학을 직원들을 '고용하고, 이탈을 방지하고 그리고 이들의 능력을 발전시킨다' 에서 직원들의 '이탈을 방지하고 이들의 능력을 개발하여 고용한다' 로 바꾸었다. 월마트의 코울만 피터슨(Coleman Petersen) 인사 담당 부회장은 실제로 월마트가 과거의 '채용, 채용, 채용' 정책에서 직원들의 이탈 방지와 이들의 능력 개발에 중점을 두는 방향으로 전략을 수정했다고 강조한 바 있다. 이와 더불어 월마트는 신입 사원을 채용하는 경우, 기존 사원 한 명당 신입 한 명씩 보호자 역할을 담당하게 하여, 매 30일, 60일 그리고 90일마다 이 신입 사원이 제대로 일을 하고 있는지 점검을 하게 하는 제도를 도입했다고 피터슨 부회장은 밝혔다(포춘지, 1999년 10월 11일자 참조).

인재에게 동기를 부여한다

동기부여가 사원들의 이탈을 방지하는 중요한 역할을 한다는 것은 누구나 다 알고 있는 사실이다. 동기부여 중에서도 사원들 자신이 스스로를 중요하게 여기고 적극적으로 일에 참여하게 하는 분위기를 조성하는 것이 가장 중요하다. 사원들에게 이러한 느낌을 실제로 주기 위해서는 사원들을 지칭하는 용어를 잘 선택해야 한다. 메리어트 호텔(Mairrott)의 경우 사원들을 동료란 의미의 'associates' 로 지칭하고 리처 사운즈(Richer Sounds)의 경우도 비슷한 의미를 지니는 'colleagues' 라고 부른다. 한편 이케아(IKEA)의 경우 역시 동료란 의미의 'co-workers' 란 표현을 사용한다.

이 '동료들' 의 참여를 유도하고 이들이 진정으로 동료 대우를 받는다는 느낌을 주기 위해 이케아는 전세계 135개 매장에서 '밀레니엄 땡큐' 행사를 벌였다. 1999년 10월 9일 토요일, 전세계 28개국 모든 이케아 매장에서 벌어들인 총매출액(부가가치세 및 각 국가의 부가세금을 제외하고)을 똑같이 모든 동료사원들이 나누어 가지는 행사를 기획한 것이다. 물론 이날 매출액을 증가시키기 위해 많은 매장에서는 특별 판촉행사를 벌였다.

각 나라마다 그 나라 시장에 맞는 판촉행사를 기획했는데, 예를 들어 고객들이 유난히 특별한 대접을 받는 것을 좋아하는 헝가리의 두 개 매장에서는 10월 9일에 생일을 맞은 고객에게 선물을 제공하는 판촉행사를 기획했다. 덴마크에서는 먹는 것을 좋아하는 덴마크인들의 성향을 고려하여 무료로 아침식사를 제공하는 행사를 기획했다. 또한 미국의 경우 복권을 좋아하는 그들의 특성을 고려하여 한 시간에 두 명씩 고객을 추첨하여 상품을 제공하는 전략을 마련했다(파이낸셜 타임즈, 1999년 10월 8일자 참조).

영국의 음향기기 소매업체인 리처 사운즈(Richer Sounds)는 전세계에서 평방 피트당 판매액이 가장 높은 것으로 알려져 있는데(버딕트 리서치(Verdict Research)에 따르면 평방 피트당 5,500파운드), 이 회사가 이토록 높은 매출을 기록하고 있는 이유는 역시 '동료'라고 부르는 사원들이 기업에게 얼마나 중요한 존재인지를 일찍 깨달았기 때문이다. 이 회사는 직원들에게 인센티브를 포함한 많은 동기부여를 하고 있는데, 예를 들어서 판매 실적에 관계없이 일주일간 영국 또는 프랑스의 고향 여행을 시켜주고, 최고의 판매실적을 올린 사원은 한달간 벤틀리 자동차나 재규어 리무진을 사용하는 특전을 준다. 이 회사의 웹사이트(www.richersounds.co.uk)에 가보면 이 회사가 직원들의 가치를 얼마나 중요시하는지 알 수 있다. 이 회사가 얼마나 직원들의 의견을 중요하게 여기는지 보여주는 한 예가 있다. 1999년 FAQ란에 일요일에도 매장을 오픈할 의사가 없는지 한 고객이 질문을 해오자 회사측은 다음과 같이 답변을 했다.

일요일에도 매장 문을 열 계획이 혹시 없느냐고 물으셨습니까? 죄송하지만 현재로서는 일주일에 7일간이나 영업을 할 계획은 전혀 없습니다(모든 경쟁사들이 다 같이 문을 여는 크리스마스 시즌을 제외하고는요). 그 이유는 우리 회사 직원들이 이를 원치 않기 때문입니다. 많은 회사 운영자들이 직원들의 의견을 무시하는 결정을 내리는 것을 우리는 종종 봅니다. 그러나 우리 회사의 가장 중요한 보물은 바로 우리 회사의 직원들입니다. 이들이 싫어하는 일을 경영진에서는 절대 하고 싶지 않습니다. 대신 직원들과의 협의 하에

목요일 저녁에는 늦게까지 매장문을 열기로 합의를 했으니 양해해주시길 바랍니다. 그렇지만 고객님의 이 의견은 꼭 검토해보겠습니다. 그리고 이렇게 관심 가져주신 데 대해서 진심으로 감사드립니다.

그 후 직원들과 오랜 기간 동안 토론을 거치고 단골고객들의 의견을 들어본 후, 리처 사운즈는 런던 웨스트엔드 매장에 한해 일요일에도 4시간 동안 영업을 하기로 결정을 내렸다.

직원들의 의욕을 고취시키는 방법

세계적인 여론 조사기관인 갤럽(The Gallup Organisation)은 기업의 네 가지 성과 — 생산성, 매출, 수익성, 고객만족도 — 와 사원들의 근무 태도가 어떻게 연관성이 있는지 조사를 실시한 적이 있다. 미국 17개 기업 1,135개 부서 41,490명의 직원들을 대상으로 실시된 이 조사에서는 다음 12개 문안이 제시되었다.

1. 내게 기대하는 업무가 무엇인지 알고 있다.
2. 내 임무를 수행하는 데 필요한 장비 및 모든 것을 다 가지고 있다.
3. 내 일을 하면서 매일 최선을 다해 일할 수 있는 기회를 가지고 있다고 생각한다.
4. 지난 일주일 동안 일을 잘했다고 인정이나 칭찬을 받은 적이 있다.
5. 나의 상사 및 동료들은 나를 한 인간으로 대우해준다.
6. 직장에 나의 개인적 발전을 격려해주는 사람이 있다.
7. 지난 6개월 동안 직장의 누군가가 내가 많이 발전했다는 얘기를 한 적이 있다.
8. 직장에서 내 의견이 존중되고 있다는 느낌을 받는다.
9. 우리 회사의 임무/목적을 보면 내 일이 중요하다는 것을 느끼게 된다.
10. 나의 동료들(함께 일하는 직원들)은 허드렛일이 아닌 품격 있는

일을 하고 있다.

11. 직장에 친구처럼 친하게 지내는 동료가 있다.

12. 지난 해 나는 직장에서 많은 것을 배우고 개인적인 발전을 이룩했다.

© 1999년 갤럽 조사 결과(이 질문 사항들은 갤럽의 지적 소유권에 관한 허락을 받지 않고서는 사용될 수 없음).

이 조사 결과 특히 문항 1-5항, 7항, 9항, 12항 등이 조사한 기업들의 고객 만족도와 깊은 관계가 있음이 드러났다.

임시직 직원도 중요하다

계절을 타는 비즈니스 경우 임시직원들을 자주 고용하는데, 이 경우 고객관계 구축을 위해서는 임시직원들의 태도 또한 중요하다. 예를 들어 어린이용 완구 및 게임 시장에서는 1년 판매의 70%가 10~12월 사이에 이루어진다. 그러므로 스마터키즈닷컴(Smarterkids.com) 같은 회사들은 이 성수기에 임시직원들을 모집한다. 이 회사의 인사부 책임자인 도나 드로이(Donna DeRoy) 부장은 1999년 10월 이 회사의 니드햄 본사에서 크리스마스 주문 전화와 이메일을 처리할 고객서비스팀 임시직원들을 채용했었다. 임시직이라 별 기대없이 지원을 했던 임시직원들은 자신들을 일반 정식직원들과 똑같이 대우해주는 것을 알고는 진심으로 기뻐했다. 이러한 회사의 대우에 임시직원들은 열심히 일을 했고, 도나 드로이 부장은 이 직원들과 계속 연락을 주고받다가 2000년 성수기에 이들을 다시 기용할 생각을 했다. 이를 위해 드로이 부장은 임시직원들을 중심으로 '스마터키즈 앨럼나이 클럽'을 만들어 매월 이들에게 상품 및 서비스에 관한 뉴스를 이메일로 내보낼 뿐만 아니라 판촉행사, 회사의 변동사항, 생일축하 그리고 결혼축하 메시지 등을 보내주고 있다.

직원들의 중요성에 관하여 다시 요약해서 말하자면, 그들이 어떤 이름으로 불리든지 직원들은 고객관계 구축의 기관차 역할을 하는 기업의 중요한 자산이라는 것이다. 기업의 미래를 좌우할 핵심고객들과 장기적인 고객관계를 구축하고 싶다면, 무엇보다 제대로 된 사람을 채용하여 이들을 계속 훈련시켜야 한다. 이들에게 계속 정보 업데이트를 시키고 동기부여를 해주어 고객만큼 이들도 기업에게 충성도를 보여줄 수 있게 만들어야 한다.

제대로 된 공급업체를 확보해야 한다

공급업체도 회사의 발전에 큰 공헌을 하는 이해관계자이다. 그러므로 공급업체를 잘 선정하여 장기적인 관계를 구축하는 것도 기업에게는 매우 중요하다. 장기적으로 손을 잡고 일하는 공급업체들은 기업의 필요와 사정을 잘 이해하게 되고 기업의 일하는 방식과 문화에 대해서도 잘 파악하게 된다. 물론 이러한 경지에 도달하려면 많은 인내심과 시간이 필요하다.

기업의 필요와 현실을 이해해주는 공급업체

기업의 필요와 현실을 가장 잘 이해하는 방법은 바로 기업이 필요로 하는 제품을 제때에 공급해주는 것이다. 맥도널드는 프렌치 프라이용 감자 재배자들과의 관계를 포함한 원료 공급업체들과의 관계를 구축하는 데 무려 몇 년의 공을 들인 후 1991년 중국에서 비로소 첫 번째 매장을 오픈할 수 있었다. 중국 전역에 위치한 300여 개 맥도널드 매장에서 판매되는 패스트푸드의 원료 중 97%가 중국 현지에서 생산된 제품이고 그 결과 맥도널드는 포춘지 독자들에 의해 중국에서 활동하는 기업들 중 가장 존경받는 기업에 선정되었다(포춘지, 1999년 10월 11일자 참조).

기업 문화를 제대로 이해하는 공급업체

맥도널드는 레오 버넷(Leo Burnett)이라는 광고 회사와 오랫동안 함께 일함으로써 이 광고 에이전시는 맥도널드의 문화와 요구에 대해 완벽하게 이해하고 있다는 평을 듣고 있다. 이 광고회사는 특히 장기적인 고객관계를 구축하는 것으로 유명하며 10년이 넘게 13개의 거대 다국적기업과 함께 일을 하고 있다. 레오 버넷측은 고객사가 보여주는 로열티야말로 자신들이 고객을 만족시킨 결과라는 자신감을 보이고 있다. 실제 레오 버넷 USA(Leo Burnett USA)의 경우, 광고를 의뢰한 10개의 기업과 25년 넘게 고객관계를 유지하고 있으며, 그 중 8개 회사와는 35년이 넘는 장기적인 관계를 유지하고 있다(www.leoburnette.com). 지금은 디아지오(Diageo)의 일부인 필스베리(Pillsbury) 소유로 넘어간 식품회사 그린 자이언트(Green Giant)의 경우 레오 버넷이 1935년 시카고의 팔머하우스 호텔에서 처음 문을 열었을 때부터 고객이었는데, 아직까지 이 광고회사의 고객으로 남아 있다. 레오 버넷 직원들은 새롭게 임명된 고객 기업의 브랜드 매니저보다 오히려 그 기업의 문화를 더 잘 이해하고 있다는 평을 듣고 있을 정도이다. 장기적인 고객관계 구축의 아주 좋은 성공 사례를 보여주고 있다.

기업과 함께 위기를 넘길 줄 아는 공급업체

장기적인 공급업체는 기업이 위기에 당면할 때 같이 힘을 모아 위기를 넘기도록 지원을 해준다. 리투아니아의 유제품 생산기업인 비르주 밀크(Birzu Milk)는 리투아니아 시장의 30%를 점유하고 있는 이 분야 최고의 기업이다. 수출이 점점 어려워지고 국내 경쟁이 점점 더 치열해지는 상황에서 비르주 밀크가 찾은 대응책은 우유를 공급하는 농부들과 협력하여 우유의 품질을 향상시키는 전략이었다. 이를 위해 이 회사는 목축 농가가 은행에서 대출을 받아 관련 시설을 재정비하도록 보증을 서주었다. 그 결과 이 회사는 우유공급 농가가 가장 선호하는 기업이 되었고, 이 우유 공급 농가들과의 네트워크도 매우 공고해졌다.

기업과 함께 변화할 줄 아는 공급업체

이제는 공급업체들과 협력을 모색하는 일도 빈번해졌다. 미국의 자동차 회사 크라이슬러(Chrysler)는 1993년 2인승 후진구동 무개차를 컨셉카로 선보였는데, 솔직히 선보이기만 했을 뿐 이 이 모델을 실제 시장에 내보낼 생각은 전혀 없었다. 그러나 고객들로부터 이 차를 만들어달라는 요청이 많았고 부품 공급업체들이 도와주겠다고 나서, 이 컨셉카는 실제로 프라울러(Prowler)라는 이름으로 1997년 가을에 출시되기에 이른다. 부품 공급업체들은 프라울러를 가벼운 차체 제작과 가벼운 금형 부품을 제작할 좋은 기회로 여기고 과감하게 달려들어 실험을 하며 제품 완성에 도전했다. 그리고 이 공급업체들이 실제로 이 컨셉카를 실용차로 만들어낼 수 있다는 결심이 서자, 크라이슬러는 이들과 함께 공동 프로젝트 '익스텐디드 엔터프라이즈(Extended Enterprise)'를 수립한다. 크라이슬러와 공급업체들은 이 계획을 위해 7,500만 달러의 예산이 필요하다는 결론이 나왔는데, 이 비용은 차에 들어가는 부품을 생산하는 업체들이 서로 나누어 분담하기로 결정했다(Stallkamp, 1998). 공급업체들은 모두 분담된 비용과 노력을 제시했으며 그 결과 이 자동차 모델은 시장에서 놀라운 성공을 거두었다.

미국의 텍사스에 소재한 올름스테드-커크(Olmsted-Kirk)는 4대째 가업을 잇고 있는 제지회사이다. 이 회사의 미션 스테이트먼트에는 '이 산업 분야의 가장 친한 사람들과의 관계를 통해 고객에게 만족감을 제공한다'는 내용이 들어 있다. 또한 '공급업체의 로열티 확보'를 위한 가이드 라인이 미션 스테이트먼트에 포함되어 있다. 이 회사는 로열티 확보에는 시간이 걸린다는 사실을 매우 잘 안다. 그리고 충성도는 고객에게 뿐만 아니라 공급업체에게도 요구된다는 사실을 잘 파악하고 있다. 그 결과 이 회사는 고객기업이나 일반고객과도 그리고 공급업체와도 바람직한 관계를 구축하기 위해 많은 노력을 기울이고 있다.

충성스러운 주주

로열티가 요구되는 또 다른 기업 이해관계자 그룹은 바로 투자자들이다. 요즘에는 인터넷을 통해 주식을 사고팔아 단기 차익을 노리는 투자자들도 많아 기업과 투자자들과의 관계는 상당히 불안정하다. 투자자들이

익명성을 보장하는 주식을 구입하여 주가가 오른 만큼 높은 수익을 얻을 목적으로 투자하는 경우 로열티를 기대한다는 것은 무리이다. 그런데 오늘날 많은 기업들의 운명이 바로 이러한 투자자들이 지배하는 주식시장의 분위기에 좌우된다. 다시 말해 기업 그 자체와 이 기업이 생산하는 상품과 서비스 그리고 가치에 아무런 애정도 느끼지 못하는 주식보유자들의 행동이 한 회사의 운명을 좌우하는 것이다.

이러한 단기적인 투자자들과는 반대로 장기적인 투자가들(개인 투자가이든 기관 투자가이든)은 그 기업의 경영 스타일, 전략 그리고 가치에 대해 잘 이해하고 있다. 물론 수익성이나 주식배당금, 그리고 자본평가 등이 로열티를 얻을 수 있는 요소의 일부이기는 하다. 그러나 기업들은 기왕 투자를 유치하려면 이 기업 상품이 팔리는 시장과 기업이 가지는 기회에 대하여 이해할 수 있고 애정을 가지고 기업의 활동을 지켜볼 수 있는 사람들을 주주로 확보하도록 노력해야 한다.

일부 기업들은 기준을 충족시키는 주주들을 확보하기 위해 노력하고 있다. 그러나 실제로 대다수 닷컴들의 경우, 관련시장에서 기업의 발전을 인내와 관심으로 지켜봐줄 수 있는 장기 투자가들보다는 '금방 부자가 되기를 원하는' 단기 투자가들 유치에 열을 올리고 있다. 기업에게 필요한 것은 장기 투자가들이고, 이 장기 투자가들의 필요를 만족시키는 방향으로 기업이 경영되어야 한다. 그러한 점에서 기업은 장기 투자가들을 위한 배려를 잊지 말아야 하는데, 나이가 많은 주주들 중에서는 연례 보고서를 큰 글씨로 프린트해서 배부한다든가 연례주주총회 때에 휠체어 서비스를 제공한다든가 하는 배려를 장기적인 수익만큼이나 높이 평가하고 있다.

또한 기관 투자가와 개인 투자가들에게 자신들이 보유한 기업의 현장을 직접 방문해서 이 기업의 경영진들과 직원들을 직접 만날 기회를 제공한다면 이 투자가들은 기업의 이러한 세심한 배려를 높이 평가할 것이다. 많은 유통 소매 체인들의 경우 투자가들과 장기적인 유대관계를 구축하는 경향이 있는데, 그 이유는 이들 투자가들은 그 유통매장의 주인이자 동시에 쇼핑객이기도 하기 때문이다. 미국의 경우 홈데포(Home Depot)가 대표적으로 투자가들과 이러한 바람직한 장기적 유대관계를 맺고 있다. 물론 모든 주주들은 동등한 자격으로 취급되어야 하며, 투자 정보도 동등하게 제공되어야 한다. 제대로 된 투자가 유치를 위해서는 적절한 대책이 필요한데, 적어도 향후 3년 투자유치 계획을 수립해서 이 방향에 맞는 투자가 유치를 위해 뛰어보자.

모든 이해관계자들에게 알리기

모든 이해당사자들에게 출발 신호를 보내는 일은 고객관계 구축 준비과정에서 해야 할 또 다른 중요한 일이다. 물론 이를 위해서는 기업의 장기적인 가치를 담은 메시지를 계속 내보내야 한다. 진정으로 고객과 장기적인 관계를 구축하고 싶다면 기업 전체를 그 방향으로 움직여야 한다. 또한 기업의 모든 행동으로 이러한 의지를 보여주어야 한다. 급격한 변화 ―신규직원 채용, 신규공급업체 확보, 신규고객 유치 및 새로운 노력 등― 은 단기적인 전략에 불과하다. 기업에게 더 필요한 것은 장기적인 전략이다.

예를 들어 대형할인매장인 코스트코(Costco)의 경우, 수시로 신규직원을 채용한다. 그러나 이 회사의 차트를 보면 모든 직원들의 입사 시기가 일일이 표시되어 서로 비교해보도록 되어 있다. 이 차트는 코스트코가 장기근속 근무자들을 얼마나 중요시하는지 보여주기 위하여 마련된 것이다. 또한 새로운 공급업체나 새로운 고객업체가 등장하는 경우, 이 신입업체는 기존 공급업체 그룹 또는 바이어 그룹들이 모여 만든 클럽에 가입할 것을 권유받는다. 그리고 광고와 언론 홍보자료에는 어떤 회사가 수년 동안 코스트코와 함께 일을 했는지, 어떤 회사가 공급업체로서 1주년을 맞았는지 밝힘으로써 협력업체들과 과거와 현재 그리고 미래를 같이하고 있다는 사실을 알린다.

말도 중요하지만 가장 중요한 것은 바로 행동이다. 한 비즈니스 서비스 전문 선도기업은 홍보 에이전시인 컨트리와이드 커뮤니케이션스(Countrywide Communications)에 이 회사의 홍보를 의뢰했고, 이 홍보회사도 새로운 고객을 즐거운 마음으로 맞아들였다. 그러나 이 홍보 에이전시가 신규고객업체에게 프레젠테이션을 하는 날이 기존고객과의 정기적인 리뷰 미팅날짜와 겹치게 되었다. 사실 컨트리와이드는 새로운 고객을 유치하고 싶었다. 그러나 이 회사에게는 기존고객과 좋은 유대관계를 유지하는 것이 더 중요했다. 그 결과 신규고객은 포기했다. 그러나 이렇게 기존고객에게 로열티를 행동으로 보여주게 되면 진정으로 로열티가 무엇인지를 보여주는 충성고객이 스스로 다가오게 된다.

기업의 모든 이해관계자들은 기업이 장기적으로 믿을 수 있는 고객들과 효율적인 관계를 구축하는 데에 큰힘이 된다. 중요한 것은 이 모든 이해관계자들의 노력을 하나의 목표 지점으로 모아 흩어지지 않도록 하는 것이다.

위터빅스(Weetabix)

세계화 시대에 다국적 대기업의 기세와 맞붙어 싸우며 장기적인 발전을 거듭하고 있는 현지 중소기업들을 찾기란 하늘의 별따기나 마찬가지이다. 켈로그(Kellogg's)처럼 재정상태도 튼튼하고 수많은 국가에서의 시장 경험을 쌓은 강적을 만난 경우 사태는 더 심각하다. 미국 미시건 주 배틀 크리크(Battle Creek)에서 세워져 그곳에 본사를 두고 있는 켈로그는 잘 알다시피 세계 최고의 인스턴트 시리얼 생산업체이다. 켈로그의 제품들은 전세계 6개 대륙 20개 국가에서 제조되어 160개 국가에서 판매되고 있다. 2000년 총 판매액만 해도 70억 달러에 달한다.

하나의 다국적 기업도 아니고 두 개 대기업의 대형 공격을 이겨낸 현지 중소기업의 예는 더 찾기 힘들 것이다. 영국의 아침 식사 대용 시리얼 시장에서 켈로그의 강적은 바로 시리얼 파트너스(Cereal Partners)이다. 이 회사는 미국의 대기업 제너럴 밀스(General Mills)와 스위스의 유명한 식품 다국적 기업 네슬레(Nestle)의 합작으로 세워졌다. 시리얼 파트너스는 슈레디드 휘트(Shredded Wheat), 슈레디스(Shreddies) 그리고 치리오스(Cheerios) 등의 강력한 브랜드를 앞세우며 판촉활동을 벌이고 있다. 켈로그와 시리얼 파트너스 이 두 라이벌 기업이 1999년 3월에 끝나는 회계년도에 사용한 광고

비는 무려 5,500만 파운드나 된다. 논리적으로 보면 시가총액이 4억 파운드에 불과한 영국의 작은 회사는 이 고래들 싸움에 등이 터지는 새우일 수밖에 없다.

그러나 이 현지 기업인 위터빅스는 너무나도 잘 버티고 있다. 2000년 이 회사가 발표한 실적을 살펴보면, 영국에서의 매출은 2000년 7월 29일까지 52주 동안 3억870만 파운드에서 3억4,100만 파운드로 10.6% 증가했다. Ofex 증시의 발표도 이 회사가 영국 시장의 스타주로 성장했다는 사실을 입증하고 있다(www.ofex.co.uk).

그렇다면 어떻게 이런 일이 있을 수 있을까? 위터빅스가 크게 광고를 안 하고 있기 때문에 그 구체적인 이유를 알기는 쉽지 않다. 일반고객들도 이 회사에 대해서는 거의 알지 못한다. 알렉스 베나디(Alex Benady, 1999)에 따르면, 대답은 장기적인 사고와 장기적인 고객관계 구축에 있다고 한다. '이 회사는 지속적이고 건전한 기업 경영, 장기적인 안목, 고객과의 지속적인 유대관계 구축 등이 어떻게 작은 기업이 대형 다국적 기업들과 맞서 싸울 수 있는 힘이 되는지를 잘 보여주는 예이다.'

위터빅스가 이렇게 아무도 예기치 못한 선전을 하고 있는 이유는 여러 가지가 있다. 그 첫 번째 이유는, 다른 유명 브랜드들처럼 믿을 수 있는 좋은 품질의 제품을 계속 소비자들에게 제공하고 있다는 것이다. 1900년 호주에서 발명된 위터빅스 비스킷은 인체에 몇 시간 동안 축적되어 있을 수 있는 복합 탄수화물을 제공해준다. 소화하기도 쉽고 우유에 담가 먹으면 더 부드러워지는 위터빅스 비스킷은 아기 때부터 먹기 시작해 나이가 든 노인이 되어서도 계속 먹는 비스킷으로 유명하다. 이 회사의 광고는 이 제품을 먹으면 계속 인체에 힘이 생긴다는 사실을 강조하고 있다. 기업은 이렇게 광고로 나간 메시지를 제품을 통해서 고객에게 증명하고 있다. 일단 제품의 품질에 대한 신뢰가 이 회사의 대고객관계 구축의 든든한 주춧돌이 되어주었다.

두 번째로 이 회사의 화목한 사내 분위기도 이 회사의 선전 비결이라고 할 수 있다. 이 회사는 감탄할 정도로 이직률이 낮다. 1968년에 입사해 현재 회사 최고 책임자로 있는 리차드 조지 경(Sir Richard George)의 주도 하에 이 회사의 경영을 책임지고 있는 이사회도 지극히 안정구도를 보여주고 있다. 6 명의 이사들 중 5명이 1985년부터 이사로 일하고 있다. 이렇게 이직률이 낮다 보니 당연히 상품과 시장에 대한 전문 지식이 깊어질 수밖에 없다. 그 결과 몇 년 후의 시장을 내다보고 상품을 개발한다. 상황이 이러하다 보니 위터빅스에서는 매니지먼트 수준의 직책 구인광고가 나오는 일이 극히 드물다. 공개적으로 발표된 통계 자료가 없어서 정확한 이직률을 알 수는 없지만 이러한 낮은 이직 현상은 직책에 관계없이 위터빅스 모든 인력에서 나타나는 현상으로 알려져 있다.

세 번째로 이 회사의 B2B 거래 관계 또한 거대 기업 사이에서 버틸 수 있는 힘이 되고 있다. 1995년 위터빅스는 도매유통업체연맹이 서비스 수준이 최고인 도매업체에게 수여하는 금매달을 받았다. 이 회사는 절대 큰 규모의 회사가 아니지만 좋은 품질의 상품을 생산하고 실력이 뛰어난 영업팀을 가지고 있다. 여기에 판촉 전략 및 판촉 제품의 질도 뛰어나, 일단 발표한 모든 약속은 무슨 일이 있어도 지킨다.

네 번째로 이 회사가 선전하는 데 힘이 되는 또 다른 요인은 바로 광고 에이전시 로우 하워드스핑크(Low Howard-Spink)와의 10년이 넘는 장기적인 관계 유지이다. 이 광고 에이전시는 창의적인 광고를 장기적인 테마를 이용하여 잘 보여주고 있다는 평을 받고 있다. 2000년 광고는 시비에 휘말린 축구 심판의 모습을 비지스의 노래 '비극(Tragedy)'이라는 배경음악과 함께 보여주고 있으며 운전면허시험자의 눈물어린 노력의 모습을 '나는 살아남으리라(I will survive)'라는 노래와 함께 보여주고 있다. 이 광고의 장면들과 카피들은 너무도 독특해서 여기 저기 웹사이트에서 이 광고를 가져다 싣고 있을 정도다. 알렉스 베나디는 이 회사의 매출대비 광고비 비율이 수년 동안 변함없이 8%를 유지하고 있다고 말한다.

마지막으로 이 회사가 선전하는 이유는 바로 안정된 주식보유현황에 있다. 주식은 두 가지 형태로 나뉘어 보유되고 있다. 의사결정권이 있는 주식의 대부분은 조지 가족 구성원들이 나누어 보유하고 있으며, 의사결정권이 없는 주식은 보통 소량으로 아무 제약없이 거래가 이루어지는 Ofex 주식시장에 상장되어 있다. 그러므로 예상치 못한 대형거래로 인해 회사가 소용돌이에 휘말릴 염려가 절대 없다. Ofex 주식시장에서 거래하는 주주들도 편안한 마음으로 주식을 거래하고 있다.

위에서 언급한 이 모든 비결이 바로 위터빅스가 세계 대형 다국적 기업들인 켈로그 그리고 제너럴 밀스와 네슬레의 합작기업인 시리얼 파트너스와 맞서 싸울 수 있는 힘인 것이다. 한마디로 직원, 고객, 거래업체, 공급업체 그리고 주주들, 다시 말해 모든 이해당사자들과의 장기적인 관계 구축이 이 회사의 선전 비결인 것이다.

점검 5 exercise — 우리 회사의 대고객관계 전략은?

1. 우리 회사의 목표는 무엇인지 생각해보자. 그리고 대고객관계에서 우리 회사가 염두에 두고 있는 전략은 무엇인가? 이 전략을 실천에 옮겼을 때 고객은 우리 회사에 대하여 어떠한 생각을 갖게 될 것인가? 그리고 이러한 전략이 고객의 생활에 그리고 B2B의 경우 고객 기업에 어떠한 가치를 가져다줄 것인가? 이 모든 것을 점검해보자.
2. 고객이 기대하는 가치에는 어떠한 것이 있는지 리스트를 만들어보자.
3. 이 주요 요소들을 고객이 사용하는 어휘들을 이용해 다시 문장으로 만들어보자.
4. 이것을 '스피치 버블' 형태의 미션 스테이트먼트로 만들어보자.

참고 문헌

Benady, Alex (1999) 'Unlocking the secrets of Weetabix' , *Marketing*, 6 May.

Irons, K. (1998) 'Do you sincerely want to build relationships?' *Market Leader*, Winter.

Maheshwari, V. (1999) 'Sour Milk' , *Business Central Europe*, October.

McDonald, M., Christopher, M., Knox, S. and Paine A. (2000) *Creating a Company for Customers*, Financial Times/Prentice Hall Chapter 3: 'Building bridges - the relationship management process' .

Stallkamp, Thomas T. (1998) 'Chrysler' s Leap of Faith: Redefining the supplier relationship' , *Supply Chain Management Review*, Fall.

Wiersema, Frederik D. (1998) *Customer Service: Extraordinary Results at Southwest Airlines, Charles Schwab, Land' s End, American Express, Staples, and USAA*, HarperCollins.

그동안 투자한 것에 비해 성과가 그다지 좋지 않군요. 처음부터 다시 생각해보기로 합시다. 잠재고객 가운데 누가 더 충성스러운 고객인지 어떻게 판별해냅니까?

움직이는 것이 눈에 보이면 무조건 쏩니다.

무슨 일이라도 할 작정이십니까?

물론이죠, 돈이 되기만 한다면!

현재까지 명중률은 얼마나 됩니까?

현재까지는, 매우 낮습니다.

그렇다면 고객 유지율은 어느 정도 됩니까?

지금 그 얘기를 하는 게 아니잖아요!

우리는 앞에서 고객들 중에도 다른 고객들보다 더 가치가 있는 고객이 있다는 사실을 확인했다. 그렇다면 기업의 전략 목표는 바로 기업에게 수익과 발전을 보장해주는 믿을 만한 고객에게 촛점을 맞추어 계속적인 충성고객으로 만드는 것이어야 한다. 물론 일부 고객들은 떠나갈 수도 있고, 또 어떤 고객들은 자신의 요구가 변함에 따라 브랜드나 기업을 바꿀 수도 있을 것이다.

그런데 이들의 이탈로 생긴 공간은 어떻게 메울 것인가? '신규고객' 확보로 메우면 기업 성장이 중단되는 일은 없을 것이다. 기왕 신규고객을 유치할 거면 평생 충성고객으로 남을 고객을 유치해야만 한다. 잘 알다시피 모든 신규고객이 다 좋은 고객이 될 수만은 없다. 여기에 반대로 기업이 원하지 않는, 예를 들어 신용상태가 나쁜 소비자들이 고객이 되겠다고 자발적으로 다가올 수도 있다. 그렇다면 어떻게 좋은 콩과 썩은 콩을 골라낼 수 있을까? 이번 장에서는 마음에 들지 않는 고객은 쫓아버리고 마음에 드는 고객만 선별할 수 있는 15개 항목을 점점하려고 한다. 또한 바이어 입장에서 로열티가 주는 잇점이 무엇인지도 확인하고 넘어가려고 한다. 개인 생활에서도 아무 남자나 여자를 배우자로 선택한다면 절대 성공적인 결혼 생활을 할 수 없다. 기업도 마찬가지다. 결혼처럼 진정으로 원하는 고객을 선별할 수 있는 능력이 있는 기업만 성공적인 비즈니스를 할 수 있는 것이다.

고객이라도 다 같은 고객은 아니다

모든 고객이 다 똑같은 성향으로 구매를 하는 것은 아니다. 어떤 고객은 많은 양을 한꺼번에 구입하고, 어떤 고객은 매번 조금씩 구입한다. 어떤 고객은 시간을 중요시하고 어떤 고객은 시간에 큰 비중을 두지 않는다. 어떤 고객은 구매에 대한 판단을 신속하게 하고, 또 어떤 고객은 쉽게 결정을 내리지 못한다. 어떤 고객은 늘 한군데에서만 구매를 하고, 어떤 고객은 이 브랜드 저 브랜드를 왔다갔다 한다. 이렇게 다양한 고객의 양극에는 물론 '최고 고객들'과 '최악의 고객들'이 있다. 특히 새로운 고객을 유치 확보하여 이들과 장기적인 관계를 유지하고자 한다면 이 '최고'가 될 재목과 '최악'이 될 재목을 가려낼 줄 아는 안목이 있어야만 한다. 이들을 가려내는 기준은 많이 있지만 보통은 금전적인 거래 실적을 기준으로 가려낸다. 그렇다면 이 금전적 기준으로 어떻게 고객을 분별해낼 수 있는지 한번 살펴보기로 하자.

고객 분류
미래에 '최고의 고객'이 될 고객들을 골라내기 위한 작업 중에서도 제일 먼저 해야 할 작업은 바로 고객층의 분류이다. 고객의 특징을 분석해보면 시장도 고객도 다양한 층으로 분류가 가능하다. 물론 맛이 중요시되는 요식 산업의 경우 지리학적인 기준이 시장 분류의 기준이 되기도 한다. 예를 들어 젓가락을 사용하는 일본 소비자들을 위해서 닛신(Nissin)은 가락이 조금 더 길고 덜 매운 국수를 생산한다. 이와는 대조적으로 매운 맛을 선호하는 인도 소비자들을 위해서는 조금 더 매우면서 길이가 짧은 야채 국수를 생산한다. 연령이나 성별에 따른 분류법도 많이 사용되는 방법이다. 예를 들어 애완동물 먹이 시장의 경우, 아직 나이가 어린 강아지인지, 나이가 많이 든 개인지, 또는 일하는 개인지 아니면 뚱뚱해서 다이어트를 해야 하는 개인지에 따라 다른 상품, 다른 가격 그리고 다른 판매 채널 및 광고를 준비한다. 이 두 가지 기준을 종합한 지리-인구학적 기준을 채택하여 상품을 고안하고 고객을 분류하기도 한다. 그러나 이러한 모든 기준들은 고객을 분류하는 기준은 되지만 '최고의 고객'을 가려내는 기준은 되지 못한다.

상품 구매의 목적에 따라 고객을 분류할 수도 있다. 나이아가라 폭포(Niagara Falls)는 고객을 확실하게 두 그룹으로 나누어 행사, 레저시설 그리고 숙박시설 준비를 하고 있다. 북미의 소문난 신혼여행지답게 나이아가라의 두 번째 큰 손님 그룹은 이제 갓 결혼을 한 신혼여행객들이다. 그렇다면 제일의 고객 그룹은 누구일까? 우리의 상상과는 반대로 나이가 아주 많이 든 고연령층 노인들이다. 이들은 죽기 전에 꼭 나이아가라 폭포를 보고 싶어 이 관광지를 찾는다(표 6_1 참조). 물론 이 관광지를 찾는 목적이 다르듯이 이들의 요구 사항도 완전히 다르다. 나이아가라 폭포에 있는 관광시설들은 이러한 두 그룹 간의 확연한 차이를 잘 파악하고 완전히 다

고객 그룹 1	고객 그룹 2
신혼 부부	죽음을 준비하는 노인들
늦은 밤 저녁식사, 꽃, 촛불, 낭만적인 추억	이른 아침 모닝콜, 방 1층에 배치, 밝은 조명

표 6_1 나이아가라 폭포의 서로 다른 두 고객층

른 서비스를 제공하고 있다. 그러나 나이아가라 폭포의 경우처럼 연령을 기준으로 선정된 제일 큰 수요의 고객이 '최고의 고객'이 될 수는 없다. 불행하게도 이들이 재구매를 할 가능성이 거의 없기 때문이다.

심리학적인 분류는 고객이 어떻게 느끼고 그리고 자신들을 어떻게 생각하는지에 따라 고객을 분류하는 또 하나의 고객 분류법이다. 이러한 분류법에서는 고객을 소비 패턴이 눈에 띄는 '외향적' 고객과 '내향적' 고객 그리고 '지속적 구매' 고객 등 행동 및 심리 패턴에 따라 다양하게 분류한다. 이 심리학적인 분류 방법은 다른 형태의 분류 방법과 종종 병행이 되는데, 이러한 심리학적 방법은 여러 부류의 소비자들층의 행동 패턴에 대한 이해를 넓혀준다.

이러한 심리학적 접근법은 물론 중요한 가치가 있다. 그러나 기업에게 가장 가치가 있는 개인고객을 선별해내기 위해서는 다른 접근책을 찾아야 한다.

물론 고객들의 성향이 다른 만큼 이들이 요구하고 기대하는 관계도 다르다. 어떤 고객들은 제품의 다양성보다는 지속성을 선호한다. 그러나 어떤 고객은 지속적으로 같은 제품을 공급해주기보다는 다양한 제품을 공급해주기를 원한다. 이렇게 서로 다른 두 고객층을 우리는 '나방형'과 '나비형'이라고 부른다. 다양성을 중요시하는 나비형은 늘 최신 기술, 최신 패션에 민감하고 그러한 것을 쫓아다닌다. 그렇기 때문에 '나비형 고객'에게서 '최고의 고객'을 찾기란 사실 거의 불가능하다.

카디프 경영대학원(Cardiff Business School)의 니젤 피어시(Nigel Piercy, 1999) 교수는 모든 고객이 다 공급업체들과 관계를 구축하고 싶어하는 것은 아니라는 주장을 했다. 그는 고객을 네 부류로 나누어 분류하고 있는데, 첫 번째 두 부류는 충성도를 보여주는 성향에는 공통점이 있지만 기업과 구체적인 관계 구축에 있어서는 완전히 상반된 태도를 보인다.

- **관계 추구형** : 공급업체들과 긴밀하고 장기적인 관계를 구축하기 원한다.
- **충성스러운 바이어형** : 장기적으로 로열티를 보인다. 그러나 공급업체

들과 긴밀한 관계를 갖는 것은 꺼린다.

이번에 소개할 두 부류는 로열티는 전혀 보여주지 않는다는 점에서 공통점이 있다. 그러나 로열티 표현에 있어서는 전혀 다른 태도를 보인다.

- **관계 이용형** : 이들은 모든 공짜 서비스나 선물은 다 받는다. 그러나 자신의 감정에 따라 언제든지 공급업체를 바꾼다.
- **단기거래 바이어형** : 공급업체들과의 긴밀한 관계를 회피하고 기술 조건이나 가격, 혁신조항에 따라 공급업체를 쉽게 옮긴다.

동기에 따른 4가지 고객 유형

고객의 필요가 무엇인지 이해하지 못하고서는 '최고의 고객'을 유치할 수 없다. 그렇다면 고객의 필요 타입에 따라 고객을 분류해보고 이 분류를 어떻게 기업의 수익성 증가에 적용시킬 수 있는지 한번 살펴보기로 하자 (표 6_2 참조).

어느 시장에나 예외없이 항상 광적으로 가격 협상에 매달리는 개인이나 회사들이 있다. 가격 협상을 최우선으로 여기는 이 첫 번째 유형은 구매를 물건을 팔고 사는 사람들 간의 전쟁으로 생각하고 꼭 승자가 되어야 한다는 강박관념에 사로잡혀서 살아가는, 한마디로 승부욕이 강한 사람들이다. 이들의 만족감은 물건을 판매하는 기업이 최저가를 제시했을 때 그 절정에 달한다. 체스터 L. 카라스(Chester L. Karras, 1994)는 이 그룹 사람들이 그토록 중요하게 여기는 협상의 중요 요소를 연구한 바 있는데, 이 그룹의 고객에게 사실 관계 구축이란 아무런 의미가 없다. 이 그룹의 고객들은 양적인 면에서 큰 바이어가 될지도 모른다. 그러나 이러한 고객들만 상대하다 보면 마진이 낮아지고 이들을 믿고서 절대 장기 계획을 세울 수 없다.

두 번째 욕구에 따른 유형은 늘 새로운 것을 추구하는 사람들의 그룹이

네 가지 욕구 타입	제일 중요한 요건	기업이 얻는 가치
최상의 가격	최저가	판매액 증가
참신함 추구	신상품	연구와 테스트
참여 욕구	소속감	고객의 입소문
확실성 추구	변화 거부	지속적인 패턴

표 6_2 필요 욕구 기준에 따른 고객 유형

다. 이들 유형은 사실 전체 고객에서 볼 때 그 비중이 매우 낮은 편이다. 이들은 호기심이 많고 늘 새로운 것을 추구하는 사람들인데, 이들은 자신들이 살고 있는 언덕을 넘어가면 더 푸른 잔디밭이 있지 않을까 늘 생각하며 산다. 이들은 상품의 안전성보다는 다양성과 새로움에 더 끌린다. 결국 이러한 유형의 고객들은 모험을 즐기는 사람들이다. 어쨌든 이 그룹도 장기적인 고객관계를 유지하기에는 바람직한 타입은 아니다.

세 번째 타입의 고객은 소속감, 즉 자신이 무엇엔가 참여하고 있다는 느낌을 소중하게 생각하는 사람들이다. 이 그룹은 자신들의 지식이 인정받고 자신들이 영향력 있는 사람들이라고 인정받을 때의 감정을 제일 중요시한다. 이들 그룹은 최근에 개발된 상품이라든가 회사의 발표에도 늘 관심을 갖으면서 이에 대해 조언이나 가이드 역할을 하는 것을 즐긴다. 믿을 수 있는 고객, 즉 충성고객의 일부는 이 범주에 속한다. 이들은 기업과 긴밀한 고객관계를 유지하는 것을 진심으로 기뻐하는 사람들이다.

마지막으로 살펴볼 고객 타입은 바로 놀랄 만한 변화를 제일 싫어하는 고객 유형이다. 이들은 변화와 놀랄 만한 일을 제일 싫어하며, 그렇기 때문에 안정되고 변함없는 삶을 살기를 원한다. 이들에게 필요한 것은 누군가가 이들에게 변함없이 동일한 상품을 공급해주는 것이다. 만일 이것이 도저히 불가능하다면, 변화가 있기 상당히 오래 전에 그 변화에 대해 경고를 해주기 원한다. 이들 안정 추구 그룹은 기업과의 관계를 구축하기 위하여 적극적으로 노력하지는 않는다. 그러나 자신들의 가치를 인정해주지 않는 것 또한 참지 못한다. 믿을 수 있는 고객, 즉 충성고객의 상당부분이 바로 이 그룹에 속한다.

그렇다면 이제부터 이 네 그룹 유형의 고객들에 대한 접근 방법을 찾아 보고 또 베스트 고객들을 선별해보자.

협상에 최고의 의미를 두는 고객들

각 유형의 고객을 만족시키려면 이에 맞는 전략개발이 필요하다. 기업 은 우선 가격에 집착을 하는 고객이 누군인지를 먼저 파악하여야 한다. 그 리고 '우리 회사가 이러한 고객을 필요로 하는가?' 하는 전략적 결정을 내 려야 한다. 이러한 고객을 유치함으로써 기업이 얻는 이득은 판매량과 시 장 점유율 증대이다. 브랜드 리더라면 최고의 시장 점유율을 계속 유지하 면서 얻을 수 있는 이득이 있기 때문에 이러한 유형의 고객을 유치해야 할 지도 모른다. 그러나 동시에 이러한 고객들은 기업이 노리는 시장에서 세 확보에 오히려 방해가 될 수도 있다. 가격만 따지는 쇼핑객들은 기업에게 전혀 장래의 안전을 보장해주지 못한다. 그러므로 처음부터 이런 종류의 고객과 사업을 시작하는 경우 사업은 취약해질 수밖에 없다.

그렇다면 어떻게 해야 할까? 첫 번째 옵션은 일단 이 유형의 고객을 고객 의 리스트에 포함시키기는 하되 이들이 오랫동안 거래를 할 것이라고 기대 하지 않는 것이다(표 6_3 참조). 이들은 기업을 이용하는 사람들이다. 그러 므로 기업도 이들을 이용할 줄 알아야 한다. 결정적인 순간에 공급이 부족 하게 되는 경우, 충성고객들을 위해서라도 이 가격으로만 승부하려 하는 고객들은 과감하게 끊어버리는 결단을 내릴 줄도 알아야 한다. 그 대신 수 요에 비하여 공급이 많다고 판단이 되는 경우, 이들에게 제품을 싼 가격에 공급하면 된다. 대신에 서비스나 지원인력 배치를 할 때 가격이 싼 만큼 전 략 포커스 비중을 덜 둔다. 소수 인력만 이쪽 고객에 배치를 하고 유능한 대부분의 인력은 다른 충성고객들을 위하여 배치하는 전략을 채택한다.

두 번째 옵션은 기업의 장기적인 계획에 이러한 유형의 고객에 대한 배

옵션 1: 지속적인 서비스 제공 지속적인 수요를 기대하지 않는다.	• 잉여 공급분을 처리한다. • 공급 부족일 때는 공급을 제한한다. • 서비스 제한을 한다. • 소수 인력만 이들 고객에게 배치한다. • 별도 서비스의 경우에는 금액을 　추가 지불토록 한다.
옵션 2: 충성고객에게 집중한다	• 가격에 집착하는 사람들은 　경쟁기업에 보낸다. • 가격을 높여 접근을 막는다.

표 6_3 가격에 최우선을 두는 고객에 대한 전략적 옵션

려가 전혀 없음을 확실하게 결정하는 것이다. 다시 말하면 이러한 유형의 고객은 가려낸 후 가격이라는 필터를 이용하여 축출해버리는 것이다. 미국의 기업전문 보험회사들은 얼마나 자주 보험회사를 바꾸었는지 그 전력을 확인해 본 후 새롭게 고객을 유치한다. 고객의 지난 3년간의 전력을 살펴본 후 그 안에 보험회사를 옮긴 경력이 있는 회사는 새로운 고객으로 절대 받지 않는다.

새로움을 추구하는 고객들

새로운 아이디어와 참신함을 추구하는 고객들은 '나비고객'이 되기가 쉽다. 대부분의 시장에서 이렇게 참신함을 추구하는 고객들은 전체 고객 수의 2~5%를 차지할 정도로 소수에 불과하다. 그러나 반대로 하이 패션이나 아동용 완구 시장의 경우 이들의 비중은 의외로 높다. 이들이 기업에게 주는 큰 이득 중의 하나는 바로 이들을 통해 새로운 시장 트렌드를 엿볼 수 있고 또 행동이나 사용 패턴을 파악할 수 있다는 점이다. 이들은 탐험을 즐겨하는 스타일이기 때문에 미래에 대해서 두려움이 없다. 그러므로 이들은 항상 새로운 아이디어, 실험적인 신상품이나 서비스에 매혹된다 (표 6_4 참조). 이들은 보통 기업의 리서치 프로젝트에 지원자로 참여하기

도 하고 샘플 테스트에도 즐거운 마음으로 참여한다. 이렇게 이들 고객은 나름대로의 가치가 있다. 그러나 문제는 이들 고객은 절대 충성고객이 될 수 없다는 것이다.

- 이 유형의 고객들을 파악한다.
- 이들이 추구하는 트렌드, 아이디어 관심사항 등을 들어본다.
- 이들을 대상으로 신상품 및 서비스 그리고 디자인을 실험해본다.
- 이들과의 커뮤니케이션 주제는 늘 '새로운 사고'여야 한다.

표 6_4 새로움을 추구하는 고객들에 대한 대응 전략

적극적 참여를 원하는 고객들

이 유형의 고객을 위해서는 이들과의 적극적인 커뮤니케이션 계획을 수립하는 것이 좋다. 이들의 가치는 무엇보다 이들 각자가 기업을 대신해 기업이나 브랜드에 대한 입소문을 내고 다니며 기업 홍보원이나 2차적인 영업사원 역할을 한다는 점에 있다. 이들은 미래의 고객을 기업 대신 확보해서 이들에게 알맞은 정보를 골라서 필요한 정보만 제공해준다. 이러한 고객들이야말로 기업에게는 큰 자산이다. 이러한 자산을 자본화하기 위해서는 이들과의 체계적인 정보 교류가 필수적이다.

이들 고객을 상대할 때 염두에 두어야 할 것은 무엇보다 기업 정보를 최우선적으로 이들에게 먼저 제공한다는 느낌을 주어야 한다는 것이다. 제품의 출시, 기업의 조직 변화, 기업의 인수 합병 등 모든 정보에 대해서는 제일 먼저 이들에게 알리는 것이 좋다. 이러한 고객이 B2B 거래의 고객인 경우, 고객에게 정기적인 정보 브리핑을 하는 것이 좋고, 중대한 변화에 대해서는 다른 고객들에 앞서 이메일이나 전화 그리고 뉴스 레터 사본 등을 송부함으로써 이들이 제일 먼저 배려되고 있다는 사실을 상기시켜야 한다.

일반 소비자 마켓의 경우 이들이 고객 전체에서 차지하는 비중이 크기 때문에 가능하다면 이들을 브랜드 위주 클럽 멤버로 확보하는 것이 좋다.

- 신상품 실험에 이들을 초대한다.
- 사용자 모니터가 되어줄 것을 요청한다.
- 프로젝트 그룹에 참여할 것을 권한다.
- 이들의 조언을 구하고 피드백 액션을 취한다.
- 기업 간부들에게 이들 고객들을 직접 상대할 것을 격려한다.
- 이들 고객이 상품을 구입한 지 몇 시간 후 직접 방문을 하거나 전화로 문제가 없는지 확인을 한다.
- 이들의 사업상 또는 사회적인 관심사를 늘 관심 있게 쫓아간다.
- 이들에게 필요한 조언이나 샘플을 제공한다.
- 이들을 세미나에 초대하고 친구들도 데려오게 한다.
- 사원들만 전용으로 보는 뉴스레터를 보내준다.
- 광고나 카탈로그를 만들 때 이들의 생각을 반영한다.
- 우수고객에게는 포상을 하여 보상을 한다.

표 6_5 적극적 참여를 원하는 고객들에 대한 대응 전략

볼보(Volvo) 자동차는 유럽과 미국의 시장에서 그들의 광고 매거진을 읽는 대부분의 독자들이 현재 볼보차를 운전하는 오너들이라는 사실을 발견했다. 그 이후, 볼보 자동차측은 광고의 카피를 바꾸어 마치 현재 오너들이 볼보를 타지 않는 사람들에게 볼보 자동차에 대해 설명해주는 것 같은 카피를 집어 넣게 되었다. 기억하기 쉬운 사실이나 통계 수치도 문장이나 문단 끝에 집어 넣어 현재 오너들이 자연스럽게 미래의 오너들에게 홍보를 할 수 있게 카피를 만들었다. 사진 옆에도 볼보 잡지 독자들이 말하는 것과 같은 대화체 문장을 삽입해 넣었다. 물론 적극적으로 이 브랜드 제품을 홍보하기 좋아하는 현재 볼보 운전자들은 마케팅 부서의 작전대로 자연스럽게 이 광고 내용을 미래의 구매자에게 홍보하고 있다.

확실성을 추구하는 고객들

어떤 고객들은 확실성에 큰 비중을 두고 물건을 구입한다. 이들은 사고 방식이 상당히 보수적이고 신중한 성격을 지니고 있는 사람들이다. 이들은 개인 생활뿐만 아니라 상거래에서도 불안정한 것보다는 확실한 것을

추구한다. 예를 들어 미국 매사추세츠 주 128번 고속도로를 지난 지점에 위치하고 있어서 '128 회사들'이라는 이름으로 불리우는 하이테크 고객 기업들이라든가, 캘리포니아 주 '실리콘 밸리'의 기업들은 무엇보다 공급에 있어 지속성과 확실성을 보장해주는 기업을 찾는다. 이들은 하다 못해 회사 청소 용역계약조차 확실하고 지속성을 보장해줄 수 있는 업체를 찾는다.

이들 고객들이 기업에게 제공해 주는 큰 장점은 바로 이들 고객은 정기적이고 믿을 수 있는 수요를 보장해준다는 것이다. 그러나 이런 고객들이 너무 많을 경우 기업 입장에서 이들 고객의 존재를 너무도 당연한 존재로 여기고 이들에 대한 대우를 제대로 해주지 않을 위험이 있다. 이들 고객을 상대할 때 중요한 점은 지나치게 파고드는 기분이 들지 않으면서 지속적인 유대관계를 지속해야 한다는 점이다. 이들 고객들의 존재를 당연시 여기고 무심하게 있다가 결정적인 문제가 발생한 후에 대처하려 하면 그때는 너무 늦다. 그 전에 미리 미리 이들 고객의 관심 사항은 무엇인지 모니터를 해보고 문제 소지가 있는 것은 일찌기 해결하는 것이 좋다(표 6_6 참조).

- 이 유형의 고객들을 파악한다.
- 이들의 구매 실적을 파악한다(이 타입의 고객들은 문제가 확대되어 곪아 터질 때까지 보통 불평을 얘기하지 않는다).
- 이들 고객의 공통 특징을 파악한다.
- 이러한 특성을 지닌 고객들을 더 유치한다.

표 6_6 확실성을 추구하는 고객에 대한 대처 전략

이들 고객이 기업에게 주는 또 다른 선물은 기업이 미래 '최고의 고객' 유치를 위한 표본이 필요할 때 그 표본 역할을 할 수 있다는 것이다. 이 타입 고객들의 공통적인 특징을 파악해 두자. 그러면 이 다음에 신규고객 유치 시 비슷한 유형의 미래의 충성고객들을 쉽게 유치할 수 있을 것이다.

목표 – '최고의 고객들'과 좀더 긴밀한 관계 유지

이제 우리는 누가 최고의 고객들인지 파악할 수 있게 되었다. 그렇다면 이제부터 기업의 목표는 바로 가능한 한 많은 숫자의 '최고 고객들'과 긴밀한 관계를 구축하는 것이다. 물론 각 기업마다 추구하는 고객 타입이 다를 것이다. 이를 위해서는 무엇보다 '우리 기업에 맞는 고객'이 누구인지 명확히 파악을 하여 이들을 찾아내는 작업을 먼저 해야 한다. 다른 한편으로 '우리 회사가 기피하고 싶은 고객'의 스타일도 아울러 파악하는 것이 좋다. E-비즈니스의 경우 대부분 신용카드로 주문을 받는다. 이 경우 아무 고객들하고 거래를 하기보다는 원하는 타입의 고객을 설정하여 이 스타일의 고객을 많이 유치하려는 노력을 해야 한다. 그렇게 하면 확실히 사업 성과가 나타난다. 이렇게 원하는 타입의 고객을 많이 유치하려면 처음부터 광고나 홍보 시 메시지를 분명하게 전달하는 것이 좋다. 지금은 글로벌 크로싱(Global Crossing)의 일부가 된 텔레콤 서비스 공급업체인 라칼(Racal)은 이전에 다음과 같은 광고를 냈었다.

잘 아시다시피 사업의 종류도 기업의 종류도 워낙 많습니다. 그렇기 때문에 어떤 텔레콤 서비스 공급업체도 모든 서비스를 다 제공할 수는 없습니다. 그 이유로 라칼 텔레콤도 몇 가지 분야를 주력 분야로 정해 밀고 가려고 하는데, 저희는 특히 음성 서비스와 데이터 서비스에 있어 최고의 서비스를 제공하려고 합니다. 우리는 교통수송, 정부, 소매업, 은행, 보험 및 기타 금융 그리고 제조업 등으로 팀을 나누어 그에 맞는 서비스를 제공하려고 합니다.

물론 어떤 기업도 시장에서 어느 정도 경쟁을 하고 나면 다른 기업보다 더 경쟁 우위에 있는 항목이 무엇인지 파악할 수 있게 된다. 그렇다면 이렇게 다른 기업보다 우위에 있는 '우리 기업에 맞는 상품 및 서비스'를 좋아하는 '우리만의 고객'을 찾아보자.

기피하고 싶은 고객들

기업에 따라 원하지 않는 타입의 고객들도 있을 것이다. 여기 기업이 원하지 않는 대표적인 스타일의 반갑지 않은 고객 유형 6가지가 있다(표 6_7 참조). 고객을 잘못 선택하여 피해를 보기 전에 '우리 회사에 맞지 않는 고객' 또는 '우리 회사에 별 도움이 안 되는 고객' 은 미리 골라내는 것이 좋다.

<table>
<tr><td>• 우리 회사와 맞지 않는 고객</td><td>• 비경제적인 고객</td></tr>
<tr><td>• 신용이 나쁜 고객</td><td>• 가격만 따지는 고객</td></tr>
<tr><td>• 비윤리적인 고객</td><td>• 리스크가 높은 고객</td></tr>
</table>

표 6_7 기피하고 싶은 고객의 6가지 유형

우리 회사와 맞지 않는 고객

기업이 기피해야 할 첫 번째 고객의 유형은 '우리 회사와는 맞지 않는 고객' 이다. 한마디로 이들은 실수로 또는 잘 모르고 자신들에게는 맞지 않거나 어울리지 않는 어떤 아이템이나 서비스를 구입한 사람들이다. 미시즈 필드(Mrs. Fields) 브랜드의 신선한 생과자 포장에는 실수로 잘못된 상품을 구입하는 것을 방지하기 위하여 다음과 같은 설명서가 붙어 있다. '저희 회사의 모든 쿠키에는 땅콩이나 땅콩 기름이 들어 있습니다. 그러므로 혹시 땅콩 알레르기가 있는 분은 저희 회사 쿠키를 드시지 않는 게 좋습니다.'

한편 술이나 담배를 파는 가게들은 구매자가 미성년자인지 아닌지 반드시 확인을 한다. 본드처럼 환각 효과가 있다든가 하는 식으로 한 상품이 두 가지 이상의 효과나 용도가 있는 경우, 제조업체들은 판매업체들에게 이러한 사항에 대해서 사전에 정확한 정보를 제공한다. 능력 있고 유명한 금융 컨설턴트들은 가장 기본적인 생명보험의 서비스가 무엇인지 잘 모르는 사람들에게는 복잡하고 위험이 큰 투자상품은 절대 권하지 않는다.

신용이 나쁜 고객

두 번째로 기업이 기피해야 할 고객들은 바로 제대로 돈을 지불하지 않는 신용이 나쁜 고객들이다. 이러한 사람들과 실갱이를 하지 않으려면 미리 지불능력의 한도와 기준을 정해놓고 고객을 받아야 한다. 무엇보다 거래자의 과거 전력을 살펴보는 것이 좋다. B2B 거래의 경우, 새로 고객 기업을 유치해놓고 처음으로 거래명세서를 보냈는데, 그 고객이 돈을 정해진 기간 내에 지불하지 않아서 독촉하느라 시간과 에너지를 낭비하게 된다면 그것처럼 낭패스러운 일은 없다.

비윤리적인 고객

기업이 기피해야 할 세 번째 고객은 바로 뻔뻔스럽고 비윤리적으로 기업을 이용하는 고객이다. 영국 보험회사들은 매주 휴일마다 카메라를 잃어버렸다고 신고하는 고객들의 명단을 서로 교환하여 보유하고 있다. 그리하여 이렇게 상습적으로 기업을 이용하려 드는 사람들에게는 보험회사에서 처음부터 보험 가입을 허용하지 않고 있다. 많은 호텔들 또한 호텔 직원들에게 거칠고 무례한 행동이나 위협적인 행동을 보인 투숙객 블랙리스트를 작성하여 이들이 다시 오는 경우 투숙을 거절하고 있다.

한편 미국의 식품회사들은 있지도 않은 문제를 만들어내거나 쓸데없는 것을 꼬투리잡아 상습적으로 불평을 하는 편지나 전화를 하는 소비자들의 명단을 보유하고 있다. 물론 이 식품회사들도 처음에는 친절하게 이 문제를 해결하려고 노력했었다. 그러나 아무리 좋은 대우를 해주어도 이러한 사람들의 불만은 계속될 것이라는 사실을 이 회사들은 파악했다. 그리하여 이렇게 불평만 늘어놓는 소비자들에게는 더 이상 그 회사 제품을 구입하지 말 것을 권고하고 있다.

사우스웨스트 에어라인(Southwest Airlines)의 대표 허브 캘러허에게 한번은 부하 직원이 고객 불만 편지를 건네주었다. 그 편지는 한 여성 고객에게서 온 것이었는데, 그 고객은 이 항공사를 17번 이용하였고 정확히 17번의 불만 편지를 보내온 여성이었다. 결국 매번 비행기를 탈 때마다 불만을 늘어놓은 셈이다. 이 여성에게 캘러허 대표는 다음과 같은 답장을 보냈다. '친애하는 크랩-애플 여사, 다시는 우리 비행기를 타지 못하실 텐데 우리 모두 많이 보고 싶을 것입니다.' 모든 기업들은 고객의 관심사와 불만에 물론 신경을 써야 한다. 그러나 상습적으로 기업을 이용하고 못살게 구는 '상습적 스토커'들은 과감하게 떨쳐버려야 한다. 이러한 유형의 고객에게 시달리며 시간과 에너지를 낭비하다 보면, 기업의 '최고 고객'에게 제대로 서비스를 할 수 없기 때문이다.

비경제적인 고객

네 번째 기피 대상은 바로 비경제적인 이용객들이다. 이들은 자신들의 구매 수준에 비하여 항상 지나치게 큰 서비스를 요구하는 사람들이다. 이들은 기술 지원팀이 항상 자신들에게 문을 열어놓고 있기를 바라고, 심한 경우 자신들을 위한 전용 서비스를 제공해주기를 바라기도 한다. 기업은 이들 때문에 고임금 전문 인력을 고용하여 끊임없이 원하는 조언을 해주는데, 불행하게도 이들은 이러한 조언은 귀담아 듣지도 않는다. 이들은 조금이라도 문제가 생기면 비용 환불을 요구하고, 기업 정책에도 예외가 있음을 주장하며 특별 대우를 요구한다. 한마디로 이들 때문에 기업에게는 시간적, 금전적 낭비가 엄청 크다.

또 다른 비경제적인 이용객 유형은 기업의 고객으로 오랫동안 거래를 해오고 있지만 혹시 더 나은 조건을 제시하는 회사가 있지 않을까 이쪽 저쪽을 기웃거리고, 두세 기업 사이에서 협상을 하는 그런 고객들이다. B2B에도 이러한 회사들이 많은데, B2B에서는 시도 단계에서 그러한 의도가 드러나게 되므로 불쾌함을 느낀 기업들은 이런 회사에게는 다른 곳에 가서 구매할 것을 권유하며 판매를 거부하곤 한다.

가격만 따지는 고객

다섯 번째 기피 고객 타입은 바로 가격만 따지는 구매객들이다. 이러한 사람들은 바겐세일을 할 때 주로 제품을 구입한다. 그 세일 가격만 염두에 두고 온 사람들이기 때문에 이들 고객에게는 후에 조금 더 비싼 가격을 권유해도 전혀 먹히지가 않는다. 이런 유형의 바이어들과는 오랫동안 거래를 한다는 것이 불가능하다.

매사추세츠에 위치한 교육 완구 및 게임 E-테일러 회사인 스마터키즈닷컴(Smarterkids.com)은 가격 할인 시기만을 이용하고 가버리는 구매객들을 고객 리스트에서 제외시키기 위하여 기존고객에게만 보상차원에서 할인 혜택을 주는 전략을 채택하고 있다. 많은 기업들이 신규고객 유치 시에도 가격만 따지는 구매객들은 받아들이지 않으려고 노력하는데, 이것이 오늘날의 현실이다.

리스크가 높은 고객

마지막 여섯 번째 유형의 기피 고객은 바로 리스크가 높은 고객들이다. B2B의 경우 재정적으로 파산할 가능성이 높다든가 아니면 반대로 인수될 가능성이 있다든가 하는 기업이 이런 유형에 속한다. 또한 일반 소비자들과 관계가 좋지 않은 기업도 리스크가 크다. 꼭 위기라고는 할 수 없지만 경영진이 자주 바뀌어 계속 긴밀하고 일관성 있는 관계를 유지하기 힘든 상대 기업도 문제가 있는 기업이다. 또한 고객이 도저히 받아들일 수 없는 특별한 투자 요청을 하는 경우에는 바이어 업체를 잃더라도 과감하게 이런 고객은 명단에서 빼버리는 것이 좋다.

우리 회사가 진정으로 유치하고자 하는 고객은?

최고의 고객에 포커스를 맞춘 기업일수록 처음 초기 단계부터 최고의 고객이 될 것 같지 않은, 될성 싶지 않은 싹들은 과감하게 잘라내는 '필터' 전략을 사용해야 한다. 그리고 이러한 구매객들에게 가야 하는 서비스 인력 및 에너지를 최고 충성고객에게 쏟아부어야 한다. 그렇다면 이제부터 '우리 회사가 진정으로 원하는 7가지 고객 유형'은 무엇인지 한번 살펴보기로 하자(표 6_8 참조).

- 많이 사고 자주 사는 고객
- 미래에 대량 구매가 예상되는 고객
- 경쟁사 타깃 고객층이 아닌 고객
- 성장 가능성이 높은 분야 고객
- 새로운 아이디어 제공 고객
- 충성 성향이 높은 고객
- 현재 믿을 수 있는 충성고객과 성향이 비슷한 고객

표 6_8 우리 회사가 유치하고 싶은 고객의 유형

어떤 사업 분야에서도 판매량은 중요하게 여겨지는 요소이다. 그러나 수익성이 가장 높은 고객이 반드시 대량 구매 고객인 것은 아니다. 왜냐하면 보통 대량 구매를 하는 고객은 큰 가격할인 폭을 요구하기 때문이다. 그렇다고 해서 양을 무시할 수는 없다. 그러므로 보통은 가장 많은 액수의 구매를 한 고객을 대상으로 보상을 하게 되고 로열티 프로그램도 수립하게 된다.

메리어트 호텔의 보상 프로그램인 메리어트 리워즈(Mariott Rewards)의 엘리트 회원들은 추가 포인트 할인 혜택을 받고 있다. 예를 들어 1년에 15일 이상 투숙하는 실버회원의 경우, 매번 투숙할 때마다 15일 미만 투숙한 일반 회원들보다 20% 더 많은 포인트를 부여받는 혜택을 누린다.

많이 사고 자주 사는 고객

기업이 원하는 고객 중 첫 번째 유형은 바로 많이 사고 자주 사는 고객이다. 영국의 슈퍼마켓 체인인 세인즈베리(Sainsbury's)는 가장 많이 지출을 하는 고객들을 찾기 위한 시장 조사를 실시하였다. 이 조사 결과, 애완동물을 보유한 고객들이 애완동물을 키우지 않는 고객들보다 훨씬 더 많은 지출을 하고, 또 이들이 지출하는 총액이 25억 파운드에 달한다는 사실도 밝혀졌다. 이러한 조사 결과에 바탕을 두고 세인즈베리는 '애완동물 클럽(Pet Club)'을 창설했다. 이 클럽의 신입 회원들은 환영의 선물로 애완동물 사료를 받으며, 이들 회원들에게는 1년에 4번씩 애완동물과 세인즈베리 슈퍼에서 판매되는 애완동물 관련 상품에 대한 정보를 담은 잡지가 송부된다. 마케팅 다이렉트(*Marketing Direct*, 2000년 3월호) 잡지에 따르면, 이 '애완동물 클럽' 회원들의 일주일 평균 구매액은 비회원들보다 평균 15파운드 정도 더 많다고 한다. 이들 애완동물 클럽 회원들의 경우 고객 이탈률도 비회원들에 비하여 훨씬 낮아 세인즈베리의 장기적인 수익증대에 큰 기여를 하고 있는 것으로 나타났다.

컨셉은 비슷하지만 또 다른 전략으로 세인즈베리가 내세우는 클럽은 바로 '0-5 클럽'이다. 이것은 영아 및 유아 그리고 저연령 아동층 고객을 유치하기 위한 전략인데, 이 클럽의 회원으로 가입을 하게 되면 정기적으로 잡지, 여러 대회 참여 자격, 특별 판매가격 등의 혜택을 받게 된다. 이러한 세인즈베리의 전략은 성공을 거두어 '0-5 클럽'의 33만 명 회원들은 일반 소비자들보다 더 자주 이 슈퍼체인을 찾고 더 많이 지출을 하는 것으로 드러났다. 이러한 예에서 볼 수 있듯이 매장을 찾는 빈도수와 평균 구매액은 아무래도 '베스트 고객'을 찾아내는 확실한 기준이 될 수밖에 없다.

미래에 대량 구매가 예상되는 고객

현재로서는 큰 구매를 하고 있지 않지만 향후에 여러 형태의 관심 있는 구매를 할 가능성이 있는 고객들도 기업이 유치하고 싶어하는 고객의 부류에 들어간다. 예를 들어보자.

- 미래에 많은 양의 구매를 할 가능성이 있는 고객
- 많은 회사를 거느린 그룹에 속해 있는 기업고객
- 지원비가 적게 소요되는 고객
- 마진을 증가시켜줄 가능성이 큰 고객
- 오픈 협상을 즐기는 고객

현재 구매 정도 수준으로는 기업의 매출에 큰 기여를 하지 못하는 유형의 고객 유치 전략을 쉽게 이해하지 못하는 사람들도 있지만 이들을 유치하는 것은 장기적인 전략에 의한 것이다. 그러나 무조건 큰 구매량의 가능성만 믿고 이들이 미래의 '베스트 고객'이 될 것이라고 믿는 것은 문제가 있다.

경쟁사 타깃 고객층이 아닌 고객

경쟁사가 관심이 없거나 경쟁사들의 주요 타깃층이 아닌 고객들에 대해 기업은 특별히 관심을 가져야 한다. 웨일즈의 카디프(Cardiff)에 위치한 자동차 보험회사인 애드머럴(Admiral)은 35세 미만의 젊은 운전자들을 주요 고객으로 유치한 결과 보험 가입자 수를 50만 명으로 증가시키는 개가를 올렸다. 파이낸셜 타임즈(*Financial Times*, 1999년 12월 21일)에 따르면, 다른 보험회사의 경우 위험도가 높은 것을 감안하여 젊은 운전자들을 기피하는 경향이 있는데, 애드머럴은 이 틈새를 뚫고 들어가 성공을 거둔 것이다.

성장 가능성이 높은 분야의 고객

기업이 유치하고자 하는 또 다른 고객의 유형은 바로 시장이 급성장하는 분야의 고객이다. 사이프러스 텔레콤(Cyprus Telecom)은 사용량이 급증가하는 고객을 '베스트 고객'으로 여기고 있는데, 대부분의 경우 도시에 거주하는 고객들이 설치비는 적게 들고 사용량은 많으면서도 서비스에 대한 불평불만이 매우 낮은 것으로 드러나고 있다. 그리하여 이 회사는 새로운 고객을 유치할 때 통신 사용량을 중점적으로 보고 있다.

새로운 아이디어 제공 고객

회사에 무엇인가 배울 거리를 제공한다든가 아니면 미래를 준비할 수 있도록 지원을 해주는 고객들도 기업이 원하는 유형의 고객이다. 그들의 특성은 다음과 같다.

- 새로 신설될 시장에 대한 많은 지식을 보유
- 첨단 기술을 보유
- 혁신가로서의 명성
- 성장 사업분야와 긴밀한 협력 가능성
- 함께 새로운 모험을 할 의지
- 해직 간부사원에 대한 연수 후 채용 가능성
- 상호 간 벤치마킹의 가능성

충성 성향이 높은 고객

'베스트 고객'의 가장 소중한 특징은 뭐니뭐니해도 역시 충성을 다한다는 점이다. 그러므로 기업은 무엇보다 기존 충성고객들의 특징을 잘 관찰 분석해놓아야 한다. 존 데이(John Day), 아프탑 아메드 딘(Aftab Ahmed Dean), 그리고 폴 L. 레이놀스(Paul L. Reynolds)는 1998년에 발간된 공동 저서에서 20개 중소기업에 대한 조사를 실시했는데, 특히 경영권에 있어 관계 마케팅의 역할에 대해 상세히 연구를 한 바 있다. 이들은 이 조사에서 충성고객들의 특징을 밝혀냈는데, 그것은 다음과 같다.

- 표준가격에 구매를 한다.
- 정기적으로 구매를 한다.
- 위험한 결정은 하지 않는다.
- 성장하는 사업을 하고 있다.
- 경력이 많은 고위 간부들이 많은 기업들과 사업을 하려 한다.

표준가격 구매는 무엇보다 충성고객을 평가하는 중요한 지표가 된다. 영국의 자동차정비 전문기업 AA(Automobile Association)은 멤버십 카드를 재정비할 때 경쟁기업으로 제일 많이 빠져나가는 사람들이 무료로 멤버십 카드를 획득할 수 있는 특별 홍보 기간에 처음 가입한 사람들이라는 사실을 파악했다. 그리하여 AA는 이들 이탈 가능성이 많은 고객들을 붙잡기 위한 특별 마케팅 캠페인 전략을 개발하여 놀라운 성과를 거두었다.

로열티에 대한 징표를 어떻게 찾아낼 수 있는가에 대한 사항은 이 장의 끝에 나와 있는 점검 연습 문제를 통해서 확인해보자.

현재 믿을 수 있는 충성고객과 성향이 비슷한 고객

회사의 베스트 고객이 될 가능성을 타진할 때 '확실성'은 이 가능성을 가늠할 수 있는 중요한 기준이 된다. 이러한 관점에서 기존의 믿을 수 있는 고객과 유사한 성향을 가진 고객을 유치하는 경우 이들이 베스트 고객이 될 가능성은 매우 높다.

니켈로데온(Nikelodeon)은 국제적인 입지를 넓히기 위해 구 동구권 국가인 헝가리와 폴랜드의 아동 프로그램 전문 케이블 네트워크 채널들과 프로그램 수출을 협상 중이다. 파이낸셜 타임즈(1999년 12월 21일)에 따르면, 니켈로데온이 루마니아, 말레이시아 등 미국 외의 국가들에서 2천8백만 가정을 가입자로 확보하며 대외 진출에 성공할 수 있었던 가장 큰 이유는 성인들과 달리 국가와 문화가 다름에도 불구하고 아동들의 취향은 별로 다르지 않기 때문이라고 한다. 니켈로데온은 이미 자신들이 잘 알고 그 취향에 쉽게 만족시킬 수 있는 고객들을 대상으로 사업을 확장해 나가기 때문에 급성장을 하고 있다는 얘기이다.

이것은 베스트 고객이 될 가능성이 있는 신규고객을 유치할 때 참고해야 할 가장 중요한 기준이 될지도 모른다. 기존고객과 성향이 가장 비슷한 유형의 고객을 새롭게 유치하는 경우, 기업의 문화와 경영 방침에 대해 적응하는 데 전혀 문제를 보이지 않기 때문이다.

고객의 입장에서 충성고객이 되면 좋은 점

충성도에 대해 거론할 때 우리는 흔히 상품이나 서비스를 판매하는 기업의 입장에서만 생각을 한다. 그러나 고객의 입장에서도 충성고객이 되면 좋은 점이 매우 많다. 그러면 어떤 점이 좋은지 한번 살펴보기로 하자.

1. **시간 절약** 새로운 공급업체를 찾아 물건의 성능을 테스트해보고 확인할 필요가 없다. 거래하는 업체들의 수를 최소한으로 줄여, 이들에게만 충성을 다하면 관리 비용도 절감할 수 있다.

2. **브리핑 시간 절약** 신규 주문을 하거나 새로운 프로젝트를 구현하려 할 때 브리핑 시간을 절약할 수 있다. 충성 공급업체는 이미 고객의 사업 및 개인적 필요 그리고 기술적 특별 사항, 고객이 사용하는 특수 용어에 대해서도 완벽하게 파악하고 있기 때문이다.

3. **오해 가능성 감소** 특별 선택 사항에 대해서도 공급업체가 이해를 못할 가능성은 거의 없다. 충성 공급업체는 고객의 스타일, 감성, 제약사항 그리고 굳이 말로 하지 않아도 되는 부분까지 다 감안을 하기 때문이다.

4. **리스크의 공동 감수** 공동 전략 개발, 신상품 공동 개발, 공동 시장 공략 등 함께 사업을 추진함으로써 단독 리스크를 줄일 수 있다.

5. **공급의 확실성** 장기적인 공급 스케줄을 함께 수립할 수가 있다.

6. **우선권 부여** 공급 부족사태가 발생할 경우 우선권을 부여받을 수 있다.

7. **기술적 지원** 기술적으로 문제가 있을 때 언제든지 도움을 받을 수 있다. 누구에게 문의를 해야 할지 알고 있으므로, 늘 원하는 대답을 얻을 수 있다.

8. **믿을 수 있는 조언 제공** 시장 동향 등에 대한 조언을 언제든지 구할 수 있다.

9. **의지할 수 있는 가능성** 고객 기업의 대고객관계에 문제가 생기거나, 어려운 일이 발생할 때 의지할 수 있다.

10. **공급업체의 추천** 다른 공급업체들을 소개하거나 필요한 서비스를 받을 수 있도록 주선해준다.

11. **벤치마킹** 충성스러운 공급업체는 벤치마킹 대상으로 이상적인 파트너이다.

믿을 수 있는 신규고객 유치는 기업의 사업 발전과 성장을 위해서는 필수 불가결한 전략이다. 문제는 모든 신규고객이 다 충성고객이 되는 것은 아니라는 것이다. 이를 위해서는 무엇보다 충성고객 가능성이 높은 고객과 기존고객 중 충성고객을 찾아내 베스트 고객의 리스트를 확보하는 전략을 수립하는 것이 필요하다. 그렇다면 이러한 목적에 도달하기 위하여 이 다음에 해야 할 일은 무엇일까?

록웰 오토메이션(Rockwell Automation)

록웰 오토메이션은 40억 달러 이상의 매출을 자랑하는 공장 자동화 및 공정 자동화 분야의 세계 최고 기업이다. 이 회사는 80개국이 넘는 나라에 진출해 있으며 고객 기업 수만 해도 10만 개가 넘는다. 1999년 록웰의 연례 보고서에 따르면, 이 회사의 고객 명단에는 전세계 최고의 기업들은 다 들어있다고 한다. 이 회사의 2만5천 명의 직원들은 고객 기업에 직접 상주하면서 고객과 함께 일을 한다.

록웰 오토메이션 콘트롤 시스템스(Rockwell Automation Control Systems)의 랜디 프리맨(Randy Freeman) 국제마케팅 담당 부사장은 모든 고객을 다 만족시키려는 목표를 세우고 있다. 즉, 고객의 각기 다른 욕구와 필요를 다 다르게 충족시킬 준비가 되어 있다는 얘기이다. 다른 록웰 오토메이션의 고위 간부들처럼 그는 시장과 현장 상황에 대해서 완벽하게 파악을 하고 있다. 그는 나에게 록웰의 고객 프로필을 다음과 같이 설명해주었다.

1. **최우량고객**
   ● 고객 숫자 : 50 미만
   ● 국제적 사업 규모
   ● 전략 포커스 대상으로 집중 관리
2. **우량고객**
   ● 고객 숫자 : 수천
   ● 전국적 또는 지역적 사업 규모

- 록웰 오토메이션측이 직접 관리
3. 일반고객
  - 고객 숫자 : 10만 이상
  - 지방 중심 사업 규모
  - 현지 파트너 기업에게 관리하게 함

위에 언급한 세 종류의 고객들 중 물론 매출의 가장 큰 비중을 차지하는 고객의 종류는 극소수의 '최우량고객'이다. 록웰에서 16년째 일을 하고 있는 키에런 코울턴(Kieron Coulton) 국제회계 담당 부사장은 국제적인 어카운트 관리면에서 이 회사가 추구하는 고객에 대해 확실한 기준을 제시했다. 록웰은 고객을 선별하는 전략을 수립 추진하고 있는데, 최고의 고객이 될 가능성이 있는 고객의 기준으로 이 회사는 다음과 같은 기준을 제시하고 있다.

첫째, 다른 기업과는 확실히 차별화되는 제조업체로서의 면모를 갖추고 있어야 한다.

이러한 기준은 그 분야에서 명실공히 최고의 기업을 선별하여 이들 기업이 더 발전하는 데 기여하고자 하는 록웰의 의지를 잘 보여주는 것이다. 실제 컨트롤 시스템, 기계 운전 시스템, 모션 컨트롤 그리고 소프트웨어 등 록웰이 설치한 모든 자동화시스템은 고객 기업들이 활동하는 시장에서 더 저렴한 경비로 더 신속하고 정확하게 다양한 제품을 만들어내는 데에 큰 기여를 하고 있다. '당신이 성공하면, 우리도 성공합니다'라는 록웰의 광고 테마는 이러한 록웰의 의지를 잘 보여주고 있다.

두 번째, 사업의 규모와 표준화의 지속성도 록웰이 요구하는 중요한 고객 선별 기준이 된다.

록웰의 집중 관리 대상인 최고의 고객이 되려면 일단 사업 규모에서 세계적인 수준이 되어야만 한다. 물론 이 세계적인 규모에는 표준 생산 시스템을 갖추고 있어, 전세계 어느 나라에서나 동일한 방식으로 제품을 생산할 수 있어야 한다는 조건이 포함되어 있다. 그러한 기업을 고객으로 확보하는 경우, 록웰 오토메이션은 결국 몇몇 중요한 국가만 공략하면, 나머지 국가들에서도 같은 표준 시스템을 사용하므로 새롭게 프로그램을 설계하지 않아도 전세계 시장을 모두 장악할 수 있는 엄청난 효과를 누릴 수 있기 때문이다.

세 번째로 록웰이 찾는 기업은 새로운 아이디어나 기술을 일찍 받아들인 기업들이다. 이러한 기업들은 시장 트렌드에 대해 쉽게 피드백을 해줄 수 있고 미래의 기술 요건도 쉽게 만족시킬 수 있는 능력을 갖추고 있다. 또한 이 기업들은 대개 그 산업 분야에서의 선도기업들이기 때문에 그 산업이 가야 할 길을 제시하는 역할을 한다. 새로운 트렌드가 요구하는 사항을 만족시켜 주기 위해 노력하다 보면 좋은 전략이 나오고 사업은 성공할 수밖에 없다.

마지막 네 번째로 록웰이 추구하는 고객 기업은 가치 기준이 비슷한 기업 이다. 목표도 비슷하고, 주요 관심 사항도 구체적으로 유사한 기업을 록웰은 찾는다. 목표가 같으면 자연스럽게 주안점이 같을 수밖에 없다. 키에런 부사 장은 이 상황을 이렇게 설명한다. "모든 점에서 공통점이 많으면, 굳이 이렇 게 따라오라는 지시를 고객기업에게 할 필요가 없다."

록웰이 명실공히 세계 최고의 공장 및 공정 자동화 기업이 될 수 있었던 비결은 바로 자신들의 강점을 확실히 파악한 후 이것을 살려줄 수 있는 능력 이 있는 각 산업 분야 최고의 기업들을 고객으로 유치한 데에 있다. 록웰의 예는 고객 선별이 기업 발전에 얼마나 중요한 역할을 하는지 잘 보여주는 모 범 사례라고 하겠다.

과연 누가 충성고객이 되고 기피고객이 될까?

점검 6 exercise

1년 전 새롭게 유치한 고객업체들의 명단을 앞에 놓고 이 고객들을 다음 두 부류로 분류 해보자.

1. 이제는 확실히 충성도를 보이는 고객업체들
2. 처음에만 구매를 한 후 구매를 중지하거나, 아니면 들락거리는 고객업체들

이 두 부류의 고객 명단을 앞에 놓고 다음 사항들을 항목별로 하나씩 체크해본다. 아래의

질문들은 미래의 충성고객에 대한 기준을 제시해줄 것이다. 과연 누가 충성고객이 되고 또 기피고객이 될 것인지 한 번 찾아보자.

다음은 회사가 원하는 믿을 수 있는 고객업체를 찾기 위한 15가지 질문이다.

- 이 고객업체는 이미 자신들이 필요한 것이 무엇인지 스스로 분석을 하여 파악을 하고 있는가? 이 고객은 이미 경험이 있는 구매자인가?
- 이 고객업체는 자신들에게 부족한 점을 보충해줄 수 있는 공급업체를 찾고 있는가?
- 이 고객업체는 공급업체에 대해 필요한 자격 요건, 추천서, 신용도 등 필요한 모든 사항들을 점검하고 있는가?
- 이 고객업체는 단순히 진열장에 놓인 물건을 사기보다는 조금 더 친밀한 인간적인 관계를 구축하기를 원하는가?
- 이 고객업체는 서비스 지원을 요청할 때 필요한 서비스와 기술 지원을 꼭 집어서 요청하는가?
- 이 고객업체는 시간 개념에 높은 가치를 부여하는가?
- 이 고객업체는 브랜드의 중요성을 인식하고, 브랜드가 가져다 주는 이미지상의 이점에 대하여 잘 파악하고 있는가?
- 이 고객업체는 안정된 경영팀을 갖추고 있는가?
- 이 고객업체와 우리 회사 사이에 문화와 가치관에 있어 공통점이 많은가?
- 이 고객업체는 공통된 목표를 향해서 나아가고자 하는 팀웍이 구축되어 있는 업체인가?
- 이 고객업체는 여러 차원에서 관계를 구축하고자 하는 업체인가?
- 이 고객업체는 우리 회사와 함께 실험하고, 테스트 해보고 함께 배우기를 원하는 업체인가?
- 이 고객업체는 기존의 고객업체가 우리 회사에 소개한 업체인가?
- 이 고객업체는 일정 기간 동안 경쟁업체와 거래하다가 다시 우리 회사로 돌아왔는가?
- 이 고객업체는 이전에 다른 공급업체들과 장기적인 관계를 구축했던 전력이 있는가?

참고 문헌

Asker, David A. and Joachimsthaler, Erich (2000) *Brand Leadership*, The Free Press.

Bartram, Peter (1999) 'The wrong kind of customers' *Financial Director*, October.

Day, J., A.A. and Reynolds, P.L. (1998) *Relationship Marketing: Its Key Role in Entrepreneurship, Long Range Planning*, Vol. 31, no. 6.

Karrass, Chester L. (1994) *The Negotiating Game: How to get what you want*, HarperCollins.

O'Dell, S. and Pajunen, Joan A. (2000) *The Butterfly Customer: Capturing the Loyalty of Today's Elusive Consumer*, John Wiley.

Percy, Nigel (1999) 'Relationship Marketing Myopia' *Marketing Business*, October.

Reichheld, Frederick F. and Teal, Thomas (1996) *The Loyalty Effect: The Hidden Force Behind Growth, Profits, and Lasting Value*, Harvard Business.

Rogers, Everett M. (1995) *Diffusion of Innovations*, Free Press.

Stone, Merlin (1999) *Managing Good and Bad Customer*, Policy Publications.

살아 있는 관계 구축
Living the relationship

III

기업 대 개인의 관계에서든 아니면 기업 대 기업의 관계에서든, 관계란 사람과 사람 사이의 끈끈한 연대를 의미한다. 그러므로 어떤 형태이든 관계를 구축하는 데 있어서 인간적인 가치가 큰 판단기준으로 작용한다. 마크 맥코맥 (Mark MacCormack)은 『하버드가 당신에게 가르쳐주지 않은 것들(What They Don't Teach You at Harvard)』이라는 저서에서 '모든 조건이 같다면, 사람들은 친한 사람에게서 물건을 산다. 모든 조건이 같지 않을 때도 사람들은 친한 사람에게서 물건을 산다'는 얘기를 한 바 있다.

고객은 기업과의 관계 구축에 있어 다음 8가지 사항을 기대한다.

- 믿을 수 있는 품질
- 선택에 대한 인정
- 기술적 서비스 지원
- 공정한 차별 대우

- 상호 간의 신뢰
- 열린 대화 창구
- 전문지식 공유
- 개성 있는 브랜드

우리는 각 항목마다 고객이 기대하는 바가 무엇인지를 파악하여 인간적 특징을 반영한 가치를 고객과의 관계 구축에 적용해야 한다. 만일 이것을 모든 고객에게 다 적용할 수 없다면, 우선권은 당연히 최고의 고객에게 돌아가야 할 것이다.

이 8가지 요소는 모두 믿을 수 있는 고객들과의 긴밀한 유대관계 형성에 있어 꼭 필요한 요소들이다. 여기 제3부에서는 장별로 이 가치를 하나씩 살펴보고 넘어가고자 한다. 중요한 것은 이 가치들이 효과를 발휘하기 위해서는 실제 기업의 모든 전략에 이 요소들이 빠짐없이 반영되어야 한다는 사실이다.

가끔씩이 아니라 항상 기억해주는 관계

그녀가 화재 경보 소리를 듣고 옆에 놓인 시계를 보았을 때 시간은 새벽 2시 35분을 알리고 있었다. 천천히 잠에서 깨어나는 도중 갑자기 그녀는 싱가포르 리츠칼튼 호텔 13층에 있다는 사실이 생각났다. 그렇다면 그 많은 계단을 걸어 대피해야 된다는 얘기가 아닌가? 동시에 다른 호텔에서도 화재 경보가 울렸었지만 모두 가짜로 밝혀졌었던 사실도 떠올랐다. 그러나 그 어느 때도 이렇게 높은 층에 투숙하고 있지는 않았다. 그렇다면 어떻게 해야 할 것인가? 혹시나 하고 그냥 방에 머무를 것인가? 아니면 150개의 계단을 걸어 내려갈 것인가? 생각해보니 리츠칼튼 호텔에서 화재 경보기가 잘못 울리지는 않을 거라는 생각이 들었다. 이 호텔은 실수를 한 번도 하지 않았던 호텔이 아닌가? 그 생각에 이르자, 그녀는 호화로운 타올로 된 목욕 가운을 위에 걸치고 계단으로 총총 달려갔다.

그러나 불행히도 그것은 잘못된 경보였다. 30분이 지나 그녀는 다시 방으로 올라와 다시 편안한 침대에 몸을 던졌다. 다음날 아침에 깨어났을 때 모든 기억이 너무나도 희미해서 그녀는 혹시 꿈을 꾼 것이 아닌가 생각을 했다. 그러나 호텔의 세일즈 매니저인 앤 라이가 남긴 사과 편지를 보자 그것이 꿈이 아니고 사실이었다는 것을 확실히 알 수 있었다. 각 방마다 이 사과 편지를 갖다놓느라 이 세일즈 매니저는 밤을 새웠을 거라고 그녀는 생각했다. 그 날 점심을 먹고 이메일을 확인하러 방에 올라왔을 때, '본의 아니게 폐를 끼쳐서 너무도 죄송하다'는 메시지와 함께 싱싱한 딸기가 예쁜 그릇에 담겨 또 그녀를 기다리고 있었다.

그녀는 과거에 저지른 실수를 제대로 만회하지 못해 많은 고객을 잃은 여러 기업의 예를 떠올렸다. 그러나 그런 회사들과는 달리 리츠칼튼은 단 한 번의 오류도 범하지 않았었다. 그러나 처음으로 저지른 실수를 이처럼 멋있게 만회하는 기업이 또 있을까? 그런데 이 호텔 직원들은 그녀가 딸기를 좋아한다는 사실을 도대체 어떻게 알았을까?

민을 수 있는 충성고객을 확보하기 위해 기업은 인간관계에서 중요시 하는 가치를 고객과의 관계에서도 적용할 줄 알아야 하는데, 그 중에서도 제일 중요한 가치는 바로 확실성이다. 무엇보다 고객과의 약속대로 물건을 배달해주는 것이 관계 형성의 출발점이 된다(표 7_1 참조).

이외에도 확실성을 보여주는 방법은 많다. 예를 들어서 순간적으로 눈길이 가는 첨단 시스템 대신 믿을 수 있는 증빙된 장비를 제공해주는 것도 확실성을 고객에게 인식시켜주는 하나의 방법이다. 하드웨어와 소프트웨어 외에, 직원들이 고객들에게 확실하고 지속적인 행동을 보여주는 것도 베스트 고객을 잡아둘 수 있는 또 하나의 방법이다. 기존의 제품 성능을 계속 확인하고 실수를 했거나 '실수를 할 뻔 했으면' 그것으로부터 배우고 그리고 모니터링 시스템이나 다른 평가 방법을 통하여 회사에서 제공하는 제품과 서비스의 효율성에 대하여 계속적인 평가를 하는 것도 최고의 고객을 잡아둘 수 있는 또 하나의 방법이다.

마지막으로 불행하게도 있을 수 없는 실수를 한 경우, 그것을 신속하고 효율적으로 마무리하는 것도 고객에게 '믿을 수 있는 품질'에 대한 확신을 심어주는 방법이 된다. 특히 실수를 했더라도 최선을 다하여 그것을 만회하려고 노력하는 모습을 보여주게 되면 고객은 이에 더 큰 감동을 받아, 그것이 오히려 기업 경쟁력을 강화시켜주고 고객을 잡아둘 수 있는 하나의 기회로 작용한다는 사실을 절대로 잊지 말자.

'무슨 일이 있어도
약속은 꼭 지켜야 한다'
고객이 기업을 믿고 의지하게 만드는 것은 바로
제품의 포장에 표시해놓은 약속에 대한 의지이다.

표 7_1 믿을 수 있는 품질

믿을 수 있는 확실성이 최우선이다

고객과의 장기적인 관계 구축을 원한다면 무엇보다 먼저 고객에게 우리 회사는 믿을 수 있는 확실한 회사라는 믿음을 제공해야 한다. 텍사스 A & M 대학교의 서비스 마케팅 분야 최고 전문가인 레오나드 베리(Leonard Berry)교수는 고객의 마음을 얻을 수 있는 4대 요소 중 첫 번째로 '확실성'을 꼽았다. 나머지 세 가지 요소는 공정성, 신속한 실수 만회 능력 그리고 의외성이다.

1980년대 제조산업계에 혁신적인 품질 향상 바람이 몰아닥치면서 고객들은 어떤 제품을 구입해도 품질이 다 좋을 것이라는 확실성에 대한 기대를 갖게 되었다. 그렇기 때문에 새로 발급받은 신용카드로 결제를 할 때 한 번에 결제가 안 되고 직원이 같은 행동을 두 번 반복하면 고객은 불안감과 짜증을 느낀다.

고객이 새로 TV세트를 구입할 때 가전소매점들은 고객에게 매우 유리해 보이는 보증조건을 제시한다. 그리고 고객은 그 확실성을 보고 제품을 구입한다. 그러나 실제로 제품의 성능이 확실하고 믿을 수 있는 경우, 기업에게 불리해보이는 이 보증 조건은 오히려 기업에게 유리하다. 제품을 구입한 후 문제가 있어서 보증서를 이용하는 고객은 거의 없기 때문이다. 보통은 고객에게 부담을 더 시키며 소매상에서 보증조건을 추가시키기도 하는데, 구입한 제품이 절대 고장나지 않고 새로운 기술이 나타날 때까지 사용할 수 있을 것이라는 고객의 믿음이 확실한 경우, 이러한 판촉 전략은 먹히지 않는다.

한 소비자 관련 잡지는 자동차 수리업체들을 대상으로 정비 서비스에 대한 조사를 실시한 바 있다. 이 조사에서는 추천하고 싶은 브랜드에 대한 조사도 함께 실시했는데, 정비 서비스 업체들의 가장 많은 추천을 받은 브랜드는 바로 '혼다'였다. 아이러니하게도 혼다 자동차는 절대 고장이 나지 않아서 정비소에게 이 차를 구경할 일이 없다는 것이 이들 자동차 정비업체들의 의견이었다.

신뢰를 구축하는 방법은?

기업이 대규모 명성을 얻기 위해서는 무엇보다 고객의 신뢰를 얻어야한다(표 7_2 참조). 이를 위해서는 요란한 광고를 내보내기 이전에 기업내부 조직이나 생산 공정 과정에서 견고한 신뢰체제를 구축해놓아야 한다. 멋있고 호소력 있는 광고를 내보내면 우선은 미지의 것을 한 번 실험해보고 싶어하는 호기심 많은 소비자들을 끌어들일 수 있을지는 모른다. 그러나 진정 중요한 것은 일단 소비자들을 끌어들인 후 믿을 수 있는 품질을 보장해야 한다는 것이다. 그러면 이들은 꼭 다시 돌아오게 되고 그리고주변 사람들에게 이 제품을 추천하기 때문이다. 그러나 반대로 광고에 끌려 온 소비자들이 실망을 하게 되는 경우 이들은 결코 돌아오지 않는다. 심한 경우, 주변 사람들에게 그 제품이나 서비스를 구매하지 말라고 악선전을 하기도 한다. 더 끔찍한 일은 제품의 품질이나 서비스가 후에 개선되어도 이 악선전은 계속 된다는 것이다.

스칸디나비아 항공사 SAS의 전설적인 리더, 얀 칼손(Jan Carson)은 이항공사가 비슷한 클라스의 항공사 중에서 최고의 정시 비행률을 보여줄때까지는 새로운 비행기에 대한 투자를 하지 않겠다는 발표를 했었다. 이는 믿을 수 있는 품질 서비스를 보여준 후 새로운 것에 대한 투자를 하겠다는 의지를 보여준 것이다. 칼손 대표는 최고 품질의 서비스를 제공하되,

- 이미 증빙된 믿을 수 있는 시스템을 사용한다.
- 성능보다 더 중요한 것은 지속성이다.
- 직원들을 대상으로 먼저 테스트를 한다.
- 전체 고객에게 확대하기 이전에 소수 고객들을 대상으로 테스트를 한다.
- 고객, 직원, 중간소매상들에게 기업이 기대하는 것이 무엇인지 확실히 설명을 한다.
- 모니터링을 하고 '실수할 뻔 했던 경우' 그 원인을 파악한다.

표 7_2 믿을 수 있는 품질 제공 전략

그러한 서비스를 받을 자격이 없다고 생각되는 고객은 유치하지 않는 방침으로도 유명하다.

고객의 사랑을 받는 브랜드가 되려면 결코 헛점을 보여서도 안 되고 실수를 해서도 안 된다. 끊임없이 브랜드가 고객에게 내세운 약속을 지켜 나가야만 한다. 고객들은 오션 스프레이(Ocean Spray)의 크랜베리 쥬스 색깔이 구입할 때마다 달라지거나 크로넨부르그(Kronenbourg) 맥주 알콜 농도가 마실 때마다 달라질 수도 있다는 생각은 전혀 하지 않는다. 고객들의 신뢰를 가장 많이 받는 것으로 유명한 DHL에 전화를 걸었다가 3번이나 벨이 울려도 전화를 받지 않는 경우, 고객들은 전화번호를 잘못 눌렀다고 생각하고 다시 전화를 해본다. 그만큼 이 회사에 대한 신뢰가 높다는 얘기다. 텔레퍼포먼스 인터내셔널(Teleperformance International)은 유럽, 아시아 태평양, 미국 등 20개 국가에서 고객을 가장한 모니터 요원들을 시켜 다양한 산업체들을 10개 항목에 걸쳐 테스트를 해보았다. 그 결과 DHL이 세계에서 최고 기업으로 평가받는 영광을 누리게 되었다. 무엇보다 고객들이 높이 평가하는 것은 업무 속도보다는 업무의 지속성이었다. 최고의 고객을 잡아두는 첫 번째 방법은 바로 그 브랜드에 대한 기대에 부응해서 언제나 변함없는 상품과 서비스를 제공하는 시스템을 구축하는 것이다.

단순한 시스템이 지속성을 유지시킨다

고객에게 확실하고 지속적으로 상품과 서비스를 제공하려면 기업의 모든 시스템을 단순화해야 한다. 1980년대 말 영국의 전화은행(Telephone Bank)인 퍼스트 다이렉트(First Direct)는 사업을 위한 준비 작업을 하면서 거의 예술에 가까운 첨단 데이터베이스를 도입하는 대신 기술 수준은 떨어지지만 확실하게 검증된 소프트웨어를 선택했다. 이 회사를 본받아 인터넷 뱅킹에 뛰어든 다른 회사들도 첨단 기술을 선보이면서 약간 불안한 소프트웨어보다는 기술 수준은 낮지만 안정성이 보장된 소프트웨어를 선택했다.

물론 참신한 서비스를 제공해준다는 미래식 시스템에 대한 유혹은 항상 있는 법이다. 그러나 이러한 복잡한 첨단 시스템을 선택한 대가로 일주일 내내 그리고 24시간 동안 원하는 서비스를 제공하지 못할 경우 누가 그 책임을 질 것인가?

컴팩트 줌 카메라를 생산하는 한 동남아 회사는 렌즈의 굴절도, 날짜 표시 그리고 자동 시간 조정 기능에 있어 세계 어느 경쟁 기업보다 더 높은 수준의 기술력을 자랑하고 있다. 이 회사의 웹사이트에 가보면 눈이 휘둥그레질 만큼 좋은 카메라 기계들이 고객의 눈길을 사로 잡는다. 그러나 소비자의 의견을 볼 수 있는 몇몇 독립 사이트에 가서 이 회사 카메라에 관한 고객들의 구매 경험을 읽어 보면, 소비자의 반응이 영 신통치 않음을 알 수 있다. 이 사례를 통해 우리가 얻을 수 있는 교훈은 간단하다. 최고의 고객들과 장기적인 고객관계를 구축하려면 무엇보다 먼저 확실하고 믿을 수 있는 품질을 보장해야 한다는 것이다.

직원을 대상으로 테스트한다

알파 테스트는 지속적으로 확실한 품질을 보장하기 위해 필요한 첫 번째 단계이다(표 7_3 참조). 이것은 시장에 제품을 출시하기에 앞서 직원들

1단계	알파 테스트	신상품이 나오면 직원들을 대상으로 먼저 사용하게 해본다
2단계	베타 테스트	고객들을 대상으로 테스트를 한다
3단계	출시	성능이 입증되면 모든 고객에게 판매한다

표 7_3 신상품 및 서비스 테스트 단계

을 대상으로 먼저 테스트를 하는 방법이다. 고객이 사용을 해보기 이전에 직원들은 고객의 입장이 되어 신상품이나 새로운 서비스에 대한 모든 면모를 꼼꼼히 따져본다. 보스톤에 있는 질레트(Gillette)는 신상품을 개발하거나 제품을 개조한 경우 직원들이 직접 사용해보고 실험을 해보는 면도 전용 실험실을 두고 있다.

포르쉐(Porche) 자동차는 새로운 엔진이나 브레이크 등 신형 기계가 개발될 때마다 먼저 실험실에서 실험을 한 다음, 경주 트랙에서 성능을 테스트한다. 그러나 이러한 테스트 과정을 거쳤더라도 시장에 출시하기 전에, 직원들에게 매일 출퇴근하면서 실험 자동차를 테스트하게 해본다. 독일의 한 지방 신문은 포르쉐에 얽힌 재미있는 에피소드를 소개한 적이 있었다. 이 신문 기사에 따르면, 지방 정부가 포르쉐 자동차 공장이 있는 곳으로 연결된 도로 포장을 새로 해주고 노면을 매끄럽게 하는 작업을 할 것이라는 정책을 발표했을 때 포르쉐의 전직원들이 들고 일어나 반대를 하여 이를 막았다는 것이다. 길이 매끄러우면 거친 도로에서 출퇴근하며 품질 테스트를 할 수 없다는 것이 그 반대의 이유였다.

고객을 테스트에 참여시키기

두 번째 단계 테스트는 소수 고객들을 대상으로 이루어지는데, 테스트를 위해 선별된 고객들은 위험을 감수하면서도 신상품이나 서비스를 누구보다 먼저 사용해보는 것을 좋아하는 사람들을 선별해야 한다. 마이크로소프트(Microsoft)사는 새로운 소프트웨어가 개발될 때마다 캘리포니아나 다른 지역에 거주하는 대학생들에게 사용하게 해보는데, 이들이 테스트 제품의 성능과 문제점을 지적해주기 때문에 본제품은 수정 공정을 거쳐서 나올 수 있다. 이러한 대학생 테스터들 덕분에 신제품 소프트웨어는 모든 고객들 손에 이르러서는 완벽해질 수밖에 없는 것이다.

네슬레(Nestle) 그룹 소속 회사인 이탈리아 파스타 및 이탈리아 음식을 생산하는 브랜드인 부이또니(Buitoni)는 이탈리아 음식을 좋아하는 사람들을 모아 멤버십 클럽인 까사 부이또니(Casa Buitoni)를 창설했다. 회원 가입을 원하는 사람들은 구입한 부이또니 상품의 포장에 있는 바코드를 잘라서 우편으로 보낸다. 이 클럽의 멤버들에게는 추천 요리, 추천 와인, 주방상품에 대한 안내 기사가 실린 잡지가 송부된다. 회원들은 회원 가입 시 전화번호를 제공하는데, 음식개발전문 기술자는 새로운 파스타 국수나 새로운 소스가 개발될 때마다 회원들에게 전화를 걸어 이러한 신상품을 테스트해볼 용의가 있는지 묻는다. 이러한 테스트에는 회원들의 질문을 받기 위한 무료전화도 마련되어 있다. 이렇게 자발적으로 시식 테스트에 참여하는 회원 고객들은 맛이나 외양 그리고 준비과정에 대한 개인적 소감을 상세하게 밝힌다.

모든 선수들에게 게임의 룰을 이해시키기

'좋은' 상품이나 서비스를 지속으로 제공하려면 무엇보다 모든 관계자들(고객, 직원 그리고 그외의 모든 관계자)에게 이 '좋다'는 개념이 무엇을 의미하는지 분명하게 설명해야 한다. 특정 브랜드의 표준 기준은 외관에서부터 모든 구체적인 기술 사항 그리고 고객의 기대에 이르기까지 명확하게 사전에 정의가 되어야 한다.

스타트렉(Star Trek) TV 시리즈 영국담당 판매 회사인 파라마운트 홈 엔터테인먼트는 출시된 스타트렉 비디오 26개에 관한 판촉업무를 헤이가스 그룹(Haygath Group)에 맡겼다. 당시 파라마운트가 이 판촉회사에 요구한 것은 전직원들이 스타트렉에 나오는 문화, 역사 그리고 이 프로그램에서 사용하는 용어를 완전하게 마스터하도록 해달라는 것이었다.

마케팅 다이렉트(2000년 1월호)지에 따르면, 이 회사의 마케팅 책임자인 스튜어트 윌리엄스(Stuart Williams)는 회계팀을 위한 세미나도 개최했는데, 이 세미나에서는 스타트렉에 나오는 외계인들 족보에서부터 모든 특수 장치에 대한 연구와 토론을 벌였다. '우리에게 주어진 이 제품은 매우 복잡한 것이다. 그러므로 고객에게 이를 설명을 하려면 누구보다 우리가 먼저 알아야 한다. 판촉회사 직원이 비디오에 나오는 인물의 이름을 잘못 말하고 우주선 이름을 틀리는 경우, 이 단순한 실수가 회사에 대한 신뢰감을 무너뜨리고 나아가 고객들은 비디오 자체에 대해서도 의혹을 가지게 된다.'

기업과 고객 사이에 신뢰 관계가 구축이 되려면 우선은 고객에게 신뢰의 기준을 제시하여야 한다. 페덱스(FedEx)는 만일 소포가 오전 10시 30분까지 배달되지 않으면 송부료를 받지 않는다. 그러므로 고객의 머리속에서 '오전 10시'는 신뢰 기준을 만족시켜주는 좋은 시간이고 '오전 11시'는 반대로 나쁜 시간이라는 인식이 박혀 있다.

플로라(Flora)는 유니레버그룹 소속 회사인 반 덴 베르그 푸드(Van de Bergh Foods)가 생산하는 영국의 선도적인 마가린 브랜드이다. 이 브랜드는 고객의 건강을 염려하며 고객을 보살피는 것을 브랜드의 가치로 내세우고 있는데, 그러한 면에서 고객들의 일상생활에서 필요한 여러 전문적인 건강 지식을 제공해주고 있다.

이 회사가 고객에게 상품 포장이나 광고를 통해서 전달하는 메시지는 변함이 없다. 1965년 캠페인 주제였던 '플로라는 가장 좋은 자연 성분을 여러분의 식탁에 배달해드립니다'에서부터 2000년 테마인 '고객의 건강을 생각하는 플로라'에 이르기까지 메시지의 종류는 다양하지만 '고객의 건강을 보살피는 브랜드'라는 개념은 여전히 이 브랜드의 중심 테마로 자리잡고 있다. 1996년에서 1999년까지 계속된 런던 마라톤 후원도 고객의 건강을 생각한다는 이 브랜드의 중심 가치와 잘 맞아 떨어졌으며, 스폰서십을 결정하고 실행한 방법도 이 브랜드가 정한 기준에서 벗어나지 않는 것이었다.

이 브랜드 제품의 포장을 보면 깨끗하고, 밝고 그리고 생동감이 넘친다. 그리고 모든 포장에는 무료 건강상담 전화번호(0800 446464)가 적혀 있다. 이 번호에 전화를 해보면 친절한 목소리가 들려오는데, 이들은 모두

이 브랜드의 홍보 대사들이다. 이들은 모두 건강 문제에 관한 한 전문가들처럼 보이고 풍부한 건강 지식으로 고객들에게 도움을 준다. 예를 들어 폴리불포화지방이 무엇인지 묻는 경우 이것의 특징 및 중요성에 대해 확실하고 이해하기 쉽게 설명을 해준다. 이 상담 전화와 더불어 이 브랜드가 운영하는 웹사이트(www.vdbfoods.co.uk)에 들어가보면, 이곳에도 건강과 관련한 소중한 정보가 가득하다. 이처럼 최고의 베스트고객을 유치하고 이들의 이탈을 방지하려면 브랜드에 대해 고객이 가지고 있는 기대를 모두 충족시켜주려는 노력이 필요하다.

모니터링과 평가 장치를 마련하자

상품과 서비스의 지속성은 모니터가 되어야 한다. 우리 인생에서 실수 없이 완벽하게 돌아가는 것은 아무것도 없다. 그러므로 확실하게 지속적으로 상품을 공급하기 위해서는 제품이나 서비스의 성능에 대한 평가제도를 마련해야 한다. 이를 위해서는 문제가 터져 고객에게 큰 영향을 미칠 뻔 했던 '실수 직전'의 사례를 정기적으로 점검하여 그 원인을 찾아보는 노력을 게을리하지 말아야 한다. 또한 서비스의 확실성을 보장하기 위해서 고객을 가장한 모니터요원들로 하여금 끊임없이 확인을 하게 해야 한다. 유럽 전역에 4만 명의 쇼핑객을 가장한 모니터 요원들을 보유하고 있는 테일러 넬슨 소프레스(Taylor Nelson Sofres)와 리서치 기관인 NOP는 기업들을 위해서 점검을 하고 지속적인 보고를 해주고 있으며, 문제가 있다면 그것이 무엇인지 파악해주고 있다.

브루스 로버트슨(Bruce Robertson)은 런던 및 다른 도시에 고급 자연식 샌드위치 바를 운영하는 프레타망제(Pret a Manger)의 인사부장이다. 더 타임즈(*The Times*, 2000년 4월 25일자)에서 그는 매주 전국 92개 도시에 나타나는 고객을 가장한 이 회사의 모니터 요원들의 활약은 기업에게도 고객에게도 모두 도움이 된다는 말을 한 바 있다. 이 모니터 요원들은 10

점 만점을 기준으로 샌드위치 바의 직원들을 엄격하게 평가하는데, 누구든지 10점 만점에서 9점을 받으면, 그 주의 나머지 근무 시간 동안에는 시간당 50펜스씩 주급을 더 받는다. 어떤 매장이 한달 동안 이 모니터요원들을 90% 만족시킨 경우, 이 매장의 전직원들은 주말 휴가를 받는다. 평가는 주 단위로 이루어진다. 어떠한 방법으로 제품 및 서비스의 품질을 평가하든, 중요한 것은 이러한 평가가 정기적으로 이루어지고 이에 대한 추후조처가 즉각적으로 취해져야 한다는 것이다.

신속하고 효율적으로 실수를 만회해야 한다

모니터링을 하고 여러 평가 조사를 한 결과 품질에 문제가 있다는 결과가 나온다면 이를 시정하기 위해 강력하고 효율적인 조처가 즉시 취해져야 한다. 고객이 불평을 해왔을 때는, 잘못을 즉시 시정하느냐 아니면 관계를 단절하느냐 둘 중의 하나를 선택해야 한다. 강력하고도 효율적인 실수 만회는 레오나드 베리 교수가 제시한 훌륭한 서비스를 평가하는 네 가지 기준 중 하나에 들어간다.

상품이나 서비스에 이상이 있는 경우 왜 이를 즉시 시정해야 하는가? 그 이유는 여러 가지가 있다. 우선은 이것이 최고의 고객이 기업에게 기대하고 있는 확실하고 믿을 수 있는 품질 제공의 의무에 들어가기 때문이다. 늘 곁에 있고 문제가 발생했을 때 나서서 도와주는 건 좋은 친구의 전형적인 특징이다.

실수를 한 후 이를 좋은 방법으로 시정하면 고객은 기업에게 훨씬 더 큰 만족감을 느낀다. 이것도 역시 실수 후 시정을 해야 하는 또 다른 이유가 된다. 국제적인 명성을 얻고 있는 영국항공(British Airways)은 항공사의 모든 서비스에 대해 고객들의 의견을 조사한다. 이 조사 결과 흥미로운 사실이 밝혀졌는데, 짐을 잃어버렸다가 다시 찾은 고객의 경우 정상적으로 아무 문제없이 짐을 찾은 고객들보다 이 항공사에 훨씬 더 후한 점수를 주고 있다는 사실이었다.

여행을 자주 하는 사람들, 특히 북미 여행을 자주 하는 여행객들은 짐을 잃어버리는 일을 가끔 당하기에 이러한 일을 아주 심각하게 생각하지 않는다. 대신 이 잃어버린 짐을 빨리 찾아서 주인에게 돌려주는 능력으로 항공사의 서비스를 평가한다. 그러므로 고객에 대한 서비스를 제공하면서 기업은 '정말 믿을 수 있는 회사다. 만일 무슨 일이 발생한다 하더라도 신속하게 그것을 해결해준다. 이 회사를 다른 사람들에게 꼭 추천해주고 싶다' 라는 이미지를 고객에게 심어주어야 한다.

실수 만회가 중요한 이유는 이렇게 사고가 발생했을 때 고객은 비로소 이 상품이나 서비스 공급업체에 대해서 깊이 생각해보게 된다는 사실이다. 평상시에 아무 문제없이 일이 돌아가는 경우 고객들은 기업이 제공하는 모든 것을 당연하게 별 생각없이 받아들인다. 그러다가 문제가 발생하면 갑자기 예민해지게 되는 것이다(표 7_4 참조). 이렇게 문제가 발생했을 때 신속하게 조처를 취해주고 상호 간에 필요한 정보를 교환하여 친절하고 예의바르게 문제를 해결해주면, 이 기억은 몇십 년 동안 고객의 기억 속에서 사라지지 않는다.

- 기업에 대한 관심 증가
- 당황, 분노, 결과에 대한 두려움을 느낌
- 즉각적인 조처에 대한 기대
- 수동적으로 받아들였던 과거의 방식에 대한 의구심
- 오랫동안 잊혀지지 않는 기억으로 남음

표 7_4 무언가 나쁜 일이 발생했을 때 느끼는 감정

문제가 발생했을 때 취해야 하는 5가지 시정 조치

무엇인가 문제가 발생했다는 것을 깨닫는 순간 고객의 마음속에서는 만감이 교차된다. 특히 제일 먼저 떠오르는 생각은 '왜 하필이면 내게 이런

일이?' 이다. 그리고 분노가 치밀면서 앞으로 어떤 일이 또 발생할지 모른
다는 두려움이 앞선다. 그렇다면 이러한 상황에서 가장 효율적이고 강력
하게 문제를 해결한다는 평가를 받고 있는 기업들은 어떠한 조처를 취할
까? 이들은 주로 5가지 조처(표 7_5 참조)를 취하는데, 그 중 첫 번째 조처
는 문제가 발생했다는 사실을 솔직하게 인정하고 그에 대해서 사과를 하
는 것이다.

- 문제가 발생했음을 시인하고 사과를 한다.
- 상황을 설득력있게 설명한다.
- 같은 일이 절대로 재발되지 않도록 하겠다는 의지를 보인다.
- 문제 해결에 대한 특별한 능력을 보여준다.
- 신뢰를 다시 회복한다.

표 7_5 강력하고 효과적으로 실수를 만회하는 5단계 조처

고객의 입장에서 생각해본다

　문제가 발생했을 때 무엇보다 중요한 것은 고객의 입장에서 생각해보는 것
이다. 입장을 바꾸어 생각해보면 고객이 어떠한 조처를 기다리는지 쉽게 이해
할 수 있기 때문이다. 메리어트 호텔의 한 체인에서 체크아웃 지연으로 인해 어
떤 고객이 공항으로 가는 셔틀 버스를 놓치고 결국 비행기도 놓칠지도 모르는
사태가 발생했다. 이때 홀에서 짐을 나르는 포터는 고객의 입장에서 이 상황을
생각해보고 어떻게 하면 문제를 해결할 수 있을지 생각해보았다. 그리고 찾은
답은 고객에게 '공항까지 택시를 태워주되, 택시비는 호텔이 지불하는 것'이었
다. 이것은 고객을 위해서라면 이러한 결정 정도는 홀의 포터도 충분히 내릴 수
있는 호텔의 시스템 덕분에 가능했다.

　항상 고객의 입장에서 '어떻게 하면 이 문제를 해결할 것인가?' 생각해
보면 답은 의외로 쉽게 찾을 수 있다. 아무리 머리에서 땀이 나는 긴급한
상황에서도 간단하면서 실용적인 해결책은 찾을 수 있다. 시간이 3일 정도
흐르면 고객의 머리속에서는 보상액이나 방법이 다르게 계산될 수도 있

다. 믿을 수 있는 충성고객은 문제가 발생했을 때 기업측에서 문제를 해결하겠다는 제안을 하면 보통은 즉시 이성을 되찾는다. 기업의 문제를 해결하려는 의지만으로도 원래 계획에 차질을 주었다는 사실을 잊고 이성을 되찾을 만큼 굳건한 신뢰가 이미 양자 사이에 형성되어 있기 때문이다.

발생한 사건에 대해서 진심으로 사과한다

사과를 하고 유감을 표시하는 것은 문제 해결의 첫단계에서 필요한 조치이다. 불행하게도 몇몇 산업 분야에서는 나중에 재판으로 갈 경우 사과를 기업측의 잘못을 인정하는 것으로 오해받을 수 있다는 이유로 기업 변호사들은 기업체에게 고객에게 절대 사과를 하지 말라는 컨설팅을 하기도 한다. 그러나 이것은 잘못된 관행이다. 고객의 입장에서는 당연히 기업측의 사과를 기대하고 있고 기업측에서는 사과를 해야 한다. 믿을 수 있는 충성고객은 기업측의 조그만 사과도 진심어린 것으로 받아들인다. 예를 들어 영국의 패밀리 레스토랑인 비프이터(Beefeater)는 음식의 질이나 서비스가 고객의 마음에 들지 않는 경우 디저트를 무료로 제공한다. 공짜 디저트는 미국의 식당인 레인포리스트 카페(Rainforest Cafe)에서도 제공되는데, 이 카페에서는 고객들이 자리를 잡기 위해 기다리는 시간이나 음식 서비스를 기다리는 표준 시간을 정해놓고 그 시간을 넘었을 때 고객에게 무료로 디저트를 제공한다.

이처럼 기업은 문제가 발생할 경우를 대비한 해결책을 제시해야 하고, 문제가 발생할 경우 이를 즉시 시정하도록 노력해야 한다. 물론 이 해결책은 현실적이어야 하고, 효율적이고 그리고 제때에 제시되어야 한다.

설득력 있게 상황을 설명한다

인간관계가 성공적으로 구축되려면 상호 간에 마음을 열어야 한다. 기업과 고객의 관계도 마찬가지다. 무엇인가 문제가 발생한 경우 고객에게 정중하면서도 정직하게 상황 설명을 해주어야 한다. 이렇게 하면 흥분하고 불안해했던 고객들도 이성을 되찾게 된다. 물론 고객이 설명을 이해할 수도 있고 이해하지 못할 수도 있다. 보통 일반고객과의 관계에서보다는 B2B관계에서의 경우 고객이 더 쉽게 사과를 받아주는 편이다. 특히 기술 전문가가 고객에게 직접 설명하게 하는 것도 고객을 안심시킬 수 있는 하나의 방법이다. 이와 더불어 이번에 발생한 문제 때문에 불행해진 고객에게 그와 같은 일이 다시 발생하지 않도록 안심시키는 것도 향후 거래에 대한 신뢰감을 불어넣고 양측 관계를 강화할 수 있는 방법이 된다.

똑같은 일이 재현되지 않도록 한다

문제나 실패로부터 무엇인가를 배우면서 우리는 책임감을 더 느끼고 새로운 기회를 찾기도 한다. 다시는 문제가 발생하지 않을 것이라고 큰소리 쳐놓고 문제가 다시 발생하면 아무리 최고의 고객이라도 이것은 절대 용납하지 못한다. 이러한 사태를 방지하기 위해서는 문제가 제기되었을 때 아주 상세한 사항까지 문제점을 파악해야 한다. 급격한 상황 변화 때문이었는지, 직원의 실수인지, 시스템에 문제가 있는 것인지, 고객의 기대 자체가 잘못된 것이었는지, 제품을 잘못 사용했는지, 아니면 이 모든 원인이 다 복합적으로 작용한 것이었는지 그리고 이것을 미리 예견할 수는 없었는지 등등 자세하게 진단하고 점검해야 한다. 문제 파악을 할 때, 이왕이면 그 문제만 다루지 말고 이후에 문제 소지가 있는 것들도 사전에 한 번 점검을 하는 것이 좋다. 그렇지 않으면 하나의 문제를 해결해놓자마자 또 다른 문제에 직면할 수도 있다.

이러한 진단 작업에는 발생한 문제와 관련된 직원, 내부 전문가 그리고 외부 컨설턴트가 모두 참여하면 좋다. 소수 선별된 고객들을 초빙하여 정직하게 상황을 밝히고 문제의 해결책을 제시하게 하거나 개선된 상황을 점검하게 하는 것도 효율적이다. REXAM이라는 포장전문 회사는 포터블 의학장비를 제조하는 대기업으로부터 비닐포장재를 준비해달라는 부탁을 받았다. 그러나 말만으로는 어떠한 포장재를 준비하고 어떠한 포장 방법을 채택해야 하는지 알 수가 없었다. 이 회사는 의학장비 생산업체에게 확실한 방법을 찾지 못했다는 사실을 고백한 후, 문제 해결을 위하여 직원을 상대회사에 파견하고 실제 생산공정을 통해 생산되는 의학장비를 살펴본 후 해결책을 찾았다. 문제를 솔직히 인정을 하고 해결책을 찾은 것이다.

이 순간은 영원히 기억될지도 모른다

문제 해결 과정을 지켜 보면서 고객은 기업의 능력을 새삼스럽게 다시 한 번 평가하게 된다. 그러면서 고객은 처음으로 이 기업에 대해 깊은 관심을 가지게 된다. 이 결정적인 순간은 몇 년의 시간이 흘러도 고객의 기억에서 잊혀지지 않기도 한다. 특히 고객은 문제가 공정하게 해결되는지 주목한다. 스티븐 택스(Stephen Tax)와 스티븐 브라운(Stephen Brown)은 1998년에 쓴 저서에서 다음 세 가지 차원에서 공정성이 유지되어야 한다고 강조하고 있다.

- 결과가 공정했다는 것이 보여야 한다.
- 과정은 공정해야 하며, 지나치게 복잡하지도 관료주의적이지도 않아야 한다.
- 개인적 접촉에서도 공정하다는 느낌을 받아야 한다.

이 세 가지 중 어느 한가지라도 만족하지 않으면 고객들은 모든 것이 공정하지 않았다고 생각한다. 그렇게 되면 고객은 이 기업을 비난하는 소문을 퍼트리게 되고 기업의 마케팅 전략에는 치명적인 손상이 온다. 반대로 이 세 가지면에서 공정성을 모두 만족시키면 고객은 오랫동안 로열티를 보이게 되고 예비고객들에게 적극적으로 이 기업을 추천하는 홍보대사 역할을 하게 된다.

특히 문제 해결 시 기업의 역량을 확실히 보여주기 위해서는 다음 항목을 확실히 확인해야 한다.

- 약속대로 물품이나 서비스를 공급한다.
- 그 후 거래를 수시로 확인하고 성능과 서비스가 100% 보장이 되는지 확인한다.
- 고객이 만족스러워 할 때까지 문제 해결 과정을 논리적으로 상세하게

설명한다.
- 얼마나 신속하게 시정조치를 취했는지 설명하여 고객을 안심시킨다.
- 고객과의 친밀한 유대관계를 계속 유지한다.
- 이 고객과 접촉할 가능성이 있는 모든 사람들에게 이 기업이 고객을 얼마나 염려하고 신경쓰고 있는지 얘기한다.
- 문제가 발생한 지 30일쯤 되어 추가로 확인 전화를 한다.

이것이 믿을 수 있는 충성고객을 위해서 손상된 신뢰감을 회복하는 일련의 절차이다. 무엇보다 문제가 해결되었다 하더라도 기업의 고위간부가 꼭 전화를 걸어 상황 확인을 하는 것이 좋다(표 7_6). 은행 비즈니스처럼 복잡하고 예민한 분야에서는 문제가 발생한 지 한 달 정도 후에 전화를 걸어서 모든 상황에 만족하는지 다시 확인을 해야 한다. 만일 매장에서 고객이 문제가 있다고 불평을 한 경우, 문제가 해결되었더라도 그 다음날 다시 전화를 해서 고객의 상태를 확인하는 것이 좋다.

언제 전화를 하든 전화를 걸어서 '지난번에 문제가 있었던 걸로 알고 있다. 이 문제가 만족스럽게 해결되었는지 다시 한번 확인하기 위해서 전화

> 안녕하십시까? 제 이름은 … 입니다. 저는 … 의
> 책임자입니다. 지난 주에 우리 매장에서 곤란한 문제를
> 겪으셨다고 들었습니다. 그 문제 해결을 위해서 저희 회사는
> 최선을 다했습니다. 책임자로서 그 해결책에 만족하시는지
> 확인하려고 전화드렸습니다.

> 그리고 혹시 다른 문제는 없으십니까?
> 아, 다행이군요. 모든 문제가 잘 해결되어서 정말
> 기쁩니다. 앞으로 다시는 이런 문제가 발생하지
> 않도록 각별히 주의하겠습니다.

표 7_6 고객의 신뢰 회복하기

를 했다' 는 말을 꼭 해야 한다. 그리고 전화를 거는 그 순간에 또 다른 문제
나 불만은 없는지 확인을 한다. 이렇게 고객에게 관심을 표하면, 고객의 마
음속에서는 신뢰감이 회복된다. 또 다른 불만은 없는지 보살펴주는 기업의
적극적인 자세를 보면서 고객은 자신의 선택에 만족을 하게 된다. 문제가
발생하면 그 문제에 관해서는 다시 거론되지 않도록 확실히 마무리를 짓고
넘어가야 한다. 특히 기업의 충성고객인 상위 20% 고객에게 문제가 발생한
경우 확실하게 해결되었다는 사실을 양자 모두 짚고 넘어가는 것이 좋다.

맺음말

  믿을 수 있는 고객은 인간관계에서 그렇듯이 기업에게 신뢰를 보이며
의지를 한다. 이러한 고객의 신뢰하는 태도에 부응하는 뜻으로 기업은 참
신하지만 리스크가 있는 시스템보다는 확인되고 증빙된 기술을 추천해주
어야 한다. 제품과 제도를 서로 잘 이해하고, 상호 간에 무엇을 주고받는
지에 대한 공동의 이해가 있고, 그리고 정기적으로 만족스러운 거래를 하
다 보면 기업과 고객 사이에는 자연스럽게 지속적이고 긴밀한 관계가 유
지된다. 그러다가 혹시 불미스러운 실수가 발생한다 하더라도 최선을 다
하여 신속하고 효율적으로 문제를 해결하면 금방 잃었던 신뢰를 다시 회
복할 수 있다. 베스트고객을 꼭 붙들기 위한 최고의 방법은 역시 자신감과
신뢰감을 보여주는 것이다.

모범사례 **example** **파피루스(Papyrus)**

  파피루스는 세계에서 두 번째로 큰 제지산업 그룹인 스토라엔소
(StroraEnso) 그룹 계열사 중의 하나로 유럽에서 가장 큰 지류 판매 네트워
크를 가진 업체이다. 이 그룹의 역사는 중세 시대 스웨덴으로 돌아가야 할
만큼 깊다. 파피루스는 유럽 13개국에서 고품질의 종이, 마분지 그리고 기타

인쇄소, 디자인사무소, 설계사무소, 일반 사무실 등을 위한 특수 및 일반 종이를 공급하고 있다. 스웨덴의 고덴부르그(Gothenburg)에 본사를 두고 있는 이 제지회사의 연간 매출은 8억 유로가 넘는다.

종이 시장은 경쟁이 치열한 것으로 유명한데, 불과 5년 전까지만 해도 10개나 되는 대그룹들이 유럽 시장의 65%를 나누어 갖기 위해 치열한 각축전을 벌였었다. 현재는 이 수치가 82%까지 올라갔다. 이 산업 분야에서도 인수합병 바람이 불어 기업의 수가 줄기도 했다. 이러한 현상은 좀더 규모가 커지고, 그리고 점점 더 세계화된 고객기업들이 한 시장이 아닌 여러 시장을 커버할 수 있는 공급업체를 찾기 때문에 발생하는 현상이다.

프랑스에서 발트해의 라트비아에 이르기까지 고객들과 긴밀한 유대관계를 유지하기 위해서는 무엇보다 믿을 수 있는 공급업체라는 것을 보여주어야 한다. 특히 인쇄산업은 늘 시간에 쫓기는 산업이다. 데드라인을 코앞에 앞두고 인쇄물의 내용이 갑작스럽게 바뀌는 일이 비일비재하다. 그 경우 갑작스럽게 종이가 추가로 필요해진 인쇄소들은 초조해질 수밖에 없다. 그 일을 못해내면 다음 일도 받을 수 없기 때문이다. 그야말로 이러한 기업에게는 언제라도 종이를 공급해줄 수 있는 확실한 공급업체가 필요하다.

'우리 회사가 추구하는 목표를 단 한 마디로 표현하면 그것은 바로 확실성입니다' 라는 자신감 넘치는 문장을 파피루스 웹사이트(www.papyrus.com)에 가면 볼 수 있다. '여러분이 원하는 제품이 아주 좋은 조건으로 정시에 배달됩니다' 라고 마츠 노르드란더(Mats Nordlander) 마케팅 및 공급 담당 이사는 자랑하고 있다. "엄청난 양의 인쇄용 종이든, 광고 회사가 필요로 하는 적은 양의 특수 종이든, 파피루스는 정시에 배달을 합니다." "우리 회사가 추구하는 확실성이란 정확한 전문적인 조언, 서비스, 그리고 E-커머스에도 그대로 적용됩니다"라고 노르드란더 이사는 자신 있게 말한다.

이처럼 확실하고 믿을 수 있는 회사라는 고객의 믿음을 얻기 위해 파피루스는 수많은 노력을 했다. 우선 고객이 원한다면 어떤 제품이 생산되는지, 어떤 특별한 기술이 새로 개발되었는지 밤낮이나 주중, 주말을 안 가리고 정보를 주었다. 사실 파피루스 웹사이트에서는 하루 24시간 1년에 365일 주문을 받고 문의에 응답을 해준다. 컨텐츠는 국가마다 그 실정에 맞게 조정되었고, 프랑스, 영국, 벨기에, 네덜란드, 스웨덴, 덴마크에 있는 고객들을 위해 모두 그 나라 말로 웹사이트를 제작했다. 필요한 정보를 웹사이트에서 확인한 고객은 즉시 전자주문을 할 수 있다. 이 전자주문 제도는 확실하게 자리를 잡았는데, 그 결과 파피루스는 전자상거래에 있어 유럽의 선도기업으로 알려져 있다. 20%가 넘은(4억 스웨덴 크로네) 파피루스 스웨덴의 매출은 이처럼 온라인 거래에서 나온다(표 7_7 참조). 이를 반영하듯, 파피루스는 스웨덴 전자상거래 순위에서 델(Dell)에 이어 2위 자리를 차지하고 있다.

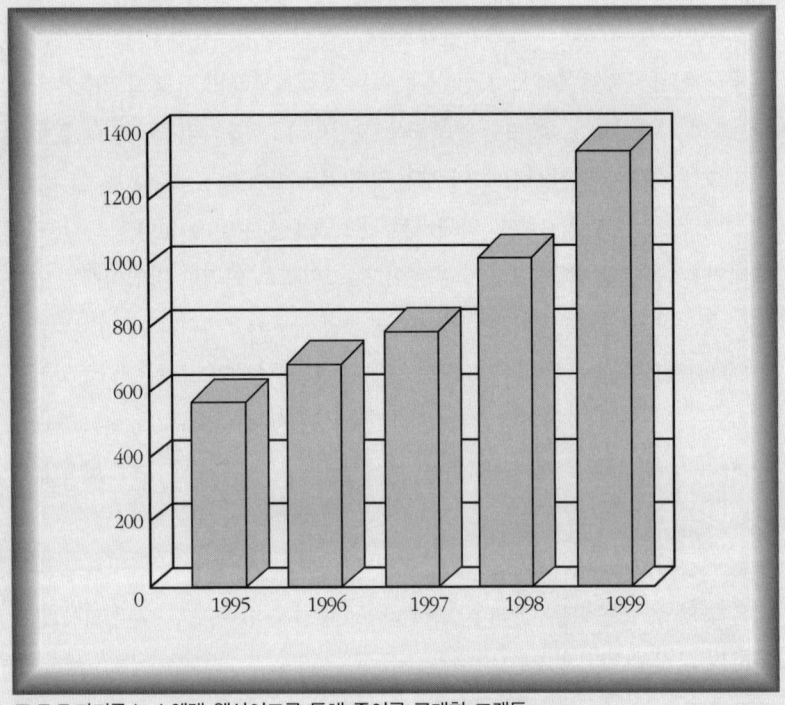

표 7_7 파피루스 스웨덴 웹사이트를 통해 종이를 구매한 고객들
출처: 스토라엔소 연간 보고서 1999

노르드란더 이사에 따르면, 파피루스의 확실성 있고 믿을 수 있는 공급은 고객이 무엇을 원하는지 잘 알고 있다는 자신감에서 나오는 것이라고 한다. 파피루스는 판매에 관한 모든 내용을 CSS라는 시스템으로 통합하여 관리하

고 있다. 제품에 관한 주문, 공급, 창고 관리 등 모든 것들이 이 하나의 시스템으로 관리가 된다. 확실한 공급을 위하여 파피루스는 이 시스템을 고객 데이터베이스인 '사라토가(Saratoga)'와 통합하였다. 사라토가는 고객기업의 역사, 제품 패턴, 이 기업의 광고 에이전시, 선호도, 구매 습관 등을 다 담고 있다. 고객에 관한 이 정보는 파피루스의 어떤 직원이라도 다 볼 수 있기에 직원들은 이 정보를 보고 고객에 대한 연구를 한다. 그러므로 이 기업이 고객의 기대에 부응을 잘 하는 것은 너무도 당연한 일이다.

PAPYRUS Y

파피루스 로고는 믿을 수 있는 기업의 이미지로 확실하게 자리를 잡았다. 이 로고는 명확하면서도 쉽게 눈에 들어온다. 이 로고의 창안자는 로고를 보면 파피루스라는 브랜드명이 떠오르기를 바랬다. 그리고 이 목표는 확실히 달성되었다. 이 로고는 파피루스라는 브랜드명에 들어가 있는 Y자를 예술적으로 바꾸어놓은 것인데, 일반 글자와 구분이 되면서도 동시에 파피루스에 있는 Y자를 떠오르게 하는 이중의 효과를 누리고 있다. 이 Y자의 하늘로 향한 양팔은 프린팅 드럼에서 종이 껍질이 벗겨져 나오는 것을 의미하기도 하고, 또 갈대에서 껍질을 벗겨 종이를 만드는 파피루스 원재료를 의미하기도 한다.

파피루스의 어원을 알려면 역사를 거슬러 올라가 이집트까지 가야 한다. 고대 이집트에서는 많은 업적을 파피루스에 적어서 남겼으며, 고대 그리이스에서도 호머, 아리스토텔레스, 플라톤 등의 작품이 파피루스에 적혀 후세에 남겨졌다. 로마 시대에도 파피루스는 왕국을 유지하는 데 지대한 공헌을 하였으며, 초기 그리스도교인들도 파피루스에 신을 찬양하는 내용을 적었었다. 파피루스란 단어는 파피루스라는 식물과 글씨를 쓰는 종이를 동시에 의미하는데, 어쨌든 수천 년의 세월이 흘렀어도 파피루스는 '믿을 수 있는 종이'로 남게 되었다.

노르드란더 이사는 파피루스가 추구하는 확실성은 일회성이 아니며 이 기업이 존재하는 한 영원히 계속될 것이라고 강조하고 있다. "우리도 물론 완벽하지는 않습니다. 그러나 혹시 문제가 발생한다 하더라도 우리 고객들은 우리가 문제를 잘 알아서 해결해줄 거라고 믿고 있습니다. 이 세상에 완벽한 사람은 없습니다. 그러나 우리는 매일 확실하고 믿을 수 있는 기업으로 남기 위해 최선을 다하고 있습니다."

점검 7 exercise **우리 회사는 고객 불만을 어떻게 해결할까?**

1. 우리 회사의 고객 불만 파일을 한 번 열어보고 그 중에서도 상위 20% 고객이 심각하게 불만을 표시한 부분은 어떤 것인지 확인을 해보자.
2. '문제 발생 - 문제의 신속한 해결'에 관한 롤 플레이를 해보자.
3. 상황 개선을 위해서 무엇을 할 수 있는지 그 리스트를 작성해보자.

참고 문헌

Berry, Leonard L. (1999) *Discovering the Soul of Service*, Free Press.

Freiberg, K., Freiburg, J. and Peters, Tom (1997) *NUTS! Southwest Airlines Crazy Recipe for Business and Personal Success*, Orion Business.

MacCormack, Mark (1994) *What They Don't Teach You at Harvard*, HarperCollins.

Tax, Stephen S. and Brown, Stephen W. (1998) 'Recovering and Learnig from Service Failure', *Sloan Management Review*, Fall.

안녕하세요, 스포츠형 자동차를 찾고 있습니다. 99년형 듀란고를 저기 중고차 판매장에서 봤는데……

　제 말을 믿으세요. 그 차가 손님께서 찾으시는 바로 그 찹니다.

얼마나 달렸고 조건은 어떤가요?

　믿어주십시요, 정말 좋은 조건입니다. 딱 선생님이 찾고 계신 그 좋은 조건입니다.

차 앞 유리창에 붙어 있는 저 스티커는 어떻게 된 것입니까? (마음속으로 '한 번만 더 믿어 주십시오' 하면 가버려야지.)

　믿어주십시요, 저기……, 선생님 왜 그냥 가시는 겁니까?

충성고객은 기업이 자신을 위해 최선을 다 할 것이라고 믿는다. 신뢰는 상대방의 향후 행동에 대해 믿음을 갖는 것이다. 이 신뢰는 예술작품처럼 영감을 가지고 창작을 할 수 있는 것이 아니다(표 8_1 참조). 신뢰는 상대에 대한 믿음을 가지면서 동시에 자신이 안전하다는 주관적인 느낌을 갖게 될 때 비로소 구축되는 시간의 산물이다. 고객의 신뢰를 얻기 위해서는 다채널 광고를 통한 접촉, 개인적 접촉 그리고 기술적 지원 등 다각도로 노력이 필요한데, 특히 고객의 신뢰를 얻을 수 있는 방법에 대해서는 잠시 후에 설명하도록 하겠다.

　신뢰는 얼마든지 파기할 수 있는 계약이다. 그러므로 프라이버시를 침해한다든가 약속을 준수하지 않는 행위를 하는 경우, 고객과의 신뢰 관계는 쉽게 무너질 수 있다. 신뢰 관계를 무너뜨리는 세 가지 요인에 대해서도 뒤에서 상세히 설명하도록 하겠다. 고객과의 관계 구축에 있어 기업이 가장 염두에 두어야 할 부분은 최고의 고객들이 안전감을 느끼고 기업에 대해 신뢰감을 느낄 수 있도록 늘 최선을 다해야 한다는 점이다. 신뢰의 구축은 선택사양이 아니다. 그것은 기업 생존을 위한 필수전략이다.

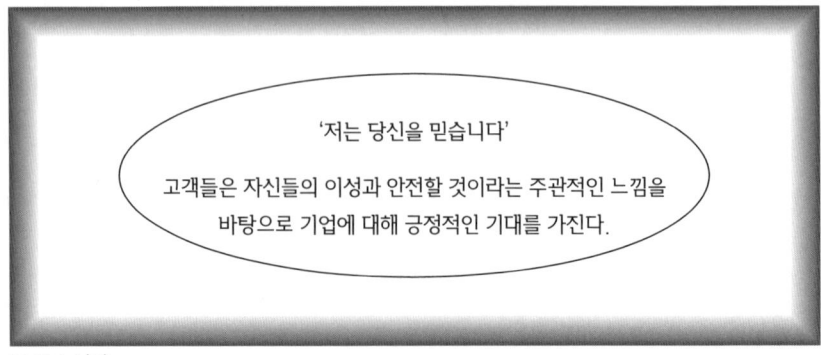

'저는 당신을 믿습니다'

고객들은 자신들의 이성과 안전할 것이라는 주관적인 느낌을 바탕으로 기업에 대해 긍정적인 기대를 가진다.

표 8_1 신뢰

신뢰란 …

1997년 더블린에서 열린 미국 마케팅협회(American Marketing Association) 주관 회의에 참가한 그루비에츠(Gurvietz)는 그의 발표 논문에서 신뢰에 대해 '위기 상황이 발생해도 상대방이 여전히 자신을 존중해줄 것이라고 여기는 긍정적 기대와 믿음의 상태이다' 라고 정의한 바 있다. 즉, 신뢰는 결과에 관계없이 한쪽이 상대방에게 약속을 할 때, 그 상대가 갖게 되는 일방적인 기대라고 해석해볼 수 있다. 그루비에츠는 한편으로는 이성적 판단에 의거해 자신의 이해의 득실을 따져보고, 또 다른 한편으로는 느낌으로 자신이 안전할 것이라는 주관적 감정을 가질 때 비로소 신뢰감이 형성된다고 말하고 있다. 그는 또한 신뢰는 얼마든지 파기할 수 있는 계약이라고 덧붙이고 있다.

고객은 무엇보다 신뢰에 큰 가치를 둔다. 지난 20세기에 제도, 정부, 정치권, 법조계, 미디어 그리고 다른 조직에 대한 사람들의 신뢰는 형편없이 무너졌다. 반대로 21세기 들어서는 자신들의 생활을 지배하려고만 드는 제도보다는 일상생활에서 매일 접하는 대기업이나 브랜드에 대한 사람들의 신뢰가 점차 증가하는 추세가 나타나고 있다. 이들 소비자, 나아가 고객들은 기업이 자신들의 필요 욕구를 충족시켜줄 것이라는 강력한 믿음을 갖기 시작했다. 이러한 욕구와 믿음은 충성고객의 경우 훨씬 더 강하다. 이들은 자신들의 존재가 기업에게 얼마나 중요한지 잘 인식하고 있으며, 기업이 무엇인가 해줄 수 있고, 상호 간에 신뢰를 구축할 수 있을 거라는 믿음도 그만큼 더 강하다.

신뢰 구축에는 시간이 걸린다

새로 탄생한 브랜드나 닷컴은 고객의 신뢰를 요구할 수가 없다. 신뢰는 기업이 믿을 수 있는 행동을 계속해서 보이면서 여러 채널을 통해 기업의 입장을 고객에게 설명하고 확실성을 보여줄 때에 한해 시간이 가면서 얻어지는 것이기 때문이다.

더 타임즈에 기고한 글에서 스튜어트 크레이너는 2000년 여름 영국의 광고 에이전시인 레오 버넷(Leo Burnett)이 200명의 영국 인터넷 사용자들을 대상으로 실시한 리서치 결과를 인용한 바 있다. 이 연구에 따르면, 닷컴 기업들이 마케팅 비용에 천문학적 액수의 돈을 쏟아붓고 있지만 여전히 소비자들은 참신한 멋을 보이는 닷컴들보다는 오랜 전통을 지닌 기존 브랜드를 더 선호한다는 사실이 밝혀졌다. 라스트미닛닷컴(Lastminute.com)의 경우 조사대상자의 84%가 이 브랜드를 인지하고 있었으나, 이 회사에 신뢰감을 보인 사람들은 겨우 17%에 지나지 않았다. 반면에 BBC나 프루덴셜(Prudential) 같은 회사들은 여전히 소비자들의 폭넓은 지지와 신뢰를 받고 있는 것으로 드러났다.

이는 소비자들이 무엇보다 기업의 행동이 한결같아야 하고, 기업이 전하는 메시지, 상품 그리고 서비스가 지속성을 보여야 한다는 고정관념을 지니고 있기 때문이다. 이러한 지속성과 확실성은 시간이 흘러야 확인할 수 있는 것들이다. 아메리칸 익스프레스(American Express)는 이러한 고객들의 심리를 이해하고 카드에 '언제부터 회원(Member since~)' 이라는 회원 가입 연도를 명시하고 있다. 오늘날 고객들로부터 가장 신뢰를 받고 있는 브랜드인 하인즈(Heinz), 켈로그(Kellogg's), 메르세데스(Mercedes)

등은 수십 년간 변함없이 고객에게 확실성을 보여준 대가로 그들의 신뢰
를 얻을 수 있었다. 온라인 사업의 경우, 델(Dell)과 아마존(Amazon)이 이
러한 신뢰받는 브랜드 대열에 들어서고 있다.

이렇게 하면 고객의 신뢰를 얻을 수 있다

　신뢰를 구축하기 위해서는 무엇보다 믿을 수 있는 품질을 먼저 보장해
야 한다는 얘기를 앞 장에서 했었다. 이 장에서는 신뢰 구축에 필요한 7가
지 전략에 대해서 알아보도록 하자(표 8_2). 신뢰란 한 번의 경험이 오랫
동안 계속될 때보다는 여러 번의 짧은 상호반응이 반복적으로 계속될 때
구축된다. DHL은 정기적으로 자주 만날 때 비로소 신뢰가 구축된다는 것
을 잘 보여주는 예이다. 특히 DHL은 본격적인 시장경제 개념이 탄생한 지
오래되지 않은 아시아 시장에서 확실하게 자리를 잡았다. 한편 월마트
(Wal-Mart)와 월그린(Walgreen)은 미국에서, 테스코(Tesco)와 부츠
(Boots)는 영국에서, 까루프(Carrefour)는 프랑스와 동남아에서 확실히 자
리를 잡았는데, 이들의 공통점은 고객이 최고로 자주 찾는 체인점이라는
것이다.

- 단 한 번의 강력한 경험보다는 여러 번에 걸친
  상호 접촉이 중요하다.
- 다양한 채널을 통해 고객과 접촉을 한다.
- 고객과 개인적인 접촉을 시도한다.
- 고객과 모든 정보를 공유한다.
- 고객에게 공정한 조언을 해준다.
- 고객을 늘 배려하고 있다는 사인을 보낸다.
- 고객이 어려울 때 손을 내밀어 도와준다.
- 지역 사회를 위해 일한다.

표 8_2 신뢰를 구축하는 방법

다양한 채널을 통해 고객과 접촉을 한다

  다양한 광고 채널(물론 내보내는 메시지는 같아야 한다)을 이용하면 신속하게 신뢰를 구축할 수 있다. BBC는 BBC라디오, BBC월드와이드, BBC 텔레비전 네트워크를 통해서, 또 TV 프로그램 테마를 책으로 엮어서 내보내는 출판사업을 통해 고객들과 깊은 신뢰체제를 구축했다. 이들의 노력은 여기에서만 그치는 것이 아니다. BBC는 Top Gear, BBC Gardner's World 등의 잡지도 발행하고 있으며 www.bbc.co.uk라는 웹사이트를 통해 고객 곁으로 더 가까이 가려고 노력하고 있다. BBC가 이렇게 다양한 채널로 고객과의 접촉을 시도하는 만큼 고객들도 편지와 전화, 이메일 등을 통해 적극적인 반응을 보이고 있다. 한마디로 BBC는 열린 마음으로 고객들에게 다가가려고 노력하고 있으며, 이것이 바로 BBC가 고객으로부터 그토록 높은 신뢰를 얻을 수 있는 비결인 것이다.

  광고는 단순히 미디어를 통해서만 하는 것이 아니다. 자동차도 메시지를 전달하는 수단이 될 수 있다. 월마트 트럭 운전기사들은 조립 지원을 함으로써 월마트에 대한 고객들의 신뢰를 높인다. 월마트의 대형 트럭에는 다음과 같은 메시지가 붙어 있다. '우리는 안전을 위해 불을 밝히고 달립니다.' 이보다 더 큰 자동차나 비행기 등도 고객과의 신뢰 구축 수단으로 이용할 수 있다. 영국항공(British Airways)이 소유하고 있는 저가 위주 서비스 항공사인 고우(Go)의 데이비드 마글리아노(David Magliano) 영업 마케팅 이사는 고객은 그들의 목숨을 비행기에 맡긴다는 얘기를 했다. 마케팅 비즈니스(Marketing Buisness, 1999)에 실린 기사에서 그는 많은 사람들이 비행기 타는 것을 주저한다는 사실을 강조하며 다음과 같이 말했다.

  승객들은 그 큰 비행기가 어떻게 공중에 떠 있을 수 있는지 이해를 하지 못합니다. 그러므로 항공사가 비행기의 모든 장비와 기계를 세심하고 완벽하게 다루어주기를 원하죠. 만일 승객들이 우리가 어느 기계 장비를 무슨 광고 종이처럼 다루는 것을 보게 되다면, 우리 항공사를 전혀 신뢰할 수 없을 것입니다. 사실 기내를 흰색으로 유지하려면 청소하는 데에 경비가 많이 들

지요. 그럼에도 불구하고 승객들에게는 흰색이 청결을 의미하므로 우리는
기내를 흰색으로 유지하고 있는 것입니다.

고객과 개인적인 접촉을 시도한다

개인적인 접촉을 통한 신뢰 구축은 여러모로 좋은 점이 많다. 이러한 접
촉이야말로 인간적인 상호반응을 유발할 수 있기 때문이다. 불행하게도 요
즘 은행들은 직원들이 직접 고객들에게 서비스를 제공하는 제도에서 점점
벗어나 현금인출기를 통해 돈을 인출하도록 유도하고 있다. 그러나 이들은
경비만 생각할 뿐, 이로 인해 고객들의 신뢰가 무너지고 있다는 사실은 생
각하지 못한다. 이러한 현상은 주유소에서도 나타나고 있는데, 오늘날 많
은 주유소가 고객이 혼자 기름을 넣은 후 결제도 신용카드를 이용해 혼자
서 하도록 유도하고 있다. 그 결과 고객들은 돈을 계산하며 주유소 직원들
과 인간적인 접촉을 하던 시절에 가졌던 신뢰감을 점점 잃어가고 있다.

많은 것이 자동화되고 있는 게 현실이지만, 그래도 기업들은 고객과 인
간적인 접촉을 할 수 있는 가능성이 얼마나 있는지 꼭 찾아보아야 한다.
예를 들어 버진 애틀랜틱(Virgin Atlantic)에 전화를 걸었는데 전화를 받는
직원들이 바빠 금방 응답을 할 수가 없는 경우, 고객은 리차드 브랜슨 경
(Sir Richard Branson)의 인사말을 들을 수 있다. 브랜슨 경은 정중하게 기
다려달라는 말도 덧붙인다. 매스컴을 통해 많이 보았던 유명인인 브랜슨
경의 목소리를 듣는 것은 비록 녹음된 메시지이기는 하나 고객들에게는
전혀 예상치 않은 보너스로 느껴지기 때문에, 직원이 나와 응답을 해주기
를 기다리는 시간이 기분 나쁘지 않다. 사이프러스에 있는 헬레닉 은행
(Hellenic Bank)의 현금인출기에 고객이 카드를 넣으면, 인출기는 고객의
이름을 호명하며 반갑게 인사를 한다. 그 순간 고객은 낯선 곳에 혼자 있
어도 자신을 알아보는 사람이 있다는 반가운 느낌을 받게 된다.

고객과 모든 정보를 공유한다

기업이 보유한 정보를 고객에게 공개할 때, 고객은 기업에 신뢰감을 느

긴다. 회사에 대한 여러 정보를 제공하고 조언을 해주며 고객들을 인도하면 고객들은 이 회사가 아무것도 숨기지 않는다는 신뢰감을 갖게 되는 것이다. 물론 고객에게 제공되는 조언은 공정해야 하고 기업의 입장만 생각해서는 안 된다. 소비자의 입장을 최대한 배려해야 한다.

버피 씨즈 앤 플랜츠(Burpee Seeds and Plants)는 2001년부터 www.garden.com이라는 꽃과 나무, 정원 장비 그리고 꽃씨 등 원예와 관련된 상품들을 온라인으로 판매하고 있다. 고객에게 어떻게 하면 더 효율적인 서비스를 제공할까 연구한 끝에, 이 회사는 고객의 주소지 우편번호를 보고 고객 거주지역의 날씨와 꽃나무가 자랄 수 있는 토양 등을 연구했다. 연구결과를 바탕으로 고객이 인터넷을 통해 어떤 꽃나무를 주문했는데 그것이 고객이 거주하는 지역과 맞지 않는 경우, 화면에 이에 대한 경고 메시지가 뜨도록 만들어 놓았다. 경고 메시지를 보낸 후 왜 그 꽃나무를 선택하면 안 되는지 친절하게 설명이 나간다. 이처럼 당장의 판매 증진보다는 고객의 입장에서 배려하는 이 회사의 모습이 어제 오늘 보는 모습은 아니다. 그 결과 2000년 3월 31일에 끝나는 1분기에 이 회사는 3백만 달러라는 경이적인 판매를 기록했다.

고객에게 공정한 조언을 해준다

기업이 고객에게 공정한 조언을 해줄 때 신뢰는 형성된다. 사우스웨스트 항공사의 전화 응대 직원들은 늘 여행자 편에서 생각하는 자세를 가진 것으로 유명하다. 예를 들어 미국 달라스 러브 필드 지역에 사는 한 고객이 로드 아일랜드에 있는 프라비던스에 가려고 항공편을 알아보기 위해 전화를 했다. 그런데 이 회사의 항공기를 이용하면 비행기를 두 번이나 바꿔타야 하고, 항공료도 다른 항공사의 직항노선보다 400달러나 더 비싸다는 사실이 밝혀졌다. 그러자 사우스웨스트 직원은 고객에게 다음과 같이 조언을 했다. "손님, 저희 회사 비행 스케줄을 보니 이 항공편은 절대 권해드릴 수가 없군요. 차라리 직항노선이 있는 다른 항공사를 이용하실 것을 권해드리고 싶습니다." 그리고 이 직원은 프라비던스까지 논스톱으로 가는 다른 두 개 항공사를 추천했다.

고객을 늘 배려하고 있다는 사인을 보낸다

미래의 잠재고객들이 거래하고자 하는 기업의 제품이나 성능을 미리 알 수 없는 상태에서 그 기업을 평가한다는 것은 생각보다 쉽지 않다. 이러한 상황에서 고객에게는 늘 선택의 기회가 주어진다. 주변에서 추천한 변호사가 두 명인데 그 중 누구를 택할까? 물리치료사는 누구를 택하는 것이 더 좋을까? 이렇게 선택의 기로에서 미래의 고객이 하나를 고르게 만드는 것은 그야말로 느낌인데, 아무래도 자신의 선택 앞에서 더 관심을 보여주는 회사에게 끌리게 마련이다.

영국 허트포드셔(Hertfordshire)에 위치한 건설회사인 하펜든 건설 (Harpenden Construction) 회사는 이 분야에서 영국 최고 명성을 자랑하고 있다. 이 회사가 이렇게 높은 명성을 얻은 이유는 폴 마틴(Paul Martin) 대표가 고객에게 어떻게 신뢰감을 줄 수 있는지 그 방법을 일찌감치 발견했기 때문이다. 고객은 나중에 건물이 완공되고 나서 그 품질에서도 감동을 받지만, 그 이전에 이 회사가 보여주는 수많은 배려의 자세에서 무엇보다 더 깊은 감동을 받는다. 폴 마틴 대표는 건물을 지으면서 주변에서 발생할 수 있는 여러 문제들 —사사건건 불만을 보이는 이웃 문제 등— 을 미리 파악하고 이에 대한 깊은 관심을 보이면서 해결하기 위해 노력을 한다. 그리고 매일 공사가 끝난 후 언제나 작업장을 깨끗하게 정리해놓고 떠나라고 지시한다. 이 회사가 고객을 배려하는 자세는 모든 면에서 목격이 되어 이 회사에 대한 평가에 긍정적인 요인으로 작용하게 된다. 고객을 배려하는 성실한 자세는 같이 일을 해본 고객들의 입소문과 추천으로 주위에 계속 알려지게 되어 맡는 일의 대부분이 고객의 개인적인 추천에 의해 들어오는 것이 되었다. 그 결과 이 회사에 일을 의뢰하려면 1년은 기다려야 할 정도로 하펜든은 고객들의 깊은 신뢰를 얻고 있다.

고객이 어려울 때 손을 내밀어 도와준다

고객은 자신들이 어려울 때 기업이 보여주는 자세를 보고 더 깊은 신뢰감을 느낀다. '어려울 때 친구가 진정한 친구다' 라는 속담이 있다. 이것은 꼭 필요할 때 곁에 있어주고 도와주는 친구가 진정한 친구라는 뜻이다. 신뢰는 어떤 사람이나 브랜드가 좋은 시절이든 나쁜 시절이든, 한결같이 곁에 있어줄 때 비로소 형성될 수 있다. 영국의 보험회사 프루덴셜(Prudential)은 한 세대 동안 그야말로 '프루맨'의 헌신적인 이미지를 고객에게 인지시킴으로써 고객이 최고로 신뢰를 보내는 기업으로 자리잡을 수 있었다. 고객들이 가지는 '프루맨'의 이미지는 다음과 같다. '눈이 오나 비가 오나, 매주 전화를 걸어 안부를 물어주고 고객에게 어려운 일이 있을 때는 언제나 달려온다. 고객이 힘든 일을 겪을 때마다 옆에서 늘 적절한 조언을 해주기에 고객은 선택을 해야 할 때마다 프루맨의 조언과 추천에 기대게 된다.'

브랜드와 기업의 진가는 모든 것이 잘 돌아가고 있을 때보다 문제가 있을 때 더 잘 파악될 수 있다. 제품을 공급한 후 문제가 생겨 리콜을 해야 할 때, 브랜드의 이미지에 큰 손상이 가지만 실수를 인정하고 신속하게 처리하면 오히려 고객들의 신뢰를 더 높일 수도 있는 것이다.

미국의 타이어 제조회사인 파이어스톤(Firestone)의 경우, 2000년 8월 스포츠형 자동차에 부착된 이 회사의 타이어가 폭발해서 사람들이 사망하는 사고가 발생했다. 그 당시 이것이 톱뉴스로 등장하게 되었는데, 파이어스톤은 이에 대해 실수를 인정하지 않고 문제를 제대로 처리하지 못했다. 사고 결과 미국 상당수의 주에서 파이어스톤 타이어에 대한 반품이 몰아쳤는데, 그 때에 이 회사는 적극적으로 수용하기보다는 꺼리는 인상을 주었다. 결과적으로 이 회사 브랜드에 대한 신뢰도는 땅바닥으로 떨어졌다.

이와는 반대로, 타이레놀은 약국 진열장에 놓인 타이레놀 포장을 뜯고 누군가가 독극물을 집어넣어 사망자들이 속출하는 사건이 발생하자 포장의 문제점을 즉시 인정하고 문제의 포장약을 모두 회수한 후, 즉시 누구도 손을 댈 수 없는 새로운 포장을 개발해 재공급했다. 이후, 경악할 만한 사건에도 불구하고 미국의 고객들은 이 회사에 대해 다시 신뢰를 보이기 시작했다.

지역사회를 위해 일한다

고객과의 신뢰관계를 형성할 수 있는 또 하나의 전략은 지역사회의 일에 적극적으로 발벗고 나서서 브랜드 이미지 향상을 모색하는 방법이다. 버몬트에 소재를 둔 벤앤제리(Ben & Jerry's)는 지역사회의 문제 해결을 위해 늘 앞장서는 브랜드로 잘 알려져 있다. 이 회사는 매년 세금 공제 전 수입의 7.5%를 소외받는 아동 및 가족 그리고 환경 프로젝트 실현을 위해 내놓고 있다.

노키아(Nokia)의 '짝짓기 후원 캠페인' 도 기업의 또 다른 지역사회 참여의 예인데, 핀란드의 이 정보통신 회사는 특히 국제청소년재단(International Youth Foundation)과 세계적인 파트너십을 체결하여 이 단체를 적극적으로 후원하고 있다. 파이낸셜 타임즈(2000년 12월 19일자)의 보도에 따르면, 노키아는 학습장애를 가진 아동들을 위한 패키지 교육 프로그램과 교육현장에서 이들을 위하여 일하는 여러 자원봉사자들을 후원하고 있다고 한다. 이 프로그램은 세계적인 차원에서 브라질, 중국, 독일, 영국 등에서 진행되고 있는데, 3년 동안 무려 1백만 명의 어린이들이 그 혜택을 받았다고 하니 노키아에 대한 지역사회의 감사와 신뢰감이 어떠할지 우리는 쉽게 짐작할 수 있다. 이렇게 지역사회를 생각하고 보살피는 기업의 자세도 고객으로부터 신뢰를 얻을 수 있는 중요한 전략이 된다.

고객의 신뢰를 무너뜨리는 것

지금까지는 고객의 신뢰를 얻기 위한 방법에 대해서 얘기를 했다. 이제부터는 믿을 수 있는 충성고객의 신뢰를 무너뜨릴 수 있는 기업의 행동과 자세에 대해서 한 번 살펴보기로 하자. 신뢰를 무너뜨리는 행동이란 친구처럼 기대하고 믿는 고객을 실망시키는 행위를 일컫는 것이다. 진정한 친구 사이에는 꼭 서로 약속을 지킨다. 그리고 돈을 가지고 싸우지 않는다. 이와 마찬가지로 기업의 충성고객들은 기업이 고객에게 한 약속을 지키며 일시적인 영리를 위해 고객에게 금전적 손해를 끼치는 일은 하지 않을 것이라고 믿으며 또 기대한다. 혹시 실수로 금전 문제가 발생하더라도 서로 대화로 슬기롭게 풀어가기를 원한다. 이러한 고객의 기대가 무너졌을 때, 기업에 대한 고객의 신뢰도 함께 무너져버린다.

고객의 믿음을 존중해주지 않는다

고객과의 관계에서 신뢰를 잃지 않기 위해 기업은 무엇보다도 고객의 믿음을 존중해주어야 한다. 오늘날 기업들은 고객에 대해 놀랄 만큼 많은 신상정보를 보유하고 있다. 이러한 정보를 주면서 고객은 기업이 자신의 정보에 대한 비밀을 지키며, 절대 이 정보를 오용하지 않을 것이라는 믿음을 갖는다. 영국의 민영 전기 가스 공급업체인 인디펜던드 에너지(Independent Energy)가 2000년 9월 파산했을 때, 파산처리 전문 회사인 KPMG가 가장 비싸게 처분한 것은 바로 고객 24만2천 명의 명단과 신상명세서였다. 이것은 무려 1천만 파운드에 이노지(Innogy)사에 팔렸다.

인간관계가 파괴되었을 때, 정보는 어느 때보다 큰 위력을 갖는다. 부부가 이혼소송을 제기해 서로 싸울 때나, 기업 대 기업의 관계가 악화되어 분쟁에 휘말릴 때에도 모든 것은 결국 정보 싸움으로 귀결된다. 브랜드위크(Brandweek)지는 1999년 6월 28일자 제시 칼리셔(Jesse Kalisher) 칼럼을 통해, 한 슈퍼마켓의 바닥에 떨어져 있던 음식물 찌꺼기 때문에 넘어져서 무릎 부상을 입은 한 소비자의 얘기를 실은 바 있다. 이 고객이 슈퍼마켓을 고소해서 만일 이 사건을 법정으로 가져가게 된다면, 슈퍼마켓은 고객이 그동안 얼마나 많은 술을 구입해서 마셨는지 음주전력을 다 폭로해버리겠다는 위협을 했다고 한다.

개인의 정보를 남용하거나 오용한다

거래를 할 때 기록에 남은 개인 신상정보의 남용과 오용은 오늘날 미국 사회에서 심각한 문제로 대두되고 있다. 소비자 칼럼니스트 칼리셔에 따르면, 임신여부 테스트를 확인하기 위해 테스트세트를 구입한 여성들이

곧이어 출산을 기다리는 임신부들에게 배달되는 광고물을 받았다고 한다. 이러한 메일을 받은 대부분의 여성들이 얼마나 불쾌했을지 짐작이 간다. 칼리셔는 미국인권옹호단체로부터 들은 또 다른 예를 우리에게 얘기해주었다. 메릴랜드 소재의 한 은행은 고객의 의료기록을 훔쳐보고 암으로 진단을 받은 고객들의 대출을 회수하는 야비한 짓을 했다는 것이다.

이러한 악명높은 여러 회사들의 고객 정보 남용과 오용에 대한 고객들의 불신을 떨쳐버리기 위해 많은 기업들이 공개적으로 정보를 남용하지 않겠다는 서약을 하고 있다. 그 좋은 예가 메리어트(Mariott)호텔과 스마터키즈닷컴(Smarterkids.com)의 예인데, 이들 기업은 웹사이트를 통해 고객의 개인정보를 어떻게 다루고 잘 보호하는지 상세히 설명을 하고 있다.

유럽에서는 유럽연합의 프라이버시에 관한 법령(1998년 19월 발효)에 의거, 개인 정보 데이터의 남용과 오용을 막고 있다. 미국의 경우 개인에 관한 정보가 나라의 국경을 넘어가더라도 이에 대한 규제를 하지 않는 반면, 유럽에서는 이것도 철저하게 규제를 하고 있다. 고객의 신뢰를 배반하지 않고 존중한다는 의미는 절대 고객의 허락 없이는 고객에 대한 정보를 어떤 형식으로든 다른 사람들에게 노출시키지 않는다는 것을 의미한다. 만일 어느 기업이 다른 기업과 제휴하여 특정 프로젝트를 추진하는 경우에는 고객에게 정보 공유 사실을 투명하게 밝히고, 대신 그 프로젝트의 성과가 고객에게 보상으로 돌아갈 것이라는 점을 분명하게 설득시켜야 한다.

고객과의 약속을 지키지 않는다

개인적 관계이든 사업적 관계이든, 약속은 반드시 지켜져야 한다. 약속을 꼭 지키기 위해서는 반드시 실현가능한 약속만을 해야 한다. 약속을 지키지 않은 대가는 너무도 크다. 이것은 단순한 관계 파기 이상의 엄청난 파장을 몰고 온다.

영국의 가전브랜드인 후버(Hoover)는 1980년대에 청소기를 구입하는 고객에게 비행기 티켓을 주는 판촉 캠페인을 벌였다. 이 전략을 수립한 마케팅팀은 이 비행기 티켓 구입을 위한 예산을 전체 판매량의 4~5%로 잡아놓고 캠페인을 시작했다. 그러나 이 캠페인의 내용이 알려지자 소비자들은 진공청소기를 구입하기 위해 너도 나도 달려들었으며, 심지어는 필요하지 않은데도 2개 내지 3개의 청소기를 구입한 사람들도 있었다. 이렇게 예상치 못한 엄청난 판매가 이루어지자 후버측은 청소기를 구입한 모든 고객들에게 비행기 티켓을 다 줄 수는 없다고 말해서 처음 내건 약속을 파기하고 말았다. 물론 비행기 티켓에 대한 희망으로 청소기를 구입한 수많은 고객들의 실망은 이루 말할 수가 없었다. 이 사건으로 후버의 마케팅 담당 책임자와 전무이사는 해고되었다. 그리고 불행하게도 후버 브랜드에 대한 고객의 신뢰도가 엄청나게 떨어져, 이 브랜드는 그후로도 후유증에서 계속 벗어나지 못하고 있다.

돈에 얽힌 금전적인 분쟁이 발생한다

뭐니뭐니해도 고객과의 신뢰를 무너뜨리는 최악의 적은 바로 고객과의 금전적 분쟁이다. 사업거래를 하다보면 돈이 오가는 만큼 금전적 분쟁이 발생할 수 있는 소지가 많은 것이 사실이다. 그렇다면 어떻게 고객과 금전적 분쟁을 피할 수 있을까? 금전적 분쟁을 피하면서 고객과 계속적인 신뢰관계를 구축할 수 있는 다섯 가지 전략은 무엇인지 한 번 배워보자.

1. 기존고객에게 우선권을! 신규고객에게 더 나은 조건을 제시하지 말라

2000년 2월 19일자 타임즈지에는 데브시리 P. 헤와비다나라는 사람이 쓴 편지가 실렸다. 그 편지는 그동안 충성을 다했던 자동차 보험회사가 그의 신뢰를 무너뜨리는 얼마나 야비한 짓을 했는지 만천하에 고발하는 편지였다. 이 편지에 따르면 그는 그 해 자동차보험 만기를 조금 앞둔 시점에서 보험을 갱신하되 보험료를 38파운드 인상하겠다는 보험회사의 통보를 받았다고 한다. 그 해 그의 자동차에는 전혀 문제가 없었고 사고도 한번 당한 적이 없었는데 왜 보험료를 더 납부해야 하는지 이해할 수 없었던 그는 보험회사에 전화를 걸어 인상의 이유를 따져물었다. 그에게 돌아온 답변은 보험회사들은 관례적으로 해마다

8%씩 보험료를 인상한다는 얘기였다. 이러한 답변을 이해할 수 없었던 그는 보험회사 통신판매라인에 전화를 걸었다. 그리고 신규로 보험 가입을 희망하는 고객인 것처럼 가장을 하고 그 자신과 자동차에 대한 정확한 정보를 주면서 얼마의 보험료를 내야 하는지 물었다. 전화를 통해 신규가입자에 대한 보험료 액수를 들었을 때 그의 분노는 절정에 달했다. 그 액수는 그가 지금까지 매달 납부해온 금액보다 무려 12파운드나 더 낮았던 것이다. 이러한 분노는 고객의 신뢰감 상실로 이어졌고, 고객으로 하여금 이 브랜드를 철저하게 외면하게 만들었다.

　요즘과 같이 정보가 쉽게 공개되고 데이터를 공동 소유하고 기업끼리 제휴가 빈번하며 또 직원들의 이직률도 높은 시기에 비밀이란 것은 오랫동안 유지될 수가 없다. 그러므로 기존고객보다 더 좋은 조건으로 신규고객을 유치함으로써 기존고객을 무시하는 전략을 구사하면 절대 안 된다. 혹시 일정 기간을 정해놓고 불가피하게 특별한 조건을 신규고객에게 제시해야 하는 경우, 기존고객들에게 이에 대한 양해를 구해야 한다. 기존고객들의 의견을 들어보고 이들의 조언을 구한다면, 위 보험회사의 경우처럼 신뢰가 무너지는 사태는 미연에 방지할 수 있을 것이다. 기업이 솔직하면 반드시 그 보상을 받는다. 솔직하게 상황을 설명함으로써 필요한 조언과 신뢰를 얻을 수 있고 나아가 기업의 경쟁력도 더 강화될 수 있다.

2. 기존고객에 대한 가치의 비중 증가 — 제안 조건을 계속 향상시키자 이제는 사업 기반을 동유럽 그리고 아시아 국가들에게로 넓혀가고 있는 영국의 슈퍼체인 테스코(Tesco)는 '작은 도움이라도' 라는 슬로건을 내걸고 고객에 대한 지원과 배려를 아끼지 않고 있으며, 조금이라도 더 고객에게 편리함을 보장해주기 위해 지속적인 노력을 기울이고 있다. 테스코가 정기적으로 배부하는 홍보 뉴스의 제목을 보면 이 회사가 기존고객의 여러 조건 향상을 위해 얼마나 노력을 하고 있는지 쉽게 이해할 수 있다.

2000년 6월 9일	테스코 매장에 인터넷 카페 오픈
2000년 6월 23일	돈으로 환급받을 수 있는 캐쉬백 한도를 100파운드로 인상
2000년 7월 9일	밴자동차 운전자의 비디오 시계를 재조정해 주는 등 자동차 운전자들에 대한 도우미제도 채택
2000년 9월 11일	유기농사법 연구 프로젝트를 위해 42만5천 파운드 투자
2000년 11월 17일	향수와 애프터쉐이브 제품에 대한 크리스마스 가격 특별할인
2000년 12월 12일	크리스마스 쇼핑객들의 편의를 위해 저녁 근무 직원 추가로 9,500명 투여
2001년 1월 28일	크리스마스 시즌 유기농산물 판매 기록 세움
2001년 3월 1일	연구 결과 — 우는 아기의 울음을 그치게 할 수 있는 방법 발견

3. 고객이 필요로 하지 않는 부분을 계산에 넣어서는 안 된다 표준 상품은 표준고객을 기준으로 만들어지는 것이다. 그러므로 만일 베스트고객에게 이 표준 상품 중 일부가 필요없는 경우, 이에 대한 배려를 해야 한다. 고객에게 필요없는 선택사양을 찾아내 그것을 청구서에서 빼버리면 고객은 영리적인 목적에 연연하지 않고 고객을 배려하는 이 기업에 깊은 신뢰를 느끼게 된다.

4. 모든 것은 명확하게 설명하자 서로 오해가 발생할 소지를 없애기 위해서는 사전에 상세한 설명을 하고 중간 중간에 정기적으로 만나 다시 조건이나 상품에 대해 점검을 하는 것이 좋다. 특히 처음으로 신규고객이 발주를 하여 두 번째로 재발주를 앞두고 있는 시점이라면 기업에게는 무엇보다 중요한 시기이다. 혹시 조건이 변경되는 경우가 발생하면 그 이유를 상세하게 설명해주어야 한다. 예상치 못했던 5% 추가비용이 아무런 사전설명도 없이 주말 커버 비용이라는 명분으로 갑자기 계산서에 나타났을 때,

수십 년간 쌓아왔던 신뢰가 한 순간에 무너져버릴 수도 있다.

원자재 가격이 춤을 춘다면 그것을 이용한 상품 가격도 따라서 변화를 겪을 수밖에 없다. 예를 들어 플라스틱 우유병에는 폴리머라는 재료가 들어간다. 이 폴리머 가격은 수요나 유가 변동에 따라 가격이 오르락내리락 한다. 특히 공급 경로가 길고 시장이 불안해지면 고객들에겐 시장이 내리막길을 걸을 때 오히려 더 비싼 가격을 지불하게 되는 일이 발생하기도 한다. 이러한 경우 고객측과의 불화를 피하기 위하여 몇몇 플라스틱 병 제조업체들은 청구서를 분리해서 송부한다. 한편으로는 폴리머를 제외한 병의 생산 가격과 운송 가격을, 다른 한편으로는 폴리머를 만들기 위한 원료 구입비 내역과 함께 폴리머에 관한 청구서를 보내는 것이다. 이렇게 솔직하게 내역을 공개하면 상대방도 가격이 조금 상승하더라도 아무런 불만을 표시하지 않으며, 오히려 상호 간의 신뢰가 높아진다.

5. **청구서의 내역은 분명하게 하자** 지불해야 할 금액, 지불 시간 그리고 지불 조건 등에 대해서는 기업과 고객 모두 분명하게 해두는 것이 좋다. 청구서를 작성할 때, 두 가지 해석이 가능하거나 그 속에 무엇인가 다른 의미를 함축시켜서는 절대 안 된다. 최대한 정확하게 해야 한다. 오스트리아에는 '정확한 계산 속에 우정이 싹튼다'라는 속담이 있다. 혹시 예상대로 상대방이 지불을 안 하는 경우, 신속하고 예의바르게 지불해줄 것을 요청해야 한다.

돈에 관한 분쟁은 최단기간에 양측 관계를 무너뜨리는 엄청난 위력을 지닌다. 고객과 장기적인 관계를 구축하고자 한다면 특히 금전적인 분쟁을 꼭 피해야만 한다.

신뢰 구축을 기업의 목표로

기업의 목표는 여러 가지가 있을 수 있으나 최대 중점은 신뢰 구축에 주어져야 한다. 이에 대한 좋은 예(K. Irons 인용, 1998)가 노년층 여행객들을 대상으로 패키지 여행업을 하고 있는 영국 여행업체 사가 할러데이(Saga Holiday)이다. 이 여행사는 패키지 여행 후 몇몇 고객들로부터 이들이 머물렀던 한 호텔에 대한 불만 편지를 받았다. 실제로 문제가 있었는지 조사를 해본 후 사실이 인정되자 회사는 불평한 고객들에게 보상 차원에서 수표를 보냈다. 중요한 사실은 이 여행사가 불평을 하지 않은 여행객들에게도 수표를 보냈다는 사실이다. 이러한 태도야말로 기업이 얼마나 고객의 이익을 최우선에 놓는지 잘 보여주는 신뢰 구축에 관한 설득력 있는 사례라고 할 수 있겠다.

마지막으로 다시 정리를 하자면, 신뢰는 오랜 시간을 두고 구축되는 것이며 한순간의 실수로 이 신뢰를 무너뜨리지 않도록 극도로 경계를 해야 한다. 로라 마주르(Laura Mazur)는 마케팅 비즈니스(*Marketing Business*, 1999년 7월호)에 기고한 글에서 '신뢰는 멋으로 쌓는 것이 아니다. 이것은 기업의 생존을 위해 필수불가결한 요소이다' 라고 밝힌 바 있다.

푸드(Food, Inc)

모범사례 example

선도 슈퍼마켓 체인과 인간적인 관계를 바탕으로 한 신뢰쌓기에 성공한 미국의 대형식품 제조업체가 있다. 필자가 인터뷰를 요청한 중견간부는 회사의 거래상 비밀사항과 고객의 개인정보에 관한 사항을 밝히지 않는다는 조건하에 인터뷰에 응했다. 회사의 정보와 고객정보 유출을 꺼린 관계로 이 사례에서는 이 식품 제조업체의 실명도, 고객 슈퍼 체인의 실명도 거론하지 않기로 하겠다. 그리하여 편의상 이 회사는 '푸드(Food, Inc)' 라 부르고 고객 회사명은 '밸류체인(Valuechain)' 이라 부르도록 하겠다.

아니타는 이 식품회사의 밸류체인 담당 고객관리 팀장으로 5개월째 일하고 있다. 이 직책을 맡으며 그녀는 이 일이 쉽지만은 않을 것이라고 생각했다. 밸류체인은 전국 도시와 외곽의 소외된 지역에 75개 매장을 보유한 가족경영 슈퍼마켓인데, 아무래도 가족경영 중심의 회사이다 보니 보수적인 경향이 있다. 이 회사는 지역 특성상 저가 위주로 운영되고 있으며, 이 저가를 유지하기 위해 매장 인테리어도 가능한 한 단순하게 하고 있다. 대신 인테리어에 쓰는 비용을 지역사회 발전에 투자하려고 노력하고 있는데, 덕분에 높은 시장점유율을 보이고 있다. 이 슈퍼는 기계 의존도는 줄이고 아직도 사람이 대부분의 일을 처리하고 있다. 그만큼 시장 변화에 대한 이 슈퍼 체인의 대응은 신속하다. 아니타 팀장에게 중요한 것은 이 밸류체인이 이 식품회사의 충성고객 중의 하나라는 사실이다.

밸류체인은 규모가 크고 복잡한 글로벌 기업인데, 특히 이 분야에서 혁신적이고 진보적인 경영을 하는 회사로 알려져 있다. 진보적 성향을 가진 세계적 수준의 이 공급업체와 가족경영을 하는 보수적 성격을 띤 이 고객기업 사이의 문화적 격차를 어떻게 해소할 것인가? 어떻게 하면 차이를 극복하고 신뢰를 구축해서 이를 잘 유지해나갈 것인가?

이 질문들에 대한 대답으로 아니타 팀장이 찾아낸 해법은 개인적인 접촉이었다. 사실 그녀는 이 직책을 맡은 지 겨우 5개월밖에 되지 않았다. 그러나 그녀 뒤에는 3명의 든든한 팀원들이 자리하고 있다. 그 중에서도 두 명은 25년이 넘게 밸류체인과 함께 일을 하고 있다. 보통 2~3년마다 자리이동을 시키는 것이 이 식품회사의 경영방침인데, 이러한 장기근무의 예는 극히 드문 예외적인 케이스이다. 아니타 팀장이 처음으로 밸류체인 간부들을 만났을 때, 이들은 아니타가 이제까지의 정책노선에서 벗어나 급격한 변화를 추진하지 않을까 걱정하는 기색이 역력했다. "우리는 정말 존을 좋아합니다. 잘 좀 챙겨주십시오." 그들은 아니타 밑에서 일하는 팀원 존에 대해서 이렇게 말했다. 아니타는 그들에게 존은 아무 변화없이 그 자리에서 계속 맡은 일을 하게 될 것이라고 안심을 시켰다. 그러나 2년 후에 존이 정년퇴직하게 되었을 때 후임자를 정할 때에는 각별히 주의를 기울여야 하겠다고 아니타는 마음속으로 다짐을 한다. "성과에만 연연하면서 고객의 분위기를 파악하지 못하는 사람은 이 고객관리팀 업무를 맡을 수가 없습니다." 그녀는 말했다.

우선 그녀 자신과 자신의 일에 대한 자신감을 갖기 위해 그리고 밸류체인과의 신뢰관계 구축을 위해 아니타는 밸류체인의 간부들과 자주 접촉을 하고 있는데, 적어도 그들의 사무실을 일주일에 한 번은 찾는다. 그녀는 이들을 만나러 가기 위해 최근 지역사회의 관심 사항이 무엇인지 화제거리를 다 파악한다. 그래야 서로 공통 화제를 찾을 수 있기 때문이다. 그녀의 사무실에 밸류체인 간부들이 와서 다른 팀원들이 이들에게 식품산업 동향에 관한 정보를 인터넷으로 뽑아주고 있을 때, 아니타 자신은 커피를 대접하며 개인적인 친밀감을 쌓는다. 그녀는 가능한 한 자주 이 고객기업 간부들과 볼링을 치러 간다. 이렇게 서로 자주 만나 우정을 다지면서 그녀는 자연스럽게 이들에게 새로운 아이디어를 받아들이도록 유도한다.

고객기업과 신뢰를 쌓아가는 데 있어 무엇보다 중요한 것은 중간에 신뢰에 손상이 가는 일이 발생하지 않도록 미연에 방지하려는 노력이다. 한 번 신뢰에 손상이 가면 이를 회복하기가 쉽지 않다는 것을 아니타 팀장은 잘 알고 있다. 아니타 팀장에 따르면 자신이 몸담고 있는 식품회사는 매월 신상품을 출시하는데, 이에 대한 판촉업무가 회사 업무 중 큰 비중을 차지하고 있다고 한다. 회사 브랜드 인지도를 계속 높이면서 고객 요구에 맞게 제품을 업데이트시키려면 계속적인 신상품 출시가 불가피하다는 것이다. 그렇지만 이러한 신상품 위주의 진보적인 경영이 잘못되면 고객과의 수십 년 된 신뢰관계를 무너뜨릴 수 있는 요인이 될 수가 있다. 새로 개발되는 상품이 고객과 맞지 않는데 이를 계속 강요한다면 이제까지 쌓아온 신뢰가 무너질 수 있는 것이다. 그러므로 아니타팀은 담당 고객기업이 밸류체인에 어울리는 제품만 골라 이를 추천하는 방식을 선택하고 있다. 고객에 대해 워낙 잘 파악을 하고 있기 때문에, 이들의 추천은 매우 정확하다. 그러므로 밸류체인측도 이들이 추천한 신상품이나 새로운 라인에 대해서는 큰 저항없이 포트폴리오에 추가하고 있다.

푸드사는 특히 중견간부들에게 현장에서 많은 시간을 보내면서 시장 동향을 살피고 시장의 필요를 충족시키는 것에 큰 중점을 두도록 하고 있다. 아니타는 팀장으로서 어떤 사람을 중견간부로 선별해야 하는지에 대해 무척 신경을 쓰고 있는데, 점점 더 IT쪽 전문성을 갖춘 사람들을 뽑는 것이 요즘 추세이다. 그러나 아무리 좋은 기술과 정보를 가지고 있고 실력이 있어도 고객기업인 밸류체인의 가족적이고 보수적인 가치관을 이해하지 못하는 간부들은 조금 곤란하다는 것이 아니라 팀장의 견해이다.

신뢰는 언제든지 해지될 수 있는 계약이다. 그러나 아니타 팀장은 자신이 팀장으로 있는 한 이 식품회사와 고객기업 밸류체인 사이에 유지되고 있는 신뢰관계가 계속될 것이라고 믿고 있다.

점검 8 exercise — **우리 회사 고객과의 금전적인 마찰은?**

지난 2년 동안 상위 20%에 해당하는 바이어들과 있었던 금전적인 마찰 사항에 대해서 다시 한 번 생각해보자. 이와 같은 상황이 재발되는 것을 방지하기 위해 어떠한 조처가 필요한지도 찾아보자.

참고 문헌

Crainer, Stuart (2000) 'Brand trust must be nurtured over time', *The Times*, 10 August.

Edwards, Paul (1998) 'The Age of the Trust Brand' *Market Leader*, Winter.

Irons, K. (1998) 'Do you sincerely want to build relationships?', *Market Leader*, Winter.

그녀는 창밖으로 런던 길가를 바라보았다. 기다리는 시간은 지루하기만 했다. 심심한 그녀는 고개를 숙여 핸드백을 열었다. 그리고 핸드백 안에 별도로 분리된 칸에서 까만 손지갑을 찾았다. 그녀는 깊숙한 곳에서 그 지갑을 꺼내면서 그것을 천천히 살펴보았다. 그것은 그녀가 자신의 모든 보물을 집어넣어둔 특별 보물창고였다. 그렇다면 그 안에는 돈이 들어 있을까? 아니다. 이 지갑은 돈을 넣어두기 위한 지갑도 아니고 신용카드를 넣어두는 지갑도 아니다. 그것은 바로 로열티카드들을 넣어두는 지갑이었는데, 이 지갑에는 많은 카드를 넣도록 비닐 주머니들이 달려 있다.

그 카드 지갑에서 그녀가 맨처음 꺼낸 것은 어메리칸 에어라인(American Airlines)이 단골고객에게 발급해주는 AAdvantage 카드였다. 두 번째 칸에 들어 있는 것은 세이프웨이(Safeway)의 ABC 카드로, 이 카드만 있으면 세이프웨이 슈퍼에 가서 계산대 앞에 길게 줄을 서지 않고 특별고객 전용 계산대에서 혼자 계산한 후 줄을 선 다른 사람들에게 여유 있는 미소를 지어보인 뒤 바로 나갈 수 있다. 그 다음 칸에 있는 카드는 부츠(Boots)의 Advantage 카드인데, 이 카드 보유자에게는 특정 상품에 한해서 특별 할인가격이 제시된다. 그 다음에 있는 카드는 공짜로 비행기를 탈 수 있는 에어마일(Air Miles)카드이고, 그 뒤로는 서머필드(Somerfield) 슈퍼마켓에서 발급한 멀티 리테일러 카드인 Argos 카드가 보인다. 그 다음으로 보이는 카드는 특별 충성고객에게 발급해주는 자동차 렌트 회사의 에이비스(Avis) 카드와 가족끼리 식사를 하는 경우 할인 혜택을 주는 레스토랑 체인 비피터(Beefeater) 카드이다. 그 뒤에 있는 Bhs Choice 카드의 경우 그 카드를 제시하면 상품 구매 시 15% 할인 혜택을 준다. 그 다음으로 그녀의 눈길이 머문 것은 자동차 연료를 넣을 때 사용하는 BP 프리미어 포인트 카드이다.

그녀는 매사에 조직적이고 용의주도하다. 그렇기 때문에 로열티카드들을 이렇게 알파벳 순서로 분류를 해놓았다. 알파벳 순서상 그 다음 칸에 넣어놓은 카드는 테스코(Tesco)가 발행해준 클럽카드로 이것은 서점인 WH스미스가 발행해준 동명의 클럽카드와는 다른 것이다. 알파벳 순서대로 겨우 세 글자까지 보았는데, 그녀가 넘긴 카드는 벌써 11장이나 되었다. 지루해진 그녀는 빨리 나머지 카드를 훑어보았다. 그 카드들은 저마다 유명 브랜드임을 자부하며 주인의 눈길을 끌기 위해 노력하는 것처럼 보였다. 그녀의 신상명세는 이렇게 수많은 기업들의 데이타베이스에 들어가 있을 것이다. 그러나 이 기업들은 그녀가 누구인지 정말 알고 있을까? 그들은 그녀를 다른 사람들과 진정으로 차별화하여 알아볼 수 있을까?

고객이 누구인지, 어떤 사람인지 아는 것은 마케팅의 ABC라 할 수 있다. 특히 믿을 수 있는 충성고객이 누구인지를 파악하는 것은 무엇보다도 중요한 일이다. 왜냐하면 고객들은 기업이 자신이 누구인지 파악하고 인정해주고 자신들의 필요 욕구를 충족시켜주려는 기업의 노력을 진심으로 높이 평가하기 때문이다. 특히 다른 곳으로 갔다가 돌아온 고객들은 자신의 귀환이 인정받기를 원한다(표 9_1 참조). 개인 사이의 만남처럼, 첫인상에서부터 아주 친한 사이가 되기까지 서로에게 익숙해지는 과정을 파악하는 것이 기업에게는 매우 중요하다. 이 과정을 이해하지 못하면 고객의 필요 욕구를 이해하지 못하게 되어 이를 충족시켜주지 못하기 때문이다. 물론 서로 친밀한 관계를 구축하는 이 과정에서 상대방을 실망시키지 않고 상대방에게 좌절과 오해를 주지 않으려는 노력도 동시에 병

> '내가 무엇을 필요로 하는지 아시리라 믿습니다.'
>
> 고객의 현재 상황을 파악하고 이전의 접촉에서 제공했던 정보를 고객에게 상기시키며, 고객에게 필요한 정보를 계속 업데이트시킨다.

표 9_1 고객의 충성도에 대한 인정

행되어야 한다. 이 모든 과정은 서로 연결되어 있어 고객이 충성도를 보일 때까지 고객의 기대가 제대로 충족되고 있는지 엄밀하게 분석 관리해야만 한다. 기업이 이러한 자세로 고객과의 친밀한 관계 구축을 위해서 노력하면, 믿을 수 있는 충성고객은 자연스럽게 자신이 개인으로서 특별한 대우를 받고 있다는 느낌을 갖게 된다. 바로 이 단계가 고객관계에 있어 기업이 도달해야 할 목표 지점이다.

첫인상이 중요하다

모든 관계를 좌우하는 것은 바로 첫인상이다. 인간관계에서는 첫눈에 반해 사랑에 빠지고, 첫인상이 좋으면 그 다음에 장애가 오더라도 이를 극복하기 위해 노력을 한다. 기업과 고객과의 관계도 이와 다르지 않다. 서로 첫 번째 대면을 한 후 기업은 고객에 대해 그리고 고객은 기업에 대해 어떠한 기대를 갖게 된다. 싱가폴의 인터콘티넨털 호텔의 첫인상은 승용차나 택시에서 내려 호텔 문앞에 섰을 때 문을 열어주며 손님을 반기는 포터에 의해 만들어진다.

포터는 투숙객의 짐을 잽싸게 받으며 즐겁게 인사를 하고, 이 호텔에 이전에 투숙한 적이 있는지를 묻는다. 그리고 나서 가방을 체크인 카운터까지 날라 주면서 이 포터는 체크인 담당 직원에서 서로만 알아볼 수 있는 사인을 보낸다. 만일 이 투숙객이 이 호텔에 처음 오는 손님이면 오른쪽 귀를 만진다. 이 사인을 읽은 체크인 카운터 여직원은 손님을 반갑게 맞이하며 말한다. "손님, 저희 호텔에 처음 오셨지요? 이 호텔의 시설에 대해서 간단하게 소개 말씀 드리겠습니다. 그리고 첫 번째 투숙 기간 동안 즐겁게 지내시는 데 필요한 모든 정보를 드리겠습니다."

기업은 고객들이 기업이나 브랜드를 처음 만났을 때 어떤 인상을 받았는지 평가해야 한다. 이는 향후 마케팅이나 기업 전략 수립에 매우 중요한 역할을 한다. 일반적으로 그 브랜드 상품을 처음 구입한 구매객들을 대상

으로 외부 기관에 의뢰하거나 또는 기업 부서의 주도로 리서치를 실시한
다. 보통 기업과 브랜드의 관행에 익숙해진 고객들은 새로운 구매객의 눈
에 띄는 문제점을 잘 파악하지 못하는 경향이 있다. 물론 기업 내부에서는
이러한 문제점을 더 잘 보지 못한다. 예를 들어서 매니저의 눈에는 조화로
운 색깔로 보이고 나이든 고객들의 눈에는 만족스러워 보이는 색깔들이
14세 젊은 청소년 고객의 눈에는 단조롭고 지루하고 또 모두가 똑같아 보
인다는 사실을 기업은 이해해야 한다.

첫인상의 출처는 다양하다(표 9_2 참조). 매스컴에서 하는 코멘트도, 오
랜 사용자들의 입소문도 첫인상의 출처가 된다. 또한 지식인들의 추천도
처음 상품을 구매하려는 고객들에게는 첫인상의 출처가 된다. 남아공화국
관광홍보처는 입소문 마케팅 전략 구사로 성공을 거두었다. 남아공 관광
홍보처는 기자들이나 사업상 출장을 온 사람들과 위락 공원 방문자들에게
이전에 남아공을 방문해서 즐거운 시간을 보냈던 관광객에 얽힌 잊지 못
할 재미있는 일화들을 얘기해준다. 기존의 고객들이 어떠한 평가를 보내
고 있는지 그 긍정적인 효과를 간단하게 설명하는 것은 신규고객에게 그

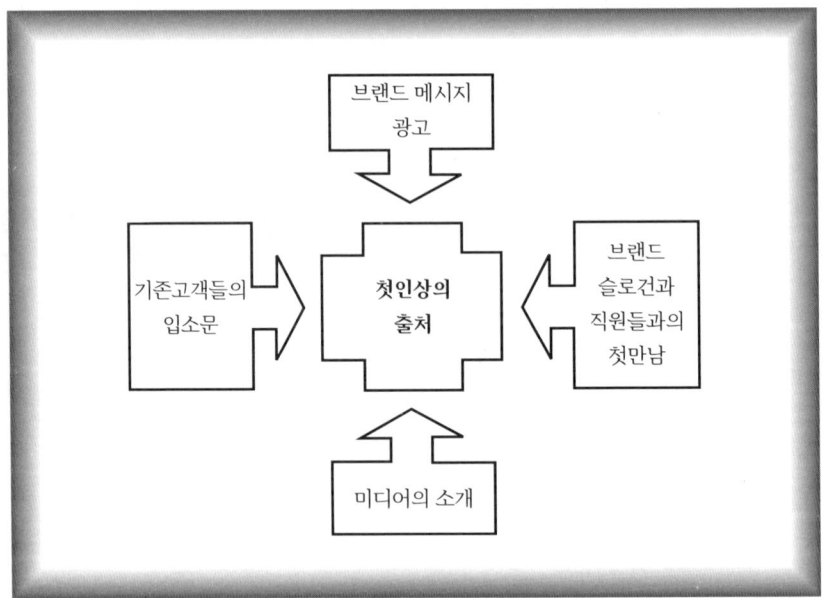

표 9_2 첫인상의 출처

구매로 인한 이점과 또 다른 정보를 제공하는 동시에, 그 브랜드에 고객의 관심을 집중시킬 수 있는 아주 효과적인 방법이라고 할 수 있다.

브랜드 광고는 고객에게 강렬한 첫인상을 줄 수 있는 확실하고도 힘있는 기업 홍보 수단이다. 광고주가 다양한 고객층을 붙잡기를 원하며 이를 광고에 반영하고 싶다면 광고는 이 모든 층에게 각기 다른 메시지를 내보내야 한다. 특정 고객층을 노리는 광고는 타깃층이 반드시 메시지를 잡을 수 있도록 명확한 광고를 해야 한다. 만일 메시지가 명확하지 않거나 혼란이 생기면 타깃층은 그 광고 메시지를 보지 못하게 되고 '엉뚱한' 고객층이 그 메시지를 받아들이는 일이 발생하게 된다. 이런 경우 그 뒤에 벌어지는 일을 수습하기는 쉽지가 않다. 오늘날에는 여러 소비자 교육기관에서 광고에 대한 여과 교육을 실시하고 있기 때문에, 광고의 메시지에 대해 냉소적으로 거부 반응을 보이는 소비자들이 많다는 사실도 기업에게는 큰 고민 거리이다.

최근에는 인터넷의 발달로 웹사이트에서 첫인상을 받는 소비자들도 많다. 그러한 면에서 웹사이트가 브랜드 가치를 잘 반영하고 있는지 확실하게 점검을 해야 하며, 정보는 계속 업데이트해주어야 한다. 세스 고딘(Seth Godin)은 2001년 3월 파리에서 개최된 Credo CRM 회의에서 웹사이트의 업데이트에 걸리는 시간이 무려 44일이나 된다는 사실을 개탄한 바 있다.

직원채용 광고는 또 다른 광고 형태가 되어 고객들에게 특별한 첫인상을 줄 수가 있다. 이외에도 특정기업의 사옥 건축 스타일, 내부 장식, 청결도 그리고 사옥의 규모도 호기심이 큰 잠재고객들에게는 첫인상을 주는 출처가 되기도 한다.

가장 강렬한 첫인상은 어디에서 받을까? 그것은 기업 직원들과의 첫 만남이나 첫 전화통화에서 받는 경우가 가장 많다. 직원들이 잘 훈련받았으며 필요한 장비나 기술을 제대로 보유하고 있는가? 이들은 진심으로 마음에서 우러나는 인사를 하고 있는가 아니면 형식적인 인사를 하는가? 이들이 퉁명스럽게 대하는가 아니면 정열적이고 행복한 태도로 손님을 맞이하는가? 직원들과의 첫대면 30초 동안에 받은 인상은 고객의 뇌리에서 계속

지워지지 않는다. 프론트 데스크의 리셉셔니스트, 전화 교환을 담당하는 직원 그리고 전시장 스탠드에서 일하는 매니저들은 이 사실을 매우 잘 알고 있다. 그러나 요즘에는 교환을 통해서 전화를 하지 않고 간부 사원들을 비롯한 전직원들에게 직통 전화를 할 수 있다. 따라서 조직 전체에 걸쳐 처음 전화를 건 미래의 고객에게 긍정적인 첫인상을 줄 수 있도록 전화 응대법에 대한 철저한 교육을 실시해야 한다.

고객과 친해지는 방법

사람들끼리 처음 만났을 때, 처음 받은 인상은 시간이 흘러도 오랫동안 기억에 남는다(표 9_3 참조). 상류 사회의 파티에서는 파티를 주관한 호스트가 처음 만나는 두 사람에게 상대방의 이름과 하는 일, 집안이나 배경 그리고 서로의 관심사에 대해 소개를 해주게 된다. 호스트가 이렇게 제공한 정보에 따라 처음 만난 두 사람은 자연스럽게 대화를 이어가게 된다. 기업과 고객과의 만남도 일상적인 만남과 크게 다르지 않다. 관계는 자신에 대한 소개를 상대방에게 하고 또 상대의 소개를 받음으로써 시작된다. 요즘에는 특별한 경우를 제외하고는 파티에서 누군가의 소개없이 각자 자신을 소개하며 대화를 이어가는 것이 일반적인 추세이다.

- 자신에 대한 상세한 소개를 한다.
- 상대에 대한 기대치를 계산한다.
- 계속적인 관찰을 통해 정보를 수집하고 업데이트한다.
- 상대의 특별한 취향을 기억한다.
- 가능하다면 개인적인 접촉을 갖는다.
- 계속 관계를 유지한다.

표 9_3 믿을 수 있는 고객을 찾아 유지하는 방법

상호 간에 좋은 관계를 유지하기 위해서는 서로 필요한 정보를 주고받을 수 있어야 한다(표 9_4 참조). 이 정보는 파는 사람이나 사는 사람 모두에게 유익한 것이어야 한다. 상품을 파는 측은 자신의 사업에 대한 신용도, 상품 및 서비스에 대한 정보, 컨택 포인트, 고객이 얻을 수 있는 기회 및 한계에 대한 정보를 제공해주어야 한다. 한편 사는 쪽에서는 자신들의 신용과 특별한 요구사항에 관한 정보를 제시하면서 자신들이 얼마나 가치 있는 존재인지를 부각시켜야 한다. 물론 상세한 정보를 제공한다고 해서 불필요한 정보까지 제공할 필요는 없다.

정보가 오고갈 때 양측은 모두 정보를 잘 받았으며, 이 정보가 잘 입력되었음을 알려야 한다. 그리고 이렇게 교환된 정보는 향후 있을 상호 대화에서 꼭 활용이 되어야 한다.

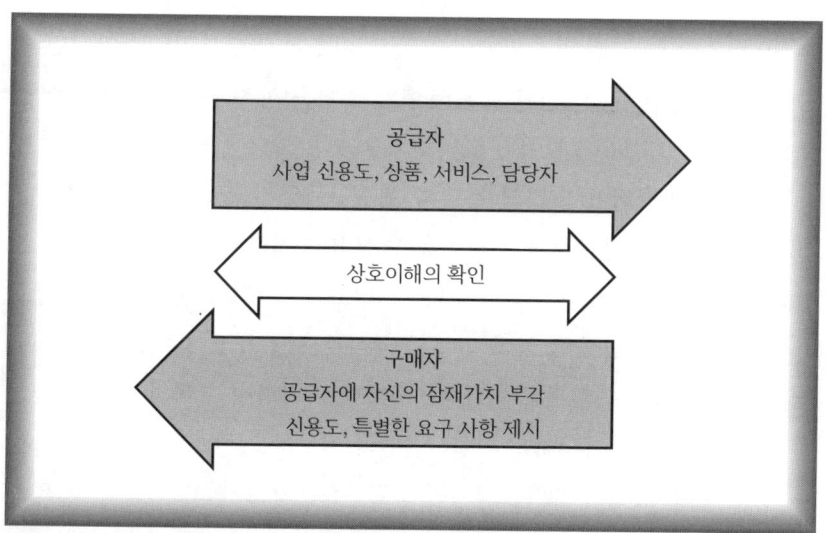

표 9_4 서로 친해지는 과정 : 쌍방향 정보 교환

프록터앤갬블(Procter & Gamble)은 팬틴 샴푸를 머리결에 따라 여러 종류로 생산하면서 케이블 앤 와이어리스의 디지털 인터렉티브 TV를 통해 특별한 실험 광고를 한 적이 있다. 이 광고에서 P&G는 이것이 단순한 광고가 아닌 고객들과 정보 교환을 하려는 취지로 마련되었다는 사실을

알렸다. TV를 보는 시청자들은 이 샴푸 광고를 본 후 그들의 헤어 스타일과 머리결의 특징에 대한 정보를 입력해달라는 요청을 받았다. 그리고 이렇게 정보를 입력해준 시청자들에게 P&G는 그들의 머리결에 가장 알맞다고 생각되는 팬틴 샴푸 샘플을 보내주었다. 퍼피 브렉(Puppy Brech)이 2000년에 쓴 기사에 따르면, 이러한 P&G의 정보 교환 시도는 엄청난 반향을 불러일으켰다고 한다. 5주라는 기간 동안 무려 5만 명이 자신들의 머리결에 대한 정보를 인터렉티브 TV를 통해 보내온 것이다.

정보를 얻었으면 계속해서 관심을 표명하라

고객과 기업과의 첫 대면은 여러 방식으로 이루어질 수 있다. 직원과 직접 만날 수도 있고 전화나 이메일을 통해 이루어질 수도 있다. 아니면 웹사이트에서 만날 수도 있다. 보통은 이렇게 처음 접촉에서 상대에 관한 정보를 요구하게 되고 이 데이터를 입력해놓는다.

독일 무역박람회가 열리면 독일의 제조업체들은 자신들이 마련해놓은 전시부스를 찾는 방문객들의 명함을 열심히 수거하여, 이를 스캔해서 기업의 데이터베이스에 입력해놓는다. 그리고 차후에 조사를 통해서 상호간에 상품을 거래할 가능성이 있는지 알아보고 추가로 정보를 더 입력해놓는다. 영국의 금융기관들은 금융기관법에 의거하여 고객의 신상에 관하여 '정확한 사실을 파악하기 위한' 일련의 질문들을 한 다음 이 답변 사항을 참조해서 고객에 맞는 금융상품을 추천하고 있다. 로열 어홀드 BV(Royal Ahold BV)가 소유하고 있는 뉴잉글랜드 슈퍼마켓 체인인 스탑앤샵(Stop & Shop)은 특별 고객카드를 발급해주는데, 이를 위해 처음으로 이 슈퍼에서 물건을 구입한 고객들이나 때로는 두 번째로 쇼핑을 한 소비자들에게 이름과 주소 그리고 우편번호를 물어본다. 이외의 더 상세한 정보는 스탑앤샵의 사생활보호 정책에 따라 고객이 원하는 경우 제공하도록 되어 있다. 물론 이러한 정보를 제공한 고객에게는 특별 할인 혜택이 주어지고 그렇지 않은 고객은 그 기회를 놓치게 된다.

블록버스터에 비디오를 빌리러 가면 간단하게 나이, 주소, 전화번호를 물어본 후 블록버스터 비디오 클럽(Blockbuster Video Club)에 가입하라는 권유를 받는다. 이렇게 기초 정보가 입력된 후 처음으로 영화 비디오를 빌리고 나면 그 다음에는 처음으로 빌린 영화가 어떤 장르였는지, 지불 방법은 월 단위로 지불을 하는지 아니면 빌릴 때마다 지불을 하는지 등에 관한 고객의 상세 정보가 차례 차례 입력이 된다. 이 정보에 의거해서 블록버스터측은 고객이 장기적으로 거래를 할 고객인지 판가름할 수 있으며, 고객의 취향에 맞는 비디오를 권할 수 있게 된다. 물론 정보는 계속 업데이트 된다.

지나친 사생활 침해는 금물

고객은 자신의 신상명세를 제공하면서 기업이 그 정보를 이용해 자신이 필요한 서비스를 제공해줄 것이라고 자연스럽게 기대한다. 그런 기대가 없으면 고객은 정보를 제공하지 않을 것이다. 예를 들어서 싱가포르 에어라인을 이용하는 고객에게 항공사측에서 채식주의자인지 물었다면, 고객은 자연스럽게 이 정보가 모든 데이터베이스에 입력되어 자신이 이 항공사를 이용할 때마다 채식주의자용 식사가 제공될 것이라는 기대를 갖게 된다.

그러나 정보 제공에는 한계가 있다. 기업은 필요하다고 느껴서 던진 질문들이 고객들에게는 사생활을 침해하는 불쾌한 질문으로 여겨질 수가 있다. 특히 미국 고객들은 술 소비와 관련된 정보를 제공하는 걸 꺼리는 경향이 있다. 한편 독일과 벨기에의 고객들은 가족사항에 대해서 상세한 정보를 제공하는 걸 내켜하지 않는다.

영국의 전국소비자연합(National Consumer Council)이 의뢰해 모리(MORI)사가 1999년 말 영국 성인 및 아동들을 대상으로 실시한 조사를 보자. 고객들은 주택 구입 시 대출을 받기 위하여 개인 월소득이나 재산 상황을 제공하는 것처럼, 그 상황에 적절하다고 생각되는 정보는 기꺼이 제공할 용의가 있다고 답변을 했다. 전국소비자연합의 안나 브래들리(Anna Bradley) 소장은 "그러나 로열티카드를 발급해주면서 같이 사는 사람이 누구인지 등 사생활에 대하여 묻는 질문에 고객들은 불쾌감을 느낀다. 그런 경우 고객들은 사생활에 관해 불필요한 정보를 제공한 대가로 특별카드를 제공받기보다는 사생활을 보호하면서 카드를 포기하는 쪽을 택한다"라고 설명한다.

또한 알고 싶은 정보가 많다고 해서 엄청난 분량의 질문을 해대면 고객들은 피곤하고 지치게 된다. 예를 들어서 100개가 넘는 질문에 대해 아무 대가 없이 답변해달라고 하면 대부분의 고객들은 답변을 포기하게 된다. 이런 경우에는 답변자 중에 일부를 뽑아 경품을 제공하겠다는 약속을 하는 등의 별도의 전략을 세워야 한다.

누가 정보를 제공하고 누가 거부할까?

정보를 제공해달라는 요청에 어떤 고객들은 다른 고객들보다 더 편안하게 정보를 제공해준다. 그러나 정보를 쉽게 제공해주는 경향이 있는 고객들도 기업에 대한 신뢰가 쌓이기 전에는 호락호락 개인정보를 내어주지는 않는다. 프랑스 갤러리 라파이에뜨 백화점(Galeries Lafayette)의 필립 르므완(Philippe Lemoine) 공동회장은 고객과의 완전하고 친밀한 관계는 다음 4가지 단계를 거쳐서 이루어진다고 말한다(파이낸셜 타임즈, 2000년 3월 16일).

1. 순수하게 익명의 고객으로 남고 싶은 단계 : 이 단계에서는 자신의 이름이 알려지는 것도 원하지 않고 물론 개인 신상 정보를 제공하기를 꺼린다.
2. 익명의 고객으로 남아 있되 필요할 때 개인 쇼핑 서비스를 이용하는 단계 : 이 단계에서는 선별적으로 자신의 개인 신상 정보를 제공한다.
3. 정보를 제공하고 정보를 받고 싶은 단계 : 이 단계에서는 자신에 대한 신상명세를 기업에 제공하는 대신, 그 대가로 기업으로부터 그에 상응하는 서비스를 제공받기를 원한다.

4. 기업과 적극적으로 개인적이고도 친밀한 관계를 유지하고 싶어하는 단계.

　기업과 고객과의 관계는 보통 위의 4가지 단계를 거쳐서 구축되지만, 고객에 따라서 순서대로 단계를 밟아 올라가는 사람들이 있고, 또 어떤 고객은 중간 단계에서 위로 올라가지 않고 계속 머물러 있기도 한다.

웹을 통해 모든 정보를 다 모을 수 있다?

　사람들은 보통 웹 기업들이 브라우징 및 구매 패턴에 관한 한 필요한 모든 고객 정보를 다 수집할 수 있다고 믿는다. 그렇지만 진짜 구매자들과 단순한 브라우저들을 구분하는 것이 쉽지만은 않다. 고객들에게 브라우징 전에 등록을 하라고 요구를 하면 상당수의 사람이 자신의 신분이 노출되는 것을 꺼려 가명을 대는 경우가 많기 때문이다. 후에 이들이 실제로 자신의 이름이 담긴 신용카드로 상품을 구입하는 경우, 이전에 등록해놓은 아이디 '미키 마우스'와 이 카드 보유자가 같은 사람이라는 사실을 알 길이 없다. 어떤 고객들은 퇴근하고 돌아와 집에 있는 컴퓨터로 브라우징을 하기도 하지만, 실제 주문은 다음날 용량이 좀더 큰 컴퓨터가 있는 회사 사무실 책상에 앉았을 때 한다. 이 경우 전날 브라우징을 한 사람과 다음날 사무실에서 주문을 한 사람이 동일인이라는 사실을 웹 기업들은 알 수가 없다.

힘들게 수집한 정보, 잘못 관리하면?

　고객에게서 힘들게 정보를 수집해놓은 다음, 그 정보를 제대로 활용하지 못해서 낭패를 보는 회사들도 많다. 정보처리회사 데이터 앤써즈(Data Answers)의 클리브 애쉬번(Clive Ashbourn) 전무 이사는 이러한 경우를 한 은행의 예로 설명한다(마케팅 다이렉트, 2000년 2월호). 이 은행은 세 종류의 상품을 고객들에게 판매하면서 이 상품을 구입한 고객들에 관한 정보를 상품별로 각기 다른 시스템으로 분리해서 관리를 했다. 그러므로 동일한 고객이 이 세 상품을 모두 구입한 경우, 동일한 고객이 3번 상품을 구입한 것으로 처리가 되지 않고 세 명의 다른 고객이 세 개의 상품을 구입한 것으로 처리가 되었다. 그러니 당연히 고객수가 실제보다 더 많이 평가될 수밖에 없었다. 이 은행은 처음에 은행의 고객수가 총 22만5천 명이라고 믿었다. 그러나 데이터를 다시 정밀 조사해본 결과, 중복되는 고객이 많아 실제 고객은 18만 명에 불과했다. 더 심각한 것은 이렇게 정보를 잘못 관리함으로써 이 은행은 상위 10%의 고객이 이 회사 수익의 55%를 차지한다고 믿고 있었는데, 후에 이들이 회사 수익의 80%를 차지한다는 사실을 뒤늦게 알았다.

KLM이 보유한 항공사로 비행기 티켓이 없는 걸로 유명한 버즈(Buzz) 항공은 유럽 노선의 경우 전화로 부킹을 받는다. 전화를 하고 나면 컴퓨터 시스템이 이를 확인해서 고객의 이메일로 예약이 되었다는 답장이 보내진다. 물론 이러한 형태는 거래한 승객에 관한 개인 정보가 제공되어야 가능한 것이다. 전화를 받는 직원은 승객이 사용하는 언어가 어떤 언어인지 파악을 해서 그 언어로 이메일을 보낸다. 이 항공사는 모든 카탈로그 관련 법규를 영어, 독어, 이탈리아어, 불어 그리고 핀란드어로 번역해서 이미 제공하고 있다. 대부분의 고객들은 좌석번호가 적힌 이메일을 프린트해서 탑승할 때 확인을 한다. 여기서 문제는 바로 이것이다. 어떻게 보면 지극히 편리하고 간편해보이는 이 제도 때문에 버즈 항공사는 고객의 이름과 이메일만 알 뿐, 실제 고객이 누구이고 이 고객과 어떻게 가까워질 수 있는지는 모른다는 것이다.

저를 기억하시지요?

한 번 거래를 하고 나서 또 다른 거래를 하기 위해 찾아온 고객들은 당연히 그들을 알아봐주기를 원한다. 롤스 로이스 코니슈(Rolls Royce Corniche)는 한 대에 무려 25만 파운드나 한다. 이 차를 구입하는 구매자들 대부분은 이미 6대 내지 9대의 자동차를 보유하고 있는 부자들이다. 이 거액의 자동차를 구입하는 구매자들의 3분의 1은 여성들인데, 롤스 로이

스측은 이 구매자들의 75%를 이전 구매 덕분에 이미 잘 알고 있다. 이 경우 자신들의 정보 노출을 꺼려 단골과 거래하기를 원하는 부유층의 심리와 충성고객의 공로를 인정하고 이를 통해 사업 확장을 노리는 롤스 로이스의 이해관계가 아주 절묘하게 맞아 떨어지는 거래라고 할 수 있겠다.

미국의 노드스트롬(Nordstrom)의 경우 매장 직원들이 인간적인 교류와 기억력으로 단골고객들을 늘 기억하고 인정해주며 진심으로 환영하는 분위기로 잘 알려져 있다. 이러한 인간적인 접근과는 정반대되는 노력이 한 미국 리테일러 매장에서 시도되었는데, 이 매장은 직원들의 기억력보다는 녹화기술에 의존하는 전략을 개발했다.

하버드 비스니스 리뷰(Harvard Business Review) 1999년 7~8월호에 실린 기사에 따르면, 이 리테일러 매장은 고객이 매장에 들어올 때 이 매장의 베스트고객을 분별해낼 수 있는 IBM 비디오 스캐너를 매장에 설치하였다. 물론 설치 의도는 단골고객이 매장에 들어오면 바로 알아보고 특별한 개인 서비스를 제공하기 위한 것이었다. 그러나 이 사실을 안 고객들은 이러한 리테일러의 행동을 프라이버시 침해로 받아들였다. 이 사례는 기업과 고객과의 관계에서 첨단 기술을 잘못 사용하며 오히려 대고객관계가 악화될 수 있으며, 역시 최고의 관계는 인간적인 교류를 통해서만 가능하다는 것을 보여주는 좋은 사례라고 할 수 있겠다.

회사 직원들만 고객을 알아보는 것은 아니다. 고객들도 직원들을 기억할 수 있다. 영국 잉글랜드 지방 북서부 지방에서 요리 및 부엌용품 관련 제품을 직접판매 및 우편판매하는 레이크랜드 플라스틱스(Lakeland Plastics)는 고객의 질문에 피드백과 코멘트를 잘하기로 유명한 회사이다. 이 회사에 다음과 같은 고객의 편지가 왔다.

지난번 외국 여행길에서 우리 부부는 또 다른 커플(생전 처음 보는)을 만났는데, 이들은 우리에게 자신들이 금방 결혼한 신혼부부라고 소개했어요. 제가 어디에서 왔느냐고 물었더니 레이크 지방에서 왔다고 하는 거예요. 그래서 제가 물었죠. "혹시 '레이크랜드 플라스틱스'를 아시나요?" 그랬더니,

새신랑이 대답하는 거예요. "물론이죠. 제가 거기서 일하거든요."

이 편지에 대한 피드백으로 이 회사에서는 다음과 같은 답변이 나왔다. '알고 보니 그때 우연히 만나셨다는 저희 회사 직원은 배송부에서 일하는 제프였습니다.' 이렇게 상호 간에 인간적인 대화가 있을 때 기업과 고객 간의 진정한 관계가 구축될 수 있다.

제가 무엇을 원하는지 알고 계시겠지요?

고객에 관한 정보를 수집할 때, 고객의 성명, 주소, 연령 그리고 어떤 제품을 보유하고 있는지 등등, 형식적인 정보만을 수집하는 차원에 머물러서는 안 된다. 고객에 관한 정보를 수집할 때 꼭 잊지 말아야 할 것은 고객의 선호도, 다시 말해 고객이 진정으로 원하는 것이 무엇인지를 알아내는 것이다.

아메리칸 에어라인(American Airlines)은 매주 수십만 명의 클럽 멤버들에게 이메일을 보낸다. 이들은 회원 가입 시 어떤 분야에 관심이 많은지를 분명하게 밝힌다. 그렇기 때문에 매주마다 AAdvantage 멤버들은 자신이 관심 있어 하는 분야의 정보를 받을 수 있는데, 예를 들어 회원 가입 시 고객이 가까운 장래에 어느 지역으로 여행을 갈 계획이 있다고 밝힌 경우, 그 지역 여행에 관한 특별 할인 상품이 나왔다는 소식이 이 고객에게 전달이 된다. 물론 아메리칸 에어라인은 이 클럽 회원이 어느 지역에 사는지, 여행 시 출발 공항은 어디인지, 주로 많이 가는 여행지는 어디인지 상세하게 파악을 하고 있다. 이러한 정보 관리 덕분에 이 항공사는 자신들이 필요한 정보를 찾기 위해 낭비하는 시간을 줄이면서 상품도 파는, 그야말로 win-win 전략을 구사하고 있다.

네덜란드의 슈퍼마켓 체인인 알버트 히진(Albert Hijin)은 고객들이 자신들이 일하러 간 사이에 슈퍼가 상품을 배달해주기를 원한다는 사실을 알게 되었다. 그러나 주인이 없는 집에 물건을 배달한다는 것은 보안 문제 때문에 쉽지 않은 일이었다. 해결책으로 찾은 방법은 건축가들과 주택 건설업자들의 도움을 얻어 안에서만 꺼낼 수 있는 특별 투입구를 설치하는 것이었다. 그러한 방법으로 이 슈퍼는 고객들이 일하러 간 사이에 투입구에 물건을 배달할 수 있게 되었다.

이렇게 세심하고 배려깊은 정보들과는 반대로 고객의 사정을 전혀 고려하지 않거나 시기에 맞지 않는 제안을 하는 회사들도 있는데, 이렇게 무신경하고 성의없는 태도는 오히려 브랜드 이미지에 손상을 가져온다. 은혼식을 앞둔 부부에게 어느 여행 전문회사는 특별 할인 혜택을 준다며 18~30세 독신자들을 위한 싱글클럽 전용 해변가 호텔 패키지에 관한 메일을 보냈다. 자신들의 상황과 동떨어진 메일을 보낸 이 회사의 할인 제안을 이들 부부는 일언지하에 거절했을 뿐더러, 이 회사의 성의없는 태도에 화가 나서 이들이 보유하고 있던 이 회사의 주식을 당장 내다 팔아버렸다(사실 이들 연령층이 개인적으로 주식 투자에 가장 큰 관심을 보이고 이에 많은 시간을 할애하는 연령층이다). 고객을 제대로 알아볼 줄 모르는 이 여행사의 무신경에 질려버린 것이다.

지난번에 제가 요청했던 사항 기억하시죠?

성공하는 기업들은 고객들이 무엇을 좋아하고 무엇을 싫어하는지 그 선호도를 확실하게 파악하는 제도를 운영하고 있다. 리츠칼튼 호텔에 투숙한 한 손님이 후르츠 칵테일을 시켜서는 그 중에서 바나나를 집중적으로 먹었다. 이 사실은 그 투숙객에 관한 데이터베이스에 기록이 된다. 그 다음날 그 투숙객이 잠시 방을 비운 후 다시 들어와 보면, 그 방에는 바나나 두 개가 주인을 기다리고 있다.

기업은 무엇보다 충성고객들이 스탠다드 버전을 선호하는지 아니면 변형된 버전을 선호하는지 정확하게 파악해야 한다. 1995년 설립된 영국의 금융기관인 버진 다이렉트(Virgin Direct)의 고든 모(Gordon Maw) 마케팅 팀장은 1999년 10월호 마케팅 다이렉트(Marketing Direct)지에서 다음과 같이 얘기를 했다. "고객과 20년 지기가 되기 위해 경비와 시간이 많이 드는 화려한 전략들을 구사하면서 정작 지난 주에 고객이 무슨 요청을 했는지 기억하지 못한다면, 그 회사의 고객관계는 성공을 기대할 수 없다.

우리는 제일 친한 친구가 무엇을 좋아하고 무엇을 싫어하는지 잘 알고 있다." 기업과 고객의 관계도 이와 다르지 않다. 기업은 단골 충성고객이 무엇을 선호하고 무엇을 싫어하는지 분명하게 파악하고 있어야 한다.

브라질의 미디어 그룹 아브릴(Abril)의 피터 로젠발트(Peter Rosenwald) 다이렉트 마케팅 팀장은 '다이렉트 마케팅에 있어 가장 위험한 단어는 바로 평균이라는 단어다(이코노미스트, 1999년 1월 9일자)'라고 말한 바 있다. 기업이 정해놓은 평균 기준치에 따라 행동하는 고객들은 존재하지 않는다. 일률적으로 기준치를 정해놓고 고객들이 그 기준치를 따라와 주기를 원하는 전략은 기업에게는 예산 낭비 그리고 고객들에게는 시간 낭비가 될 뿐이다.

문방구 사무용품 공급업체로 연간 매출 10억 달러를 상회하며 급성장을 보이고 있는 바이킹 오피스 프로덕츠(Viking Office Products)는 '소량으로 많이 팔자'는 신조를 앞세우며 고객에게 꼭 필요한 상품을 많이 파는 맞춤식 카탈로그를 제공해 구매자들의 환영을 받고 있다. 이 회사의 고객들은 대도시 사무실에서부터 법률기관, 학교 그리고 자택 근무를 하는 개인에 이르기까지 규모가 매우 다양하다. 그만큼 요구사항도 필요한 품목도 모두 다르다. 이 회사는 이렇게 다양한 고객들의 주소와 연령 그리고 기존의 거래 사항 등을 분석한 후 각 고객별로 맞춤식 카탈로그를 발송해 준다. 자신들이 원하지 않고 자신들과 아무 관련이 없는 카탈로그를 받았을 때 느끼는 고객들의 울분을 이 회사는 잘 이해하고 있는 것이다. 그렇기 때문에 꼭 고객이 필요한 정보만을 보내준다. 만일 어느 고객이 팩스를 구입한다면 그에게는 한 달 후 필요한 종이에 관한 상품 안내서가 팩스로 송부된다.

고객 개인의 특성을 파악하는 것도 중요하다

상당수의 기업이 고객 개인의 인간적 특징을 파악하기 위해 많은 노력을 한다. 니키틴 CQ(NiQuitin CQ)는 스미스클라인 비첨 소비자 건강센터(SmithKline Beecham Consumer Health Care)에서 니코틴 대체 치료제

(NRT)로 개발하여 영국, 스웨덴, 벨기에에서 판매하고 있는 담배 대체 의약품이다. 금연을 원하는 사람들을 위해 니코틴 대체 약품을 제공하는 이 회사는 개인의 성격과 행동 성향에 따라 다양한 방법으로 이 NRT 패치를 부착하는 법을 권해서 인기를 끌고 있다.

이 약품에 관한 웹사이트(www. nicodermcq.com)에 가면 이 분야의 전문가인 칼 퍼거스트롬(Karl Fagerstrom) 박사가 개발한 일련의 평가서를 볼 수 있는데, 이 평가서에 던진 일련의 질문에 답변해보면 흡연자가 얼마나 니코틴에 중독되어 있는지 그 정도를 알 수 있다. 이외에도 전화를 해서 24개 질문에 간단하게 대답을 하면, 그 흡연자의 금연 계획서가 작성되어 우편으로 배달이 된다. 그 다음 6주 동안 2개의 우편물이 더 배달되는데, 만일 고객이 그 메일에 응답을 하면 최종 메일이 고객에게 송부된다. 스미스클라인 측은 이러한 방법으로 금연에 성공한 사람들의 비율이 30%나 된다고 자랑하고 있다. 이렇게 개인의 특성을 감안한 맞춤식 치료법으로 니키틴 CQ는 출시 10주만에 영국 니코틴 패치 시장을 평정해버렸다.

이제는 기대치를 정해야 할 때다

상대방에 대한 인정은 쌍방향으로 이루어져야 한다. 기업뿐만 아니라 고객들도 기업이 해줄 수 있는 일과 해줄 수 없는 일을 분명히 알고 있어야 한다. 상대방에 대한 기대가 지극히 현실적일 때라야 양측은 오랜 관계를 유지할 수 있다. 한쪽은 환상에서 살고 있는데 다른 한쪽이 현실 속에서 산다면 이 관계는 오래 갈 수 없다. 그렇다면 기업들은 자신들의 사업 스타일과 한계를 고객들에게 분명히 알리기 위하여 어떠한 노력을 하고 있을까?

자라(Zara)는 스페인 라 꼬누라(La Conura)에 본사를 둔 세계적인 패션 의류 메이커이다. 전세계 30여 개 나라에 1천 개의 매장을 두고 있는 이 회사의 매출은 연간 12억 파운드가 넘는다. 이 회사는 봄, 여름, 가을, 겨울 시즌별로 옷을 만들어 출시하는 다른 회사들과는 달리, 완전히 시즌을 무시하고 최대한 빨리 디자인을 해서 신속히 만들고 신속히 판매하는 '무계절 콜렉션' 제도를 고수하고 있다. 그 결과 스페인의 고객들은 자신들이 원하고 좋아하는 스타일의 옷을 자라 매장에 가면 찾을 수 있다는 믿음을 갖게 되었다. 만약 매장에 갔는데 없다면 그 다음 주에 가면 된다. 그때는 확실하게 찾는 옷이 매장에 나와 있기 때문이다. 특히 유행에 민감한 여성들은 가장 최근 유행을 보여주는 신상품을 배달하는 트럭이 어느 날 도착하는지도 훤히 알고 있다.

자라의 모기업인 인디텍스(Inditex)의 CEO인 호세 마리아 까스뗄라노(Jose Maria Castellano)는 파이낸셜 타임즈(2000년 9월 26일자)에서 다음과 같이 이 상황을 설명하고 있다. "1998년 영국 런던 리젠트 거리에 자라의 매장이 처음으로 문을 열었을 때, 호기심이 많은 쇼핑객들이 몰려왔다. 진열된 옷들을 모두 구경한 쇼핑객들은 그 시즌 세일이 시작되면 옷을 사러 다시 오겠다고 하며 매장을 떠나려 했다. 이들에게 우리 매장의 직원들은 그것은 불가능한 일이라고 설명했는데, 우리 회사의 경우 매주 팔리지 않고 남아 있는 옷들을 본사에서 회수해 가버리기 때문이었다. 계절별로 의류가 출고되고 그 시즌이 끝날 무렵 세일을 하는 일반 패션의류 매장과는 다른 생산 판매 방식을 고수하고 있다는 사실을 고객들에게 이해시키는 것은 쉽지 않았다. 설명을 들은 고객들은 이를 이해하면서도 익숙해지는 데에는 시간이 걸릴 것이라는 반응을 보였다."

이제는 고객들과 긴밀한 관계를 유지하는 일만 남았다

고객과 항상 긴밀한 관계를 유지한다는 것은 양측의 기대가 현실적인 선에서 계속 만족되고 있다는 것을 의미한다. 고객과 실질적으로 긴밀한 관계를 유지하는 가장 강력한 비법은 고객의 생활 속으로 들어가는 것이다. 이를 위해서는 고객의 연중 스케줄을 훤히 알고 있어야 한다. 고객의 생일은 바뀌지 않는다. 그러나 그것만 빼고 나머지 고객에 관한 자료들은 해마다 바뀐다. 유럽이나 미국에 사는 20대 고객들은 평균 36개월마다 한 번씩 이사를 하는 것으로 알려져 있다. 고객의 의견과 정보는 다각도로 수용되어야 하며, 고객과 접촉을 해서 새로운 정보를 얻어낸 직원은 누구라도 데이터베이스에 정보를 업데이트할 수 있는 시스템을 구축해야 한다.

B2B 거래의 경우, 구매회사의 중역진이 교체가 되면 상품이나 서비스에 대한 선호도 그에 따라 바뀌는 경향이 있다. 물론 중역진이 교체가 되면 양측 관계에도 상당한 변화가 온다. 공급업체는 이럴 때마다 최고의 고객이었던 거래업체를 놓치지 않기 위해 더 큰 노력을 해야 한다.

지금은 후지쓰(Fujitsu)의 자회사가 된 컴퓨터 회사 ICL은 이러한 고객기업 간부 변동에 대응하는 테크닉을 최초로 개발하여 널리 사용하고 있다. 흔히 '스타-스포팅(star-spotting)'이라고 불리우는 이 테크닉은 간부진의 변동이 있을 것 같은 고객기업을 담당하는 회계, 서비스, 기술 지원 담당 간부들과 이 고객기업 담당 최고위 간부들이 모여 회의를 하는 것으로 시작된다. 이 회의의 목적은 고객 기업의 향후 조직 변화를 연구하여 2년 내에 누가 중역으로 승진할 가능성이 있는지 '찍는' 것이다. 이렇게 승진 가능성이 크다고 예상되는 간부들의 성격과 전략을 집중적으로 이해하고 이들과 특별한 유대관계를 갖는다(물론 현직 간부사원들과도 긴밀한 관계를 유지한다). 특히 미국에서는 이 기술이 GE의 공급업체들이 GE의 CEO 역할을 하는 고위 중역진을 파악하는 데 사용되어 다른 기업들에게도 널리 알려졌다.

폭스바겐(Volkswagen)은 자동차를 구입하기 원하는 고객들과 직접적인 접촉을 중요시하는 브랜드로 널리 알려져 있다. 고객과의 직접적인 접촉을 위하여 이 회사는 회사 최대 생산 시설이 있는 독일 볼프스버그(Wolfsburg)에 25만 평방미터에 달하는 거대한 폭스바겐 자동차 테마 파크를 조성했다. '자동차 타운'이라고도 불리는 이 테마파크에는 자동차 박물관 외에도 어린이들이 뛰어놀 수 있는 놀이터도 있으며 2중 유리로 된 높은 리츠칼튼 호텔도 들어와 있다. 이 호텔 전시장에는 가까운 공장에서 막 출고된 최신 자동차 모델들이 늘 전시되어 있다. 이 차들은 자동차 타운을 견학한 후 폭스바겐을 주문한 고객들에게 인도되기 위해 대기 중인 차들이다. 이 자동차 타운에 있는 고객 서비스 센터는 매일 1천 대씩의 자동차를 배달해줄 수 있는 엄청난 규모의 시설을 갖추고 있다.

한편 미국 자동차 시장에서는 새턴(Saturn)이 1997년 이래로 테네시 주의 스프링 힐(Spring Hill)에 '고객 견학센터'를 설립하여 운영하고 있다. 원하는 사람들은 실제 새턴 자동차 구입 여부에 관계없이 이 자동차 생산 시설을 돌아볼 수 있다. 새턴의 자동차를 구입하여 차를 가지러 가는 사람들은 생산 시설을 돌아보고 자신의 결정이 잘 된 것임을 확인하게 된다. 단순히 생산 시설을 구경하기 위해 호기심으로 견학을 한 사람도 최고의 생산 시설, 경비 그리고 고객에 대한 서비스 정신을 직접 눈으로 보고 나면 꼭 이 브랜드의 자동차를 구입하게 된다. 영국의 말번(Malvern)에 있는 유서깊은 모건 자동차(Morgan Car) 공장에서는 자동차 구매 고객들에게 공장에 와서 직접 차를 가져가도록 권한다. 이는 자동차 배달이 귀찮아서가 아니라 이들 고객에게 공장에서 얼마나 최선을 다하여 자동차를 만들고 있고, 그 과정이 얼마나 복잡하고 오래 걸리는지 직접 보여주기 위해서다. 이렇게 직접 와서 생산 현장을 보고 자동차를 가져간 고객은 그 다음에도 계속 이 회사의 자동차를 구입하는 충성고객이 된다.

인간적으로 존중하고 있다는 것을 계속 강조한다

대고객관계 구축에 있어서 제일 중요한 것은 고객에게 인간적으로 존중하며 인정하고 있다는 사실을 계속 인지시키는 것이다. 서로 인사를 하고 소개를 한 다음, 자연스럽게 상대방의 선호도 및 구매 패턴을 파악하여 이에 맞는 상품 및 정보를 제공해주면서 기업은 고객과 관계를 구축한다. 그러나 무엇보다 가장 중요한 것은 자연스럽고 인간적인 접촉을 통하여 고객의 가치를 계속 인정해주는 것이다. 사람은 누구나 다른 사람으로부터 인정받고 싶어한다.

스마터키즈닷컴(Smarterkids.com)

스마터키즈닷컴(Smarterkids.com)은 미국 매사추세츠 주 니드햄 (Needham) 하이웨이 128번 가에 위치한 장난감 및 교육용 소프트웨어 판매 회사이다. 이 회사의 탁월한 판매능력과 고객관리 능력은 많은 기업에게 모델이 되고 있다. 토이저러스(Toys R Us) 같은 위협적인 대기업이 지배하며, 유행과 가격에 매우 민감한 이 시장에서 살아남기란 보통 어려운 일이 아니다. 그러나 스마터키즈닷컴은 살아남았다. 그것도 성공적으로! 데이비드 블롬(David Blohm) 회장 겸 CEO는 그 성공 비결을 "우리는 부모들이 자녀의 재능과 인성을 개발해주도록 도와주고 있다"는 간단한 말로 설명하였다. 지나치게 가격 위주로 나가는 장난감 및 교육용 소프트웨어에 대해서 어떻게 생각하느냐고 묻는 질문에 "만일 가격만 보고 장난감을 싸게 구입했는데, 아이가 그 장난감에 관심도 없고 가지고 놀지 않는다면 가격이 싸다는 것은 아무런 의미가 없는 것이다"라고 블롬 회장은 답변했다.

스마터키즈의 웹사이트를 방문한 부모들은 자녀들의 특징을 묻는 일련의 질문에 대답해줄 것을 권유받는다. 이렇게 부모들로부터 아이가 좋아하는 것, 싫어하는 것을 파악한 스마터키즈측은 그 아이의 성격에 가장 잘 맞는 스타일의 교육용 소프트웨어 및 아이가 좋아할 만한 장난감을 부모에게 추천해준다. 자신의 아이가 어떤 유형에 속하는지 성격 분석을 무료로 할 수 있고, 아이가 좋아할 만한 장난감과 게임을 추천받는 이중의 혜택을 누릴 수 있으므로 상당수 부모들이 이 질문에 기꺼이 응답을 한다. 물론 아이의 연령도 고려하고 가격도 최저에서 최고 상품까지 다양하게 추천이 된다. 8살된 아이에 맞는 상품 중 맨처음 추천되는 상품의 가격은 9.99달러 정도이다.

블롬 회장은 웹사이트의 질문서에 응답을 한 고객들은 그렇지 않은 고객에 비해서 이 회사에 200% 가치가 있는 고객들이라는 얘기를 했다. 이 회사의 고객 수는 1만4천 명 정도 되는 것으로 알려져 있는데, 그들 중 20% 정도가 질문서에 응답을 한 고객들이다. 이 고객들은 비율로는 전체 고객의 20%를 차지하고 있지만, 매출 면에서는 40%를 차지하고 있다. 한마디로 말해, 이들 충성고객들은 더 많이 그리고 더 자주 상품을 구입하는 것이다. 이들이 충성고객이 되는 이유는 자신들의 아이들이 좋아하는 장난감을 테스트한 후 살 수 있는 추천제도가 마음에 들기 때문이다. 만족한 고객은 다시 오게 되고 그 다음에는 더 많이 구입하는 것이 일반적인 구매현상이다. 블룸 회장은 자신 있게 "우리 회사에 대해서 더 잘 알게 될수록, 고객들은 우리 회사를 더 좋아한다"고 말한다. 시간이 지나면서 부모와 자녀 모두 스마터키즈에 대한 만족도가 커지기 때문이다.

이 회사의 추천 상품에 만족한 부모들은 이 다음에 아이에게 사주고 싶은 장난감 리스트를 작성한다. 그리하여 회사의 웹사이트에 리스트를 올려놓는데, 생일 등 특별한 날에 아이에게 선물을 사주고 싶은 할아버지 할머니, 고모 이모 삼촌 등 친척들은 고민할 필요가 없다. 스마터키즈의 사이트 중 선물 센터(Gift Center)를 클릭한 후 아이의 이름을 치기만 하면 아이가 갖고 싶어하는 하는 선물과 게임 리스트가 화면에 뜨기 때문이다. 물론 이 리스트에 있는 품목들은 아이의 특성 및 부모의 결정에 따라 선택된 것인데, 가격대는 다양하다. 물론 누군가가 아이에게 사준 상품은 리스트에서 즉시 제거된다. 똑같은 것을 사주는 일이 없도록 하기 위해서이다.

스마터키즈닷컴 웹사이트의 슬로건은 '배우자, 발견하자, 그리고 발전하자'이다. 이것은 단순한 슬로건을 떠나 이 회사의 경영 철학이기도 하다. 고객들도 이 회사로부터 많은 것을 배우지만, 회사도 충성고객들로부터 많은 것을 배우고 발견한다. 이 회사에는 자주 소집되는 포커스 그룹들이 많고, 신상품, 새로운 서비스 및 시스템에 대해 의견과 충고를 정기적으로 이메일로 보내주는 1천 명의 학부모 자문위원회가 있다. 이러한 학부모들의 관심과 지원에 보답하기 위해서 스마터키즈는 단순한 장난감이나 게임 판매 차원을 넘어서, 아이들의 학교 적응 문제, 성적 문제 등 다양한 교육 문제에 대한 정보를 제공해주고 상담도 해준다. 이 서비스를 위해 스마터키즈는 특별히 7명의 자질 있는 교사들을 상담요원으로 채용하고 있다. 이 교사들은 고객들이 원하는 경우 아이에 맞는 장난감이나 교육용 소프트웨어도 추천해주고 있다.

나는 개인적으로 헐리우드 영화에도 자주 등장하는 소재인 '크리스마스 시즌에 벌어지는 장난감 구입 전쟁'에 대해 관심이 많다. 그래서 블룸 회장에게 스마터키즈는 어떠한 크리스마스 시즌 전략을 채택하고 있는지 물어보았다. 기다렸다는 듯이 그는 "지난 크리스마스에 우리 회사는 12월 23일까지 주문을 받아 크리스마스 이전에 99.8% 배달을 해주었다"고 자랑스럽게 대답했다. 크리스마스 상품에 관한 수요는 충성고객들의 구매 성향을 보고 파악한다. 그렇기 때문에 일년 동안 총 구매액수가 150달러를 넘는 충성고객에게는 감사의 뜻으로 모든 상품 배송비가 무료이다. 보통은 크리스마스 시즌이 되기 전에 150달러를 넘기는 경우가 많아서, 이들 충성고객들은 크리스마스 전쟁을 겪지 않고 인터넷에서 일찌감치 주문을 한 후, 즐거운 마음으로 크리스마스를 기다린다.

이처럼 고객의 입장, 특히 자녀들의 장래를 걱정하는 부모의 마음을 헤아리고 최상의 상품과 서비스를 제공해주는 스마터키즈에 어떻게 충성을 다하지 않을 수 있겠는가? 이것이 바로 위협적인 경쟁기업이 기승을 부리는 시장에서도 이 회사가 성공적으로 사업을 하고 있는 비결인 것이다.

우리 회사에 고객이 요구하는 것은 무엇일까?

점검 9 exercise

우리 회사의 상품, 서비스, 배송 시간, 기술적 지원 그리고 고객이 요구하는 또 다른 기준이 될 수 있는 사항들을 다시 한번 점검해보고 평균을 내보자. 그리고 이 리스트에서 우리 회사 고객 중 상위 20%가 가장 선호하는 것은 무엇인지 파악을 하자. 우리 회사의 충성고객 취향은 이 평균치에 얼마나 가까울까? 이에 대한 답변을 찾아보자.

참고 문헌

Brech, Poppy (2000) 'Digital television - threat or opportunity?', *Marketing Means Business for the CEO*, Chartered Institute of Marketing, Spring.

Dawson, Ross (2000) *Developing Knowledge -Based Client Relationships*, Butterworth-Heinemann.

Godin, Seth (1999) *Permission Marketing*, Simon & Schuster.

그녀를 비롯한 컨설턴트들이 브리핑을 한 것은 지난 금요일이었다. 그러나 갑자기 말레이지아의 상황이 360도 변해버렸다. 그녀는 라인하트에게 연락해서 이 사실을 알려야 한다.

그녀는 파일 앞에 철해져 있는 그의 명함을 찾아내어 6포인트 크기의 작은 글씨로 인쇄되어 있는 사항들을 점검하기 시작한다. 주소가 있으니 편지를 하면 된다. 그녀의 눈길은 팩스 번호에 머문다. 편지보다 팩스를 보내면 더 빠르겠지? 아니면 이메일을 보내는 게 나을지 모른다. 그러면 메시지를 수신했는지 확인할 수도 있으니까. 그 다음으로 그녀는 다이렉트 라인 전화번호를 본다. 전화로 보이스메일을 남길 수도 있겠지? 그 아래에는 스위치보드 넘버도 적혀 있다. 그렇다면 전화를 걸어서 그가 어디에 있는지 찾아낼 수 있을 것이다. 만일 여행 중이라면? 그렇다면 휴대폰으로 전화를 걸면 된다. 당장 받을 수 없다면, 문자 메시지를 남길 수 있을 것이다. 이 모든 수단으로도 연락이 안 된다면? 그렇다면 집 전화번호가 있으니 집으로 전화를 걸면 된다. 그가 없으면 가정부 할머니가 받겠지만, 이전에 그가 이 할머니는 메시지를 아주 잘 받아놓는다고 말했으니 문제는 없을 것이다. 참 재미있다. 그에게 연락할 방법이 8가지나 되다니! 그렇다면 보고서의 제목은 뭐라고 쓸까? '열린 대화의 문.' 바로 그거다!

효율적인 대화는 긴밀한 관계 구축에 있어 꼭 필요한 요소 중의 하나이다. 우리가 숨을 쉬며 산소를 빨아들이는 것처럼 상호 간 커뮤니케이션은 자연스럽게 이루어진다. 그렇기 때문에 이에 큰 중요성을 부여하지 않는다. 그러다가 문제나 갈등이 발생했을 때, 갑자기 대화의 중요성이 부각된다. 고객, 특히 충성고객들은 공급업체와 원하는 때 언제든지 접촉할 수 있을 것이라고 기대한다. 그리고 필요한 정보를 언제든지 제공받을 수 있을 것이라고 믿는다.

고객에게 정보를 제공하는 방법은 매우 다양하다. 광고를 통해서 할 수 있고, 편지와 전화를 통해 그리고 이메일을 통해서 할 수 있다. 그렇다면 얼마나 많은 기업들이 형식적이 아닌 실제로 고객에게 대화의 문을 열어 놓고 있을까? 메시지를 전달한 후 고객이 받았는지 어떻게 확인할 수 있을까?

오늘날에는 다양하게 미디어가 개발·이용되고 있는 만큼, 메시지 수신 방법에 대한 고객 선호도 또한 매우 다양하다. 물론 고객들은 항상 신속하게 정보를 받기 원한다. 그리고 기왕이면 평범하지 않은 독창적인 메시지를 선호한다. 이때 중요한 것은 일방적인 메시지 전달이 아닌 기업과 고객 간 쌍방향 대화가 있어야 한다는 점이다. 항상 상대가 한 말을 기억하고 이에 대한 피드백을 해줄 때 비로소 친밀한 관계가 구축될 수 있기 때문이다. 이렇게 서로 대화를 하다 보면 고객은 기업이 진심으로 자신의 말을 들어주고 이에 대한 반응을 보인다는 것을 느낀다. 무엇보다 중요한 것은 언제든지 기업과의 대화의 문이 열려 있다고 고객이 느끼도록 만들어야 한다는 것이다.

언어와 커뮤니케이션

인류는 앞에 다가온 기회를 알리기 위해, 그리고 위험을 알리기 위해, 때로는 사회적으로 서로 동화되기 위하여 3만 년이 넘게 언어를 사용하여 정보를 교환하여 왔다. 언어는 한 사회의 구성원들이 서로 응집하게 만드는 결정적인 수단이다. 최근 연구에 따르면, 현재 지구상에서 사용되고 있는 언어의 종류는 약 2천6백 개에 달한다고 한다. 그러나 특정 집단이 사라지고 또 언어그룹 간 통합이 이루어짐에 따라 이 언어의 숫자는 점점 감소하고 있는 추세이다. 세월이 흐르게 되면 언어는 바뀌고 또 단어들이 다른 외국어에서 수입된다. 영어는 무려 50개나 넘는 다른 언어들을 흡수했으며 현재 지구상에서 최고의 커뮤니케이션 수단으로 인정받고 있다. 영어의 총단어 수는 60만 개가 넘는 것으로 알려져 있는데, 그 중 우리가 일상적으로 단어나 문장 형태에 사용하는 단어 수만 해도 20만 개가 넘는다고 한다.

그런데 시대가 바뀌고 새로운 상품들이 속속 도입되면서 새로운 단어들이 매일 탄생되고 있으며, 똑같은 물건들을 다양한 이름으로 부르게 되면서 많은 혼란이 야기되고 있다. 예를 들어 독일인들은 휴대폰을 영어로 '핸디(handy)' 라고 말하는데, 이렇게 말하면 영어권 사람들이 알아들을 것이라고 생각한다. 영어를 잘한다는 이집트 사람은 그쪽 문법식으로 'Welcome in Egypt' 라고 말한다. 프랑스에서는 'smoking' 이 '흡연' 이 아니라 정장 모임에 입고 나가는 최고급 정장을 의미한다.

한 미국 항공사는 남미에서 오는 승객들이 비즈니스 클래스를 선호한다는 사실을 파악하고 비즈니스석을 더 넓히는 좌석 개조공사를 했다. 그리고 새롭게 서비스가 강화된 이 비즈니스 클래스 서비스 명칭을 보통 국제적으로 '미팅장소' 라는 뜻으로 많이 쓰이는 단어인 '랑데뷰(Rendezvous)' 라고 명명하고 대대적인 홍보에 들어갔다. 그러나 예상을 깨고 비즈니스 클래스 판매 실적은 형편없이 저조했다. 그 이유는 이 항공사 노선을 가장 많이 이용하는 브라질의 사업가 비서들이 '랑데뷰' 에 예약하기를 꺼렸기 때문이다. 이 항공사는 브라질에서 이 단어가 어떠한 뜻으로 사용되는지 미처 파악하지 못하는 실수를 했다. 브라질에서 '랑데뷰' 는 남자들이 윤락여성들을 고르는 특별한 장소를 의미한다는 사실을 몰랐던 것이다. 어떤 여비서가 자신의 보스를 그런 사창가로 보내기 위해 즐거운 마음으로 예약을 하겠는가? 그러니 항공사의 판매실적은 저조할 수밖에!

미팅을 할 때 런던 사람이 'tabling a subject for discussion' 이라고 말하면 그것은 '자, 이제 테이블 앞에 앉아 본격적인 얘기를 합시다' 라는 뜻이다. 그러나 똑같은 얘기를 뉴욕 사람이 했을 경우, 그것은 ' 이제 그 얘기는 옆으로 치우고 더 이상 거론하지 맙시다' 라는 뜻이 된다. 똑같은 문장이 정반대의 뜻으로 이해될 수 있다는 걸 어떻게 알겠는가? 그러므로 오해를 피하기 위해서는 꼭 상대방이 제대로 이해했는지 피드백 과정을 통해 확인해 보아야 한다.

어떻게 이해시킬까?

오늘날에는 여러 커뮤니케이션 수단들이 서로 경쟁을 하며 이해를 돕기도 하고 방해하기도 한다. 고객들은 날마다 편지, 카탈로그 그리고 미디어 광고를 통해 기업이 보낸 메시지를 받는데, 이들 중 상당수가 왜곡되어 전달되거나 전혀 전달되지 않는다.

오늘날 기업이나 개인이 가장 선호하는 커뮤니케이션 수단은 바로 이메일이다. 우리는 문자 편지를 보내기도 하고 많은 파일을 첨부해서 보낸다. 문제는 편지함을 열면 엄청나게 많은 이메일들이 와 있고, 스팸 메일들 때문에 필요한 사람들끼리의 커뮤니케이션이 방해받고 있다는 사실이다. 항상 이메일 내용이 괜찮다가도 한 번만 실수를 하게 되면 고객들은 그 단 한 번으로 기업을 평가해버린다. 그렇다면 어떻게 해야 고객의 마음에 드는 이메일을 보낼 수 있을까? 무엇보다 제목을 확실하게 달아야 하고 메시지는 간단해야 하며, 고객 개인에게 필요한 정보만을 보내는 것이 중요하다 (표 10_1 참조). 그러나 불행하게도 오늘날 많은 기업들이 이메일을 사용

- 이메일 제목에 확실한 내용을 상기시키고 급한 경우 급하다는 내용과 필요한 조처를 상기시킨다 : '메시지' 라는 단어는 사용하지 말고 'XXX 항공사 - 이른 시간 출발 항공권' 등 구체적인 제목을 단다.
- 내용을 간결하게 쓴다 : 단어는 가급적 100자를 넘기지 말고, 페이지는 한 장을 넘기지 않는 것이 좋다.
- 필요한 사람에게만 보낸다 : 과연 이 정보가 필요한 사람이 누구인지 파악하여 그 사람에게만 보낸다.

표 10_1 고객이 바라는 이상적인 이메일

하면서도 정작 이메일을 보내는 매너에 대해서는 직원들에게 전문 교육이나 지침을 전혀 제공하지 않고 있다.

오늘날 전통적인 우편함으로 오는 편지 수는 점점 줄고 있는 반면, 이메일함은 매일 오는 편지로 넘쳐난다. 이마케터(*eMarketer*, 2000년 1월호)에 실린 IMT 보고서에 따르면, 59%의 이메일 이용자들이 모르는 사람에게서 온 이메일은 아예 열어보지도 않는다고 한다. 그렇다면 어떻게 편지를 보내야 고객들이 읽고 또 답장을 하게 할 수 있을까? 이메일은 보통 일반 우편보다는 5배나 답장이 많이 오는 것으로 알려져 있다. 이런 이메일을 어떻게 더 잘 활용할 수 있을까? 이메일은 다른 커뮤니케이션 수단처럼 기업이 충성고객들과의 관계를 강화하는 수단이 될 수도 있고 반대로 관계를 해치는 부정적인 영향을 줄 수도 있다.

고객의 미디어 선호도는 다양하다

충성고객에게 기업이 원하는 메시지를 전달하기 위해서는 무엇보다 이 고객이 어떤 유형의 미디어를 선호하는지 파악하는 것이 중요하다. 어떤

일상적인 선택	독창적인 선택
• 일대일 대면	• 티셔츠 광고
• 편지	• 비둘기 우편
• 전화	• 기업을 상징하는 색의 꽃들
• 팩스	• 하늘에 글씨를 씀/비행기 광고
• 이메일	• 이른 아침 TV 프로 특별 광고
• 비디오 테입	• 회사 사무실까지 오는 길에 포스터 광고
• 오디오 테입	• 일반신문 소형 광고란에 메시지 실음
• 카탈로그	• 병 메시지
• 미디어 광고	• 사진 속 메시지
• 제3자를 통한 메시지	• 노래하는 전보

표 10_2 커뮤니케이션을 할 수 있는 20가지 방법

고객은 문자를 선호하여 편지 형태로 메시지를 받는 것을 좋아하고, 어떤 고객은 전화나 직접 대면을 통한 구두 메시지를 선호한다. 물론 고객의 성격과 취향에 따라 메시지 수신 취향도 다양한데, 고객과 커뮤니케이션을 할 수 있는 방법은 적어도 20가지가 있고 그 수만큼 역할도 다양하다(표 10_2 참조). 어떤 고객은 간단한 메시지를 좋아하고 어떤 고객은 길고 완벽한 설명을 선호한다. 물론 고객이 처한 상황에 따라 혹은 상황의 긴박성 여부에 따라 메시지 전달 방법은 달라질 수 있을 것이다. 이러한 모든 요소들을 감안하여 기업은 충성고객 개개인에 맞는 커뮤니케이션 방법을 개발해야 한다. 이렇게 고객이 원하는 방법으로 원하는 메시지를 전달해주면, 고객은 분명히 상호 간의 커뮤니케이션 질이 향상되고 있다는 느낌을 받을 것이다.

커뮤니케이션도 독창적으로 하라

메시지를 전달하는 방법이 독특하면 당연히 커뮤니케이션도 쉽게 이루어지고 상대방에 관한 관심도 더 증가한다.

런던에 새로 사업을 시작한 한 광고회사는 다양한 광고 방법 그리고 치열한 경쟁 세계에서 어떻게 하면 원하는 고객을 유치할 수 있을까, 고민에 또 고민을 했다. 이들은 타깃으로 10개 회사를 미래의 고객으로 '찍었다.' 그러나 소비재 생산 회사들처럼 시장 상황이 매일 변화화는 회사들의 마케팅 디렉터들은 광고회사의 카탈로그를 적어도 하루에 2개씩은 받는다. 이러한 상황에서 어떻게 미래의 고객들을 유치할 수 있을까? 이 신생 광고 에이전시가 생각한 방법은 비둘기였다. 이 회사는 타깃으로 겨냥한 각 고객기업 앞으로 비둘기가 들어 있는 새장을 보냈다. 그리고 이 새장에 다음과 같은 메시지를 매달았다. '우리의 참신한 아이디어로 귀사의 비즈니스 광고를 하시고 싶다면, 이 새장을 열어 비둘기를 창밖으로 날려보내십시오. 그러면 그 비둘기가 우리에게로 다시 돌아올 것입니다. 우리는 비둘기의 귀환을 우리 회사와 거래하겠다는 귀사의 뜻으로 받아들이겠습니다. 만일 우리 회사와 거래하기 싫으시다면, 그 비둘기를 잡아서 드십시요!' 결과는 어떻게 되었을까? 10마리의 비둘기는 모두 살아서 돌아왔고 이 광고 에이전시는 타깃 고객 3개 회사와 즉시 거래를 트게 되었다. 그 중 2개 회사와는 장기적인 관계를 유지하고 있다.

이처럼 기업은 독창적이고 고객의 머리속에 또는 감각에 오래 남는 메시지 전달 방법을 찾아야 한다. 미세스 필즈 쿠키(Mrs Fields Cookies)는 쿠키 포장에 쿠키 만드는 법 등 요리법을 적어 고객들에게 필요한 정보를 주려고 노력하고 있다. '직장에서 입은 옷의 나쁜 냄새를 향기로운 냄새로 바꾸어 준다'는 슬로건을 내걸고 출시된 라디온(Radion)이라는 세제는 버스 티켓 뒤에 이 세제 광고를 한 바 있다. 이 티켓에는 이 회사의 로고와 함께 이 세제에서 나는 향기로운 향을 함께 실었다. 이 세제를 한 번이라도 사용해본 적이 있는 소비자들에게는 버스 티켓에서 나는 향은 이 세제에 대한 기억을 본능적으로 상기시켜주는 좋은 매개체 역할을 했다.

고객과 오랜 관계를 유지하려면 고객에 대해 끊임없는 관심을 가지고 이 관심을 행동으로 증명해야 한다. 시드니에 있는 한 컨설팅회사는 고객 기업들과 관련된 산업 분야의 커버 기사가 미국 언론에 실리는 경우 이것을 스캔해서 고객에게 보내준다. 만일 관련 기사가 크지 않을 때에는 신문을 찢어서 간단한 메시지와 함께 고객에게 팩스로 넣어준다. 큰일이 아닌 것 같아도 이런 행동에 대한 반향은 즉각적으로 돌아온다. 고객은 이 회사의 관심과 성의를 높이 평가하고 충성고객이 된다.

느낌이 좋으면 훌륭한 회사, 나쁘면 형편없는 회사

고객들은 늘 느낌으로 평가한다. 상대 기업과 대화하기 시작하는 순간 벌써 고객들은 기업에 대한 평가를 내린다. 이상하게 고객의 평가에는 중간색이 없고 흑백, 즉 좋고 나쁘다는 극단적인 평가만이 존재한다. 한 가지 좋은 사실이 눈에 확 띄면 즉시 그 회사는 훌륭한 회사가 되고, 반대로 마음에 들지 않는 점이 보이면 그 회사는 형편없는 회사로 전락하고 만다. 그러므로 기업의 입장에서는 형편없는 회사로 찍히지 않도록 제대로 된 커뮤니케이션 방법으로 메시지가 올바르게 전달되도록 최선을 다해야 한다.

　무엇보다 기업은 대화의 창구가 열려 있어 고객이 원하면 언제든지 접촉을 할 수 있다는 사실을 강조해야 한다. 미국에 있는 포드 고객 지원센터는 고객에게 대화의 창구가 열려 있다는 인상을 주기 위해 표준응답원칙을 정해놓고 있다. 우편으로 문의가 오는 경우, 5일 안에 답변을 해야 한다. 전화로 문의가 오는 경우 적어도 95%에는 답변을 해주어야 하며 기다리는 시간이 최고 30초를 넘지 않아야 한다는 것이 이 지원센터의 표준응답원칙이다.

문의도 쉽게, 불평도 쉽게

　기업은 고객으로 하여금 최대한 많이 불평하고 최대한 쉽게 문의할 수 있는 장치를 마련해야 한다. 이를 위해 많은 기업들이 무료전화를 제공하는데, 미국에서는 1-800, 영국에서는 0800, 프랑스에서는 그린 넘버, 이태리에서는 그린 라인이 무료 번호로 사용되고 있다.

　미국 GE는 분석 조사를 통해 GE의 고객들이 일생 동안 세탁기, 식기 세척기, 냉장고, 오븐 그리고 건조기 등 주요 가전제품을 평균 15대 구입한다는 사실을 알아냈다. 결국 가전제품을 구입한 고객들은 계속 구입할 가능성이 크다는 것이다. 이러한 맥락에서 무엇보다 중요한 것은 고객과 좋은 관계를 유지하여 계속해서 다른 가전제품을 구매하도록 만드는 것인데, 이를 위해 GE는 고객의 불평을 들어주고 문제를 즉각적이고 효율적으로 해결해주기 위해 GE응답센터를 설립했다. 미국에서는 1-800-626-2000으로 전화를 하면 GE응답센터가 받고, 웹사이트로도 문의와 불만사항을 접수한다(www.geappliances.com). 응답센터 웹사이트에서는 가장 많이 들어오는 질문을 따로 뽑아서 이에 대한 답을 제시해놓고 있으며, 언제 가전제품을 '수리 또는 교체' 해야 하는지 평가도 해주고 있다.

고객의 의견이나 불만을 접수하기 위해서 가장 많이 쓰이는 방법은 미리 매장에 불만 접수형식을 배치해놓는 것이다. 전화를 통해서 얘기를 하면, 좀더 감정이 쉽게 전달될 수 있고, 바로 응답이나 조언을 받을 수 있다. 그렇지만 정식 서한으로 불만에 대한 해결책을 제시해주는 방법 역시 회사의 성의를 보여주는 것 같아서 나쁘지 않다. 물론 고객들은 불만사항이 가장 신속하게 처리되는 것을 제일 많이 기대한다.

역시 고객에게 큰 감동을 주는 것은 회사 직원들의 태도인데, 이를 위해서는 무엇보다 직원들을 교육시켜 고객에게 계속적으로 관심을 보이고 조언을 해주도록 만들어야 한다. 고객의 의견을 들어주는 곳은 한 곳보다는 여러 곳인 것이 좋다. 피드백 매커니즘이 다양하면 다양할수록 고객의 만족도가 높아질 확률이 더 크기 때문이다. 보통 최고의 충성고객들은 웬만한 실수는 말을 하지 않고 넘어가며 불평을 하지 않는 경향이 있다. 그러나 진정으로 상품의 질을 개선하고자 한다면, 이들에게 작은 문제점이라도 얘기를 하고 이들의 아이디어를 모아야 한다. 이러한 자세는 기업의 품질 개선을 위해서도 중요하지만 고객들에게 '우리 회사의 대화의 문은 언제든지 열려 있고, 우리는 고객의 의견에 귀를 기울인다' 는 느낌을 줄 수 있어서 더 좋다.

쌍방향 대화를 하자

어떤 커뮤니케이션 방법이든 중요한 것은 쌍방향이어야 한다는 것이다. 언제나 '모놀로그' 보다는 '다이얼로그' 가 우월하다. 그러나 대화를 하더라도 일방적으로 강요해서는 안 된다. 충성고객들에게는 대화 방법에 있어 항상 선택의 여지가 있으며 그 선택을 기업이 존중한다는 사실을 알려주어야 한다. 만일 고객이 아무런 코멘트도 하지 않을 경우, 그것도 고객의 선택이므로 존중해주어야 한다. 쌍방향으로 커뮤니케이션을 하면 고객들이 기업이 보낸 메시지를 얼마나 잘 이해하고 있는지 확인할 수 있어서 좋다.

무엇보다 고객과의 쌍방향 커뮤니케이션을 위해서는 사전준비 작업이 필요하다. 고객에게 문의나 불만사항을 털어놓으라고 격려했다면, 기업에게는 그에 대한 답변을 해줄 준비가 되어 있어야 한다. 고객이 우편으로 문의한 경우, 적어도 10일 안에는 응답을 받을 수 있을 것이라는 기대를 한다. 전화를 걸었을 경우에는, 즉각적으로 답변을 얻거나 혹은 적어도 24시간 안에 답변을 받을 것이라고 기대하는 것이 보통이다. 이메일은 최대한 2시간 안에는 답장이 올 것이라고 기대한다(표 10_3 참조).

그러나 불행하게도 미국이나 유럽의 대부분의 회사들은 이러한 기대를 충족시켜주지 못하고 있다. 많은 조사에 따르면, 이메일로 문의를 했을 때 응답을 받는 데 보통 8일이 걸린다고 한다. 그렇게 되면 고객들은 실망을 하고, 기대치에 미치지 못하는 기업의 능력에 좌절하게 된다. 물론 그렇지 않은 회사들도 많다. 스페이스펜(Spacepen)이라는 회사는 이메일로 문의가 왔을 때 학교 프로젝트처럼 사진 파일, 제품에 대한 데이터 등 완벽한 응답 프로젝트를 만들어 3시간 안에 고객에게 피드백을 해주는 전략으로 고객의 사랑을 받고 있다.

커뮤니케이션 수단	답장 기대 시기
편지	7일-10일
전화 메시지	다음날
이메일 메시지	당일

표 10_3 고객의 답장 시기에 대한 기대치

믿을 수 있는 친구가 되어야 한다

고객과 커뮤니케이션을 시도하는 이유는 고객에게 대화의 문이 항상 열려있다는 사실을 알려주기 위해서이다. 고객에게 기업은 믿을 수 있는 가장 친한 친구가 될 수 있어야 한다. 원하면 언제든지 만나주고 하소연을 하면 편하게 들어주고 원하는 것이 무엇인지 파악을 해서 문제를 해결해 주는 것, 이것이 바로 고객이 기업에게 기대하는 것이다.

사우스웨스트 항공(Southwest Airlines)

　사우스웨스트 항공사는 미국에서 가장 성공한 항공사 중의 하나이다. 텍사스, 러브 필드(Love Field)에 본사를 둔 이 항공사는 미국 54개 주요 도시를 연결하고 있다. 이 항공사는 그야말로 가장 기본적인 서비스를 충실하게 제공하는 회사인데, 어디에서 전화를 걸든 자질구레한 멘트 없이 전화응답요원이 신속하게 전화를 받는다. 1-800 I FLY SWA로 전화를 걸면 대부분 직원들이 전화 문의에 신속하게 응답을 하지만 아주 가끔은 녹음된 메시지가 나오기도 한다. 그러나 그 메시지 내용이 독창적이고 기분좋아서 기다리는 시간이 그리 지루하지 않다.

　이 항공사의 쌍방향 커뮤니케이션은 고객과의 사이에서 폭넓게 이루어지지만, 지상 근무 요원들과 비행기에 탑승하는 직원들 사이에서도 계속적인 대화가 이루어지고 있다. 서로 조언이나 제안을 아끼지 않는 그야말로 열린 대화 분위기가 이 회사에는 조성이 되어 있는 것이다. 이러한 점을 감안하여 직원들을 채용할 때에는 사회성이 높고 주변 사람들이나 환경에 관심이 많은 사람들을 채용을 한다. 이 항공사의 비행기를 타면「Southwest Airlines Spirit」라는 잡지가 좌석마다 비치되어 있는데, 이 잡지에는 미국 생활에 대한 다양한 모습과 안내가 나와 있다. 승객들은 원하면 언제든지 우편이나 이메일로 이 잡지에 투고를 할 수 있다.

　이 항공사 기장들의 메시지는 짧고 효율적이고 그리고 유머가 넘쳐나기로 유명하다. 실제로 메릴랜드 볼티모어에서 비행기를 탔을 때, 나는 기장의 유머 있는 안내 방송을 듣고 신나게 웃었다.

　연방법은 기내 화장실에서 흡연을 하는 것을 금하고 있습니다. 화장실에는 연기 탐지기들이 설치되어 있습니다. 물론 이 탐지기들을 부수게 되면 그 또한 연방법에 걸려 처벌을 받습니다. 혹시나 한 시간의 비행 시간 동안 운 좋게 연기 탐지기에 안 걸렸다고 좋아하시는 분이 있을지도 모르겠습니다. 그렇지만 그런 분은 흡연 자체로 인해 심각한 문제를 겪을 수도 있다는 사실을 잊지 마십시오.

이 회사의 웹사이트(www.southwest.com)는 간단하고 이해하기 쉽게 꾸며져 있다. 항공기 예약은 우편으로, 전화로 그리고 이메일로도 가능하다. 이 회사에 취직하고 싶은 사람들은 웹사이트에 온라인으로 이력서를 올려놓으면 된다. 이 항공사는 구직 희망자들을 위해 다음과 같은 메시지를 웹사이트에 올려놓았다. '우리 항공사에 들어오게 되면 기분이 좋아서 매일 웃고 지낼 것입니다. 왜냐하면 우리 회사는 여러분이 얼마나 열심히 일하는지 매우 잘 이해해주고 인정해주는 회사이기 때문입니다.'

한 마디로 사우스웨스트 항공사와는 커뮤니케이션을 하기가 쉽다. 항상 고객이 문의하기 쉽도록 모든 대화의 문을 열어놓았기 때문이다. 게다가 이 항공사 직원들과 대화를 하면 기분이 좋아진다. 가장 친한 친구처럼 따뜻하고 편안하게 얘기를 들어주기 때문이다.

점검 10 exercise 우리 회사와 주요고객과의 관계는 어떨까?

주요고객과 우리 회사와의 관계를 〈표 10_4〉처럼 도표로 만들어보자.

1. 고객기업의 임직원들 중 우리 회사가 접촉한 모든 직원들을 파악한다.
2. 이 고객기업 임직원들의 이름이나 직위를 도표 맨 위쪽 가로 칸에 적어넣는다.
3. 고객기업 임직원들과 접촉한 적이 있는 우리 회사 임직원들을 파악한다.
4. 우리 회사의 임직원들 이름이나 직위를 왼쪽 세로 칸에 적어넣는다.
5. 표시된 양쪽 임직원들 사이에 이미 서로 친숙한 사이는 어느 쪽이고 관계는 어느 정도 깊은지 파악을 한다. 이들 양측은 얼마나 자주 대화를 하며 그 대화는 얼마나 실질적이고 효율적인지 표시를 한다.

6. 관계가 특히 개선되어야 할 사람들끼리는 표시를 해놓는다.

7. 현재 관계가 없는 사람들끼리는 효율적으로 관계를 맺을 수 있는 기회를 연구해본다.

이러한 방법을 통해 광고 에이전시 JWT는 주요고객들과 자사 임직원들과의 관계를 정기적으로 파악하여, 믿을 수 있는 충성고객들과의 관계를 더욱 더 개선시켜 나가고 있다.

	고객 회사 1 예) 주요 간부 직원	고객회사 2 예) 구매 책임자	고객회사 3 예) 생산 책임자	고객회사 4
우리 회사 1 예) 주요 간부 직원				
우리 회사 2 영업직원				
우리 회사 3 기술 자문				
우리 회사 4				

표 10_4 상호관계 연결 맵

참고 문헌

Gronstedt, Anders (2000) *The Customer Century: Lessons from World Class Companies in Integrated Communications*, Routhledge.

Underhill, Paco (2000) *Why we Buy*, TEXERE.

렌트카 서비스 데스크 앞에 기다리는 사람들이 길게 줄을 서 있었다. 이 회사 직원들은 낯선 곳에서 차를 빌리려고 두근거리는 마음으로 서 있는 여행객들은 안중에 없는 것처럼 보였다. 심지어 직원들 중 한 명은 일을 하다 말고 담배에 불을 붙이는 여유까지 보였다. 이 광경을 보고 그동안 참고 있었던 한 여행객이 분통을 터뜨렸다. '당신, 지금 내 시간을 도둑질하고 있는 거 아쇼? 나는 차가 필요하단 말이요, 그것도 지금 당장! 줄 서서 기다린 지가 10분이나 지났소. 당신이 담배 피우는 시간은 바로 내 시간이오. 당신이 내 시간 훔친 거 알고 있소?'

서비스와 기술 지원은 개인관계나 사업관계에 상관없이 거래가 있으면 따라가야 하는 상품 거래의 일부분이다. 고객은 당연히 서비스 혜택을 받을 것이라고 생각하는데, 특히 믿을 수 있는 충성고객에 대한 시간적 배려는 사업의 성패를 좌우하는 중요한 요소가 된다. 바쁘게 쫓기는 현대 사회에서 사람들은 돈보다 오히려 시간을 더 소중하게 생각한다. 이러한 고객들에게는 시간이야말로 그 무엇과 비교할 수 없는 보물이고 가장 가치 있는 요소이다. 일반적으로 기업의 충성고객군을 이루는 사람들을 보면 이렇게 돈은 많은데 시간이 없는 경우가 많다. 이 고객들에게는 무엇보다 그들의 시간을 중요시하고 있다는 것을 보여주어야 한다.

고객에는 이러한 부류만 있는 것은 아니다. 위에 언급한 고객들과는 반대로 시간의 여유가 있는 고객들도 있다. 이들 고객에게는 시간에 쫓기는 고객들과는 다른 서비스 전략을 구사해야 한다. 고객에게 시간이 무엇을 의미하는지 이해하지 못하면 절대 고객의 욕구를 충족시킬 수가 없다. 20세기에는 돈이 모든 가치의 기준이었다. 그러나 21세기에는 시간이 돈보다 더 중요한 요소로 등장하게 되었다. 기업은 고객에게 돈을 돌려줄 수 있다. 그러나 시간은 절대 돌려줄 수가 없다.

시간과 돈의 함수관계

　고객에게 효율적인 시간 서비스를 제공하려면, 무엇보다 고객별로 시간에 관한 개념을 파악하는 것이 중요하다. 시간 개념별로 고객을 분류하면 다음 네 가지 유형으로 나눌 수 있다(표 11_1 참조). 이 네 가지 유형의 요구하는 사항이 모두 다른 만큼 기업은 이에 따른 차별화 전략을 수립해야 한다. 기업이 제일 먼저 고려하는 그룹은 역시 경제적으로는 여유가 있지만 늘 시간에 쫓기는 고객 그룹이다. 어떻게 그들의 욕구를 충족시킬 수 있을 것인가?

　고객의 유형이 다른 만큼 기업이 제공하는 시간관리에 거는 기대도 제각각이다. 앞서 언급했듯이 유형별 기대를 파악하여 이에 부응하는 다양한 전략을 개발하는 것이 무엇보다 중요하다. 특히 고객관리팀에서부터 메이저 고객들만을 전담으로 하는 팀을 짜서 이들의 시간 낭비를 줄여야 한다. 프록터앤갬블(Procter & Gamble)에 원자재를 공급하는 한 업체는 P&G만을 전담하는 간부직원을 두어, P&G가 원하는 시간을 정확하게 파악하고 있으며, 긴급 상황에도 언제든지 대처할 수 있는 만반의 준비를 하고 있다. 이 회사는 이러한 시간관리 전략을 매년 검토하여 목표대로 제대

분류	고객의 예	기업의 예
시간은 없고 돈은 많다	기업 간부직원들	통신회사, 미디어 회사
시간도 없고 돈도 없다	소규모 농장주	공기업
시간도 많고 돈도 많다	부유층 여성	독점기업
시간은 많고 돈은 없다	퇴직한 육체노동자	정부지원기업

표 11_1 시간과 돈의 관계

로 고객의 시간이 관리되었는지 확인하고 전략을 수정한다.

　고객의 숫자가 수백에서 수천이 되는 대규모 기업의 경우에는 고객의 기여도에 따라 배려하는 시간의 양을 조절한다. 기업에게 더 소중한 고객한테는 더 많은 그리고 더 신속한 서비스를 제공하는 반면, 그렇지 않은 고객에게는 시간을 적게 배려하는 것이다. 공항의 경우 메이저급 항공사들에게는 신속하게 착륙할 수 있는 활주로를 배정해주고, 기업 역시 충성고객의 전화번호를 자동인지하는 시스템을 갖추고 충성고객이 전화를 한 경우 기다리는 시간을 최소화하려고 노력한다. 포인트제도도 시간관리에 활용될 수 있는데, 포인트가 높은 고객에게 시간을 더 할애하는 것이 바로 그것이다. 물론 고객의 기여도를 평가하는 기준은 매우 다양하다. 주문양, 고객의 수익성에 대한 기여도, 정기적이고 지속적인 주문, 피크타임 사용여부, 다른 고객들에 대한 영향력, 낮은 상품 반송률, 낮은 기술적 지원 요구 등 기준이 되는 사항들이 매우 많다. 또한 불만사항을 토로했는데 서비스 지원을 제대로 하지 못한 고객이 있다면 이 고객은 리스트 맨 위쪽에 놓고 특별한 배려를 해서 무너진 신뢰를 회복해야 한다.

　슈퍼 같은 소매점들의 경우, 고객의 시간에 대한 개념을 특히 잘 이해하고 이에 부응하는 전략을 적절히 수립해야 한다. 영국의 한 주류 판매 전문 소매체인은 고객을 시간과 성격별로 다음 3가지로 분류 관리하여 큰 성공을 거두었다. 이들은 물건을 많이 구매하는 대고객이라는 공통점이 있지만, 아래 붙여진 동물의 특징이 모두 다르듯이 이들의 시간에 관한 개념 또한 제각기 다르다.

● **매파 고객**: 이 부류의 고객들은 한마디로 결단력 있고 자신감이 넘치는 사람들이다. 그렇기 때문에 이들은 가게에 들어와 망설임 없이 자신이 원하는 물건을 원하는 장소에서 고른다. 이들은 계산대에서 최대한 정확하고 신속하게 계산해주기를 원한다. 직원들은 이러한 매파 고객들에게는 말을 붙이지 않도록 교육받는다. 물건을 다 고른 후 계산하려고 신용카드를 주면 얼른 받아 신속히 계산을 해줘서, 그들이 들어올 때처

럼 그렇게 소리없이 빠르게 매장을 나가게 해주면 된다. 매파 고객들은 시간은 최소한 투자하지만 지출하는 비용은 한결같이 높다는 특징을 지니고 있다.

● **코끼리파 고객**: 이 부류의 고객들은 느리지만 용의주도한 성격을 지닌 사람들이다. 이들은 매장에 들어올 때 천천히 걸어 들어오며 모든 매장 분위기와 상품들을 하나씩 다 점검한다. 이들은 질문을 할 때만 조언을 해주기를 원하는데, 대신 완벽하고 정확한 답변을 기대한다. 이들은 계산대에서 얘기하기를 좋아하며 자신의 선택이 옳았다는 것을 확인받고 싶어한다. 코끼리파 고객들은 결정을 하는 데 시간이 오래 걸린다. 그러나 한 번 결정을 하면 많은 지출을 한다.

● **토끼파 고객**: 이 부류의 고객들은 신경이 예민하고 자신들의 선택에 대해서 자신없어 한다. 그러므로 물건 앞에서 늘 망설이는 모습을 보이는데, 이러한 모습을 보면 바로 조용히 다가가 신중하고 자신감 있게 조언을 해주는 것이 좋다. 토끼파 고객들은 혼자 놔두면 고민만 하다가 결국 물건을 사지 않고 매장을 나가 버리기 때문이다. 그렇다고 요란하게 접근하는 것도 싫어한다. 많이 망설이긴 하지만 일단 조언이 마음에 들면 이 부류의 고객들도 지출을 많이 한다.

이렇게 지출이 많은 충성고객들을 시간 유형별로 분류하여 각기 다른 고객 만족 서비스를 제공한 결과, 이 주류판매 회사는 엄청난 성과를 거두었다. 시간이 많은 고객과 시간이 적은 고객과의 차별화를 둔 전략에 결정적인 성공 비결이 있었다.

시간은 없고 돈은 많은 고객들

시간은 없고 경제적으로는 여유가 있는 고객들은 요구사항이 확실하다. 무엇보다 공급자가 그들이 시간에 쫓기고 있다는 사실을 이해하고 적절한 대책을 세워주기 바란다. 그리고 공급자가 시간 낭비가 없도록 철저하게 고객이 필요로 하는 상품과 서비스를 제공하고 적절한 조언을 해주기를 바란다. 문제가 발생하는 경우 다시 처음부터 시작하려면 재정적으로도, 시간적으로도 엄청난 낭비가 발생할 것이기 때문이다. 또한 이 부류의 고객들은 공급자가 자신들에게 많은 시간을 할애해주기를 원한다. 자신들이 상당한 시간 투자를 하고 있는 만큼 그 투자가 반드시 보상을 받을 수 있어야 한다고 기대하기 때문이다.

마음자세 1	신속이 최고의 미덕이다
마음자세 2	시간낭비는 죄악이다
마음자세 3	시간을 투자한 만큼 반드시 보상받아야 한다

표 11_2 시간은 없고 돈은 있는 고객의 기대치

신속이 최고의 미덕

시간이 없고 돈은 많은 고객이 최고로 중요시하는 것은 신속함과 편리함이다. 이들은 시간을 덜 들이고 신경을 덜 쓸 수 있는 일을 좋아한다. 그래서 이들이 가장 참지 못하는 것은 기다리는 것이다. 어느 슈퍼마켓에서 요구르트를 구입하는 고객들을 관찰한 결과 요구르트를 선택하는 데 평균 11초가 걸린다는 사실을 알아냈다. 이 11초라는 짧은 시간에 소비자들은 브랜드, 종류 그리고 맛 등을 모두 간파해내는 것이다. 이러한 사실을 감안한다면 식품 브랜드들은 소비자들이 신속하고 쉽게 식별할 수 있는 간단한 디자인과 그래픽을 포장에 도입해야 할 것이다. 또한 슈퍼 매장은 카테고리별로 제품을 진열해서 고객이 여기 저기 찾으러 다니는 시간을 줄여야 할 것이다.

사실 선도 공급자들은 매장 중에서도 가장 눈에 띄는 소위 '카테고리 캡틴(category captain)' 자리를 차지하기 위해 치열한 경쟁을 하고 있으며, 슈퍼 매장에 구매담당 어드바이저와 수시로 접촉을 하며 물밑 경쟁을 벌이고 있다. 카테고리 캡틴 자리를 차지한 브랜드는 여러가지로 진열에 관여하게 된다. 예를 들어 한 선도 브랜드는 슈퍼 냉장칸에 요구르트 제품을 진열할 때, 어린이용 요구르트, 다이어트 요구르트, 일반 요구르트 그리고 값이 비싼 요구르트 순으로 진열하도록 충고하고 있다.

시간에 쫓기는 고객들은 초고속 서비스를 원할 뿐 아니라 그들을 위해 공급자가 상당한 시간을 할애하고 있다는 사실을 확인하고 싶어한다. 그러므로 이러한 고객은 눈과 느낌으로 공급자의 노력을 확인하기를 원한다 (표 11_3 참조).

실제 서비스 속도는 아마존의 Page You Made(이코노미스트, 2000년 10월 13일자)와 같은 자동화 시스템 도입을 통해 증가시킬 수 있다. 이 시스템은 고객이 클릭하는 흐름을 쫓아가며, 고객의 관심 분야를 파악한 후 이를 기록해두었다가 고객에게 신속한 제안을 하는 시스템이다. 고객의 시간을 줄이려는 자동화 노력을 쉽게 목격할 수 있는 곳은 바로 플로리다 메리어트 호텔의 웹사이트(www.floridamarriotts.com)이다. 이 웹사이트는 특별히 회의장소를 쉽게 찾아갈 수 있는 완벽한 자동화 정보시스템을 갖추고 있다.

- 서비스 과정을 가속화하기 위해 자동화 시스템을 도입한다.
- 고객의 시간을 절약해주는 방법을 미리 고안해놓는다.
- 병행할 수 있는 서비스는 동시에 제공한다.
- 충성고객을 우선적으로 배려한다.
- 시간 관리를 하고 있음을 느끼게 한다.
- 고객에게는 충분한 시간적 여유를 준다.
- 미래를 위해 고객에게 시간을 투자하게 한다.

표 11_3 더 신속한 (또는 신속한 것처럼 보이는) 시간관리법

고객의 시간을 아끼는 방법을 미리 구상하라

고객의 시간을 절약해주기 위한 방법을 구상하는 데 기업은 많은 노력과 시간을 할애해야 한다. 미국 코네티컷 주에 소재한 엘리베이터 제조업체 오티스(Otis)는 새로운 엘리베이터 시설을 컴퓨터로 관리할 수 있는 첨단 인텔리전스 시스템을 개발했다. 그것은 원거리 엘리베이터 감시기기(REM)로, 설치된 엘리베이터에 이상이 없는지 컴퓨터로 감시하고 관리를 하는 장치였다. 이 장치를 설치한 목적은 자신들이 생산하여 판매한 엘리베이터가 고장이 나기 전에 미리 그 상황을 예방하자는 데에 있었다. 이 첨단 장비 덕분에, 오티스의 기술자들은 혹시나 고객에게 발생할지도 모르는 사고를 미연에 예방하는 데 총력을 기울이고 있다. 이 REM은 온라인으로도 연결이 되어 있어서 고객들은 자신들의 엘리베이터 상황을 웹에서 수시로 점검을 할 수 있다.

고객의 시간관리 분야에서 선도 기업으로 알려진 회사는 단연코 엔텍(Entek)이다. 이 회사는 문제를 미리 예보하는 시스템을 제작하는 회사인데, 이 회사의 웹사이트(www.entekird.com)에 가면 시간 절약 시스템을 도입함으로써 고객이 얼마나 금전적인 이익을 볼 수 있는지 상세한 설명을 들을 수 있다. 이 시간관리 시설을 도입한 덕분에 주로 태평양지역, 동남아시아 등으로 수출을 하는 호주의 대형 시멘트 생산업체는 다음과 같은 좋은 결과를 얻었다고 한다.

● 공장 시설 이용에 있어 효율성 15% 증가, 5백만 달러 절감
● 일년에 6~10차례 공장 가동을 중단해야 했던 사태 방지
● 아웃소싱 보수유지비용 연간 3만 달러 절약
● 시간을 중심으로 한 보수유지 스케줄 감소로 12만 5천 달러 비용 절약
● 보수관리 아이템 재고 감소

이외에도 아부다비의 면세점은 시간에 쫓기는 고객들을 위해 제품을 선

별해놓는 전략으로 인기를 끌고 있다. 일명 'Treasure Chest'라고 불리우는 이 선별된 면세품은 14가지 종류인데, 가족을 위해 선물은 사고 싶은데 고를 시간이 없는 고객들을 위해 랑콤, 컨티넨털, 바비인형 등 특선 상품을 미리 골라놓는 서비스를 제공하는 것이다.

동시에 여러 가지 일을 할 수 있는 방법을 생각하자

시간에 쫓기는 현대 사회에서 살다보면 동시에 여러가지 일을 해야 할 때가 있다. 질레트(Gilette) 면도기는 출근해야 하는 남성들이 면도를 하면서 두 가지를 염두에 둔다는 사실을 발견했다. 그 중 하나는 아침의 면도 상태가 하루종일 지속되었으면 하는 것이고, 다른 하나는 면도하는 데 시간이 덜 걸렸으면 하는 것이었다. 그렇다면 이 두 가지 기대를 다 충족시킬 수 있는 방법은 없을까? 이 기대를 충족시키기 위하여 질레트가 처음 개발한 것은 면도날이 두 개인 이중 면도기였다. 그 후 1998년 질레트는 면도날이 3개인 마하(Mach)3를 출시했다. 이 면도기로 단 한 번만 면도를 하면 면도날 세 개로 얼굴 전체 면도가 가능하다. 2001년에는 비너스(Venus)란 면도기가 출시되었는데, 이 3중날 면도기는 여성들을 위해서 개발된 것이다.

텍사스에 위치한 항공기 정비업체인 에어모티브(Airmotive)는 주요고객인 항공사들이 바라는 것이 공중 운항 시간을 최대한 늘려 수익성을 증가시키는 것이라는 사실을 매우 잘 알고 있다. 이러한 항공사들의 욕구를 충족시켜주기 위해서 이 정비업체는 엔진에 문제가 생겼다는 연락을 받으면 당장 달려가서 날개에서 엔진만 떼어내고 그 자리에 우선 다른 엔진을 달아준다. 그렇게 하면 비행기 전체가 지상에 머무를 필요가 없으므로 항공사는 비행기를 충분히 활용할 수가 있고 그 사이 원래 달렸던 엔진은 수리가 되는 것이다.

신속함에 대한 고객의 기대

고객은 그것이 아무리 짧은 시간이라 하더라도 기업이 미리 앞서 고객의 시간을 절약해주기 위한 노력을 높이 평가한다. 그러나 시간이 흘러 기업의 이러한 배려에 익숙해지게 되면, 그것을 당연하게 여기고 오히려 더 큰 배려나 새로운 시스템을 개발하지 않는다고 불만을 토로하게 된다. 우편번호만으로 나머지 주소를 다 알아내는 서비스에 한번 감탄한 고객은 다른 업체가 주소를 불러달라고 하면 짜증을 내기 마련이다.

사무용품 전문 기업 바이킹(Viking)과 거래하는 업체들은 다른 회사와 거래하는 것을 꺼린다. 바이킹은 주문제품과 요구사항만 말하면 모든 것을 기록하고 배달을 하지만, 다른 회사들의 경우 매번 주문할 때마다 모든 사항을 일일이 다시 말해야 하기 때문이다. 그렇기 때문에 당연히 시간이 아깝다는 생각이 든다.

'신속하다'는 것의 의미

무엇보다도 고객이 '빠르다'는 느낌을 갖게 하는 것이 중요하다. 제조업체에 가죽 원단을 공급하는 한 회사가 고객업체로부터 복잡하고 종합적인 정보를 달라는 전화를 받았다. 그 전화를 받은 직원은 '정보를 찾아서 곧 전화를 해주겠다'는 약속을 했다. 그리고 2시간 후 오후를 넘기지 않고 만족할 만한 정보를 찾았다는 자부심으로 그 고객에게 전화를 했다. 그렇게 복잡한 정보를 2시간 안에 찾아 전화를 해준다는 것은 개인적으로 최대한 빠른 시간이라고 그 직원은 생각했기 때문이다. 그런데 기뻐할 줄 알았던 고객의 반응은 전혀 예상밖이었다. 고객은 곧 전화하겠다고 해서 내내 전화기 옆을 떠나지 못하고 있었다면서 왜 그렇게 늦게 전화를 했느냐고 따져물었던 것이다.

'곧'이라는 표현이 고객과 서비스 제공자 사이에서 다른 의미를 가졌기에 발생한 에피소드이다.

충성고객들에게는 더 신속한 서비스를

오늘날에는 기술이 발달해서 마음만 먹으면 일반고객들을 조금 희생시키면서 충성고객에게 더 신속한 서비스를 제공할 수 있다. 비즈니스위크(*Business Week*, 2000년 10월 23일자)에 따르면 찰스 슈왑(Charles Schwab Corporation)의 경우 베스트 고객들(최소한 자산 10만 달러 이상 또는 1년 거래횟수 12번 이상)이 전화를 걸어오면 15초 이상 기다리게 하지 않는다고 한다. 그러나 가치가 낮은 고객들이 전화를 하는 경우 10분이상 기다리는 경우도 있다. 시어즈 로벅(Sears Roebuck) 백화점 신용카드를 많이 사용하는 대고객들은 자동차 정비를 할 때 2시간 정도면 충분하다고 생각한다. 반면에 일반고객들의 경우 정비에 4시간이 걸릴 것이라고 기대한다. 충성고객과 일반고객 사이에 차별화 정책이 시행되고 있기 때문이다.

'빠르다'는 느낌을 주는 것도 중요하다

실제로 신속하게 일을 해야 하지만, 아주 순간적인 차이로 고객에게 신속하게 일을 하고 있다는 느낌을 주는 것 또한 중요하다. 현재는 로이드은행이 인수한 영국의 저축은행인 TSB은행은 고객들이 점심 시간을 이용해 집중적으로 은행을 찾기 때문에, 이 시간이면 늘 길게 줄을 늘어서야 하는 문제로 고민을 했다. 물론 그 문제의 가장 좋은 해결책은 점심 시간에 일하는 직원 수를 늘려 기다리는 시간을 줄여주는 것이다. 그러나 무한정 직원 수를 늘릴 수는 없는 일이었다.

그렇다면 다른 해결책은 없을까? 기다리는 시간이 지루하다는 느낌을 줄여주면, 시간이 빨리 간다고 생각하지 않을까? 이에 착안하여 은행측은 줄을 선 고객들 양측을 따라 은행 벽에 대형 거울을 설치했다. 거울 앞에서 고객들을 관찰해보면 두 가지 부류로 나눌 수 있다. 계속 자기 모습만 쳐다보며 즐거워하는 나르시스형이 한 부류이고, 거울을 통해 다른 사람들을 훔쳐보며 시간가는 줄 모르는 호기심형이 또 다른 부류이다. 어쨌든 부류에 관계없이 고객들은 거울을 보면서 기다리는 시간이 지루하지 않다고 느끼게 되었으니, 이 은행의 시간관리 전략은 성공한 셈이다(표 11_4 참조).

음악은 기다리는 사람들에게 지루함을 잊게 하는 바람직한 도구이다. 그렇지만 음악은 사람들의 취향이 비슷할 경우 매우 긍정적인 효과를 얻을 수 있지만, 반대로 취향들이 다를 때에는 별로 좋은 효과를 내지 못한다. 유로 디즈니는 롤러코스터 같은 스릴 있는 시설물의 사운드 효과에 특별히 신경을 쓰고 있다. 회전 트랙을 돌아 롤러코스터가 앞으로 쏠려 내려오기 전에 열차 안에는 벌써 공포스러운 음악이 흐른다. 그러면 실제 열차가 내려가기도 전에 혹은 회전을 하기도 전에 사람들은 스릴의 순간이 올 것이라고 미리 예상을 하고 소리를 더 크게 지르게 된다. 실제 스릴에다가 음향효과까지 더하여 고객들은 두 배의 스릴을 만끽하는 효과가 발생하는 것이다.

루프트한자 항공은 탑승 순서에 있어 다른 항공사와 차별화하여 고객들이 쓸데없이 기다리는 시간을 줄이는 데 성공하였다. 루프트한자가 도입한 보딩 전략은 매우 간단한데, 비행기내 좌석이 창쪽인 고객부터 탑승을 시킨 후 그 다음에는 중간 좌석 그리고 나중에 복도쪽 좌석 승객을 탑승시키는 것이다. 일반적으로 다른 항공사들은 승객들이 뒤죽박죽되어 가방을

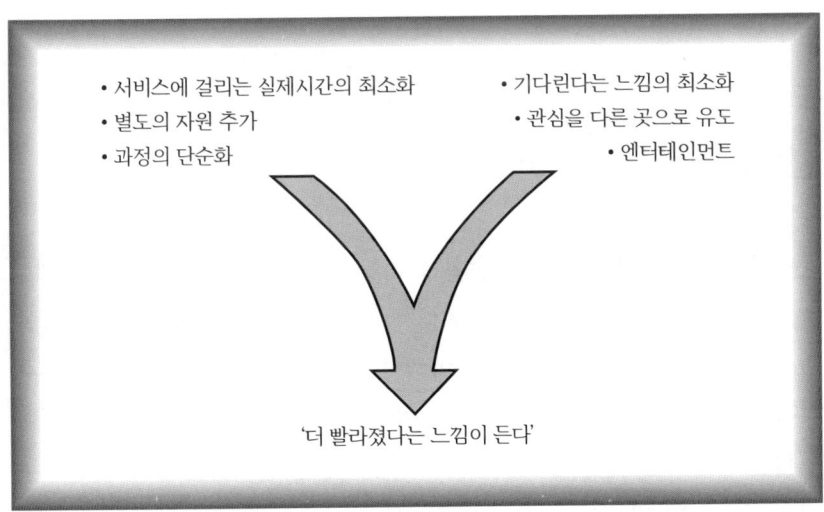

- 서비스에 걸리는 실제시간의 최소화
- 별도의 자원 추가
- 과정의 단순화

- 기다린다는 느낌의 최소화
- 관심을 다른 곳으로 유도
- 엔터테인먼트

'더 빨라졌다는 느낌이 든다'

표 11_4 고객에게 신속하다는 느낌을 주는 두 가지 방법

들고 기내 복도에서 오도가도 못하고 기다리는 것이 보통인데 루프트한자에서는 그렇게 쓸데없이 서 있는 시간이 없다. 물론 승객들은 대합실에서 기다려야 하지만, 그렇게 앉아서 기다리는 것이 기내 복도에서 서서 기다리는 것보다 훨씬 더 편하기 때문에 고객들은 만족감을 표시한다.

　B2B 거래에 있어서는 정확한 정보 제공이 시간 효율성과 바로 연결된다. 2000년 9월 영국에서는 석유 등 연료 수입 봉쇄로 인해 국민 모두가 고통을 겪었었다. 모두들 자동차 연료 부족으로 고통을 겪었던 그 당시, 한 도매업체는 배달 트럭 운전수들에게 휴대폰을 지급했다. 그리하여 배달한 시간 전에 고객에게 한 시간 후면 도착할 것이라는 전화를 중간에 하도록 했다. 그 때 고객들은 배달차가 연료부족으로 도착하지 않을 수도 있다는 불안감에 시달리고 있었는데, 이러한 불안감을 해소해주기 위해 그러한 전략을 채택한 것이다. 이 전략은 고객들에게 큰 감동을 주었고 오늘날에도 충성고객 위주로 계속 시행되고 있다. 이렇게 시간을 중요시하는 공급자의 배려는 고객에게 큰 서비스로 여겨진다. 시간 엄수는 기업에게도 고객에게도 모두 매우 중요하다. 배달이 중요한 역할을 하는 비즈니스의 경우, 긴급한 상황을 제외하고는 차분하게 원래 속도대로 배달을 하는 것이 중요하다. 단 고객들에게는 고객을 위해서 특별히 서둘러왔다는 느낌을 주어야 한다.

현재의 투자가 미래의 수확으로 남는다

　고객들은 미래에 확실하게 수확을 거둘 수 있다는 확신이 들면 기꺼이 투자를 한다. 코스트코(Costco)를 이용하는 고객들은 시리얼, 세제, 치약, 화장지 등을 대형 포장 단위로 구입해야 하기 때문에 한 번 갈 때 많은 비용을 지출한다. 그러나 한 번 구입하면 오래 쓸 수 있어서 돈을 절약할 수 있다는 사실을 잘 알고 있다. 마찬가지로 자신의 신상정보에 대해 자기 시간을 투자하며 제공하는 이유는 미래에 자신의 시간을 절약해줄 수 있는 그 무엇인가가 주어질 것이라고 기대를 하기 때문이다.

피포드(Peapod)는 처음 시간을 내어 사인을 하는 고객들의 시간을 절약해주는 회사로 유명하다. 영국 슈퍼마켓 그룹인 아홀드(Ahold)그룹 산하 웹쇼핑회사(www.peapod.com)인 피포드는 슈퍼마켓 쇼핑에 시간절약 개념을 도입했다. 피포드 회원들은 인터넷으로 쇼핑목록을 주문한다. 그러면 이 슈퍼에서 일하는 직원들이 아홀드 그룹 산하 슈퍼인 자이언트 푸드, 스탑앤샵 등에서 고객이 주문한 물품을 대신 쇼핑한다. 피포드는 고객들을 위해 특별 할인 카드를 발급하고, 일요 신문에 실리는 할인 쿠폰도 받아준다. 피포드 홍보 광고물에 나온 어느 주부는 이렇게 말했다. "토요일에 복잡한 슈퍼에 아이들을 데리고 가서 골머리를 썩는 대신 그 시간에 아이들과 공원을 산책할 수 있어서 얼마나 좋은지 몰라요."

이렇게 식료품 아웃소싱 외에도 고객의 시간을 절약시켜주는 아웃소싱 분야는 상당히 많다. 개인이라면 개 산책, 정원일, 집수리 등을 다른 사람들에게 맡기고 본인은 그 시간에 원하는 일을 할 수 있다.

기업 간 거래의 경우, 보통 처음에는 양측 모두 많은 시간을 투자해 탐색전을 벌인다. 회사가 보험을 들었다면 보통 첫 1년 동안에는 그 회사의 사업 배경, 기업 문화, 사업 관행, 리스크, 기회 등에 대해 보험회사측이 집중적으로 시간을 투자해 관찰한다. 1년 후 예상했던 결과가 나오지 않으면 과감하게 계약을 하지 않는데, 그 이유는 후에 더 시간을 투자했다가 예상했던 결과가 나오지 않는 경우 그 시간 손실을 보상할 방법이 없기 때문이다.

공급업체와 고객업체 사이에 전자 데이터를 교환하거나 전자 주문을 할 수 있도록 시설을 설치하는 경우, 초기에는 투자비용이 많이 들지만 나중에는 많은 시간을 절약할 수 있어 결국에는 양측에 이익이 된다. 고객에게 매 분기별로 얼마나 시간을 절약할 수 있었는지 그 성과를 보여주는 적극적인 전략을 구사하는 것도 바람직하다. 그렇게 하면 고객이 거래선을 변경하는 일을 미연에 방지할 수 있다.

시간 투자가 가치 있는 일이라는 것을 느끼게 하자

고객이 시간을 투자하는 것이 불가피한 일이라면 즐거운 마음으로 투자
를 하게 만드는 것이 무엇보다 중요하다. 고객의 시간을 절약해줄 수 없다
면 투자한 시간이 아깝지 않았다는 느낌을 주어야 한다(표 11_5 참조).

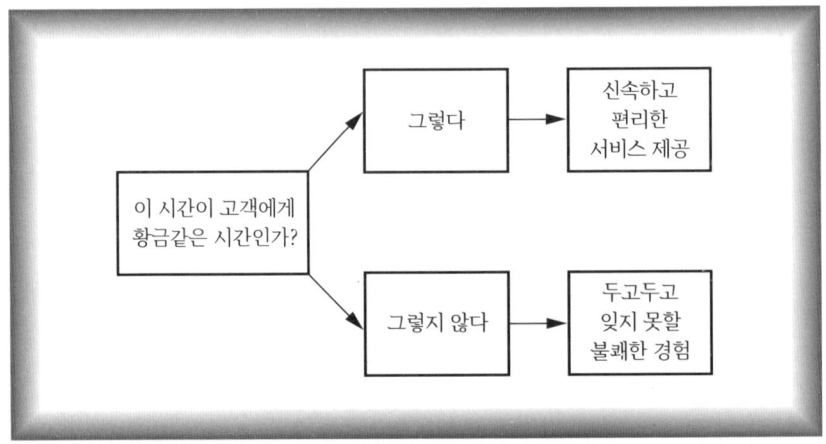

표 11_5 고객의 시간을 어떻게 생각하는지에 따른 결과

런던에 있는 유명한 백화점 셀프리지(Selfridges) 백화점이 맨체스터에
있는 트래포드 파크(Trafford Park)에 두 번째 매장을 열기로 결정했을 때
가장 걱정한 것은 무엇이었을까? 대부분의 소비자들이 호기심으로 백화점
으로 몰려와 인테리어를 구경만 한 후 물건은 사지 않고 그냥 나가버리지
않을까 하는 것이었다. 그렇다면 이들의 발길을 매장 안에 묶어 놓는 방법
은 없을까? 이 백화점측은 디자이너 및 머천다이저들에게 고객의 눈길과
발길을 잡을 수 있는 특별한 상품을 디자인하고 구매하라는 특명을 내렸
다. 그 결과 이 백화점에는 그 지역에서는 찾아보기 힘든, 품질 좋고 특이
한 상품들이 줄줄이 진열되었고 소비자들이 단순한 아이쇼핑이 아닌 구매
를 하도록 유도하는 데에 성공할 수 있었다.

시간에 관해 불쾌한 경험을 주지 말라

고객의 시간관리를 잘 해주기는커녕 반대로 고객에게 시간에 있어 불쾌한 경험을 하게 하는 회사들도 있다. 그러나 기업은 고객의 시간 투자가 헛되지 않았음을 보여주어야 한다(표 11_6 참조). 디즈니랜드는 이 테마공원을 방문하고 돌아간 방문객들을 대상으로 여론 조사를 실시하곤 하는데, 소수의 방문객들로부터 관광을 마치고 집으로 돌아가려고 했을 때 차가 고장나서 애를 태웠다는 얘기를 들었다. 구경 잘하고 집에 가는 길에 이런 일이 발생하면 결국 하룻동안 즐거웠던 기억이 순식간에 사라질 수 있다. 이 같은 사태가 발생하는 것을 방지하기 위하여, 디즈니측은 자동차 주차장에 정비장비를 갖춘 트럭들을 배치하여 무료로 고장난 차를 수리해주는 서비스를 도입하였다. 그 결과 고객들은 하룻동안 즐거웠던 기억들을 고스란히 그대로 가져갈 수 있게 되었다.

고객을 위한 시간관리 전략을 도입할 때는 단순한 시간관리 차원을 떠나 잊을 수 없는 순간을 만들어주는 전략을 도입해야 한다. 그 기억은 나중에 기업의 수익성으로 돌아오기 때문이다. 일반적으로 호텔에 가면 기다리는 시간이 많다. 택시를 기다리거나, 로비에서 동료나 방문객들을 기다리는 투숙객들을 우리는 흔하게 본다. 이럴 때 로비에 TV를 놓아서 주요 뉴스를 방영해준다면 기다리는 시간이 지루하게 느껴지지 않을 것이다.

주유소에 가서 차에 가솔린이나 디젤 연료가 들어가는 동안, 고객들은

- 여행에 투자한 시간이 가치가 있었다는 것을 확인시킨다.
- 끝마무리를 기분좋게 해야 한다.
- 기본적인 활동에 즐거움을 느낄 수 있는 활동을 첨가한다.
- 새로운 체험을 하게 해준다.
- 추억, 사진, 기념품을 가져가게 한다.
- 서두른다는 느낌 없이 차분하게 지원을 해준다.
- 마음의 긴장을 풀 수 있는 엔터테인먼트를 준비한다.

표 11_6 잊을 수 없는 경험으로 만들기

길지는 않지만 그 기다리는 시간을 무료하게 느낀다. 이러한 운전자들을 위해 음악을 들려주거나, 스넥이나 복권을 제공하는 주유소가 있다. 시골 마을에 인터넷 이용 시설을 설치해 온 마을 사람들이 그 시설을 이용하게 해서 사랑방 역할을 하는 주유소도 있다. 반대로 PC나 휴대폰으로 주문을 한 후 배달은 집 근처에 있는 주유소로 배달시켜 주유소 보관함에서 찾아가는 경우도 있다. 물론 주유소는 지나가다 한 번 들르는 일회용이 아닌 계속 오고 싶은 단골 주유소로 승격된다.

새로운 체험으로 즐거운 시간을 보내게 하라

일본의 할인점 체인인 돈키호테(Don Quijote)의 22개 매장은 엔터테이너 구실을 톡톡히 한다. 파이낸셜 타임즈(12월 21일자)에서 이 회사의 다카오 야쓰다(Takao Yasuda) 회장은 자신의 회사를 단순한 소매 매장이라고 생각하지 않는다는 얘기를 했다. 야쓰다 회장은 이 매장 공간을 젊은이들이, 특히 야간에 즐길 수 있는 창의적이고 즐거운 공간으로 만들고 싶다는 희망을 피력했다. 야쓰다 회장에 따르면, 일본의 많은 소비자들이 이제는 가라오케나 바 등 평범한 위락 시설에는 싫증을 느끼고 있다고 한다. 돈키호테는 이러한 소비자들에게 특별한 호기심과 감동을 느낄 수 있게 하는 엔터테이너 역할을 하고자 했다. 이를 위해 이 회사는 수시로 제품 디스플레이를 바꾸고 상품의 진열을 바꾸어 놓으며, 소비자들에게 늘 새로운 것을 보여주려고 노력한다.

영국의 초콜릿 브랜드 셀레브레이션(Celebrations)도 새로운 것을 보여주기 위한 노력을 많이 하는 회사로 알려져 있다. 이 회사의 웹사이트(www.celebrations365.com)는 한 번 구경할 필요가 있다. 이 웹사이트는 생일이나 초콜릿을 선물할 특별한 날뿐만 아니라 매일 축하할 이유를 만들어 초콜릿을 사게 만든다. 또한 이 회사는 소비자들로 하여금 웹사이트에 친구들이나 주변 친한 사람들 생일을 입력하게 하여, 생일이 돌아오면 이를 이메일로 고객에게 상기시켜준다. 물론 이러한 시스템을 설치하려면 거액의 투자를 해야 하지만, 투자의 대가는 반드시 돌아온다. 셀레브레이션은 고객 본인의 생일도 물어서 주변 친한 사람들에게 그 사람의 생일이 돌아왔다는 이메일을 보내주어 많은 사람들로부터 축하받도록 한다.

즐겁고 기억에 남는 비즈니스 만남

사업관계에 있어서도 고객과의 여가 활동을 같이 하는 등 엔터테인먼트 이벤트를 개최하는 일이 증가하고 있다. 기왕 함께 시간을 보내야 한다면 고객들에게 그 만남의 순간이 유쾌하고 즐거웠던 순간으로 기억에 남게 해야 한다. 함께 피크닉을 가는 경우 고객에게 정확한 정보를 주는 것도 시간관리의 일환이다. 도착지에 관한 정보를 줄 때는 정확한 방향과 여행 정보를 주어 고객의 시간을 절약시켜줘야 한다. 고객이 편안하고 즐거운 하루를 보냈다는 느낌을 받았다면 그 계획은 성공한 것이다. 재미있는 시간을 보내서 기억에 남는데다가 기념품이나 선물을 받아간다면, 나중에 그 피크닉에 대해서 더 좋은 기억을 갖게 될 뿐더러, 기업과 고객 간의 향후 사업계획 승인이나 다른 거래 관계에 긍정적인 영향을 미칠 것이다. 여기에서 잊지 말아야 할 것은 고객들로 하여금 모처럼 낸 시간이 아깝지 않고 유익했다는 느낌을 받을 수 있도록 해야 한다는 것이다.

그렇다면 어떻게 하면 고객에게 유익한 시간을 보냈다는 느낌을 줄 수 있을까? 무역박람회장을 방문하는 데에는 생각보다 많은 시간이 소요된다. 고객의 이러한 시간 투자가 헛되게 하지 않으려면 어떻게 해야 할까? 세일즈 앤 마케팅 매니지먼트(*Sales and Marketing Management*, 2000년 6월호)지는 무역박람회의 행사에 기업 CEO의 직접적인 참여가 점차 증가하고 있는 추세라고 밝히고 있다. 이런 무역박람회장에서 유명한 CEO를 만난다면 고객들은 그 순간을 오래 기억하게 될 것이다. IBM의 고객들은 전시회장에서 IBM의 CEO 루이 거스너(Louis Gerstner)를 만난 순간을 기억하게 될 것이고, 캐터필러(Caterpillar) 고객들은 2000년 광산관련 박람회에서 글렌 바튼(Glen Barton) 회장을 만나 대화를 나누었던 순간들을 오래 기억하게 될 것이다. 스티브 잡스(Steve Jobs) 애플 컴퓨터의 대표는 1999년 7개의 주요 기술관련 행사에서 기조 연설을 한 바 있다.

시간관리에 있어 또 하나 중요한 점은 소중한 고객이 찾아와 서비스나 조언을 구할 때 시간이 없어서 적당히 짜투리 시간을 내주는 것 같은 느낌을 가지게 해서는 안 된다는 것이다. 자신들이 소중한 고객이라고 스스로 자부하는 고객들은 업체가 자신들에게 언제든지 귀중한 시간을 할애해 줄 것이라고 기대한다. 따라서 기업은 언제라도 시간을 내줄 수 있다는 자세를 보여주어야 한다. 이러한 공급업체의 마음자세와 태도가 실제 고객의 마음에 전해질 때, 시간관리는 성공할 수 있다.

사륜구동 고급 자동차를 생산하는 랜드로버(Range Rover)는 시간관리에 있어서 두 개의 확실한 전략을 실천하고 있다. 그 중 하나는 자동차 구입 결정에 앞서 미래의 고객들이 이 자동차의 품질을 진실로 확인할 수 있을 만큼 충분한 시간과 기회를 주는 전략이다.

두 번째 전략은 무려 5만 파운드(7만 달러)나 되는 고급 자동차를 구입하는 고객의 시간을 얼마나 중요하게 여기고 있는지를 보여주는 데에 촛점이 맞추어져 있다. 미래의 고객들을 야외 행사에 초대하는 'A Country Affair'는 이러한 전략에 맞추어 준비된 것이다. 이 행사는 영국 시골마을의 저택이나 성에 고객들을 초대하여 하루를 보내게 하는 프로그램인데, 자동차를 살 가능성이 높은 상류층 인사들이 주로 이 행사에 초대된다. 물론 이 행사에는 랜드로버 자동차들이 동원되어 시골길에서의 자동차 성능을 마음껏 실험해볼 수 있다. 이외에도 활쏘기, 사냥, 연날리기, 크로켓 등 다양한 프로그램이 마련되어 고객들은 이 시골에서 보낸 하루가 전혀 아깝지 않다는 느낌을 받는다.

시간이 많은 고객들에게 제공할 수 있는 서비스

지금까지는 시간에 쫓기는 고객들에 대해 얘기를 했다. 이 부류의 대부분이 기업의 충성고객에 속하기 때문이다. 그러나 시간이 많은 고객들 가운데에서도 기업에게 귀중한 고객들이 많다. 이 부류의 고객들을 파악하

여 이들의 욕구를 충족시켜주는 것도 기업이 해야 할 과제 중의 하나이다
(표 11_7 참조).

　시간이 많은 고객들이 소중한 가장 중요한 이유는 가격할인과 편리함을
제공해주면서 이들을 복잡하지 않은 시간에 쇼핑을 하도록 유도하는 게
가능하기 때문이다. 한가한 낮시간에 쇼핑을 하게 한 다음 일반 고객들이
붐비기 전에 매장을 떠나게 하면, 기업도 좋고 쇼핑 고객들도 좋다. 독일,
영국, 미국의 텔레뱅킹 전문 은행들은 일부 충성고객들에게 시스템 부하
가 낮은 밤시간에 뱅킹업무를 보도록 권고하고 있다. 보스턴대학에서 패
리스 메트로역 사이 노선을 담당하는 버스 회사는 시간이 많은 이용객들
에게는 한가한 시간에 이용을 하면 가격 할인 혜택을 주어 피크타임 교통
체증을 억제하고 있다. 영국의 세인즈베리(Sainsbury's) 슈퍼는 자가용이
없는 외곽지역 고객들 —보통 노인들— 을 위해 셔틀 버스를 운영하고 있
는데, 이 버스 서비스는 매주 화요일 늦은 오전 시간에 운행이 된다. 그 시
간이면 제일 매장이 한가하기 때문이다. 이렇게 시간이 많은 고객들이 한
가한 시간에 매장을 메워주기 때문에, 낮에 매장이 텅텅 비어 시설 이용률
이 떨어지는 현상을 막을 수 있다. 물론 고객들은 천천히 쇼핑을 해서 좋
고, 직원들의 서비스를 충분히 받을 수 있어서 좋다.

시간이 많은 고객에게 줄 수 있는 것	시간이 많은 고객에게 얻을 수 있는 것
• 언제 시설을 이용하면 　편리한지에 관한 충고 • 한가한 시간에 집중적인 　지원 • 한가한 시간대 이용할 　경우 인센티브 제공	• 피크타임을 피해 이용 • 테스트 및 조사연구 대상 • 입소문을 내줌

표 11_7 시간이 많은 고객들에게 줄 수 있는 것과 얻을 수 있는 것

시간이 많은 고객들로부터 얻는 것

시간이 많은 고객들은 피크타임이 아닌 때 매장을 채워주는 이외에도 기업에게 여러 가지 유익한 기회를 제공한다. 이 고객들은 다른 고객들보다 더 많은 시간을 할애할 마음의 자세도 되어 있고 실제로 시간을 낼 수 있기 때문에 신상품이나 서비스 테스트 및 리서치에 활용하기에 아주 이상적이다. 이들은 시간이 많기 때문에 새로운 시설을 이용해보고 자신의 의견을 제출해달라는 기업의 요구에 대부분 기꺼이 응한다. 이들은 보통 질문이 많은 여론조사나 리서치도 쉽게 받아들인다(물론 이 부류의 고객이 모든 부류의 고객을 대표하는 것은 아니기 때문에, 리서치 결과는 신중하게 분석이 되어야 한다).

이 부류의 고객들 중 신상품에 관심이 많고 시간 여유가 있는 고객들은 세일즈 지원 세력으로 활용할 수 있다. 이들은 적극적으로 자신과 비슷한 성향의 다른 고객들이나 이웃에게 상품을 권하고 그 결과를 기업에게 피드백해준다. 일부 기업들은 이들에게 어떠한 말로 고객들을 설득시킬 수 있는 지 교육을 시켜서 내보내기도 한다. 자동차메이커 볼보(Volvo)는 이미 볼보 자동차를 보유한 기존고객들이 신규 자동차 판매에 얼마나 큰 영향을 미치는지 그 가치를 높이 평가하고, 고객에게 정기적으로 보내는 잡지를 통해 이들이 친구들이나 이웃에게 볼보 자동차를 권할 때 어떠한 점을 강조해야 하는지 간접적으로 교육을 하고 있다.

시간도 경제적인 여유도 없는 고객들

시간도 없고 경제적으로도 여유가 별로 없는 고객들의 필요욕구를 충족시키는 방법은 간단하다. 상품이나 구매 과정을 단순화하거나 시설 자동화를 통해 인건비를 줄여 상품 가격을 낮추어주면 이 부류 고객들은 만족감을 표시한다. 남아공의 은행 및 보험회사들은 이전에 금융서비스라곤

한 번도 받아보지 못한 영세소비자들을 대상으로 이러한 단순화된 저렴한 경비의 서비스를 제공하여 인기를 끌고 있다.

시간관리의 가치와 효과

시간관리를 하면서 기업이 가장 신경써야 할 사항은 고객에게 시간을 투자한 만큼 그 효과가 있다는 느낌을 실제로 받게 하는 것이다. 캘리포니아의 한 가전제품 수리회사는 수리 시간에 걸린 시간이 단 몇 분밖에 되지 않아도 한 시간에 해당하는 수리비를 징수한다. 이처럼 이 회사는 시간당 수리비를 받는 것을 원칙으로 하고 있는데, 고객들은 이 회사가 자신들의 돈을 훔쳐가고 있다는 느낌을 받을 수밖에 없다.

이 문제로 고심을 한 이 회사는 새로운 접근책을 찾아냈다. 그것은 만일 수리하는 데에 걸린 시간이 한 시간이 채 안되는 경우, 최소한 한 시간에 해당하는 수리비를 지불해야 한다는 사실을 고객에게 알리며, 혹시 고객에게 다른 수리할 물건이 있는지 물어서 남는 시간에 그것을 수리해주는 것이었다. 보통은 수리하는 데에 적어도 한 시간은 걸리기 때문에 이런 일이 자주 발생하지는 않지만, 이 새로운 접근책은 고객에게 이 회사가 고객의 시간과 돈을 중요시한다는 느낌을 주게 되었고 고객의 불평은 사라지게 되었다.

JL 켈로그 경영대학원의 미텔 교수와 소흐니 교수는 '투자한 시간에 대한 환수' 개념에 대해서 연구를 했다. 특히 투자한 시간에 대한 환수율이 높을수록 최우량고객 이탈방지율이 높을 것이라는 가정 하에 이 연구를 진행했는데, 실제로 시간을 투자하여 얻은 성과가 좋을수록 최우량고객을 유지하는 비율이 높게 나타났다. 마이크로소프트의 워드 사용법에 익숙해지기 위해 이 상품을 구입한 고객은 상당한 시간을 투자해야 한다. 그러나 그 뒤에 나온 파워포인트, 액세스, 프론트페이지는 워드에 익숙한 사람이면 누구나 쉽게 사용할 수 있다. 결국 시간을 투자하여 워드에 익숙해진 고객은 그 투자한 만큼 후에 충분히 보상을 받게 되는 것이다.

고객에게 시간을 최대한 활용할 수 있는 방법을 가르치라

이러한 점에서 고객에게 자신의 시간을 최대한 활용하는 방법을 가르치는 것이 대단히 중요하다. 예를 들어 사람들이 일시에 몰리는 시간에 전화를 하지 말고 한가한 시간에 전화를 하도록 유도한다든가, 기업과 접촉을 하기 전에 중요한 데이터를 준비해서 고객과의 미팅 시간을 조금 더 효율적으로 활용할 수 있는 방안을 알려주는 게 좋다.

휴렛패커드 프린트를 구입한 고객은 기술 서비스 지원 요청을 하기 전에 고객이 우선 시도해볼 수 있는 모든 방법을 담은 체크 리스트를 프린터와 함께 받는다. 또한 이 회사의 웹사이트는 맨 처음 이 회사 프린터를 구입했거나 아니면 구입해놓고 가끔 사용하는 고객들을 위한 안내문을 제공해준다. 광고 에이전시 J. 월터 톰슨(J. Walter Thompson)은 한 번의 광고 기획안에 고객이 원하는 모든 내용을 포함시켜서 두 번 다시 작업을 해서 시간을 낭비하는 일이 없도록 하기 위해, 새로운 고객과 일을 하는 경우 사전 브리핑에 최대한 중점을 둔다.

고객이 시간 계획을 잘 세울 수 있도록 도와준다

처음 만났을 때 고객으로 하여금 현실적인 시간 개념과 기대를 갖도록 확실한 태도를 보이는 것도 고객이 장래에 시간 문제 때문에 불평을 하는 일을 미연에 방지할 수 있는 하나의 방법이다. 디즈니는 놀이 공원에서 얼마만큼 기다려야 하는지 알지 못한 채 끝없이 줄을 서 있는 고객의 심정을 헤아려서, 어떻게 하면 덜 기다리면서 원하는 기구를 다 탈 수 있는지 시간 관리법을 알려주고 있다. 그 덕분에 디즈니월드를 찾은 고객들은 돈관리를 하는 것처럼 자신들의 시간관리를 적절히 하는 방법에 대해 배우고 있다.

맺음말

고객에게 시간이 의미하는 것이 무엇인지 이해하는 기업은 고객의 시간과 욕구를 가장 효율적으로 관리할 수 있다. 특히 최고의 고객을 위해서는 특별히 공정 과정을 더 단축한다든가 그 고객에 시간을 더 많이 할애함으로써 고객 자신의 시간이 귀중히 여겨지고 있다는 느낌을 받게 한다. 시간이 많은 고객의 경우 피크 타임을 피해 서비스를 받거나 상품을 구입하도록 유도함으로써 피크 타임은 시간에 쫓기는 고객을 위해 할애한다.

고객이 자신의 시간이 도둑맞고 있다는 느낌을 받게 해서는 절대 안 된다. 최선을 다 해도 더 이상의 시간 단축이 불가능한 경우, 차선책으로 고객이 투자한 시간이 전혀 아깝지 않고 오히려 즐겁고 생산적으로 여겨질수 있는 방안을 찾아본다. 돈이 최고의 가치가 되던 20세기는 이미 지났다. 21세기의 최고 가치는 바로 시간이다.

메리어트 인터내셔널(Marriott International)

모범사례 example

메리어트 인터내셔널은 세계의 호텔산업을 대표하는 명실공히 호텔계의 스타라고 할 수 있다. 1927년 미국 워싱턴 DC에 열었던 한 작은 맥주바가 이제는 전세계 58개국에 2천 개가 넘는 호텔을 보유한 국제적인 호텔 체인으로 발전한 것이다.

이렇게 국제적인 규모로 커졌는데도, 메리어트에는 아직도 가족적인 분위기가 많이 남아 있다. 이 호텔에 묵는 손님들은 친한 사람이나 친척집에 놀러온 손님같은 편안한 느낌으로 이 호텔에 묵는다. 특히 이 호텔에 자주 숙박하는 단골투숙객을 대상으로 운영하고 있는 '메리어트 리워즈(Marriott Rewards)' 제도 덕분에 그들은 이 호텔을 더 편안하게 여기고 있다. 이 호텔 엘리베이터에서 이 호텔의 회장이자 CEO인 빌 메리어트(Bill Marriott)를 만난 메리어트 리워즈 회원인 투숙객은 친구에게 명함을 건네주듯이 주소가 변경되었다며 새 명함을 건네준다.

현재 전세계적으로 메리어트 리워즈 프로그램의 회원으로 있는 투숙객 수는 무려 1천2백만 명이 넘는데, 이들 고가치 고객들의 특별 요구에 부응하기 위해 메리어트 호텔은 많은 예산과 인력을 배치하고 있다. 이 메리어트 리워즈 고객의 전담관리팀은 로열티 마케팅을 담당하는 린 로우치 힐드브랜드 부회장이 이끌고 있는데, 나는 린 부회장을 워싱턴 DC 외곽에 위치한 이 호텔 그룹의 본사 사옥에서 만났다.

린 부회장은 무엇보다도 고객의 시간을 중요시하는 사람이었다. 린 부회장은 "메리어트 리워즈 회원들은 누구보다 시간에 쫓기는 고객들이며, 그 점을 호텔이 알아서 챙겨주기를 바란다"고 설명했다. 시간에 쫓기는 고객들을 위해서 호텔이 할 수 있는 일은 모든 업무를 신속하게 처리해주는 것이겠지만, 또 다른 한편으로 호텔에 묵는 시간 동안 내내 유쾌하고 즐거운 경험을 하게 하는 것도 이 호텔이 배려하고 있는 사항이다. 메리어트 호텔측은 투숙객이 투숙한 날 밤 시간에는 호텔 경비와 오랫동안 얘기를 하며 호텔 로비에서 놀다 가는 여유를 보이지만, 그 다음날 아침부터는 조찬부터 시작되는 살인적인 스케줄을 소화해내기 위해 뛰어야 한다는 사실을 아주 잘 알고 있다.

이러한 점을 감안하여, 메리어트는 가능한 한 고객의 시간을 절약해주기 최선을 다하고 있다. 직원 교육 때에 가장 강조하는 점도 '난 몹시 바쁘다'는 고객의 제스처를 신속하게 읽어내어 어떻게 이에 적절하게 대응할 수 있는가 하는 대응 방법이다.

호텔측은 손님이 호텔에 도착하기 전부터 손님의 시간을 절약해줄 수 있는 방법을 제시한다. 호텔 위치를 찾는 데 쓸데없는 시간을 허비하는 일을 막기 위해, 투숙객들에게 미리 메리어트 웹사이트(www.marriott.com)에서 호텔 위치를 알려주는 지도를 프린트할 것을 권고하고 있다. 메리어트의 웹사이트는 매우 잘 꾸며져 있는데, 1999년 만들어진 이 웹사이트 제작 비용에만 1억 달러가 넘는 예산이 소요되었다고 한다.

메리어트의 단골투숙객들은 일반투숙객들처럼 체크아웃하면서 숙박비를 지불하지 않는다. 고객의 시간을 절약시켜주기 위해 호텔측은 신용카드 결제를 하는 것처럼 매월 결제신청서를 보내준다.

메리어트 호텔에서 회의를 주최하는 사람들은 이 호텔측이 장소 배치와 시간 절약에 보여주는 배려에 대해서 늘 높이 평가한다. 메리어트 호텔 회의장에서 열리는 회의에 참석하는 고객들은 호텔 웹사이트에서 관련 회의 시설, 그곳으로 이동하는 방법 그리고 묵을 방의 크기와 부대시설 등에 관해 정확한 정보를 미리 다 얻을 수 있다.

린 로우치 힐드브랜드 부회장은 특히 최고 고객들에게 최고의 바캉스를 즐기도록 마련된 메리어트 리조트 프로그램에 큰 자부심을 가지고 있다. "우리는 고객에게 시간이 얼마나 중요한 개념인지 잘 알고 있습니다. 그렇기 때문에 모처럼 고객들이 투자한 시간이 최고로 즐거운 시간이 되기를 바랍니다"라고 린 부회장은 말했다. 메리어트 리조트에서 휴가를 보내려고 계획하는 고객들에게는 휴가보다 훨씬 앞서 이 리조트 시설의 모든 부대시설에 대한 안내장이 송부된다. 그리고 이 리조트의 바캉스 담당팀 직원들은 고객들이 바캉스를 어떻게 보내고 싶은지 미리 문의를 한다. 이렇게 안내장을 보내고 고객의 희망 사항이 파악이 되면, 호텔측은 고객의 요청에 맞추어 골프, 스파 등 상세한 스케줄을 다 짜놓고 고객에게 연락하여 스케줄이 마음에 드는지 물어본다. 이러한 사전 스케줄 결정 시스템 덕분에 메리어트 리조트에서 바캉스를 보내는 고객들은 호텔에 도착해서 그 때서야 무엇을 할지 고민하면서 시간을 낭비할 필요가 없다.

"아마 우리 호텔측에서 사전에 이렇게 바캉스 일정을 짜놓지 않는다면, 손님들은 호텔에 도착해 어디를 가야 하고, 어디에서 시간을 보낼 수 있는지 찾는 데 적어도 하루는 꼬박 소비할 것입니다. 휴가가 4일이라면 그 중 하루는 버리는 셈이지요." 린 부회장은 덧붙여 말했다. 그러나 고객의 황금같은 시간이 낭비되지 않도록 배려하는 메리어트 호텔의 시간관리 체제 덕분에 메리어트에서 휴가를 보내는 고객들은 자신이 가진 시간을 최대한 활용할 수 있다. 그것도 매우 즐겁고 유쾌하게!

역시 좋은 서비스란 고객의 시간을 중요시 여기는 서비스이다.

점검 11 exercise

우리 회사의 고객을 위한 시간관리는?

우리 회사의 시간관리에 대해 고객들이 어떻게 생각하고 있는지 앙케이트 조사를 해보자. 그리고 우리 회사가 공급하고 있는 상품 및 서비스와 관련된 시간관리제도와 우리 고객이 거래하는 다른 기업들의 시간관리 사이에 어떠한 차이가 있는지 비교해 보자.

참고 문헌

Borrus, Amy (2000) 'How Marriott never forgets a guest' *Business Week*, 21 February.

Brady, Diane (2000) 'Why service stinks' *Business Week*, 23 October.

Mittal, Vikas and Sawhney, Mohanbir (1998) 'Managing Learning to Lock in Customers' *Financial Times*, Mastering Marketing Supplement, Part 6, 19 October.

Seiders, Kathleen, Berry, Leonard L., Gresham, Larry G. (2000) 'Attention retailers! How convenient is your convenience strategy?' *Sloan Management Review*, spring.

Yeh, R.T., Pearlson, K. and Kozmetsky, G. (2000) *Zero Time: Providing Instant Customer Value*, John Wiley.

안녕하십니까? 저는 지금 헬싱키에서 전화하는 겁니다. 제가 이곳에서 열리는 삼림제품 전시회에 와 있거든요. 지금 제 눈 앞에 새로 나온 기가 막힌 기계 하나가 있는데, 이걸 보니까 갑자기 고객님 생각이 나서 전화를 드린 겁니다.

제 생각을 하셨다구요? 전 도무지 이해가 안가는군요. 지난 번에 저희에게 이스트 발효기 판매하신 분 맞지요? 우리 회사는 빵 만드는 회사인데, 이스트 발효기를 판매 하시는 분이 왜 삼림제품 전시회에 가 있습니까?

제 말씀 좀 들어보십시오. 틀림없이 이 기술이 마음이 드실 겁니다! 이 기술로 만들어진 기계로 나무를 썰면 나무 판은 더 나오고 톱밥은 훨씬 덜 나옵니다. 상상을 한 번 해보세요.

톱밥이라니요? 전 도무지 상상이 안가는데요? 우리 빵에 톱밥이 들어가는 것도 아닌데, 도대체 무슨 말씀을 하시는 겁니까?

우리가 지난 달에 만났을 때 우리가 나눈 대화 생각 나십니까? 제가 성능이 좋은 빵 써는 기계가 있다고 말씀 드렸었는데…

그 얘기는 하실 필요 없습니다. 시간 낭비에요. 그 기계 빵 부스러기가 많이 나와 자꾸만 센서가 망가지고 청소하기도 복잡하더라구요. 왜 전화를 하셨는지 이해가 안가는군요.

오늘 아침에 헬싱키로 오는 비행기가 있는데, 혹시…

사 업을 하면서 제일 힘든 것은 변화의 기조를 쫓아가는 것이다. B2B 거래의 경우, 공급업체와 좋은 관계를 유지하는 충성고객기업은 변화에 대응하기 위한 여러 가지 면에서 많은 혜택을 누릴 수 있다. 공급업체측이 단순히 상품이나 서비스를 공급해 주는 차원을 넘어 고객기업을 위해 미래의 성향에 대해서 설명을 해주고, 어떻게 하면 새로운 체제에 쉽게 적응할 수 있는지 그 방향을 제시해주기 때문이다.

이렇게 공급업체와 긴밀한 관계를 유지하면, 이 공급업체가 미래의 불안과 불확실성을 예측하고 이것으로부터 기업을 보호해주는 외부 안테나 역할을 하게 된다. 특히 공급업체가 그 비즈니스 분야를 선도하는 기업인 경우, 이 공급업체는 다양한 방법을 동원하여 미래에 대한 정보를 수집하고, 미래의 변화에 대한 대비책을 갖추고 있다. 중요한 점은 공급업체가 이 예측을 혼자 독식하지 않고, 가장 중요한 충성고객에게 정보를 계속 업데이트시켜주며 정보를 공유한다는 점이다(표 12_1 참조).

변화의 속도를 예측하는 것은 쉽지 않다

비즈니스에는 늘 변화가 따르지만, 어느 정도 속도로 변화를 따라잡아야 하는지 기업은 고민하게 된다. 트렌드가 바뀌는 것은 기업에게 새로운 기회가 다가온다는 뜻이기도 하지만 동시에 그에 따른 반작용도 늘 감안을 해야 한다. 포드(Ford)자동차는 리서치를 통해서 가장 큰 SUV 모델인 '엑스플로러(Explorer)'에 대한 수요가 생각보다 엄청 크다는 사실을 발견했다. 그러나 이 모델을 판매하다 보니 이 차량의 배기가스 분출에 따른 환경보호주의자들의 압력과 커다란 차체로 인해서 위기감을 느끼는 자동차 운전자들의 반발이라는 예상치 못한 문제에 부딪히게 되었다.

세제를 생산하는 한 회사는 중동지역에 맞는 의류세제를 개발하는 데 몇 년이라는 기간을 쏟아부었다. 드디어 상품 개발 기간이 완료되고 상품이 시판되는 순간 이 회사는 전혀 예상치 못한 문제에 부딪히고 말았다. '아리엘(Ariel)'이라고 명명된 이 세제가 중동에 수출되기 시작한 2000년 11월, 이스라엘과 팔레스타인 간의 분쟁으로 인해서 아랍세계에 긴장감이 고조되기 시작했던 것이다. 불행하게도 이 세제의 이름은 이스라엘의 수상 이름과 같은 '아리엘'이었다. 대부분이 팔레스타인을 동조하는 아랍국가 국민들이 이스라엘 수상과 이름이 같은 세제를 굳이 돈을 주고 구입할 이유가 있을까?

오늘날 세상은 월 단위도 아니고 주 단위로 변화한다. 20세기 첫 70년 동안 인류가 겪은 변화와 후반 30년에 겪은 변화의 속도와 정도를 한 번 비교해보자. 지난 30년 동안 몰아닥친 여러 기술이 미디어, 엔터테인먼트 그리고 정보통신 분야에 가져온 변화는 우리의 예측을 훨씬 더 넘어서는 수준이었다. 이 변화는 우리 일상생활에서 쉽게 느껴진다.

그렇다면 앞으로는 어떠한 변화가 우리를 또 놀래킬 것인가? 앞으로 십 대들은 어른이 되었다는 표시로 담배 대신 모두 모바일폰을 가지고 다니게 될까? 모바일폰의 제3세대(3G로 알려져 있는)에서 십대 사용자들은 웹폰으로 영화 티켓을 구입하게 될까? 십대는 앞으로 라라 크로프트(Lara Croft) 같은 무료 소프트웨어를 다운로드 받기 위해서 얼마나 오랜 시간을 집에서 두문불출하게 될까? 장래에는 물이 희귀자원이 되어 이를 둘러싼 전쟁이 발발하게 된다는데 사실일까? 물이 귀해지면 수세식 화장실의 운명은 어떻게 될 것인가?

이코노미스트지는 1998년 8월 29일자 기사에서, 일본의 위생도기 제조업체인 토토(Toto)사가 당뇨병환자들을 위한 특수 변기를 시판했다는 보도를 한 바 있다. 이 특수 변기는 변기에 배출된 소변의 성분을 분석하여 스크린을 통해 혈당농도를 알려준다. 이 회사는 현재 역시 소변을 통해 단백질과 혈액을 분석하여 간의 상태를 체크하는 방법도 연구 중이라고 한다. 도대체 그 다음에는 어떠한 신기한 기술이 나올지 경쟁기업, 호기심 많은 고객들, 심지어 평소에는 이 분야에 관심이 없는 사람들조차 토토의 신기술 개발에 관심을 보이고 있다. 우리 인류는 이처럼 우리가 의식하지 못하는 사이에 대변화의 기류에 휘말리고 있다.

변화에 대처하는 것을 누가 도와줄 수 있을까?

앞서 언급했듯이 변화는 기업에게 기회인 동시에 위협이 될 수 있다. 변화를 따라가려면 비전도 필요하지만 크나큰 노력도 필요하다. 우리는 갑자기 낯선 환경에 노출될 경우, 우리를 안내해줄 안내자를 찾게 된다. 프록터앤갬블(Procter & Gamble)의 기저귀 브랜드인 팸퍼스(Pampers)는 많은 부모들이 아기 양육에 관한 정보가 없이 청소년기에서 성인기로 넘어간다는 사실을 발견했다.

그리하여 이들 준비되지 않은 부모들을 위해 웹사이트(www.pampers.com)에서 필요한 정보를 제공하고 이들의 질문에 답변을 해주고 있다. 물론 이렇게 직접적인 고객과의 접촉을 통해 정보를 수집하게 됨에 따라 팸퍼스는 더 정확한 트렌드를 예측할 수 있게 되었고, 트렌드 변화에 신속하게 대응할 수 있게 되었다. 특히 요즘 신세대 부모는 무엇을 원하는지, 새로운 세대의 아기들은 어떻게 양육되는지 쉽게 예측할 수 있다. 이 팸퍼스의 예는 고객에게 필요한 정보를 제공해 줌으로써 기업도, 고객도 이익이 되는 바람직한 관계라고 할 수 있겠다.

아웃사이더들이 더 잘 볼 수 있다

우리 인간에게는 자신보다는 다른 사람들을 더 잘 볼 수 있는 능력이 있다. 스코틀랜드 시인 로비 번스는 '한 비열한 인간에게' 라는 시에서 '다른 사람들이 우릴 보듯이 우리도 우리 자신을 볼 수 있는 힘이 있다면' 이라고 읊었다. 공급업체인 기업은 믿을 수 있는 충성고객을 위해 시인이 말한 능력을 사용할 수 있다. 그것은 공급업체 특유의 비전과 직관력으로 고객이 보지 못하는 상황으로부터 고객을 보호해주는 능력이다. 끊임없이 변화의 위협에 시달리는 고객에게 기업이 가진 정보를 제공해줌으로써 기업은 고객을 위험으로부터 구해낼 수 있다.

앞으로 다가올 변화에 기업 전략을 맞추게 되면 기업은 크게 두 가지 면에서 이익을 얻을 수 있다. 첫째, 경쟁기업에 앞서 신속하게 변화에 대비할 수 있게 되고 둘째, 탐색한 정보를 바탕으로 충성고객에게 일종의 심리적인 안정감을 제공해줄 수 있다. 프록터앤갬블의 구매담당 간부들은 자신들은 고객기업이 묻기 전에 시장 변화에 대한 정보를 제공한다는 사실을 새롭게 계약을 체결한 고객기업에게 자랑스럽게 얘기하고 있다. 다시말해 이 기업은 고객에게 나쁜 영향을 미칠 수 있는 어떤 요소라도 미리 탐지가 되면, 그것을 즉시 고객에게 알림으로써 고객에게 닥칠 수 있는 위험을 미연에 방지해주고 있는 것이다.

지난 몇 년 동안 여러 공급업체들이 예측하고 조언해준 시장예측 동향 중 정확히 맞았던 예를 몇 가지 들면 다음과 같다.

- 유럽연합 근무시간 지침 강령이 고객기업 근무 관행에 미치게 될 영향
- 라틴 아메리카에서의 통화 변동
- 핀(PIN) 넘버를 통한 보안 체크 기술이 인간 홍채 및 다른 신체 부위 스캔기술로 대체되는 경향
- 러시아에서 일하는 외국인 노동자들의 개인소득세 제도에 대한 변화

이렇게 B2B 거래에서는 공급업체가 고객업체에게 정보를 제공해주어 미래에 대비토록 하고, 또 상호 협력의 길을 모색하는 것이 주요 추세로 자리잡아 가고 있다. 물론 공급업체가 이러한 정보를 제공해주는 대가로 고객기업으로부터 돈을 받는 것은 절대 아니다. 충성고객기업과의 관계가 더욱더 돈독해져서 회사의 이윤이 증가한다면 그것으로 정보수집 및 공유에 대한 비용은 충분히 보상될 수 있는 것이다.

미래를 예측하는 테크닉

기업 자신의 미래와 충성고객의 미래를 위험으로부터 보호하고 변화에 대응하기 위하여 기업들은 미래의 시장 트렌드를 예측하는 연구를 하는데, 이 연구에는 5가지 다른 테크닉이 사용된다(표 12_1 참조). 그렇다면

이 5가지 테크닉은 무엇인지 하나씩 살펴보자.

- 고객 중심
- 시장 중심
- 공급자 중심
- 외부 소스 중심
- 내부 소스 중심

표 12_1 트렌드를 예측하는 테크닉

고객 중심 테크닉

마케터가 제일 먼저 그리고 제일 많이 접촉하는 사람은 고객이고, 그러므로 당연히 최고로 관심이 가는 사람도 바로 고객이다. 크래프트 푸드(Kraft Foods)는 자사의 웹사이트(www.kraft.com)에 엄마들끼리 육아의 지혜를 공유하는 장을 마련해주어 고객들끼리 좋은 아이디어를 서로 나눌 수 있도록 도와주고 있다. 아이에게 크래프트 제품을 먹여본 엄마들이 자신의 의견을 이 웹사이트에 올리고 있는데, 이러한 의견들은 다른 구매자들에게 큰 도움이 되고 있으며 이 덕분에 의견교환의 장은 크래프트 웹사이트에서 가장 인기 있는 코너가 되었다. 고객들의 의견을 수렴할 수 있게 됨으로써, 크래프트 푸드는 새로운 트렌드를 예측할 수 있을 뿐 아니라 자사 제품 홍보의 수단으로도 사용하고 있어, 크래프트에게도 고객에게도 모두 유용하다는 평가를 받고 있다.

선도 사용자에게 초점을 맞추자

다수의 고객들에게 미래에 대한 그들의 견해를 묻는 것은 사실 불가능하고 비현실적이다. 대부분의 고객들은 미래의 변화에 대해 예측하는 능력이 없기 때문이다. 이러한 점을 감안하여 많은 기업들이 미래에 대한 트렌드를 예측할 때에는 꼭 선도 사용자(lead user)들에게 초점을 맞춘다. 어떤 시장이라도 꼭 실험적으로 새로운 트렌드를 만들어내는 기업이 있고, 대부분의 기업들이 따라하기를 주저하고 있는 동안 이 새로운 트렌드를 잽싸게 받아들이는 소수 기업들이 있다. 에베레트 M 로저스(Everette M. Rogers, 1995)는 이 실험 그룹을 '이노베이터(Innovator)' 그리고 새로운 트렌드를 초기에 쫓아가는 부류를 '얼리 어답터(Early Adopter)' 라고 부르며, 새로운 트렌드가 이들 두 그룹에 의해 도입되는 과정을 사례를 들어 분석하고 있다.

부상하고 있는 트렌드가 무엇인지 이해하기 위해서는 무엇보다 누가 얼리 어답터인지 파악하는 것이 중요하다. 이들이야말로 실험 단계에 머물고 있는 새로운 트렌드를 주요 흐름으로 바꾸어놓는 역할을 하기 때문이다. 특별한 시장, 예를 들어 스타일 음료라든가 젊은층 의류 시장에서는 얼리 어답터들이 모이는 곳으로 유명한 도시, 지역, 또는 술집 등을 공략하는 것이 매우 효과적이다.

영국의 의류 소매업체인 넥스트(Next)는 자사 제품의 얼리 어답터들이 넥스트 카탈로그를 많이 이용하는 고객들이라는 사실을 파악하고, 특정 패션을 유행으로 바꾸어놓는 상품을 구매하는 이들 얼리 어답터들의 추적에 나섰다. 넥스트는 이들의 구매동향을 늘 주시하는데, 이들이 카탈로그에 실린 상품 중 특별 신상품을 구입하기 시작하면 각 판매점에 이 상품을 대량 구비해 놓으라는 지시를 내린다.

미국 제약회사들은 새로운 약이나 치료법이 나오면 꼭 먼저 시도를 해보는 얼리 어답터들 명단을 파악해 보유하고 있다. 어떤 알러지 약품의 경우 얼리 어답터가 복용해 본 결과 졸음이 오는 부작용이 발견되었다. 그러나 이 얼리 어답터는 졸음이 오는 현상을 부작용으로 생각하지 않고 알러지로 고생하는 사람들이 밤새 잠을 이루지 못할 때 이 약을 복용하면 알러지도 치료하고 잠도 잘 올 것이라는 평가를 내려주었다. 이처럼 선도 사용자들을 주시하면 새로운 트렌드 예측이 가능하며 따라서 시장을 선도할 수 있다.

고객에게 직접 물어보지 말고, 그저 지켜만 보자

상당수 공급업체들은 고객에게 직접 물어보는 대신 고객의 행동을 관찰하기만 한다. 고객의 행동을 눈으로, 때로는 비디오로 촬영하여 고객이 어떤 문제를 겪고 있으며 사용에 어려움은 없는지 파악하려고 노력한다. 일반적으로 고객들은 문제가 있어도 그것을 심각하게 생각하지 않고 그냥 받아들이려고 애쓰는 경향이 있다. 특히 의학장비를 생산하는 회사들은 복잡한 장비를 사용하여 시행하는 외과수술 장면을 비디오로 촬영한다. 이렇게 촬영을 해보면 현재 사용하고 있는 장비의 문제점으로 인해서 의사들이 불필요한 동작을 반복하는 경우를 관찰할 수 있다. 이런 식으로 의사들이 요구하지 않아도, 의학장비 생산업체는 인체공학에 맞게 장비의 결함을 제거한다. 이렇게 고객을 잘 관찰하면 앞으로 가야 할 방향이 보인다.

고객의 어려움을 한 번 그대로 체험해 보자

식품을 판매하는 한 슈퍼에서는 매장 진열대 사이 사이에 비디오 카메라를 설치해 놓고 고객들의 행동을 관찰하였다. 촬영한 내용을 분석해 본 결과 노년층 고객들 —특히 여성 노년층 고객들은 일반 고객들보다 평균 신장이 30센티미터 정도 작다— 이 잠자리에서 마시는 음료수 등 여러 식품을 사려고 시도하다가 그 제품들이 너무 높은 곳에 있어서 물건을 사지 못하고 그냥 슈퍼를 나가는 현상을 목격할 수 있었다. 특히 관찰 결과, 이 노년층 고객들은 직원들에게 그것을 내려달라고 부탁하기보다는 아예 구입을 포기한다는 사실을 알게 되었다.

이 문제를 해결하기 위해서 이 슈퍼체인은 한 영국 자선단체에 노년층이 주로 구입하는 상품 아이템이 무엇인지 조사해 달라고 부탁했다. 요청을 받은 자선 단체는 이 슈퍼의 고위간부들에게 슈퍼에서 느끼는 노인들의 불편이 어떠한 것인지 직접 체험해보라는 권고를 했다. 중요한 것은 노인들과 신체 조건을 비슷하게 만들어 그 불편함을 깨닫는 것이었다. 우선은 노인들의 시력이 희미하다는 것을 감안하여 눈 주변에 바셀린을 발라서 눈을 침침하게 만들었다. 목의 움직임을 둔하게 하기 위해 목에 환자가 하는 목받침을 했으며, 허리를 구부려 물건을 집기 힘들게 하기 위해 등에는 무거운 배낭을 메었다. 그리고 노인들 손움직임이 둔한 것을 감안하여 두꺼운 장갑을 끼었으며, 걷는 속도를 느리게 하기 위하여 납이 달린 다이빙 부츠를 신었다. 이렇게 노인들과 같은 신체조건을 갖춘 간부들에게 쇼핑 리스트가 주어졌다.

이 체험을 통해, 슈퍼체인의 간부들은 노년층 고객들이 쇼핑을 하는 데 얼마나 불편이 많은지 금방 깨달을 수 있었다. 이 슈퍼는 노년층이 많이 구입하는 아이템을 모두 쉽게 집을 수 있는 낮고 다니기 편리한 진열대에 옮겨 놓게 되었으며 상품 설명도 큰 글씨로 써놓았다.

고객의 인생을 살아보자

고객과 긴밀한 관계를 유지한다는 것은 고객이 어떠한 삶을 살아가고 있는지 이해한다는 것을 의미한다. 런던 소재, 광고 에이전시인 히클린 슬래이드 앤 파트너스(Hicklin Slade and Partners)는 젊은층을 대상으로 한 상품을 만드는 고객 기업들이 유럽의 젊은층 고객을 진정으로 이해하려면 그 문화를 직접 체험해 보는 것이 좋겠다고 생각했다. 그리하여 2000년 여름, 수요일 저녁에 시작하여 논스톱으로 금요일 아침 7시까지 계속되는 히피 파티에 이들 고객들을 초대했다.

이처럼 자신의 고객과 그 고객의 고객을 연구하는 테크닉은 미래 트렌드를 예측할 수 있는 하나의 방법이다. 고객의 산업에 대해서 더 연구를 해보고, 고객의 웹사이트에 들어가 보고, 고객의 무역전시회에도 참여하다 보면 고객에 대해서 더 많은 것을 알 수 있다. 이 모든 노력이 고객이 필요한 것이 무엇이고, 고객은 어떤 식으로 생각하고 행동하는지 이해할 수 있는 밑거름이 된다.

시장 중심 기법

트렌드를 예측할 수 있는 또 다른 소스는 바로 마켓이다. 물론 제품의 소형화, 제조업자 간의 호환성, 오픈 시스템 등 잘 알려진 마켓 트렌드에 대해서 연구해 보는 것도 좋다. 그러나 이보다는 우리 회사보다 더 경쟁력이 있고, 한 발 더 앞서가는 마켓을 이해하고 쫓아가려는 벤치마킹 기술이 필요하다.

앞서가는 마켓을 보면 앞으로 우리 회사가 어느 방향으로 가야 할지 쉽게 짐작할 수 있다. 오늘날 제지회사들은 이메일, 인터넷신문 등으로 종이 없는 사무실 현상이 우려의 차원을 넘어서 드디어 현실로 다가옴에 따라 미래를 어떻게 준비해야 할지 고민하고 있다. 이러한 고민에 빠진 기업이라면 인터넷 보급률이 세계 최고인 핀란드의 경우를 벤치마킹 해보자.

현금이 필요없는 신용카드가 지배하는 미래의 트렌드에 대해서 관심이 있는 신용카드사라면 신용카드 사용률이 세계 최고인 아이슬랜드를 벤치마킹 해 볼 필요가 있겠다. 다른 유럽 국가들의 현금 거래가 80% 선인 것과는 대조적으로 아이슬랜드의 현금 거래율은 겨우 14%에 지나지 않는다고 한다. 이 나라에서는 사과를 살 때도, 신문이나 핫도그를 살 때도 신용카드로 사고, 심지어는 탁아 비용도 카드로 결제를 한다고 한다.

극도로 경쟁이 치열한 시장도 미래 트렌드를 이해하는 데 큰 도움이 된다. 다른 기업들보다 앞서 가는 통찰력이 있는 기업은 대개 가장 경쟁이 치열한 시장을 벤치마킹한다. 호텔 비즈니스의 경우 세계에서 경쟁이 가장 치열한 곳은 바로 아랍 에미레이트의 두바이이다. 이 도시에는 무려 269개의 호텔이 있다. 그렇다면 이제 막 문을 연 Burj Al Arabl Hotel 같은 경우 도대체 어떻게 자신의 존재를 알리려고 노력할까?

우선 이 호텔의 높이는 1053피트로 파리 에펠탑만큼 높다. 그리고 다른 호텔들보다 직원 수가 훨씬 더 많은데, 직원 수가 많다는 것은 손님들이 서비스를 잘 받을 수 있는 확률이 더 높다는 뜻이 된다. 물론 설비 면에서도 세계 다른 호텔과 비교해 전혀 뒤지지 않는다. 스위트룸에는 DVD 플레이어, 42인치 플랫 스크린 TV, 인터넷 서비스, 도어밖을 다 볼 수 있는 비이오폰 등 온갖 첨단 시설이 설치되어 있다. 이 호텔에서 엘리베이터를 탔는데 실수로 버튼을 잘못 눌렀다면 걱정할 필요가 없다. 버튼을 다시 눌러 실수를 만회할 수 있는 장치가 있기 때문이다. 덕분에 원하지도 않는 층에 엘리베이터가 서서 시간을 낭비하여 짜증나는 일은 절대 없다.

휴대폰 시장에 결정적인 발전을 가져다 준 것은 바로 선불카드제도였다. 처음 휴대폰이 시장에 등장했을 때 많은 고객들이 매월 결제를 해야 하는 방식에 부담을 느꼈다. 특히 주머니 사정이 좋지 않은 십대는 휴대폰이 탐이 나면서도 쉽게 구입하겠다고 나서지 못했다. 수많은 이들 십대를 휴대폰 시장으로 끌어들인 것은 바로 선불카드제도이다. 그렇다면 이 선불카드제도가 제일 먼저 도입된 나라는 어디였을까? 바로 포르투갈이다.

포르투갈 소비자들이 유별나게 전화요금 청구서에 신경을 쓰는 만큼 이 나라는 정보통신사들에게 유럽에서 침투하기가 가장 힘든 시장이었다. 포르투갈에서는 포르투갈 텔레콤의 자회사인 TMN이 휴대폰 서비스를 처음 제공하기 시작한 1989년에 비로소 이동통신 서비스가 시작되었다. 1995년 TMN은 휴대폰을 일부 소비자들의 사치품 수준을 떠나 전국민에게 보급하기 위해 휴대폰과 선불카드를 패키지 상품으로 내놓았다. 포르투갈에는 포르투갈 소매금융업을 대표하는 30명의 주주가 세운 멀티방꼬(Multibanco)라고 불리우는 ATM 네트워크가 있는데, 이 ATM 네트워크는 전국 어느 곳의 ATM을 통해서라도 결제를 할 수 있는 시스템을 개발하는 데 성공했다. 벌금이나 기부금도 물론 결제가 가능하다.

TMN은 이 시스템을 선불카드제도에 도입했다. 그리하여 전화요금이 많이 나올까봐 걱정이 되어 휴대폰 사용을 망설이고 있던 포르투갈 국민들로부터 폭발적인 반응을 얻어냈다. 수요는 기하급수적으로 증가했다. 다른 나라의 이동통신 사업자들은 포르투갈의 이 성공 사례를 벤치마킹해서 자국 시장에 도입했다. 이처럼 새로운 트렌드에 대해서 더 알고 싶으면, 변화 압력이 가장 큰 시장을 눈여겨 보자. 그러면 문제를 어떻게 해결했는지 알 수 있고, 미래의 방향을 확실하게 알 수 있다.

누가 시장을 만들어낼까?

마켓 트렌드를 예측할 수 있는 또 다른 방법은 누가 시장에 영향력을 행사하는지를 찾는 것이다. 누가 기준을 정하는가? 어떤 기업이 시장의 방향을 정하는가? 한 회사가 시장의 방향을 어떻게 결정하는지 보여주는 가장 좋은 예는 바로 장난감 제조업체, 마텔(Mattel Inc.)이다. 1958년 처음 이 세상에 탄생한 바비인형은 여자아이들을 위한 장난감의 상징이 되었다. 마텔은 바비인형 판매만으로도 연간 20억 달러 이상을 벌어들인다. 변화무쌍하고 유행의 영향을 가장 많이 받는 장난감 시장에서 이러한 매출은 대단히 놀라운 실적이라고 할 수 있다. 마텔이 어떻게 계속 바비인형으로 시장을 선도할 수 있는지 그 방법은 다른 기업들에게 큰 교훈을 제공한다.

　마텔에는 시장 변화를 읽어내는 전문가 그룹이 있는데, 이들이 하는 일은 쇼핑몰, 운동경기장, 클럽 및 체육관 등에서 십대 후반의 소녀들을 관찰하여 십대의 옷차림, 액세서리, 주요 관심사 등을 회사에 보고하는 것이다. 이들 십대는 휴대폰과 랩탑 컴퓨터를 가지고 다닐까? 이들은 노출된 어깨에 문신을 새겼을까? 바비인형을 가지고 노는 여자아이들의 연령층은 겨우 6~8세에 불과하다. 그러나 이들 어린 여자아이들은 17~18세 언니 또래의 모습에 반하고 그렇게 되고 싶어한다. 마텔은 이런 어린 여자아이들의 심리를 잘 알고 있다. 그래서 십대 후반 소녀들의 모습으로 바비인형을 만들어내는 것이다. 결국 십대 소녀들의 유행 패션은 그대로 바비인형에 반영된다. 마텔의 시장에 영향력을 행사하는 그룹은 결국 10대 후반의 소녀들이고 이 회사는 이들의 행동과 옷차림에 주시를 하는 것이다.

　B2B 마켓의 경우에는 하나의 고객이나 하나의 선두 경쟁회사가 시장에 큰 영향력을 행사하는 경우가 많은데 이러한 기업의 행동을 잘 관찰하는 것이 좋다. 신제품이나 새로운 경향의 출현을 알려면 특허 출원자가 누구인지 살펴보는 것도 중요하다. 어느 경우에는 정부나 공기업이 시장에 영향력을 행사하기도 한다. 건설산업 분야에서는 건축가가 영향력을 행사하기도 하고 디자이너나 서비스 제공자가 영향력을 행사하는 분야도 있다. 오토바이 시장의 경우 일부 가수들이 전세계적인 광고 효과를 가져다 주며 시장 변화에 큰 영향력을 행사하기도 한다. 미래의 트렌드 변화를 알려면 무엇보다 이들 영향력을 행사하는 사람들을 찾아내어 이들의 패턴을

쫓아가야 한다.

공급자 중심 기법

충성고객의 미래에 중대한 영향을 미칠지도 모르는 트렌드를 예측하는 세 번째 방법은 바로 공급자 중심 테크닉이다. 트렌드의 흐름은 폭포가 흐르듯 공급자에서 시작해 중간에 위치한 기업을 거쳐 마지막 고객에게로 연결된다. 변화는 고객기업 자체 내에서 오기도 하지만 상당수의 경우 흐름의 높은 곳에서 새로운 상품이 개발되는 경향이 있다. 그렇기 때문에 기업 스스로 미래의 트렌드를 예측하여 미래에 대비할 뿐만 아니라 고객 기업에게도 유익한 정보를 제공하려면, 공급자의 변화를 주시해야만 한다.

공급자의 변화를 가장 잘 알 수 있는 곳은 역시 공급자들이 참가하는 무역전시회나 관련산업 매체들이다. 전문지의 기자들은 특히 새로운 접근방법을 찾아 적극적으로 보도한다. 더 상세한 정보가 필요한 경우, 칼럼에 나와 있는 기자의 이메일로 편지를 보내보자. 대개는 질문에 기꺼이 답을 해주는데, 이는 외부로부터 질문과 정보를 제공받는 것이 기자들의 연구 및 조사에 실제로 많은 도움을 주기 때문이다.

공급자 중심 테크닉 중에서도 가장 위력이 있는 테크닉은 우리 회사 공급자와 연결된 네트워크를 살펴보고, 과거 3년간 신상품 개발에 가장 적극적이었던 기업 2~3개를 찾아 그 기업에 대해 집중적으로 관찰·연구하는 것이다. 기술 혁신에 관한 분야에서도 파레토의 법칙(Pareto's law)은 어김없이 적용되어, 극소수 기업들이 관련산업 변화의 대부분을 주도한다. 거래하는 공급자들 중에서 누가 이러한 선도적인 역할을 하는지 찾아 보자.

유럽 식품산업에 종사하는 간부들에게 그 분야에서 가장 혁신적인 기업을 꼽으라고 하면 한결같이 나오는 회사 이름이 있는데, 바로 영국 하이웨이 위코움에 위치한 RHM 테크놀러지이다. 식품산업 혁신을 주도하는 기업으로 소문이 나 있는 이 회사가 얼마나 앞서가는지를 보여주는 2가지의 예를 들어보겠다.

첫째, RHM은 유전자 조작식품에 대한 소비자들의 우려를 불식시키기 위한 조처를 가장 먼저 취한 기업이다. 유전자 조작식품에 대한 소비자들의 걱정을 덜어주기 위해 이 회사는 소비자들이 요구하기 훨씬 이전에, 어떤 식품에 유전자 조작물질이 함유되어 있는지 아닌지를 분별해내는 기술을 개발했다. DNA 추출물과 폴리메라제 체인 반응, 그리고 택만(tm)화학 기술을 통해 이 회사는 식용유에 아주 조금이라도 유전자가 조작된 콩이 사용되었는지 아닌지 판별해낼 수 있다. 탐지 기술은 조사 대상이 된 식품에 사용된 동식물 종류를 다 분별해 낼 수 있을 정도로 정교하며, 생선이나 육류의 경우 암수도 가려낼 수 있다.

RHM이 개발한 또 다른 기술은 1997년에 개발된 것으로, 초기에는 이 기술의 개발에 대해 모두 회의적이었다. 그것은 제빵 관련 기술이었는데, 왜 집에서 굽는 빵처럼 공장에서 생산되는 빵에도 빵껍질이 딱딱하고 맛있어 보이는 그런 기술을 개발할 수 없을까 하는 것이 이 회사의 과제였다. 그리고 1997년 드디어 이 회사는 그 방법을 알아냈고 호비스 크러스티 로프 (Hovis Crusty Loaf)라는 신제품의 개발에 결정적인 돌파구를 제공했다.

어느 산업에나 이처럼 공급자들 중에서도 개혁을 주도하는 기업들이 있다. 이들 기업을 눈여겨 보고 어떻게 하면 이들과 더 가까운 관계를 유지할 수 있는지 그 방안을 모색해 보자.

외부 소스 중심 테크닉

미래의 트렌드를 예측하는 또 다른 방법은 외부의 여러 정보 소스를 활용하는 것이다. 이 테크닉은 앞에 언급한 세 가지 테크닉에 비해서는 정형화하기가 쉽지 않은 방법이지만, 잘만 활용하면 트렌드 예측에 결정적인 도움이 된다. 이 테크닉에서 정보를 얻을 수 있는 외부 소스로는 컨설팅 회사, 광고 에이전시, 연구소, 경영대학원이 있다. 이러한 외부 정보제공

단체와 가까이 지내면 관련산업 분야의 변화와 상품개발 트렌드를 쉽게 예측할 수 있다. 유럽 명문 경영대학원 중의 하나인 애쉬리지 매니지먼트 칼리지(Ashridge Management College)는 금융서비스, 컴퓨터, 건설, 맥주 제조 및 판매 등 4개 분야에서 여러 나라 기업체들을 위해 자문을 해주고 있는데, 동시에 다양한 분야를 자문하는 것은 여러가지 면에서 바람직하다. 특히 한 분야에 적용된 생각을 다른 분야로, 어떤 국가에 적용된 케이스를 다른 국가가 적용하도록 권고함으로써 시간이 가면서 모든 관련 분야가 혜택을 누리는 바람직한 현상이 나타나고 있다.

다른 산업을 벤치마킹하자

대다수의 앞서가는 기업 간부들은 다른 산업, 특히 세계적인 기업의 트렌드를 눈여겨 보면서 이를 자신이 몸담고 있는 산업 트렌드 예측에 적용한다. 현금인출기 관리에 있어 가격 효율성을 높일 수 있는 방법을 모색하던 어떤 은행은 신속하게 건조시킨 시멘트를 공급하는 시멘트 회사의 방법을 벤치마킹하여 성공을 거두었다.

시멘트와 은행 현금인출기는 도저히 비교가 안 되는 거리가 먼 분야같아 보이지만, 양이 정확해야 하고, 재고를 최소화해야 하며, 신속하게 변화에 응해야 한다는 점에서 공통점이 있다. 이 은행은 다른 은행은 전혀 생각하지 못한 다른 산업을 관찰함으로써 난제로 남아 있던 은행의 문제를 해결하는 데 성공을 거두었다.

제휴를 통한 트렌드 탐지

때로는 제휴관계를 형성하는 것이 기업에게도, 기업의 많은 고객에게도 도움이 될 때가 있다. 이를 위해서는 우선 관련분야 종사 기업 중 경쟁관계에 있지 않은 선도기업이 누구인지 파악해야 한다. 영국의 경우 1997년 유니레버(Unilever), 캐드베리 슈웹스(Cadbury-Schweppes), 그리고 킴벌리 클락(Kimberly-Clark)이 제휴관계의 시범을 보였다. 이들 기업들은 소비자들에게 필요한 자료 및 구매관련 카탈로그, 소비자 잡지 등을 우편 송부하는 작업에 서로의 데이터베이스를 공휴하는 전략을 구사했다. 이들은 상대 브랜드 고객들의 소비 패턴에 관한 정보를 분석하여, 어떤 가정이 향후 최고의 고객이 될 가능성이 있는지 알아내는 성과를 올릴 수 있었다.

이외에도 13개국에 걸친 범유럽 차원에서 제휴를 시도한 브랜드가 있는데, 바로 P&G의 팸퍼스(Pampers) 브랜드이다. 팸퍼스에서 새로 개발한 플레이타임(Playtime)이라는 기저귀 홍보 및 판촉을 위해 이 브랜드는 1999년 마텔(Mattel)의 피셔 프라이스(Fisher-Price)와 제휴관계를 맺었다. '함께 놀자(Let's Play Together)'라는 테마로 진행된 이 제휴 캠페인 기간 동안 두 브랜드는 공동 판매와 매장내 공동 탁아시설을 운영하는 전략을 구현했다.

이 두 브랜드가 이처럼 제휴를 맺은 이유는 단순한 신상품 홍보 및 판촉 때문만은 아니었다. 마케팅 매거진(Marketing Magazine, 1999년 2월 11일자)에 따르면, 이 제휴를 통해 피셔 프라이스 측이 노린 것은 브랜드 개발에 대한 P&G의 뛰어난 노하우를 배우고, 유명한 P&G 브랜드를 통해 광고 인지도를 높이자는 것이었다고 한다. 한편 팸퍼스 측은 피셔 프라이스의 어린이 발달에 관한 데이터를 이용하여 팸퍼스의 최고 고객층을 더 잘 이해하고 이에 대처하는 방법을 파악하는 것이 이 제휴의 목적이었다.

PEST 분석을 통한 트렌드 탐지

정치, 경제, 그리고 법률적인 변화가 고객에게 미칠 영향을 분석해 보는 것도 새로운 트렌드를 탐지하고 창조하는 데 큰 도움이 된다. 또한 이 변화가 어떻게 사회 문화 면에 있어, 또한 기술적인 면에 있어 변화를 야기시킬지 분석해 보면 고객에게 유용한 아이디어와 조언을 해줄 수 있다. PEST 분석(표 12_2 참조)을 해보면, 정치, 경제, 사회, 기술 이 네 가지 분야의 변화가 어떻게 고객에게 영향을 미치는지 예측이 가능하며, 이에 근거해 중요한 이슈에 대해 고객에게 필요한 충고를 제공할 수 있다.

정치/법률적 요인 (Political) 유럽연합 강령, 조세정책, 환경 규제, 정부 안정도, 각종 계획 및 규제 등	경제적 요인 (Economic) 경제성장률, 인플레율, 금리, 유로 환율, 에너지 비용 등
사회 문화적 요인 (Social) 인구 변화, 라이프 스타일, 직장과 가정의 밸런스의 변화, 사회 참여, 교육, 소비자운동 등	기술적 요인 (Technological) 인터넷, CAD, CAM, 커뮤니케이션, 발명품들의 라이프싸이클 등

표 12_2 PEST 주요 분석 요인

사이언스 픽션을 통한 트렌드 탐지

'공상과학 소설을 읽으면 향후 시장이 어떻게 변화할지 예측할 수 있다.' 이 놀라운 아이디어를 낸 장본인은 독일에 있는 한 경영대학원의 학생이었다. 그런데 실제로 공상과학 소설을 읽으면 미래 트렌드를 예측할 수 있고, 이에 근거해서 고객에게 유용한 정보를 제공해 줄 수 있다. 공상과학 소설은 우리에게 상상력을 불러일으켜주고 실제 생활에서 우리가 즉시 생각해 내지 못하는 상상의 세계로 우리를 데려가 이 세계를 현실로 끌어내는 데 중요한 역할을 한다. 다시 말하면 이 공상소설이 우리 인간의 두뇌를 자극하고, 이에 어느 정도 간격을 두고 반응을 보이면서 우리 인간은 이 자극에 부응하는 기술을 개발해 내게 된다는 것이다. 이처럼 공상과학 소설은 창의적인 기술혁신에 큰 역할을 하고 있다.

내부 소스 중심 테크닉

경쟁업체보다 한 발 앞서 고객에게 필요한 트렌드 예측 정보를 제공해 줄 수 있는 또 다른 방법은 바로 기업 내부 소스를 이용하는 방법이다. 파이낸셜 타임즈와 가진 인터뷰에서(1999년 12월 1일자), 덴마크 오디오 제조업체 뱅앤올룹슨(Bang & Olfusen)의 CEO 안더스 크누센(Anders Knufsen)은 고객 관리에 있어 한 가지 흥미로운 사실을 제공해 주었다.

이 회사의 고객관리 목표 중의 하나는 바로 고객이 제품을 보았을 때 깜짝 놀라게 하는 요소를 집어넣는 것이다. "우리는 고객에게 미래에 어떤 제품을 원하는지 절대 물어보지 않는다. 물어본다 해도 고객은 미래에 제품이 어떤 식으로 변화될지 잘 알지 못한다. 우리 회사의 경우는 디자이너들이 시장에 새로운 아이디어를 내고 그리고 시장에 새로운 가치를 심는다. 결국 트렌드를 주도하는 것은 고객이 아닌 우리 자신인 것이다." 참신하고 예측하지 못한 방법으로 고객을 놀라게 할 준비가 되어 있는 이런 기업의 경우, 내부 자원을 잘 살펴보면 미래 트렌드를 예측할 수 있다.

문제발생-해결 칵테일

기업이 가지고 있는 큰 자산은 시장과 공급자 중간에 위치해 양쪽의 상황을 다 탐지할 수 있는 능력이다. 이러한 능력을 기업 자신을 위해서만 사용하지 않고 고객을 위해서 사용한다면, 그보다 더 바람직한 일은 없을 것이다. 특히 영업팀과 공급자 담당팀이 서로 긴밀한 협력을 하는 경우, 다른 기업에서 찾아낼 수 없는 방법으로 트렌드를 예측할 수 있다. 고객이 털어놓는 불만이나 문제를 바탕으로 앞으로 시장에 나와야 할, 또는 나올 제품을 예측하는 이 문제발생-해결 칵테일 방법은 트렌드 예측에 큰 도움이 된다. 여러 부서가 모여서 토론을 하다 보면 의외로 문제에 대한 해결책을 쉽게 찾을 수도 있다.

여러 가지 가상 시나리오를 만들어 보자

트렌드를 탐지할 수 있는 또 다른 방법은 기업의 미래에 대해 여러 개의 가상 시나리오를 쓰고 이에 대한 대처법을 연구하는 것이다. 보통 3개 정도의 시나리오를 쓴 다음, 시나리오별로 팀을 짜서 그 시나리오가 의미하는 것이 무엇인지, 그 각본에 의하면 어떤 상품, 어떤 서비스를 개발해야 하는지, 그 시나리오가 기업 및 시장에 미치는 영향에는 어떤 것이 있을지 연구하게 한다.

영국의 에너지 공급업체 내셔널 그리드(National Grid)는 여러가지 상황이 에너지 수요에 미치는 영향에 관한 각종 시나리오를 개발해서, 이 중 몇 가지는 주요 광고를 통해 내보내고 있다. 그 중 몇 가지 질문을 살펴보면 다음과 같다.

- 이번 달은 일기예보 관측이 시작된 이래로 가장 습한 달이 될까?
- 할아버지가 다른 때보다 더 일찍 주무시게 될까?
- 우산을 사용하는 일이 더 많아질까?
- 아이슬랜드 저 편으로 저기압이 형성될까?
- 모두 TV 앞에만 앉아 있는 지겨운 밤이 계속되는 걸까?

시나리오에 따라 팀을 구성하는 경우, 아이디어가 신선한 젊은층과 경륜이 쌓인 중년층, 남자 직원과 여자 직원, 지역 전문가와 국제 전문가, 긍정적인 태도를 지닌 직원과 냉소적인 태도를 보이는 직원 등 여러 다른 배경과 특성을 지닌 직원들을 혼합하여 팀을 구성하는 것이 바람직하다. 이렇게 팀원의 성격이 다양하다 보면 해답도 다양하게 나오기 때문이다.

1986년 1월 28일, 미국 우주선 챌린저호가 제대로 발사되지 못하고 폭발해버린 사태가 발생했었다. 이 때 지적된 큰 문제 중의 하나가 그 팀에서 일하는 사람들이 모두 거의 같은 대학을 졸업하고 비슷한 사고방식을 지닌 남성들 뿐이어서 팀 내에 다른 의견이 존재할 틈이 없었다는 것이었다. 그만큼 폭발 가능성이 예측되지 못했다는 것이다. 이들 챌린저 팀원들은 외부의 조언에 귀를 기울이지 않았다.

록웰 애비오닉스(Rockwell Avionics)가 발사대에 얼음이 형성되지 않을까 우려를 표명했을 때에도, 모튼 티오콜(Morton Thiokol)이 저온으로 인해 고무로 된 오링(Oring)에 변화를 가져올 수도 있다는 경고를 했을 때에도 챌린저팀은 귀담아듣지 않았다. 단일화된 견해는 이처럼 위험을 가져올 수 있다는 점에서 '다양한 사고'를 통해 리스크를 최소화하는 방향으로 시나리오팀을 구성해야 한다. (출처: 크랜필드 경영대학원)

직원들의 의견을 최대한 활용하자

직원들의 참신한 아이디어를 효율적으로 수집하려면, 아이디어 수집만을 담당하는 간부직원을 두는 것이 좋다. 영국의 BBC Worldwide UK는 1997년 마리 올드햄(Marie Oldham)을 트렌드 예측 전문 담당 간부로 임명했다. 올드햄의 역할은 BBC의 서적, 잡지, 비디오 판매에 앞으로 어떠한 기회가 올 것이고 또 어떠한 위협이 있을지 트렌드를 미리 파악하는 것이다. 이러한 트렌드 변화를 탐지하기 위해 올드햄은 어떤 종류의 의견이든 직원들의 의견을 수렴하려고 노력한다. 물론 외부 소스에 의존하기도 하지만 그 분야에서 일을 하는 직원들의 의견은 제4, 제5의 물결을 예측하는 데 큰 도움이 된다.

때로는 기업의 사정에 대해서 전혀 또는 거의 알지 못하는 신입 직원이나 새로 스카우트된 간부직원들에게서 기발한 의견이 나오기도 한다. 이들은 기존의 직원이나 전임자처럼 현실에 안주하지 않고 어떻게 보면 어처구니가 없는 질문을 던지기도 하는데, 현실성이 없어 보이는 질문에서 의외로 놀라운 트렌드 변화 예측을 끌어낼 수 있다. 이러한 점에서 젊은 엔지니어나 학교를 갓 벗어난 새내기들의 참신한 아이디어를 잘 활용하면, 그것이 회사의 발전에 큰 도움이 될 수 있다.

마이크로소프트의 CEO 빌 게이츠는 세상을 깜짝 놀라게 한 아이디어들 중 대부분은 그가 학교를 방문했을 때 얻은 것이라는 얘기를 한 바 있다. 특히 어느 초등학교를 방문했을 때 한 4학년 학생이 던진 질문은 그에게 많은 것을 생각하게 했다. 그 질문은 "게이트 회장님, 100년 후에는 컴퓨터의 모습이 어떻게 달라질까요?" 하는 것이었다.

물론 기업 자신과 고객을 위해 참신한 아이디어를 수렴하면서, 이미 이러한 트렌드를 예측하고 있는 기사나 논문이 없는지 찾아보는 것도 중요하다. 유니레버사나 3M 모두 효율적인 그룹웨어 시스템을 운영하고 있는

데, 이들 기업에서는 기업 내 유능한 인재들이 가장 최근의 사고, 연구, 개
념에 관한 정보를 접할 수 있도록 배려하고 있다.

예측된 트렌드를 고객에게 전해주자

이제까지 미래 업계와 시장이 어떻게 변화할지 예측하기 위한 정보를
수집하는 작업에 몰두했다. 그렇다면 이제는 수집된 정보를 해석해야 할
때가 왔다. 트렌드의 가시적인 변화가 우리 베스트 고객들에게 어떤 영향
을 미치게 될 것인가? 우정이 깊은 친구들은 기회와 위기가 닥칠 때마다
서로 도와주고 조언을 해주고 위험으로부터 상대를 보호해주기 위해 최선
을 다 한다. 물론 해결책은 하나가 아니다. 우리는 친구를 도울 때 다각적
인 노력을 한다. 기업도 마찬가지이다. 공식적인 또는 비공식적인 채널을
총동원해서 고객에게 기회와 위기에 대해서 알려주어야 한다.

어떤 고객은 사업이나 개인적인 계획에 대해 공개적으로 얘기하기를 좋
아한다. 이런 고객을 위해서는 시장과 트렌드 변화가 그 고객에게 어떤 영
향을 미칠지에 대해 공식적인 프리젠테이션을 하거나 그 내용을 문서로
정리해 보내주는 것도 좋은 방법이다.

광고 에이전시인 J. 월터 톰슨(J. Walter Thomson)은 전세계를 돌며 주
요 고객을 위해 멀티미디어 변화 조류에 대해 프리젠테이션을 해주는 것
으로 유명하다. 영국의 로이드 TSB 은행은 매년 정부 예산이 발표될 때마
다, 그 예산안이 각 고객의 사업이나 신상에 어떠한 변화를 가져다 줄지 분
석, 요약하여 이를 메일로 보내준다. 이코노미스트지는 매년 12월에 미래
트렌드 예측을 담은 증보판을 발행한다.

물론 이런 공식적인 정보 제공 외에도 비공식적인 대화나 토론을 통해
고객에게 정보를 제공하는 것도 좋은 방법이다. 이렇게 사적인 대화를 통
해 트렌드 정보를 제공해 주는 경우, 오히려 공식적인 기회에서보다 훨씬
더 쉽게 정보가 고객에게 전달될 수 있다. 대화가 충분하지 않았다고 판단

이 되면 이메일이나 전화를 통해 추가로 정보를 더 전해준다. 가장 효율적인 모델은 코칭 기법을 사용해 트렌드 정보를 제공해 주는 것이다. 기업이 코치 역할을 자처하는 경우, 훨씬 더 신중하게 변화 배경이나 이슈를 생각해보고 전달해주게 된다.

물론 고객이 정보나 조언을 받아들일 수 있는 상황에 있는지, 그 장소와 시간에 대한 배려를 잊지 말아야 한다. 토론을 할 경우라면 미리 시나리오를 잘 짜야 하는 것은 물론이다. 구체적인 감이 안잡히는 경우, 다음 4단계 질문을 통해 고객에게 트렌드 예측의 중요성을 부각시키는 것이 좋다.

1. 향후 3년 동안 고객의 회사가 달성하고자 하는 목표에는 어떤 것이 있는가?
2. 이러한 목표를 달성하는 데에 장애가 되는 요소들은 무엇이라고 생각하는가? 그 외에도 고려해야 할 다른 요소들은 없는가?
3. 기업의 발전을 가속화할 수 있는 다른 기회를 생각해 본 적이 있는가?
4. 앞으로 다가올 트렌드 변화에 대처하기 위해 우리가 서로 협력할 수 있는 방안에는 어떠한 것이 있는가?

중요한 것은 위에서 언급한 것과 같은 질문을 던지며 어떤 정해진 답변을 유도하기보다는, 함께 답변을 찾도록 노력해야 한다는 것이다. 함께 답변을 찾으려고 노력을 하다 보면, 자연스럽게 추가로 정보를 더 제공하기로 합의를 한다든가, 추가로 트렌드 예측을 위한 연구를 더 한다든가 하는 등의 구체적인 행동방안이 도출될 것이다.

고객을 미래의 위기로부터 보호하자

고객에게 미래 트렌드에 관해 정보를 제공하는 이유는 고객으로 하여금, 관련 지식, 기술 나아가 자신감을 갖도록 하기 위해서이다. 고객과의

관계는 이러한 코칭 스타일의 계몽적인 정보 제공을 통해 한층 더 강화된
다. 그 어느 때보다도 불확실한 오늘날 고객에게 필요한 것은 지원시스템
이다. 고객관리에 있어 기업이 가장 신경써야 할 일은 바로 믿을 수 있는
고객들을 미래의 위험으로부터 구해주고 위기를 겪지 않도록 보호해주는
일이다.

물론 이렇게 하는 제일 중요한 이유는 경제적인 데에 있다. 고객의 사업
이 더 번창하면 할수록, 이 고객과 거래하는 기업도 덩달아 발전을 하기 때
문이다. 두 번째 이유는 금전적인 것을 떠나 신뢰의 차원에서 찾을 수 있
다. 눈에 보이지는 않지만, 기업과 고객을 결속시키는 이 요소는 고객과
기업 사이에 신뢰와 평화 무드를 조성하고 나아가 양측 협력관계를 한층
더 강화시켜 주는 요인이 된다.

록웰 오토메이션(Rockwell Automation)

모범사례 example

미국 밀워키에 위치한 록웰 오토메이션은 공장 및 생산공정 자동화 분야에
서 세계 최고의 기업 중의 하나로 손꼽히는 이 분야 선도기업이다. 이 회사
는 전세계 80여 개국과 거래를 하며 50만 개가 넘는 아이템과 부품을 제공하
고 있으며, 연간 매출은 40억 달러를 상회한다. 글로벌 마케팅 담당 랜디 프
리맨 부회장은 해외기업과의 거래에 있어 제일 중점을 두는 사항은 어떻게
하면 고객기업의 생산성을 향상시킬 수 있을 것인가에 있다고 설명했다. 다
시 말하면 고객기업이 다른 경쟁기업보다 한 발 앞선 제조기술을 갖출 수 있
도록 고객기업에 대한 이해, 길잡이, 조언 그리고 지원을 아끼지 않는다는
것이다.

이를 위해서는 고객에게 항상 업데이트된 정보를 제공하고 한 발 더 나아
가 고객이 미래지향적인 사고를 하도록 유도해야 한다. 록웰의 경쟁기업의
경우, 해외시장을 담당하는 간부 엔지니어들이 동일 직책에 2~3년 머물다
가 바뀐다. 반면 록웰에서는 적어도 한 간부가 7년 동안 같은 직책에서 일하
는 정책을 고수하고 있다. 당연히 록웰의 고객기업들은 그 간부의 오랜 경험
과 미래에 대한 예측 능력에 의존하고 그 혜택을 누릴 수밖에 없다. 이런 점

에서 록웰 본사의 간부 사원이 바뀐다는 것은 고객기업에도 큰 변화가 온다는 것을 의미한다. 록웰의 해외시장 회계 담당 간부가 새로 임명되자 한 주요 고객기업의 간부는 '록웰의 그 간부에게 내 미래가 달려 있다' 라는 표현을 했을 정도였다.

랜디 프리만 부회장은 록웰이 충성고객을 위해 얼마나 많은 노력을 하는지 잘 알고 있는 사람 중 하나이다. 프리만 부회장에 따르면 시장의 요구에 부응하기 위해 록웰의 고객기업들은 점점 더 다양한 상품을 생산해 내야 하는 문제에 직면해 있다. 결국 고객기업의 미래는 이 복잡하고 다양한 상품을 어떻게 저렴한 경비로 생산해낼 수 있는가에 의해 좌우된다. 문제는 시장 변화가 너무 빠르기 때문에 애써 연구하여 설치된 공정은 금방 구식으로 변하게 된다는 것이다.

이러한 고객의 문제를 해결해주기 위해 록웰의 엔지니어들은 충성고객들을 위해 표준화된 자동화 디자인을 개발해냈다. 과거에는 5가지 공정을 위해서 120볼트짜리의 서로 다른 카드 5개를 입력해야 했었다. 그러나 록웰 오토메이션의 엔지니어들은 서로 다른 5개 과정을 하나의 카드로 작동시킬 수 있는 방법을 고안해내는 데에 성공했다. 이로 인해 유니트당 설치비가 10달러 정도 더 들지만, 표준화된 공정 덕분에 고객기업은 이미 구식이 된 공정을 다른 제품 생산에 사용할 수 있게 되어 장기적으로는 큰 폭의 경비절감을 할 수 있게 되었다. 물론 부품 조달비용도 절약할 수 있고, 재고품도 줄일 수 있으며, 다른 공정 분야간 엔지니어도 서로 교류하게 됨에 따라 록웰의 고객기업은 여러 가지 면에서 경쟁기업에 비해 앞서갈 수밖에 없다.

록웰은 서로 떨어져 있는 생산 시스템을 통합시키는 자동화 시스템 개발에 박차를 가하고 있는데, 이 통합 생산 시스템이야말로 고객의 미래를 좌우하는 것이기 때문이다. 키에런 코울튼 록웰 국제회계 담당 부회장은 이러한 노력의 한 예로 이 회사의 대고객인 다이믈러-벤츠(미국 미시간 주 어번 힐스에 있는 생산공장)와의 사례를 들어주었다.

다이믈러-벤츠의 생산현장에 가본 록웰의 담당자들은 이 자동차회사의 생산과정이 아무 문제없이 원활히 진행되다가 어느 한 곳에서 병목현상이 발생하여, 자체조립이 늦어지고 있는 현상을 목격했다. 다른 산업도 마찬가지지만, 자동차산업의 경우 다른 경쟁업체보다 얼마나 더 빨리 신형 모델을 시장에 내놓을 수 있는가에 회사의 미래가 달려 있다. ARC 스트레터지(ARC Strategies)의 샹딸 폴로네티에 따르면, 1998년 다이믈러-벤츠사의 매출 중 무려 80%가 그 전 5년 동안 개발·시판된 자동차에서 나온 것이라고 한다. 이렇게 최근에 개발된 여러 자동차가 동시에 생산·판매되는 만큼, 생산 장비는 오로지 한 종류의 모델 생산에만 사용되어서는 안 되고 하나의 기계로 여러 모델을 생산하면서 동시에 여러 기계 장비 간에 호환성이 있어야 한다. 그래야만 생산원가를 줄이면서 신속하게 생산을 할 수 있기 때문이다.

록웰은 이러한 다이믈러-벤츠의 사정을 충분히 고려해 통합 생산 및 관리 제도를 연구 개발해주었다. 또한 생산과정 통합에 문제가 발생할 때 시정할 수 있는 프로그램도 개발해주었다. 과거에 록웰은 제품을 판매하는 데에 회사의 모든 전략을 집중시켰다. 록웰의 미래 전략은 고객기업에게 너 나은 생산 시스템을 보장해주는 데에 집중될 것이다.

이를 위해서는 첨단 기술을 수용하여 연구하는 일이 필수적인데, 록웰은 이를 위한 순수 연구센터를 설립 운영하고 있다. 캘리포니아 주의 사우전 오우크스에 있는 록웰과학센터에서는 300명이 넘는 과학자와 엔지니어들이 고객의 미래를 좌우할 기술 개발에 밤낮으로 매달리고 있다. 이 연구소는 113개 대학과 공동 연구 프로젝트를 진행하고 있으며, 주요 고객들을 수시로 초청해 연구 현황에 대해서 알려준다. 록웰 오토메이션은 해외에도 연구소를 두고 있는데, 모스크바, 프라하, 뒤셀도르프의 연구소에서는 첨단물질 처리, 표면 화학, 인텔리전트 콘트롤 테크닉 등에 관한 집중적인 연구가 행해지고 있다. 이렇게 해서 얻은 연구 결과는 물론 고객 사업에 직접 적용된다. 록웰은 대부분 고객이 요청하기 전에 한 발 앞서 고객에게 문제의 해결책과 미래의 방향을 제시한다.

록웰 오토메이션은 공급업체가 고객을 위해 어떻해 행동해야 하는지 보여주는 매우 바람직한 예라고 할 수 있다. 코울튼 부회장과 프리만 부회장은 이러한 고객 관리가 경제적인 면에 있어서도, 그리고 인간적인 면에 있어서도 큰 성과를 거두고 있다고 강조하고 있다. 물론 이러한 성과를 돈으로 구체적으로 환산하기는 어렵지만, 이러한 앞선 노력들로 인해 이 회사는 수천만 달러의 이익을 보고 있다고 한다.

다이믈러-벤츠 같은 고객기업의 경우 동일 제품을 생산하는 데 있어 더 나은 생산공정 덕분에 4% 정도 추가 생산능력을 보유할 수 있다면 이는 물론 고객을 위해서 바람직한 일이고 나아가 록웰을 위해서도 바람직한 일이다. 다른 기업보다 3달 앞서 상품을 시장에 내놓는 경우, 시장 점유율은 경쟁업체와 비교할 수 없게 높아질 수 있다. 록웰은 고객을 위해 생산공정 개선 시스템을 연구 개발할 뿐 아니라 수시로 컨설팅 서비스도 제공하고 있다.

기술 개발을 통해서, 복합적인 이론 연구를 통해서, 그리고 고객업체에 대한 생산관리 시스템 평가를 통해서, 록웰은 가장 소중한 고객들과 긴밀한 협력관계를 유지하고 있다. 자신의 이익만 생각하지 않고, 고객의 미래를 함께 보호해주려는 보호자적인 록웰의 역할은 다른 기업이 본받을 만한 모범 사례라고 할 수 있겠다.

점검 12 exercise

우리 회사의 최고 고객을 위한 PEST 점검을 해보자.

1. 향후 3년 동안 우리 고객의 사업에 가장 큰 영향을 미치게 될 정치, 법률, 경제, 사회, 기술적인 요인은 무엇일까?

2. 이러한 요인을 점검해 본 결과, 고객에게 가장 큰 기회가 되고, 위협이 되는 요인은 무엇일까?

3. 어떻게 위험 부담을 감소시키고, 고객에게 다가오는 기회를 붙잡도록 도와줄 수 있을까?

4. 언제, 어디에서, 어떤 방법으로 고객의 미래에 대한 이 평가 내용을 전달할 수 있을까?

참고 문헌

Newell, Frederick (2000) *Loyalty.com*, McGraw Hill.

Paul, Lauren Gibbons (2000) 'The New Relationships', *Managing Automation*, July.

Polonetti, Chantal (1999) 'Rockwell Automation Services Fuel DaimlerChrysler Speed-to-Market', *ARC Strategies*, December.

Rogers, Everett M. (1995) *Diffusion of Innovations*, Free Press.

Warburton, John and Cardoza, Nick (2001) 'Ford and the Sport Utility Vehicle - A True Ethical Dilemma?' *Directions*, Ashridge Management College, Spring.

www.foundation.no/scenarios - for information and examples of scenario planning.

www.gbn.org/sce Think.htm - for examples of country scenarios.

히어앤노우 컨설팅 회사의 토니 하지아니아지스 대표는 휴대폰 전화벨이 울리는 소리를 들었다. 전화를 건 사람은 하지아니아지스 대표가 주관했던 과거 수많은 세미나에 회사의 중역 수백 명을 연수차 파견했던 가장 소중한 고객회사의 인사부장이었다. 좋은 뉴스가 아니었다. 유감스럽게도 내일 있을 세미나에 참석하기로 한 회사 간부 직원 3명 중 한 명이 불가피하게 참석하지 못하게 되었다는 얘기였다. 이 고객 회사의 인사부장은 참석 취소에 대한 비용을 부담하겠다는 말도 덧붙였다. "절대 그럴 필요 없습니다. 우리 회사의 최고 고객이신데, 취소비용을 청구한다는 것은 있을 수 없습니다. 저로서는 생각조차 할 수 없는 일입니다." 하지아니아지스 대표는 정중하게 말했다. 이 강력한 거절에 당황한 상대회사 인사부장이 계속 우겼지만, 결국 이 컨설팅 회사가 취소에 대한 비용을 받지 않는 것으로 대화는 끝이 났다.

양측의 충성도 경쟁은 새로운 해결책으로 끝이 났다. 다음날 아침 8시 세미나가 시작되었는데, 빈 자리는 하나도 없었다. 하지아니아지스 대표의 배려에 감격한 상대회사의 인사부장이 마지막 순간에 대신 참석할 간부직원을 찾아 보냈기 때문이다. 이처럼 로열티는 또 다른 로열티에 의해서 보상을 받는다.

믿을 수 있는 충성고객이 거래 기업에 의해 자신의 로열티가 높이 평가되고 있다는 사실을 느끼도록 하는 일이 기업으로서는 그 무엇보다 중요하다. 이 사실을 알리려면, 고객이 좋은 쪽으로 차별 대우를 받고 있다는 사실을 깨닫게 할 수 있는 고객 로열티 인정 시스템을 갖추어야 한다. 이렇게 긍정적인 차별대우를 받은 고객의 로열티는 증가하게 된다(표 13_1 참조). 반대로 고객의 충성스러운 행동을 특별한 것이 아닌 당연한 행동으로 여긴다는 사실을 고객이 눈치채게 되면 고객의 로열티는 순식간에 무너지고 만다.

충성을 다하는 베스트고객들은 상대 기업이 자신을 중요하게 여긴다는 사실을 실제 행동으로 표현해주기를 원하는데, 추가로 특권을 준다든지, 추가 서비스를 해주든지, 특별 인정제도를 운영한다든지 하는 방법으로 로열티가 보상받기를 원한다. 물론 고객의 로열티를 보상해주는 방법은 매우 다양하다. 로열티에 대한 보상도 중요하지만, 더 중요한 것은 고객에게 특별 대우를 받고 있다는 사실을 상기시켜서 그에 대한 결과가 나중에 더 큰 사업거래로 이어지게 해야 한다는 사실이다.

나를 중요하게 생각하고 있나요?

일반적으로 고객들은 거래 규모와 지위에 있어 자신들이 상대기업에게 어느 정도 중요한 기업인지 잘 알고 있다. 자신들이 중요하다고 생각되는 경우, 고객은 구매 규모, 그리고 거래 기간 등을 고려하여 기업이 특별 대우를 해주기를 바란다. 그리고 물질적인 대우도 중요하지만 기업이 자신들의 가치를 마음으로 인정해주기를 원한다. 그렇기 때문에 거래하는 기업이 자신들의 구매행위를 당연한 것으로 여기고 특별한 대우를 해주지 않을 때, 고객들은 분노하게 된다. 예를 들어 거래하는 기업이 신규고객에게 기존고객보다 더 나은 조건을 제시하고 있다는 사실을 아는 경우, 기존고객은 배신감을 느끼게 된다. 오늘날 정보의 개방과 직원들의 잦은 이동으로 고객에게 제시하는 가격에 대한 비밀은 절대 유지될 수가 없다.

21세기에는 더 이상 비밀이란 것이 존재할 수가 없는 것이다. 이러한 점을 잘 간파한 한 아시아의 전자부품 제조업체는 신규고객 유치를 위하여 불가피하게 신규고객에게 특별 가격 할인을 해주겠다는 사실을 주요고객들에게 통보하고 양해를 구했다. 신기하게도 신규고객에 대해 특별 가격 할인을 해주는 정책에 부정적인 반응을 보였던 고객들은, 이 회사가 솔직하게 전략을 설명하고 양해를 구했을 때에는 이 회사의 입장을 이해하는 긍정적인 반응을 보였다. 이처럼 고객과 상의를 하는 것도 고객의 중요성을 인정해주는 중요한 테크닉의 하나이다.

카드를 이용한 보상제도

특별대우를 하려면 무엇보다 우선 누가 특별대우를 받아야 할 베스트고객인지 알아내는 일이 중요하다. 고객의 수가 많은 경우, 소수 최우량고객 위주로 기업을 운영하는 특별 전략을 실시해야 한다. 전화로 주로 거래가 이루어지는 경우에는 베스트고객 자동 탐지 시설을 설치하여 스크린상에 특별 대우를 받아야 할 고객이라는 표시가 나타나도록 한다. 그리하여 이런 최우량고객에게서 전화가 오면 전화를 받는 직원들은 다른 전화는 뒤로 하고 이 고객의 전화부터 받도록 한다. 소비자들을 직접 상대하는 업체의 경우에는 최우량고객을 대상으로 특별카드를 발행하는 카드 보상제도를 가장 많이 이용하고 있다. 예를 들어 항공사들은 여행빈도수가 많은 고객들을 대상으로 우수고객카드를 발행하여, 비행기 타기 전 라운지에서부터 특별 대우를 해준다.

물론 로열티카드가 절대 만능은 아니다. 2000년 카드 사용에 관해 미국에서 실시된 소비자 조사연구 결과, 미국 소비자들의 43%가 우수고객 특별대우 카드제도를 운영하는 매장에서 쇼핑을 한다는 사실이 밝혀졌다. 그런데 이 조사에서 고객의 29%만이 로열티카드를 소지하고 다닌다는 사실도 밝혀졌다. 영국 경우는 여러 선도 소매업체들이 일찍이 실시했었던 우대카드 제도를 폐기해 버렸다. 영국의 유명한 슈퍼체인인 세이프웨이(Safeway)는 2000년 5월 ABC카드 제도를 없애 버렸으며, 월마트의 자회사인 아스다(Asda)도 주요 전략에서 충성고객 우대카드 제도를 제외시켰다. 물론 약국체인인 부츠(Boots)나 서점체인인 WH스미스의 경우 여전히 고객에 관한 데이터 수집에 열을 올리며 특별 고객 차별화 정책에 열심이다.

주요고객 우대카드 제도의 문제점은 그 카드가 계산대에서 스캔되는 순간에 가서야 그 고객이 우수고객이라는 사실을 알 수 있다는 데 있다. 그 결과 고객이 매장에 들어섰을 때 그 고객을 위해 우선적인 다른 배려를 할 수 없게 된다. 우대카드 제도를 운영하는 목적은 바로 판매증진에 있다.

그런데 계산대에 가서야 우수고객임이 확인된다면, 고객에게 감사하는 마음을 미리 전하고 판매를 증진시킬 목적으로 고객의 구매행위를 사전에 변화시킬 만한 조처를 취할 수 없다. 그렇기 때문에 우수고객을 제대로 인정하고 대우를 해주기에는 여러 가지로 문제가 많은 제도라고 할 수 있다.

고객에게 고마운 마음을 표현하는 방법

고객의 충성도를 인정하고 보상해주는 방법은 무궁무진하다(표 13_1 참조). 물론 이 많은 방법 중에서 비즈니스 형태와 고객 특성에 따라 제일 적합한 방법 몇 개를 골라서 시행하는 것이 좋다. 고객에 대한 특별 대우 중 가장 많이 사용되는 방법에는 충성고객에 대해 우선적으로 일을 신속하게 처리해주는 방법, 특별 정보나 서비스를 제공해주는 방법, 또한 선물이나 축하 이벤트를 마련해주는 방법이 있다.

- 조기 경고 및 사전 정보 제시
- 최후의 순간에 해결사 역할
- 개인적인 접근
- 우선적 정보제공 서비스
- 특별 맞춤서비스
- 더 간소화된 절차
- 추가 개인 서비스
- 위기 시 지원 제공
- 좋은 일이 있을 때 축하
- 특별한 행사를 준비하여 축하
- 고객에 대한 깜짝쇼
- 확실한 가격 유지
- 더 유리한 가격 제시

표 13_1 충성고객에 대한 다양한 우대 정책

변화를 조기에 알려주자

믿을 수 있는 고객에게 앞으로 올 변화에 대해 미리 알려주고 경고를 해준다면 고객은 진심으로 감사하는 마음을 갖게 된다. 영국 중고차 시장에서 가장 인기 있는 차는 혼다 자동차의 중역이 탄 차로 운행거리가 그리 길지 않은 차이다. 이러한 사실을 잘 알고 있는 혼다 자동차의 딜러들은 이런 자동차가 나오게 되면 중고시장에 나가 일반에게 판매되기 전에 주요 고객에게만 이 사실을 알려 이 자동차를 먼저 고를 수 있는 우선권을 준다.

2000년 7월, 브리티시 항공의 여행 서비스 부서는 우수고객에게 영국에서 호주 시드니까지 특별 할인 티켓이 나왔다는 사실을 이메일로 알렸다. 이 티켓에 대한 자세한 내용은 그보다 이틀 뒤에 신문 광고를 통해 일반인들에게 발표되었다. 다시 말해 영국항공은 주요고객들에게 일반인들보다 앞서 예약할 수 있는 특권을 준 것이다.

라스트 미닛(last minute) 정책

대부분의 경우 우수고객들은 일반고객보다 시간적으로 더 앞서 수속을 밟기 원한다. 그런데 이와는 반대로 마지막 순간에 특별 대우를 받기 원하는 경우도 있다. 런던과 파리 또는 브뤼셀을 오가는 고속전철 유로스타의 우수고객들은 볼 일을 다 보고 와서, 일반 승객들이 다 탑승한 후 마지막 순간에 특별 대우를 받으면서 탑승을 하는 특혜를 누리고 있다.

최근 영국 제지산업은 공장을 풀가동하는 즐거운 비명을 지르고 있다. 이러한 상황에서 주문 순서대로 제품이 나오기를 기다리는 것은 쉽지 않은 일이다. 이렇게 수요가 폭증하는 상황에서 핀란드 헬싱키 소재 제지회사인 스토라엔소(StoraEnso)는 일주일 중 특정일 하루는 우수고객의 제품 생산에 할애함으로써 주요고객에게 만족을 주고 있다. 이러한 정책에 따라 주요고객은 일주일 내내 순서를 기다리지 않아도 그 요일이 되기 직전에 주문만 하면 바로 제품이 생산되는 특혜를 누리고 있다. 이러한 우대적인 차별 정책을 실시함으로써, 제지업계의 늘어나는 수요에 부응하면서 우수고객과의 관계는 결속시켜 나가는 스토라엔소의 사례는 타업종의 회사에도 좋은 벤치마킹 대상이 되고 있다.

개인 고객에 대한 차별화된 우대 정책

　세계적으로 유명한 크루즈 회사인 쿠나르(Cunard)는 프랑스 조선회사에 3,100실의 대규모 초호화 유람선 제조를 요청했다. '퀸 메리 2세(Queen Mary 2)'로 명명될 이 유람선은 2004년 1월 사우스햄턴을 시발점으로 처녀 항해를 할 예정이다. 총 5억3천8백만 파운드를 들여 제작될 이 유람선은 세계에서 가장 넓고, 가장 길고, 가장 높은 유람선이 될 것이다. 17개 데크에 높이도 해면에서 200피트나 되어 23층짜리 빌딩이 항해를 하는 것과 같다. 이 유람선의 고동 소리는 오리지날 퀸 메리(Queen Mary)호의 것과 똑같이 만들었다. 다시 말해 과거 최고의 초호화 유람선이었던 퀸 메리호의 영화를 그대로 재현하겠다는 것이 이 유람선 회사의 전략이다.

　쿠나르측은 이 퀸 메리 2세 호가 운항을 시작하면 세계에서 최고로 유명한 유람선이 될 것이라고 자신하고 있다. 유람선이 운항에 들어가기 전인 지금부터 쿠나르 측은 우수고객들을 대상으로 벌써 특별고객 우대 유치활동을 시작했다. '페이트론스 프리뷰(Patron's Preview)'라는 이름으로 진행되고 있는 이 우수고객 특별대우 전략에 따라, 쿠나르의 다른 유람선을 자주 이용하는 우수고객들은 퀸 메리 2세 호의 처녀 운항에 탑승할 수 있는 특별한 기회를 일반인에 앞서 부여받고 있다.

　리처드 가이의 리얼 미트 컴퍼니 (Richard Guy's Real Meat Company)는 유기농법으로 생산된 육류제품을 공급하는 회사이다. 일년 내내 주문이 많지만, 크리스마스 식탁에 최고의 닭고기나 칠면조 고기를 올리고 싶어하는 소비자들의 주문이 몰리는 크리스마스 시즌이 되면 주문이 피크를 이룬다. 이 회사의 허트포드셔의 횟섬스테드에 위치한 매장은 일반 정육점이 다 문을 닫는 시간에도 크리스마스 식탁에 고기를 올리기 위해 매장을 찾는 단골 고객들을 위해 특별히 매장 문을 열고 있다.

특별 정보 제공 서비스

최고 고객에 대한 특별 배려 전략으로 유명한 영국항공은 우수고객들을 대상으로 골드 및 실버 카드제도를 운영하고 있다. 이 카드를 소지한 승객들은 영국 히드로 공항의 제1 터미널에 마련된 이그제큐티브 라운지에서 편히 쉬며 탑승을 기다리는데, 이 라운지에는 런던증시 동향을 그대로 보여주는 특별 스크린이 마련되어 있다.

이와 비슷하게 도시바의 에어컨디셔닝 부서는 해마다 5만 파운드 이상의 에어컨을 구입하는 영국 내 에어컨 설치 판매업체들에게 이 회사의 개발 부서를 개방해 보여주는 특별 우대 정책을 실시하고 있다.

고객 특별 맞춤서비스

BMW를 이용하는 미국의 충성고객들 중 일부는 자동차를 구입하는 대신 임대를 한다. BMW측은 고객 데이터베이스 정보를 이용하여 임대 기간이 종료되기 전에 최우수고객들과 접촉한다. BMW는 이 최우수고객에게 신형 모델을 제공할 뿐 아니라 자동차 주행능력에 지장을 주지 않으면서 뒷 트렁크를 없애달라는 요청 등 고객이 원하는 모든 선택사양에 맞춰 자동차 내외부를 변형시켜준다. 주문 시기 및 배달 시기도 고객이 원하는 때로 조정이 되어, 고객은 기존의 임대 기간이 종료되어도 걱정할 필요가 없다. 자신의 요구대로 사양이 변경된 신형 BMW가 문앞에 정시에 배달되기 때문이다.

청소용 세제 전문생산 기업인 미국 오하이오 주 데이튼에 위치한 켐스테이션(Chemstation)도 고객 맞춤서비스로 유명한 회사이다. 이 회사의 웹사이트(www.chemstation.com)에 따르면, 켐스테이션은 과학적인 고객서비스에 중점을 둔다고 한다. 이 회사는 먼저 고객이 청소를 통해 제거하고자 하는 물질이 무엇인지 분석을 한 후, 그 고객이 필요한 세제를 특별 생산해 낸다. 이 회사는 특히 식당, 육류나 가금 가공업체 등의 청소에 필요한 세제를 생산하고 있으며 이외에도 냄새 제거, 부품이나 기타 장비 청소를 위한 세제도 같이 생산해내고 있다. 켐스테이션은 고객이 청소를 할 때 밖에 컨테이너를 설치해 필요한 장비 및 세제의 부족 사태를 미연에 방지하고 있으며, 정기적으로 고객에게 필요한 세제 양을 점검해서 고객이 필요할 때 재고가 떨어지는 일이 없도록 항상 모니터를 한다. 켐스테이션 스스로 이렇게 고객보다 한 발 앞서 고객의 필요성을 확인하기 때문에, 이 회사의 고객들은 청소를 위해 주문, 재주문을 따로 할 필요가 없다. 한 번 거래를 시작하고 나면, 그 이후부터는 켐스테이션에 모든 것을 일임하면 된다.

절차의 간소화

최고의 고객들은 기업이 가장 신뢰하는 기업들이기도 하다. 이러한 기업들을 위해서는 가능하다면 모든 절차를 간소화시켜 주어야 한다. 주문에서 부터 보증에 이르기까지 모든 절차를 간소화 해주면 고객들은 이러한 배려를 높이 평가할 것이다.

고객에 대한 특별 서비스

더치 케미컬 앤 라이프 사이언스(Dutch Chemical and Life-science)의 자회사인 DSM 폴리프로필렌은 해외 고객기업들의 직원들을 이 회사 독일 공장으로 초청해 연수 기회를 제공하는 특별 지원 정책을 실시하고 있다. 버진 애틀랜틱(Virgin Atlantic) 항공사는 베스트고객에게 탑승 직전의 여유 시간에 머리를 손질해 주는 기발한 서비스로 인기를 끌고 있다.

위기에 대한 경고 및 위기 시 지원

믿을 수 있는 충성고객에게는 앞으로 닥쳐올 위기나 변화에 대해서 미리 경고를 해주어야 한다. 그래야만 이에 대비한 전략을 마련할 수 있기 때문이다. 일시적으로 공급이 모자랄 때 우선적으로 공급을 해주는 것도 충성고객에 대한 배려 정책의 하나이다. 코스트코(Costco)는 물량이 제한 되었을 경우 먼저 오는 고객들에게 우선적으로 할인된 가격의 상품을 제공하는 전략을 구사하고 있다. 그런데 코스트코는 이런 사실을 단골고객들에게 우선적으로 알려 그들이 먼저 살 수 있도록 배려한다.

고객과 함께 기쁨을 나누는 전략

2000년 사이프러스(Cyprus)의 헬레닉은행(Hellenic Bank)은 자국의 올림픽 출전 팀을 지원하기 위해 고객의 신용카드 사용 시 그 일부를 올림픽 팀에 기부하는 캠페인을 실시했다. 그 결과 많은 고객들이 호응을 보였는데, 이 은행은 2000년 2~4월 사이에 카드를 가장 많이 사용한 우수고객들을 선정해서 이들에게 감사 편지와 올림픽 로고가 새겨진 티셔츠를 송부했다.

영국의 존 루이스(John Lewis) 백화점과 이 회사 계열의 슈퍼체인인 웨이트로즈(Waitrose)의 우대카드인 '어카운트 카드' 사용 고객들은 이 그룹이 주관하는 각종 이벤트 입장료를 할인받는 혜택을 누린다. 웨이트로즈가 주관하는 각종 행사장 공간에는 이들 우수고객을 위한 특별 공간이 마련되어 있어, 이들 고객들이 편히 쉬면서 시원한 음료수를 마실 수 있도록 배려하고 있다. 영국에서 2년마다 열리는 솔하임컵(Solheim Cup) 대회는 유럽 최고의 여성 골퍼 12명이 미국 최고의 여성 골퍼 12명과 실력을 겨루는 경기이다. 웨이트로즈의 최우수고객들은 스코틀랜드 록로몬드 골프장에서 2000년 10월에 개최된 이 골프시합에 초청받는 기쁨을 누렸다.

장기적인 관계 유지를 축하하자

사업이 잘 될 때에는 시간이 어떻게 가는지 모른다. 그렇기 때문에 고객과 장기적인 관계가 계속 유지됨에도 불구하고 이에 대해 무관심하게 지나갈 수가 있다. 개인적인 결혼 생활의 경우에는 매년 결혼기념일을 축하하고 지나간다. 사업상 거래의 경우도, 고객과의 거래 5주년 또는 10주년을 기념하는 행사가 마련된다. 이를 기회로 양측 관계에 대해서 한 번씩 다시 짚고 넘어가고 장기적인 관계에 대해 서로 감사를 표명할 수 있기 때문이다.

1998년 가정용품 소매체인인 홈베이스(Homebase)는 5년 동안 계속 거래를 해준 고객들에게 감사 편지와 더불어 4개의 할인 쿠폰을 보냈다. 물론 이 편지에는 5년 동안 잊지 않고 거래를 해준 고객의 성의와 우정에 감사하는 내용이 담겨 있었다. 이 편지를 받은 고객들은 감동했고, 그들 중 일부는 이 회사에 전화를 걸어 고객의 충성도를 인정해준 데 대해서 진심으로 감사를 표명했다.

미국 중부에서 농업용 기계를 판매하는 한 개성 있는 딜러는 매우 독특한 방법으로 10번째 판매되는 트랙터의 주인을 기쁘게 해주었다. 새 주인에게 배달되어 온 트랙터는 빨간색의 커다란 나비리본과 종이로 오려 만든 'ten'이란 숫자로 장식되어 있었다.

고객을 기쁘게 하는 깜짝쇼

텍사스 A&M 대학교의 레오나드 베리 교수는 고객에게 서비스를 제공하는 차원에서 가끔씩 고객을 기쁘게 하는 깜짝쇼를 벌일 것을 제안한다. 이 깜짝쇼는 지나치게 잘 준비된 것이기보다는 즉흥적이고 개인적인 차원에서 이루어지는 것이 더 효과적이다. 아에로리네아스 아르헨티나스(Aerolineas Argentinas) 항공사의 기내 승무원들은 퍼스트 클래스 승객들을 잘 관찰했다가, 어떤 승객이 특정 와인을 특별히 좋아하는 것을 확인하면 그 승객이 비행기에서 내릴 때 그 와인 한 병을 선물하여 고객을 기쁘게 한다.

값비싼 고양이 먹이로 유명한 브랜드인 쉐바(Sheba)는 고양이를 유별나게 사랑하는 고객들에게 깜짝쇼를 보여주기 위해 웹사이트에 특별 공간을 만들었다. 쉐바를 애용하는 고양이 주인들은 일반인들보다 인터넷을 더 많이 접속한다는 사실을 확인한 이 회사는 인터넷과 고양이를 연결하는 전략을 채택했다. 그리하여 웹사이트에 고양이 주인들이 고양이의 사진, 고양이가 그 이름을 갖게 된 사연, 고양이가 제일 숨기 좋아하는 장소, 그리고 고양이에 대한 재미있는 에피소드를 올려놓을 수 있도록 특별 메뉴를 마련했다. 고객들의 관심이 폭주하고 있는 이 코너는 '쉐바 클럽'이라는 이름으로 운영되고 있으며 누구나 고양이에 관한 정보와 사연을 올려놓을 수 있다.

변함없는 확실한 가격 보장

독일의 건설회사 호흐티프(Hochtief)는 교량, 공항, 터널, 그리고 댐공사의 설계 및 건설에 있어 세계적인 명성을 얻고 있는 회사이다. 이 회사가 맡는 공사는 대개 5년 이상씩 계속되는 대규모 공사들인 까닭에 공사를 맡긴 정부, 민간기관, 또는 단체들이 시간이 흐름에 따라 공사비가 상승하지 않을까 걱정을 하기 쉽다. 고객들의 이런 우려를 잘 알고 있는 호흐티프측은 공사 계약 시 원가 상승분을 고려한 최고 가격을 미리 제시한다. 원자재 가격이 아무리 높이 상승해도 이 회사는 계약 시 약속한 최고 가격 이상으로는 절대 받지 않는다. 그리고 원자재 가격이 하락하는 경우에는 약속한 가격보다도 오히려 공사비를 낮추어 받기도 한다. 이러한 회사의 가격 전략을 고객들이 높이 평가하는 것은 당연하다.

더 나은 가격 제시

은행이나 다른 금융기관에서 대출을 받은 사람들의 경우 금리의 변화에 매우 민감하게 반응을 한다. 이러한 상황에서 신규 대출자에게 자신들보다 더 낮은 금리가 제시되는 경우, 기존에 대출받은 고객들은 분노하게 되고 그 금융기관에 더 이상 충성하지 않게 된다. 대출 고객들의 이런 심정을 잘 알고 있는 코벤트리 이코노믹 빌딩 소사이어티(the Coventry Economic Building Society)는 다른 금융기관들과 차별화되는 전략을 구사하고 있다. 이 은행은 대출받은 고객이 5년 동안 아무 문제 없이 이자를 잘 상환한 경우, 5년째부터는 금리를 인하해 주는 우대금리 정책을 실시하고 있다.

특별 대우를 받고 있다는 사실을 상기시키자

충성고객에게 특별 대우를 해주는 것도 중요하지만, 이들이 특별 대우를 받고 있다는 사실을 알게 하는 것이 더 중요하다. 기업에서 정성을 다해 믿을 수 있는 충성고객들에게 특별 서비스와 혜택을 제공하였음에도 불구하고 고객이 이 사실을 모르는 경우, 이 회사가 얻는 것은 아무것도 없다. 자신이 특별 대우를 받았다는 사실을 모르는데 어떻게 기업의 노력을 높이 평가할 수 있겠는가? 이러한 점에서 특별 대우를 제공할 때는 반드시 그 사실을 고객에게 인지시켜야 한다.

고객에게 특별 대우와 서비스를 제공하는 경우, 그 이유가 오랫동안 거래를 해온 단골고객이기 때문임을 강조해야 하며 이 고객에게 제공되는 서비스의 성격이 특별하다는 사실도 부각되어야만 한다. 이 특별 대우의 가치를 인정할 때 고객은 기업의 발전에 더 기여를 할 수 있게 된다. 특별고객에 대한 특별 대우에 대해서 가장 잘 보여주는 사례는 앞서 소개한 록웰 오토메이션의 사례이다.

맺음말

믿을 수 있는 고객의 충성에 대해서는 반드시 그 행위를 높이 평가하고 있다는 신호를 보내야 한다. 고객과의 관계 개선에 있어 더 위력이 있는 말은 '부탁합니다(Please)' 라는 말보다 '감사합니다(Thank you)' 라는 말이다. 물론 '감사하다' 는 말 외에도 시간적 배려나 금전적인 특혜로 고객이 특별하다는 느낌을 갖게 하는 것이 중요하다. 그리고 나아가 고객과 개인적인 관계를 유지하고 깊은 우정을 나누는 경우, 양측 관계는 한층 더 돈독해질 수밖에 없다. 고객이 특별 대우를 받고 있으며 '나의 존재와 가치에 대해서 인정을 받게 되어 정말 기쁘다' 는 인식을 갖게 되었다면, 그 우대 전략은 성공한 것이다.

메리어트 인터내셔널(Mariott International)

58개국에 2000여 개 이상의 호텔을 운영하고 있는 메리어트 인터내셔널 (Mariott International)은 최고의 고객 충성도를 자랑하는 세계 최고 호텔체인이다. 메리어트 인터내셔널은 1985년 비즈니스 트래블 뉴스지가 비즈니스 여행객들을 대상으로 실시한 조사에서 최고의 호텔로 선정된 이래, 계속 1위 자리를 고수하는 영광을 누리고 있다. 이외에도 1989년 발간된 『서비스 에지(*the Service Edge*)』라는 책에서 저자 잼크 론(Zemke Ron)은 메리어트를 최고의 고객 서비스 호텔로 선정한 바 있다.

1999년 메리어트의 연례 보고서를 보면 그 해에 무려 14개의 상을 받았다고 나와 있는데, 그 상 중에는 메리어트의 계열 호텔인 리츠칼튼 호텔이 연속으로 받은 말콤 발드리지 내셔널 퀄리티 어워드(Malcolm Baldridge National Quality Award)도 포함되어 있다. 한편 2000년 8월에 메리어트 인터내셔널은 경제지 CIO가 선정한 최고의 기업으로 선정되는 영광도 안았다. CIO는 첨단 기술을 이용하여 고객과 긴밀한 관계를 유지하는 메리어트 인터내셔널측의 '고객과의 관계 결속도'에 큰 점수를 주었다.

메리어트 호텔의 고객 서비스 담당 이사인 스테판 체이스는 메리어트의 특별고객 우대정책에 대해 상세히 설명해 주었다. 메리어트측은 사업차 또는 휴가 목적으로 메리어트 호텔 및 콘도 시설을 이용하는 고객 중 특별고객에게는 플래티넘 비자 보상 제도를 통해 일반고객들이 받을 수 없는 특별 서비스를 제공하고 있다고 한다. 이 특별 대우를 받는 고객들은 예약에 있어서도 특별 대우를 받는데, 이러한 호텔측의 배려에 감동해서 자녀의 결혼식 등 가족 행사를 이 호텔에서 갖는 고객들도 많다고 한다.

나는 고객의 충성도를 보여주는 수치가 없는지 체이스 이사에게 물어보았다. 보상 프로그램의 만족도에 대한 조사 결과를 보면, '일부 고객들은 자신이 업무를 보는 장소에서 17분이나 떨어진 우리 호텔로 와서 묵는다'는 대답을 했다. 자신들의 출장업무를 보는 장소 바로 옆에 다른 호텔이 있는데도 불구하고 먼 거리를 달려와 메리어트에 묵는다는 얘기이다. 이것이야말로 고객의 충성도를 보여주는 가장 좋은 예라고 체이스 이사는 강조했다.

이러한 고객의 충성스러운 행위에 대해 물론 메리어트측은 충분한 보상을 한다. 메리어트 호텔의 충성고객들은 실버, 골드, 그리고 플래티넘 이렇게 3단계로 분류되어 차별 대우를 받는다. 고객별로 차별적인 특별 대우를 제공해야 한다는 사실을 이 그룹의 전직원은 잘 알고 있다.

실버 고객의 경우, 우선적으로 원하는 방을 고를 수 있는 방 선정권과 체크아웃 시간의 조정, 수표의 현금 교환, 선물 가게 할인 혜택을 받는다. 골드 고객의 경우에는 컨시에르쥬 라운지 출입권과 무료 컨티넨털 식사, 미국내 전화 및 팩스 무료 서비스가 제공되고, 원하면 얼마든지 방도 업그레이드 할 수 있다.

우수고객 우대 제도의 꽃은 뭐니뭐니 해도 플래티넘 고객들에 대한 차별 대우이다. 일년에 75일 이상 메리어트 호텔체인을 이용하는 고객이 바로 플래티넘 고객에 선정되는데, 이 최우수고객에게는 48시간 이전에 원하면 언제든지 어느 지역의 호텔이든 예약을 할 수 있는 특권이 주어진다. 로열티 마케팅 담당 린 로우치 힐드브랜드 부회장은 이 호텔을 가장 많이 이용하는 플래티넘 고객들이야말로 여기 저기 출장 여행을 수없이 다니는 고객들인데, 이들의 일정은 예상보다 자주 바뀐다고 말한다. "이렇게 일정이 자주 바뀌는 비즈니스맨들에게 48시간 전이면 언제든지 메리어트 그룹 호텔방을 예약할 수 있다는 사실은 마음의 안정과 함께 자신이 특별하다는 느낌을 갖게 한다"고 힐드브랜드 부회장은 강조했다. 언제든지 자신이 좋아하는 호텔에 들어갈 수 있다는 이 보장만큼 최고 고객을 기쁘게 할 수 있는 특별 대우가 어디 있겠는가!

우리 회사가 우수고객에게 제공하는 특별 대우는?

점
검
13
exercise

1. 우리 회사 상위 20위 고객에게 우리 회사가 특별히 제공하는 혜택에는 어떤 것이 있는 지 리스트를 작성해보자. — 상위권에 들지 못한 고객들이 이 특별 대우에 대해서 들으 면 상위권에 들기 위해 더 노력을 하게 될까?

2. 우리 회사 상위 20위 고객에게 자신들이 특별히 받는 혜택에는 무엇이 있는지 리스트 를 작성하게 해보자. — 이 리스트와 앞서 회사가 작성한 리스트에 얼마나 공통점이 있 는지 비교해 보자.

참고 문헌

Sconfeld, Erick (1998) 'The customized digitized have-it-your-way economy', *Fortune*, 28 September.

www.cmg.carlson.com - the Carlson Marketing Group website, which includes loyalty case studies from a variety of industries such as manufacturing, agriculture, aviation, hotels and restaurants.

Zemke, Ron (1989) *The Service Edge*, New American Library.

내 친구는 누구일까?

개성이야말로 한 인간의 차별화를 만들어내는 중요한 요소이다. 우리는 개성이 강하며 자신의 감정과 의견을 솔직히 드러낼 줄 아는 그런 사람과 친해지길 원한다. 믿을 수 있는 우리 고객들의 요구도 크게 다르지 않다. 고객들은 개성이 뚜렷하여 다른 브랜드와 확실하게 차별화되는 그런 브랜드, 회사와 거래하기를 원한다.

자신이 좋아하는 회사와 브랜드에 대한 경외심은 좋은 가격 조건에 우선한다. 그러한 점에서 볼 때 고객의 장기적인 충성심을 얻고자 하는 기업은 무엇보다 고객으로 하여금 브랜드에 대해 경외심을 갖도록 만들어야한다. 이를 위해서는 특정 브랜드가 의미하는 것이 무엇인지를 뚜렷하게드러내야만 한다. 일단 어떠한 개성으로 갈지 선택을 하고, 그 특성을 선택함으로써 얻어지는 이익이 무엇인지 생각해봐야 한다. 브랜드에는 또한브랜드가 추구하는 몇 개의 가치가 따라다녀야 한다. 일단 고객에게 공개적으로 약속을 하고 추구하고자 하는 가치를 선포했으면 이를 행동으로보여주어야 하며 이 행동에는 일관성이 있어야 한다. 이러한 일관성 있는정책을 계속 추구하다 보면 고객들의 충성도가 형성되고 사업 영역도 더넓혀갈 수 있다.

우리 모두 친해지고 싶은 친구

사람이 개성을 가진다는 것처럼 중요한 것은 없다. 우리는 친구들을 개성으로 구분한다. 사회 생활을 하다 보면 공부 벌레 친구도 있고, 유머가 풍부한 친구도 만난다. 어떤 사람은 조직적인 성격을 지닌 친구를 좋아하고, 어떤 사람은 즉흥성이 강한 친구를 선호한다. 이렇게 좋아하는 친구의 성격은 달라도 사람들이 기대하는 공통점이 있다. 그것은 그 친구가 그러한 성격을 한결같이 갖고 있으리라는 기대이다. 친구나 주변 인물이 평소와 다른 행동을 하면 우리는 그것을 잘 이해하지 못하고 왜 그러는지 질문을 하게 된다. 물론 사람에 따라 개성이 다 다르므로 어떤 스타일이 옳고 어떤 스타일이 그르다는 말은 할 수 없다. 다만 우리가 기대하지 못한 인물이나 행동에 부딪쳤을 때 우리는 왠지 거북해질 뿐이다.

친구들의 얼굴을 보면 행복, 근심, 슬픔이 드러난다. 그리고 이러한 표정을 보면서 친구의 감정을 읽을 수 있다. 서양 사회에서는 감정을 잘 드러내지 않는 사람을 보면, 뭔가 숨기는 게 있는 의뭉한 사람이거나 솔직하지 못한 사람이라는 평가를 내린다. 감정을 솔직하게 드러내는 것을 원칙으로 삼는 사회적 특성 때문일 것이다. 그렇기 때문에 우리는 확실하고 개성이 뚜렷한 사람을 선호하는데, 장점이 많으면 단점은 쉽게 덮어준다. 상대방에 대한 기대는 사업상 거래에 있어서도 크게 다르지 않다. 고객은 거래하는 회사나 브랜드가 뚜렷한 개성을 갖추기를 원한다.

세계에서 가장 존경받는 기업들

세계적으로 유명한 경영 컨설팅 회사인 프라이스워터하우스쿠퍼스 (PricewaterhouseCoopers)는 2000년, 3년 연속 전세계에서 가장 존경받는 기업에 대한 조사를 하였다. 70개국의 상장기업, 국영기업 그리고 다양한 민간기업에서 일하는 720명의 중역들을 대상으로 실시한 이 조사는 응답자 출신국의 GDP에 따라 가중치를 두어 점수가 매겨졌다.

2000년 12월 15일자, 파이낸셜 타임즈에 발표된 이 조사의 결과에 따르면 최고로 존경받는 기업으로 뽑힌 4개의 기업은 GE, 마이크로소프트, 소니, 그리고 코카콜라였다. 존경받는 기업이 비즈니스 면에서도 성공적이라는 사실을 입증한 예라고 볼 수 있다. 사람들은 이왕이면 존경받는 기업의 고객이 되고자 한다. 그 기업과 어떤 연관 관계를 맺고 있다는 것을 자랑하고 싶기 때문이다. 특정 기업에 대한 존경심은 신뢰를 불러일으키고 이 신뢰는 기업 성장의 원동력이 된다.

위의 조사 결과는 다른 기업들보다 더 존경을 받는 기업들은 대부분 관련 산업 분야의 선도기업임을 보여주었다. 기업에 대한 고객의 존경심이 충성도로 이어지고 이것이 다시 기업의 경쟁력 강화라는 성과로 나타나기 때문이다. 예를 들어, 미국의 파이자(Pfizer)는 세계에서 가장 존경받는 의료산업 관련 기업으로 선정되었는데, 실제로 많은 의사들이 환자에게 약을 처방할 때 이 회사의 약을 선호한다. 이러한 고객의 신뢰가 파이자의 성공으로 이어지고 있는 것이다.

미국의 듀크 에너지(Duke Energy)와 프랑스의 비벤디(Vivendi)는 에너지 분야에서 최고로 존경받는 기업으로 선정되었는데, 이 두 회사는 비즈니스를 하는 모든 국가에서 고객들의 존경을 받고 있었다. 수도나 전기 등 경쟁이 특히 치열한 분야에서 기업에 대한 고객의 존경은 고객의 충성도를 더욱 높이고 기업 경쟁력을 더욱 더 강화시켜준다. 충성고객은 자신의 선택에만 만족하지 않고 주변 사람들에게 같은 선택을 하도록 부추겨 그 기업의 성장을 더욱 가속화시키는 역할을 하기 때문이다.

동종 기업 사이의 존경은 또 다른 벤치마킹의 요소가 될 수 있다. 매니지먼트 투데이지는 11년째 영국에서 가장 존경받는 기업들을 조사해 이를 발표하고 있는데 이 잡지의 선정 방식은 매우 특이하다. 동종 산업의 기업들로 하여금 라이벌 기업에 대해 평가를 하게 하는 것이다. 조사 방법은 달라도 고객을 대상으로 하는 위의 조사와 공통점이 있다. 그것은 존경받는 기업은 시장에서도 좋은 위치를 점하고 있다는 사실이다. 2000년 12월에 발표된 조사 결과에서는 미디어 그룹인 피어슨(Pearson)과 항공 서비스 및 신소재기술 개발에 있어 선도 그룹인 BBA그룹이 선정되었는데, 전반적으로 상위 랭킹 20위 안에 든 기업은 모두 그 산업 분야의 선도기업들이었다.

어떻게 하면 존경받는 기업이 될 수 있을까?

체코 공화국 믈라다 볼레스라브(Mlada Boleslav)에 본사를 둔 스코다 자동차(Skoda Auto)는 1930년대, 막강한 브랜드 파워를 자랑하던 기업이었지만 공산치하에서 그만 힘을 잃어 버렸다. 공산치하를 겪으며 명성도, 품질에 대한 이미지도 완전히 퇴색해 버려 이 자동차는 코미디언들의 풍자 대상으로 자주 올랐다. 그러나 2000년, 폭스바겐이 이 회사의 지분을 대량 인수하게 되면서 스코다는 다시 고객이 친해지고 싶은 브랜드의 길로 돌아오게 되었다. 브랜드 이미지는 실제로 제품의 품질 향상과 인지도 향상이라는 이중의 노력을 통해 현격히 개선되었다.

자동차 품질 향상을 위해 스코다는 폭스바겐 플랫폼을 사용하고 폭스바겐의 디자인을 사용하고 있다. 스코다 자동차의 품질이 달라졌다는 사실을 고객들은 소리없이 부드럽게 닫히는 자동차 문을 통해 느낄 수 있다. 일반적으로 자동차 도어는 고객들이 가장 예민하게 느끼는 부분이라는 것을 스코다는 알고 있었던 것이다. 그 결과 스코다의 파비아(Fabia) 자동차는 독일의 자동차 잡지인 아우토빌트(Autobild)로부터 2000년 최고의 자동차로 선정되는 영광을 안았다.

브랜딩, 그것이 의미하는 것은?

브랜드에 대한 존경심은 익숙함과 자신감이 특정 브랜드에 녹아내려 이 두 요소가 조화될 때 자연스럽게 나오는 것이다. 다시 말해 소비자들이 브랜드를 알아보고, 이 브랜드와 점점 친해지면서 브랜드에 대한 존경심이 발생한다는 뜻이다. 그러나 알려지고 친해지기만 한다고 브랜드가 무조건 존경과 감탄의 대상이 되는 것은 아니다. 소비자들로부터 존경받는 브랜드가 되려면, 그 브랜드의 특성을 일관성 있게 유지해야만 한다. 그 특성이 지속적으로 유지될 때, 고객들은 그 브랜드의 개성을 자랑스럽게 내세울 수 있다. 또한 브랜드는 사람처럼 일련의 가치관을 지니고 있어야 한다(표 14_1 참조).

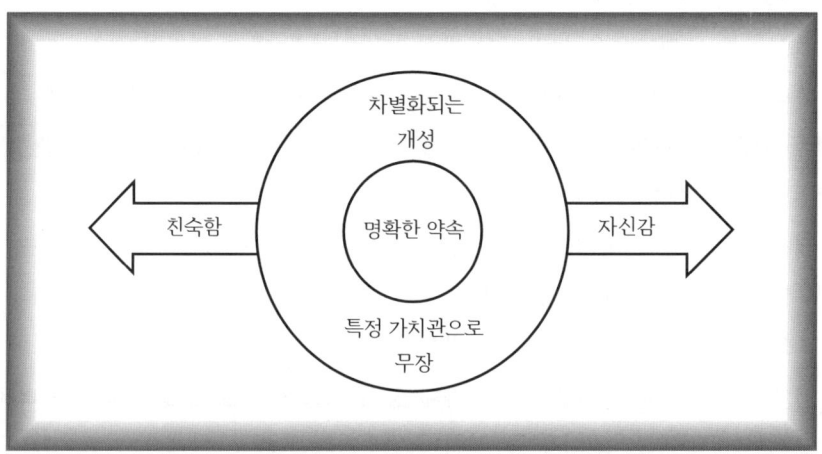

표 14_1 개성 = 브랜드의 차별화

브랜드는 그것이 내세우는 개성을 지속적으로 보여주겠다는 약속을 할 때 비로소 소비자들의 사랑을 받는다. 그런데 이 개성을 살리기 위해서는 몇 가지 특정 가치관이 뒷받침을 해주어야 한다.

케이터필러(Caterpillar)는 전세계 탐험 여행을 하는 고객들에게 편안함과 안전함을 약속했다. 따라서 고객들이 케이터필러 제품을 구입하는 것은 그 제품에 대한 고정적인 이미지와 가치관에 기인하는 것이다. 그 이미지는 '노란색, 질긴 제품, 어디에서나 착용, 어떤 날씨에도 착용가능, 날씨 변화에도 걱정할 필요 없다' 등이다. 이렇게 케이터필러 제품에 대한 고정 관념이 생긴 고객들에게는 이 브랜드가 내세우는 가치관도 익숙하다.

강하고 질기다는 이 고정관념을 바탕으로 케이터필러는 런던에 소재한 오버랜드(Overland)라는 패션 회사를 통해 다양한 제품 분야로 그 영역을 확대해 나가고 있다. 질긴 의류, 튼튼한 부츠, 심지어는 학생들의 책가방에 이르기까지, '어떤 날씨, 어떤 장소에서도 케이터필러면 오케이다' 라는 이미지를 강화해나가고 있는 것이다. 이처럼 확실한 개성과 이미지가 구축되고 나면 시장의 확장이 매우 용이해진다.

약속과 가치관을 준수하는 브랜드

성공한 브랜드들은 어김없이 개성과 가치관을 계속 유지하겠다는 고객과의 약속을 지키는 브랜드이다. 예를 들어, 저녁에 외식을 하기 위해 미국 미네소타 주에 있는 레인포리스트 카페(Rainforest cafe)에 가는 고객들은 거기에 가면 어떤 음식이 나올 것이라는 사실을 잘 알고 있다. 그 카페에 가면 맥도널드에서보다는 특별한 음식을 먹게 될 것이지만, 서빙하는 속도가 맥도널드보다는 늦을 것이다.

그 카페의 장식은 테네시 주 내쉬빌에서 본 레인포리스트 카페나 영국 맨체스터에서 본 레인포리스트 카페 장식과 크게 다르지 않을 것이다. 한결같이 정글에 온 느낌을 줄 것이다. 이 카페를 자주 이용하는 고객들은 왜 이 카페의 인테리어가 정글처럼 되어 있는지 잘 알고 있다. 이 카페가 환경보호 단체인 열대우림 보호기금(Rainforest Cafe Friends of the Future Foundation)을 지원하고 있기 때문이다. 이 카페를 이용하는 고객들은 레인포리스트란 브랜드가 그 의미 그대로 열대우림 보호를 위해 많은 노력을 하고 있다는 사실을 익히 알고 있다. 그렇기 때문에 음식값을 올려도 고객들은 쉽게 수긍을 한다. 올라간 음식값만큼 열대우림이 더 보호받을 것이라는 믿음이 브랜드와 고객 사이에 존재하기 때문이다(표 14_2 참조).

브랜드에 맞는 가치를 선택하자

특정 브랜드는 무언가 상징하는 것이 있어야 한다. 다시 말해 고객들이

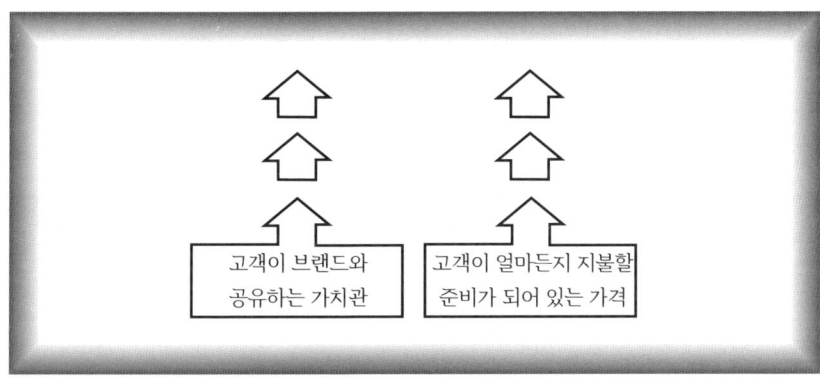

표 14_2 브랜드 가치

확실하게 알아볼 수 있는 개성과 가치관을 지니고 있어야 한다(표 14_3 참조). 예를 들어, 원더브라(Wanderbra) 하면 떠오르는 이미지는 무엇인가? 편안함? 섹시함? 이 브랜드를 선택한 소비자들은 '자신감과 파워'를 이 브랜드의 특성으로 꼽고 있다. 원더브라를 착용하면 어떤 특별한 그룹에 가서도 당당하고 자신감 있게 행동할 수 있다는 생각을 소비자들에게 심어주는 데 이 브랜드는 성공하였다. 레인포리스트 카페는 음식 가격에 있어서는 절대 켄터키 프라이드 키친과 경쟁할 수가 없다. 프리포트는 음식 맛에 있어서는 뉴올리언즈(New Orleans)와 경쟁할 수 없을 것이다. 그러나 이 브랜드는 다른 브랜드에는 없는 개성을 가지고 있다.

고객은 개성을 중요시한다. 그러므로 장기적인 고객관계 구축을 위해서는 브랜드가 상징하는 개성과 가치관이 무엇인지를 확실하게 확립해야 한다. 애플 컴퓨터는 사용하기 쉽다는 이미지를 내세워 성공했다. UPS는 갈색 트럭으로 온 미국을 누비며 고객에게 친근한 이미지를 심어주었다. 어떤 브랜드는 첨단 기술을 내세워 성공했고, 어떤 브랜드는 구세대의 가치관을 계속 유지함으로써 성공을 거두고 있다.

소비자들에게는 '어떤 분야에는 어떤 브랜드' 하는 고정관념이 형성되어 있다. 예를 들어, '부츠' 하면 '케이터필러'가 떠오르지만, '제트보트' 하면 절대 '케이터필러'가 떠오르지 않는다. 그러나 고정된 이미지를 다른 영역으로 확대하는 데 성공한 브랜드도 있다. 견고한 자동차의 대명사,

볼보(Volvo)는 펜타(Penta)라는 보트엔진을 생산하고 있다. 무엇보다 중요한 것은 브랜드가 지향하는 것은 무엇이고, 반대로 그 브랜드가 지양하는 것은 무엇인지를 분명하게 알리는 일이다.

- 동시에 가장 빠르게 서비스되고, 가장 저렴하고, 품질이 가장 높은 브랜드는 있을 수 없다.
- 브랜드는 그 중 한 요소를 선택해야 한다.

표 14_3 한 브랜드가 모든 가치를 다 보유할 수는 없다

가치의 지속성은 브랜드 성공의 핵심!

브랜드의 가치와 위치를 확고히 하기 위해서는 공식적으로 표명한 가치를 지속적으로 밀고 나아가야만 한다. 런던에 본사를 둔 브랜딩 전문 회사, 올프 올린스(Wolff Olins)의 더그 해밀턴(Doug Hamilton) 브랜딩 담당 이사는 파이낸셜 타임즈(2000년 7월 7일자)와의 인터뷰에서 다음과 같이 얘기한 바 있다.

수많은 인터넷 광고들이 타이타닉처럼 요란하게 등장했다가 어느날 슬며시 사라져버린다. 등장했다 싶으면 어느새 사라지고 없다. 진정으로 브랜드를 정착시키고 싶다면 지속적인 메시지가 필요한데, 더 중요한 것은 지속적인 광고를 통해 이 메시지를 부각시켜야 한다는 것이다. 특정 브랜드가 표명하는 것은 온라인 광고가 되었든 오프라인 광고가 되었든, 나라에 관계없이 동일해야만 한다.

보드카의 대명사인 앱솔루트(Absolut)는 시간이 흘러도 변함없이 동일한 메시지를 내보내는 것으로 유명하다. 사실 소비자들이 더 이상 신문 잡

지를 보지 않는 상황에서 TV로 광고를 내보내는 것이 훨씬 더 효율적일지도 모른다. 게다가 TV 광고는 국경을 넘어서 얼마든지 이동이 가능하지 않은가? 그러나 앱솔루트 보드카는 그러한 유혹을 뿌리치고 잡지의 뒷표지에 광고를 내는 전략을 계속 고수하고 있다. 그 이유는 '우리가 보드카의 마지막', 다시 말해 '우리보다 더 나은 보드카는 없다' 는 메시지를 전하기 위해서이다.

한편 자동차 광고를 보면, 미국 차들의 경우 보통 15초짜리 TV 광고를 한다. 그런데 새턴(Saturn)은 과감하게 60초짜리 광고를 선택했다. 소비자들로 하여금 충분히 보고 생각할 시간을 주겠다는 자신감에서 나온 선택이었다. 이처럼 특정 메시지를 선택했다면, 그것을 지속적으로 소비자들에게 보내야 한다. 믿을 수 있는 충성고객들은 바로 이 메시지에 공감하고 신뢰를 보내는 사람들이다. 일반 소비자들보다 이 충성고객들이 그들이 사랑하는 브랜드의 광고 메시지에 더 귀를 기울인다는 것이 연구 결과 밝혀졌다(물론 이와는 상반되는 결론이 도출된 연구 결과도 있다).

예측된 행동을 보이자

브랜드 이미지가 한번 고착되면 그 브랜드에 대해 소비자들은 고정된 기대를 갖게 된다. 특히 단골 고객들의 기대를 저버려서는 안 된다. 물론 브랜드는 이 기대를 실제 제품으로, 또는 느낌으로 만족시켜야 한다.

인터넷에서 통용되는 비공식적인 화폐인 빈즈를 애용하는 고객들은 이 브랜드가 친구처럼 격의없이 이름을 부르며 편지를 보내도 전혀 놀라지 않는다. 그러나 로이드 은행에서 보내는 편지를 받았다면, '미스터, 미세스, 미즈, 미스' 같은 정중한 호칭을 기대할 것이다. 또한 쉐바 같은 고양이 먹이를 생산하는 업체는 편지를 보낼 때 고양이 주인에게 보내지 않고 고양이에게 보낸다. 고양이 주인은 이러한 호칭을 더 반갑게 여긴다.

제품의 메시지를 지속적으로 제공하는 것도 중요하지만 실제 제품을 지속적으로 공급하는 것은 더욱 중요하다. 아무리 시대가 바뀌어도 고객의 기대에 부응하는 방향으로 제품은 지속적으로 공급되어야 한다. 물론 때에 따라 불가피하게 브랜드 이미지나 제품의 특성이 변화될 수도 있다. 그러나 이런 경우에는 그 변화에 타당성이 있어야 한다. 예를 들어, 그 브랜드가 기술적인 면에서나 심리적인 면에서 소비자들의 외면을 받을 수밖에 없는 경우에는 변화를 선택할 수밖에 없는 것이다.

미국의 몽고메리 워드(Montgomery Ward) 백화점은 제때에 변화를 주지 못하여 도산하고 만 기업 중 하나이다. 이 백화점은 128년의 전통을 뒤로 하고 2000년에 파산하고 말았다. 과거에 이 백화점은 우수한 품질의 제품을 경쟁력 있는 가격으로 제공한다는 명성을 자랑했다. 그러나 문제는 세월이 흘러도 이 백화점의 성격이 결코 바뀌지 않았다는 데에 있었다. 과거의 메시지에 너무 집착한 나머지 이 백화점은 소비자들의 심리적 그리고 실질적 변화를 따라가는 데에 소홀했던 것이다.

크리스마스의 새로운 전통을 만들어낸 곳으로 유명한 이 백화점이 사라졌다는 사실은 큰 아쉬움으로 남는다. 2000년 12월 30일자 타임즈에 따르면, 1939년 이 백화점은 어린이 손님들에게 특별 선물을 제공하기로 하고 이 백화점의 직원인 로버트 메이(Robert May)가 쓴, 반짝이는 빨간 코를 가진 사슴에 대한 이야기를 모든 어린이 선물에 붙였다. 너무도 유명한 루돌

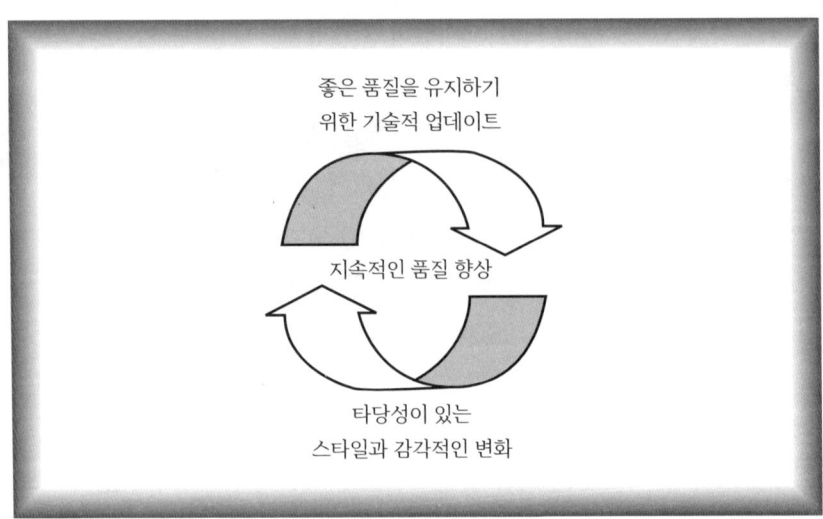

좋은 품질을 유지하기
위한 기술적 업데이트

지속적인 품질 향상

타당성이 있는
스타일과 감각적인 변화

표 14_4 브랜딩 – 지속성 유지와 변화의 과정

프 사슴코가 탄생하는 순간이었다. 해마다 세계적으로 애송되는 사슴을 탄생시킨 최고의 백화점이었지만 몽고메리는 결국 과거의 개성만을 고집하고 새로운 세태에 적응하지 못해 도태된 대표적인 사례라고 할 수 있겠다.

이처럼 브랜드가 어떤 특성, 포장, 홍보 및 서비스 방식을 변경하게 될 때 중요한 점은 과거에 브랜드가 내세운 약속을 저버리지 말아야 한다는 점이다. 브랜드가 약속을 지키는 방법에는 여러 가지가 있다. 유니레버가 생산하는 브랜드, 퍼실(Persil)은 강력한 세제를 표방하며 퍼실 파워(Persil Power)를 생산해냈는데, 유감스럽게도 그 세제는 너무 강력해서 영국 여기 저기에서 소비자들의 불평이 터져나왔다. 유니레버측은 신속하게 결함을 보완한 세제를 개발해냈고 소비자들이 요구하는 강력한 세제를 생산해낸다는 약속을 결국 지킬 수 있었다.

우리의 친한 친구들도 때로는 실수를 한다. 우리는 친구가 실수를 인정하고 시정을 하게 되면 그 실수를 너그럽게 받아들인다. 믿을 수 있는 충성고객이 브랜드에 가지는 생각도 다르지 않다. 일단 브랜드를 신뢰하게 되면 그 브랜드가 실수를 저질러도 너그럽게 용서하게 된다.

신뢰와 존경심 획득을 통한 사업 확장

브랜드가 소비자들에게 확실하게 인지되고 자리를 잡게 되면 그 브랜드는 현재 생산하고 있는 아이템의 경계를 넘어서 다른 아이템이나 분야로도 시장을 확장할 수 있다. 그 브랜드에 친숙한 고객들은 같은 브랜드로 새로운 아이템이 개발되는 경우, 그 아이템도 고객의 기대를 만족시킬 것이라고 믿는다. 브랜드가 새로운 카테고리에 적용되어도 고객들은 크게 동요하지 않는다. 이러한 고객들의 기대에 부응하기 위하여 특정 브랜드의 기업들은 새로운 제품이나 카테고리에 그 브랜드 네임을 확장하는 경우, 이 브랜드 고유의 개성이나 가치관을 계속 유지시키겠다는 약속을 한다. 이러한 방식으로 브랜드는 소비자들을 만족시키는 동시에 판매와 수익 면에서도 상승세를 타게 될 수 있다.

유니레버는 씨프(Cif)와 퍼실(Persil) 세제에서 얻은 이미지를 바탕으로 '마이 홈(My Home)'이라는 집안 청소 전문 브랜드를 출시했다. 이 브랜드는 시간에 쫓기는 현대 가정을 위해 집안 청소와 드라이크리닝 서비스를 제공하고 있는데 집안 청소에 쓰이는 세제는 물론 유니레버 브랜드의 세제이다.

우정의 특징

독일 속담에 '오래된 친구가 좋은 친구'라는 속담이 있다. 브랜드는 친구와 같다. 고객이 브랜드를 오래 사랑하면 할수록 그 브랜드에 대한 사랑도 더 커진다. 성공적인 브랜드들을 보면 사람 사이의 우정관계에서 찾아볼 수 있는 특성을 지니고 있음을 알 수 있다. 이 브랜드들은 브랜드 이름값을 하기 위해 최선을 다한다. 이들은 진정으로 고객이 깊은 우정을 나누고 싶은 친구같은 브랜드로 남기를 원하는 것이다.

모범사례 example | **홀릭스 인디아(Horlicks India)**

현재는 스미스클라인 비첨(SmithKline Beecham)이 소유하고 있는 홀릭스는 발효시킨 맥아와 우유를 혼합해서 만든 음료를 생산하는 브랜드이다. 홀릭스는 1883년 최초로 이 음료를 특허내어 미국 레이씬(Racine)에서 제조하기 시작하였으며, 지금은 영국 슬로우(Slough)에 그 본사를 두고 있다. 자연 발효 과정을 거쳐 발아된 보리에서 추출된 효소는 복잡한 구조를 가진 탄수화물을 간단한 당성분으로 변환시켜 우리 인체가 쉽게 흡수하고 소화시킬 수 있도록 한다. 이 음료를 개발한 홀릭스는 북극이나 남극, 또는 적도 등 세계 어디에서나 우리 인체에 꼭 필요한 음료인 이 음료를 계속 만들겠다는 약속을 했고 이를 꾸준히 지켜오고 있다.

이러한 약속을 지킨 덕분에 20세기 초 이래로 등반대원들이 에베레스트

원정을 갈 때도, 북극이나 남극 탐험을 갈 때도 홀릭스는 늘 그들을 따라다녔다. 1935년, 미국 탐험대를 이끌고 남극 탐험에 나선 리어 아미랄 리처드 바이드는 3천미터 높이의 산을 보고 그 산을 홀릭산으로 명명했다. 그야말로 홀릭스 브랜드의 위력을 보여주는 좋은 사례라고 할 수 있겠다(www.horlicks.com 참조).

시대가 바뀌어도 소비자들이 홀릭스 음료에 대해 가지고 있는 진심어린 신뢰감은 변하지 않고 있다. 홀릭스의 광고는 소비자들이 이런 신뢰감을 가질 수 있도록 믿음직한 이미지를 계속 유지한다. 홀릭스는 '밤에 갈증과 공복을 채워주는' 음료라고 소비자들에게 인식이 되어 있다. 이를 증명하듯 홀릭스 광고에서는 홀릭스 음료를 마신 후 평화롭고 편안하게 잠들어 있는 사람들의 모습을 극화시켜 보여주고 있다. 홀릭스는 소비자들의 인정과 신뢰를 제품의 가치관을 통해 보여주는 전형적인 사례라고 할 수 있다.

홀릭스의 브랜드 가치는 홀릭스의 가장 큰 해외시장인 인도에서 더 강화되었다. 홀릭스는 처음에 이 음료를 인도에 수출했었다. 그러나 관세나 수입허가관련 절차가 복잡해지자 1960년에 아예 인도에 생산공장을 지었다. 그리고 1988년부터는 이 음료에 칼슘을 첨가했다. 1994년부터 비타민과 무기질도 첨가하면서 이 브랜드는 가족 건강 음료로 자리를 잡게 되었다. 홀릭스 측은 1998년부터 '비타민이나 무기질 결핍으로 인한 정신적, 육체적 발달장애' 사실을 언론에 크게 부각시키며 건강 음료의 중요성을 강조하고 있다.

홀릭스의 소비자 건강 및 마케팅 담당 아크힐 찬드라 전무는 "우리는 새롭게 개발된 음료에다 우리 인도인들이 음식을 통해 섭취하지 못하는 비타민이나 무기질을 집어 넣었다. 이러한 영양소의 부족은 비단 빈민층뿐만 아니라 중산층에서도 흔히 볼 수 있는 현상이다"라고 설명했다. 이 새로운 영양소를 첨가한 음료를 마시면 머리가 영리해지고 건강해진다는 광고를 본 많은 부모들이 자녀들에게 이 음료를 사 먹이고 있다. 인도에서는 홀릭스 음료를 자녀들에게 마시게 하면 두뇌가 더 잘 발달해 장래 인도의 소프트웨어 산업 발전에 크게 기여하게 될 것이라는 얘기까지 나오고 있다.

홀릭스는 인도에서의 이러한 폭발적인 반응과 성장에 힘입어, 수유하는 산모나 어린이들을 위한 다른 제품으로까지 사업을 확장시켜 나가고 있다. 또한 홀릭스는 비스킷 생산에도 뛰어들었다(홀릭스에서 만드는 제품에 대해서 더 상세한 정보를 원한다면, www.indiangrocery.com/groc_beverages 참조).

홀릭스는 현재 120년의 전통을 지키며 신뢰받는 브랜드로 발전해 나가고 있다. 이를 입증하듯 홀릭스는 인도의 이코노믹 타임즈(*The Economic Times*)가 2000년에 실시한 소비자 조사에서 인도에서 가장 존경받는 브랜드 순위 3위로 선정되었다. 홀릭스는 그야말로 소비자들이 친해지고 싶은 친구 같은 브랜드가 된 것이다.

점검 14 exercise | 우리 브랜드가 표방하는 가치는 무엇인가?

우리 브랜드가 표방하는 가치에는 어떤 것이 있을까? 우리 브랜드는 어떤 개성을 선택했을까?

1. 우리 회사의 브랜드가 지니고 있는 바람직한 인간적인 특성 4가지를 나열해 보자.
2. 우리 회사 브랜드에는 없는 바람직한 인간적인 특성 4가지를 나열해 보자.

참고 문헌

Aaker, David A. and Joachimsthaler, Erich (2000) *Brand Leaderhip*, The Free press.

Clifton, Rita and Maughan, Esther (eds) (1999) *The Future of Brands*, P algrave.

Gordon, William and Pringle, Hamish (2001) *Brand Manners*, John Wiley & Sons

Morgan, Adam (1999) *Eating the Big Fish*, John & Wiley & Sons.

고객관계 총 점검
Reviewing the relationship

개 인적인 관계이든 사업상 관계이든 어느 정도 시간이 지나면 양측 관계를 점검해 보는 것이 바람직하다. 다시 말해 이제까지의 관계를 한번 되돌아 보고 상황을 개선하는 쪽으로 갈지, 최악의 경우 관계 단절을 고려해야 할지 결정을 내려야 한다는 뜻이다. 이제까지의 관계가 긍정적인 경우라면 그 관계를 더욱 더 증진시킬 방안을 모색해야 할 것이다. 그러나 현재 상황이 변화될 가능성도 별로 없고, 양측 관계가 지속되는 것이 바람직하지 않다는 결론이 내려지면 과감하게 관계에 종지부를 찍는 결단을 내려야 한다.

IV부에서는 4개의 주제로 고객과의 관계를 점검해 보고자 한다.

● 고객관계 측정 : 성공적인 고객관계 유지 요소는 무엇일까?
● 고객 탈출구를 봉쇄하라
● 관계가 실패로 끝나는 경우 : 수익성이 없는 고객관계를 어떻게 종료시킬 것인가? 실패에서 얻는 교훈
● 상호 발전에 이익이 되는 관계

슈넥터디 사람들과는 어떻게 되어가고 있지?

　무슨 말씀이십니까? 사장님?

이번 달에는 그 친구들이 제 몫을 못하는 것 같아서 말이야.

　아니요, 그 친구들하고 거래에는 전혀 문제가 없습니다.

그런데 어떻게 그쪽 구매실적이 6개월 동안 계속 하락세를 보이고 있단 말인가?

　요즘 그 회사가 조금 힘듭니다. 그렇지만 곧 좋아질 겁니다.

자네도 알겠지만, 그 친구들 우리 회사 주최 친선 골프대회에도 이번에 안 나왔어.

　올해는 그럴 여유가 없었을 겁니다. 어느 회사라도 어려울 때가 있지 않습니까?

가장 최근 그 회사 서비스 지원을 한 것이 언제였지?

　언제인지 플라이슈만에게 물어보겠습니다.

그래. 한번 확인해서 정확한 평가를 해보자구. 난 그 회사와 우리 회사 거래관계에 대해서 한번 점검을 하고 향후 진로를 정하고 싶으니까.

충성고객과의 관계일수록 정기적인 점검이 필요하다. 회사의 직원, 디스트리뷰터, 그리고 기타 관계자들에게 고객과의 관계가 얼마나 기업에게 중요한지를 상기시키고자 하는 데 이 점검의 첫 번째 목적이 있다. 두 번째 목적은 양측 관계를 점검함으로써 앞으로 양측 관계를 통해 얻을 수 있는 기회, 또는 양측 관계를 위협할 수 있는 요인을 찾아내어 이를 관리하자는 데에 있다. 이렇게 대고객관계를 점검하는 데 있어 제일 먼저 해야 할 일은 고객관계 측정에서 가장 중요한 기준이 무엇인지를 결정하고, 그 기준에 따라 관계를 평가하는 일이다.

관계 측정의 2가지 목적

고객관계를 측정하는 데 있어 제일 먼저 해야 할 일은 조직 전반에 걸쳐 점검 방법을 마련하는 일이다. 이를 위해서 대고객관계를 점검하겠다는 발표를 하고 이에 따른 평가 기준을 마련한다. 그 다음에 그 기준에 따라 고객관계를 평가하며, 평가가 이루어진 후에는 포상을 한다. 그리고 나서 미래의 전략을 마련하면 점검은 모두 끝이 난다(표 15_1 참조).

고객관계 측정은 크게 2가지 목적을 지닌다.

1. **점검을 하겠다는 발표를 통해 대고객관계의 중요성을 표명** 고객관계를 점검하겠다는 발표를 하게 되면, 모든 관련자들은 그러한 의지를 표명한 기업이 고객관계에 대해 큰 중요성을 부여하고 있다는 사실을 인지하게 된다. 그리고 이러한 기업의 의지에 부응하기 위해 노력을 한다. 이 점검에는 회사 직원들, 디스트리뷰터들과 그 회사 직원들, 소매 매장, 애프터서비스 제공업체, 그리고 나아가 회사 주주들까지 관여하게 된다. 물론 베스트고객들도 자신들이 거래하는 회사가 고객관계를 점검한다는 소식을 전해 듣는다.

   영국의 건설회사인 버밍햄앤미드셔(Birmingham and Midshires)는 매니지먼트 투데이/유니시스(Management Today/Unisys)가 공동 주관한 최고 서비스 기업 선정에서 대상의 영예를 얻었던 기업이다. 이 회사는 고객과의 관계를 정기적으로 점검하는 것으로 유명하다. 이 회사가 고객을 대상으로 실시하는 만족도 점검 조사는 고객들의 시간상 제약을 고려하여 5개의 질문으로 이루어진다. 그리고 앙케트 조사지의 남은 공간에는 자유롭게 코멘트를 할 수 있는 공간을 두어 고객들이 하고 싶은 말을 하게 한다. 이 앙케트 조사지에서 가장 눈에 띄는 점은 맨 마지막 줄에 이 회사 CEO의 개인 전화번호가 적혀 있다는 점이다. 이것은 고객에게 언제든지 서비스를 제공할 준비가 되어 있다는 이 회사의 의지를 보여주는 매우 좋은 예라고 할 수 있겠다.

2. 향후 진로 결정을 위한 준비 자료로 활용 고객관계를 측정하는 두 번째 목적은 바로 이 측정 결과를 기업의 정책, 결정, 그리고 향후 행동 전략에 반영하기 위한 것이다. 특히 충성고객에게 이루어지는 배송을 포함한 모든 서비스를 점검해 보고, 이를 일반고객의 서비스와 비교해보자. 그렇게 되면 이 베스트고객들을 우대해주기 위한 차별화 정책 마련 방안이 나올 것이다.

제록스(Xerox)는 고객 만족도 조사 결과에 따라 직원들을 포상하는 만족도 성과급 제도를 운영하고 있다. 이 회사는 고객 회사에 기계를 설치해 주고 3개월 후에 고객 만족도를 조사한다. 그리고 이 만족도에 따라 영업직원에 대한 성과급을 지급하는데, 고객 만족도가 70%인 경우 영업직원에게 기준급의 70%를 보너스로 지급한다. 이렇게 되면 영업직원들은 더 많은 보너스를 받기 위해 고객들을 더 만족시키려고 노력하게 된다. 이러한 제도야말로 고객도, 영업직원도 그리고 회사도 다 만족시킬 수 있는 제도이다.

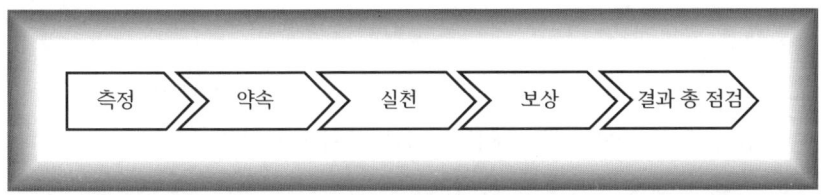

측정 》 약속 》 실천 》 보상 》 결과 총 점검 》

표 15_1 대고객관계 점검 과정

점검 결과에 대한 포상제도

컴퓨터 직접 판매 분야에 있어 세계 선도기업인 델(Dell)은 34개국에서 컴퓨터를 판매하고 있는데, 이 회사는 고객 충성도를 측정하는 3가지 기준을 마련해놓고 있다. 그리고 각 기준마다 통계 수치를 제시하며, 어떻게 하면 고객을 만족시킬 수 있는지 그 기준치를 직원들에게 주지시킨다. 이 통계 수치는 3개월에 한 번씩 조정되는데 3개월마다 기준치를 만족시킨

직원들에게는 포상을 한다(Reichheld, 2000).

고객관계의 측정 결과를 행동에 반영하자

　델의 경우처럼 우수고객 이탈을 방지하기 위한 여러 조처들을 결정한 후, 그 조처를 실천에 옮길 수 있도록 행동 강령을 정하고 이를 잘 관리하는 것이 중요하다. 국제적인 렌트카 전문 회사인 에이비스(Avis)는 차를 렌트하고자 하는 고객들이 1-800으로 시작하는 전화를 자주 사용한다는 점을 파악하고, 전화를 받는 매너의 중요성에 대해서 집중 교육을 하고 있다. 특히 효율적으로 전화를 받으면서도 친절이 몸에 배도록 강조하는 교육 전략을 채택하고 있는데, 이러한 전략은 회사의 경영, 예산 분배, 직원 교육 등 모든 분야의 임직원들에게 주지되고 있다.

어떤 분야를 측정해야 할까?

　고객관계에 관여하는 모든 요소를 다 측정해야 한다. 카플란과 노튼(Kaplan and Norton, 1996)은 기업의 건전한 발전을 위해서 단순히 금전적인 결과만 측정하지 말고 모든 분야에 걸쳐 점검할 것을 권고하고 있다. 또한 양측 관계를 진정으로 점검하고자 한다면 단순히 고객의 의견을 묻는 차원에 머물러서는 안 된다. 고객과의 거래에 있어 영향을 미치는 또 다른 요인들이 있을 것이다. 그리고 시간이 가면 갈수록 더 개선할 수 있는 여지가 있는 요소들도 있을 것이고 인간적인 관계를 실질적인 거래로 이어지게 하는 방법들도 있을 것이다. 고객관계의 측정은 이러한 모든 요소들을 감안하여 이루어져야 한다. 직원들의 업무 성과, 고객들과의 친숙도, 양측 관계의 효율성, 그리고 실제 금전적인 성과 등 모든 요소가 관계 점검에 반영되어야 할 것이다.

　모든 요소를 고려해야 한다고 해서 수백 개의 요소를 다 점검할 수는 없다. 그 중 양측 관계 증진에 결정적으로 기여하는 요소 몇 가지를 집어 집중적으로 점검을 하자. 또한 고객들에 대한 조사도 최근 구매가 극적으로 증가한 고객군과 제자리를 지키는 고객군을 대비시켜 조사해보자. 이때 고객의 시장과 고객기업의 성장에 영향을 미치는 외적인 요소는 제외시켜야 한다. 제일 중요한 것은 기업과 고객 간의 관계에 직접적인 영향을 미치는 요소들이고 바로 이 핵심 요소를 찾아내야 한다.

한때 크라이슬러 자동차의 부회장이었던 밥 루츠(Bob Lutz)는 이 상황을 다음 표현으로 정리를 해준다. "두 식당 중 어느 식당으로 갈까 고민 중인데, 한 식당은 오로지 영리만을 추구하는 식당이고, 다른 식당은 음식을 사랑하는 식당이라면 사람들은 어디로 갈까?" 일선에서 근무하는 직원들의 동기 부여 정도에 대해 평가하는 것은 회사 지출이나 판매 실적을 측정하는 것처럼 쉬운 일이 아니다. 그러나 이 일선 직원의 일하는 태도가 믿을 수 있는 충성고객과의 미래 관계를 가늠하는 데에는 중요한 지표가 된다는 사실을 잊지 말자.

초록색과 노란색 트랙터를 제조하는 존 디어(John Deere)는 160개국에서 사업을 하며 연간 매출이 무려 110억 달러를 상회하는 대기업이다. 이 회사는 4부분으로 나누어진 점수카드제를 도입하여 각 부서별 성과를 측정하는데, 이 채점카드는 다음 요소들로 이루어져 있다.

- 인력 관리 : 사원 만족도, 직원 연수
- 고객 포커스 : 충성도, 마켓 리더십
- 비즈니스 프로세스 : 생산성, 품질, 비용, 환경
- 사업 결과 : 자산에 대한 수익, 판매 증가율

결국 믿을 수 있는 우수고객들과의 모든 관계를 점검하는 데에는 외적인 요소보다는 기업 내부적인 요소를 더 감안해야 하며, 일단 점검이 끝나면 고객관계를 더욱 증진시키기 위해 지속적인 노력을 하겠다는 약속을 공개적으로 표명해야 한다. 존 디어는 회사가 발전하고 고객들에게 제대로 된 서비스를 제공하려면 무엇보다도 직원들에게 그럴 만한 동기가 부여되어야 한다고 생각하며, 이를 위해 직원 발전을 위한 연수에 큰 비중을 둔다.

직원들을 대상으로 한 측정

5장에서 우리는 직원들의 동기 부여와 기술 그리고 고위 경영진에 대한 신뢰가 기업 발전에 매우 중요한 요소가 된다는 얘기를 했었다(표 15_2 참조). 이 세 가지 요소를 한꺼번에 개괄적으로 측정할 수 있는 통계 자료가 바로 직원들의 이직률이다. 이직률이 낮다는 것은 직원들이 그만큼 자신이 하는 일에 만족하고 있고, 이직률이 낮은 만큼 연륜이나 연수를 통해 기술과 다른 능력을 익힐 시간이 많았다는 것을 의미하며, 또 회사 경영진의 정책에 만족하고 있다는 것을 의미한다. 이러한 직원들의 낮은 이직률은 곧바로 단골고객 만족도로 이어진다. 한 회사에서 오랫동안 근무한 직원들은 단골고객의 상황과 입장을 누구보다 잘 이해하고 있고, 이것이 양측의 장기적인 관계 증진에 큰 기여를 하기 때문이다.

직원들을 대상으로 측정할 수 있는 또 하나의 요소는 직원 모두가 기업이 표방하는 목표와 미래 전략을 제대로 이해하고 있는가를 점검하는 것이다. '모두가 같은 악보를 보고 노래를 한다면' 당연히 조화로운 노래가 나올 수 밖에 없다. 그리고 이것은 대고객 서비스로 이어진다. 직원들의 이해도를 평가하는 데 있어 직원들에게 직접적인 질문을 던지기보다는 효

- 직원들 이직률: 장기 근무 직원들이 장기적인 고객관계를 만들어낸다.
- 직원들이 회사의 임무와 미래 전략을 제대로 이해하고 있는지 점검한다.
- '어떻게 하면 더 나은 대고객 서비스를 제공할 수 있는지' 직원들을 대상으로 아이디어를 공모한다.

표 15_2 직원들을 대상으로 한 고객 만족도 측정

율적인 대화를 통해서 이해도를 파악하는 것이 더 좋다.

직원들을 이용해 대고객 서비스를 평가하는 세 번째 방안은 직원들로부터 '어떻게 하면 더 나은 대고객 서비스를 제공할 수 있을까?' 하는 방안에 대한 아이디어를 공모하는 것이다. 아이디어는 많을수록 좋다. 이렇게 아이디어를 지속적으로 수집하다 보면 이것은 눈에 보이는 사업상 이득을 가져다 준다. 또 이러한 분위기를 조성하면 직원들이 '우리 견해를 존중하는 이 회사는 발전할 가능성이 큰 회사다' 라는 생각을 갖게 되고, 이들이 더 열심히 일하게 되는 효과도 발생시킬 수 있다. 당연히 신규고객도 더 많이 유치할 수 있다. 그야말로 기업도 성장하고 대고객 서비스도 강화할 수 있는 방법이 바로 직원들 사이의 아이디어 공모 방안인 것이다.

고객을 대상으로 한 측정

우리 회사가 과연 대고객 서비스를 잘하고 있는지 효율적으로 측정하려면 누구를 대상으로 측정하는 것이 좋을까? 영국 뉴캐슬 타인에 본사를 둔 노던 일렉트릭앤개스(Northern Electric and Gas)는 일부 고객들을 선정해 이들로부터 서비스에 대한 의견 조사를 한다. 특히 이 회사는 서비스에 불만을 보이는 고객들에게 주목한다. 불만은 고객 만족도를 평가하는 주요한 요소이다. 불만을 표명하는 고객이야말로 회사가 제시해야 하는 서비스에 대한 확실한 기준치를 가지고 있는 사람들이고, 이 회사의 서비스가 그 기준치에 미달된다는 것을 증명해주는 사람들이기 때문이다. 회사의 충성고객에게 불만이 있다면, 즉시 대화를 나눌 자리를 마련해서 불만 사항에 귀를 기울여야 한다. 이를 위해 고객 불만을 들어주는 전담 부서를 운영하는 기업들도 많은데, 그렇게 함으로써 회사가 필요한 관련 정보를 더 용이하게 수집할 수 있고, 불만이 있는 충성고객의 문제를 신속하게 해결해 줄 수 있기 때문이다. 기업이 제대로 일을 하고 고객을 만족시키고 있는지 조사를 하려면, 단순히 고객만을 대상으로 조사를 하는 데 만족하지 말고, 디스트리뷰터, 일반 소비자들, 그리고 시장에 영향력을 행사하는 주체들에게도 의견을 물어보는 것이 좋다.

물론 제일 중요한 것은 고객 만족도를 측정하는 것이다. 고객들에게 '우리 회사의 서비스에 만족하는가?' 라고 직접적으로 질문을 할 수도 있지만, 이에 대한 답변을 공식 통계화하여 만족도의 지표로 삼는 것은 조금 문제가 있다. 고객에 따라 만족의 기준이 모두 다르기 때문이다. 이를 감안하여 일반적으로 다음 질문을 던져 간접적으로 고객의 만족도를 평가한다.

- 다음 번에도 저희 회사에서 물건을 재구매하시겠습니까?
- 저희 회사의 상품이나 서비스를 비슷한 상황에 있는 동료나 친구에게 추천하실 용의가 있으십니까?

재구매 의사야말로 고객 만족도를 평가할 수 있는 최고의 지표라고 할 수 있다. 또 이와 마찬가지로 주변에 있는 사람들이나 기업에게 자신이 구입한 제품이나 서비스를 권한다는 것은 그만큼 고객이 만족했다는 것을 보여주는 좋은 증표라고 할 수 있다. 아니타 반 드 블리에트(Anita van de Vliet, 1997)에 따르면 3M은 유럽 고객들을 대상으로 만족도 조사를 할 때 다음 세 가지 질문을 던진다고 한다.

- 저희 회사 제품에 완벽하게 만족하십니까?
- 저희 제품을 주변에 권하실 의향이 있으십니까?
- 저희 회사 제품을 재구매하실 의향이 있으십니까?

3M측은 이 세 가지 질문을 던져 적어도 50%의 고객으로부터 '그렇다'라는 대답이 나오면 만족할 만한 수준으로 여긴다.

이렇게 고객에 대한 여론 조사를 통해 고객 만족도를 평가하는 것은 매우 바람직한 방법이다. 그러나 이 방법에도 한계는 있다. 소비자 수가 엄청나게 많은 대중 시장(mass market)에서 수많은 소비자들을 대상으로 여론 조사를 해서 그 결과를 피드백 받는다는 것은 현실상 불가능하기 때문이다. 이러한 문제점을 고려하여 상당수 기업들은 충성고객들만을 대상으로 만족도 조사를 깊이 있게 실시하는 방법을 채택하고 있다.

3M은 매 2년마다 간부사원들을 특정 단골고객기업으로 파견하여 그 회사에서 일하는 직원 및 간부 40~50명과 대화를 나누게 한다. 1인당 대화 시간은 90분씩 배정이 되는데, 이 대화는 사적인 대화가 아닌 3M에 대한 솔직한 의견을 듣는 공식적인 업무의 연장으로 이해되고 있다. 이렇게 고객업체의 직원들을 만나 얘기를 듣다 보면, 전혀 생각치 못했던 의견이나 불만이 나올 수 있다. 3M은 이러한 견해를 즉시 반영하여 고객을 만족시키려고 노력하고 있다. 또한 고객업체의 의견을 듣고 적절한 조처를 취한 경우, 그 내용을 해당직원과 고객업체에 통보해준다.

이처럼 고객의 의견을 듣고 우수고객에게 그에 걸맞는 대우를 해준다면 고객 이탈률은 낮을 수밖에 없다. 고객의 만족도를 조사하는 또 다른 방법은 전년도와 당해년도의 고객 수와 회사 수입을 비교해 보는 방법이다. 회사가 정상적으로 운영되는 경우 회사 수입의 60~70%는 기존고객으로부터 나온다. 결국 신규고객 유치도 중요하지만, 기존고객 이탈방지가 훨씬 더 중요하다는 얘기다. 사실 대형 단골고객을 잃게 되면, 그 기업의 미래는 폭풍 속을 항해하는 배의 처지와 같아진다.

고객 만족도를 평가하는 세 번째 방법은 주요 충성고객이 전체 고객 가운데 차지하는 비중이 얼마나 되는지 평가하는 방법이다. 보통은 2~3개 주요 충성고객이 기업의 매출을 좌우한다. 그러한 점에서 이 베스트고객의 구매가 전년도보다 증가했는지 감소했는지, 또한 이 고객이 전체에서 차지하는 비중이 증가했는지 감소했는지 평가해보는 일은 매우 중요한 일이다. 보잉사는 자사로부터 항공기를 구매하는 많은 고객들의 구매 현황을 비교하여 고객 만족도를 평가하고 있다. 그러나 많은 산업 분야에서 이를 위한 평가 자료를 얻기는 생각보다 쉽지 않다. 요새는 다행히 인터넷이나 정보 네트워크의 발달로 필요한 정보를 구할 기회가 많다. 이러한 정보야말로 고객기업들을 비교할 수 있는 중요한 자료가 된다.

비즈니스 현황 측정

　기업의 비즈니스 현황을 측정하는 것은 기업 내부에서 고객 만족도를 평가하는 또 하나의 중요한 방법이다. 또한 이러한 조사를 통해 고객이 요구하는 사항이 무엇이고, 요구 사항이 어떻게 변화되고 있는지 확실하게 이해할 수 있게 되고, 그 결과 기업이 내세우는 서비스 기준치를 상향 조정할 수 있게 된다.

- 만족도 조사
  - '저희 회사를 주변에 추천하시겠습니까?'
- 고객의 지난해 구매 수치와 금년 구매 수치 비교
  - 예상 목표에 도달했는지 검토
- 특정 고객이 전체 고객에서 차지하는 구매 비율 비교
  - 고객 포트폴리오에서 특정 고객이 차지하는 위치

표 15_3 고객/디스트리뷰터 측정

　고객 만족도를 좌우하는 기준은 산업 분야마다 매우 다르다. 건강관련 제품의 경우, 제품 배달시기가 제일 중요한 요소로 작용한다. 3M 웹사이트(www.3M.com)에 나와 있는 정보에 따르면, 3M 일본 배급회사는 미국에 있는 제조공장과 특별히 긴밀한 협력 관계를 유지하고 있다. 이러한 협력 전략 덕분에 3M 제품의 대고객 정시 배달률은 98%로 증가했고, 반대로 일본 건강관련 제품 재고는 25% 정도 감소시킬 수 있었다.

금전적인 상황 평가를 통한 측정

　고객과의 관계를 평가하는 또 다른 측정 방법은 믿을 수 있는 충성고객과의 금전적 거래 내용을 평가하는 방법이다. 고객과의 관계가 강화되었

는지 또는 느슨해졌는지 평가하는 기준으로 보통 다음 두 가지 요소가 사용된다.

- 구매 증가 수준
- 프리미엄 가격 제공 또는 경쟁 공급업체의 할인 유혹에 대한 고객의 저항률

우리가 앞서 4장에서 집중적으로 보았듯이, 충성고객과의 관계가 강화되면 기업에게 많은 이점이 있다. 그 중 하나가 바로 시간이 지나면서 고객의 구매가 증가하는 것이라고 앞서 언급했었다. 충성고객의 구매가 증가하는 이유는 여러 가지로 해석해 볼 수 있는데, 그 중 기업이 얻을 수 있는 대표적인 이익은 다음과 같이 설명될 수 있다.

- 공급업체에 대한 고객의 신뢰 : 고객은 한 아이템에 만족하지 않고 구매 범위를 다양한 아이템으로 확대해 나간다.
- 기업의 제품과 서비스에 만족한 고객은 시간이 가면서 더 고가의, 그리고 마진이 더 높은 상품쪽으로 옮겨간다.
- 고객기업의 발전과 더불어 공급업체도 성장을 한다(B2B 거래의 경우).

이러한 점에서 고객의 구매 현황을 정기적으로 평가해 보는 것이 중요하다. 물론 믿을 수 있는 충성고객 수가 적은 경우, 이를 그래프로 만들어 평가하기는 쉽다. 요즘에는 대부분의 영업부서가 이러한 요소를 평가할 수 있는 정보 소프트웨어를 갖추고 있다. 그러나 고객 수가 매우 많은 경우에는 비교 평가하기가 쉽지 않은데, 이 때는 한해 동안 거래한 고객의 구매 수치, 2번째 해 동안 거래한 고객의 구매 수치, 또 3번째 해 동안 거래한 고객의 구매 수치 등을 비교하는 것도 하나의 측정 방법이 될 수 있다. 그렇게 되면 시간이 흘러 고객과의 결속이 강화되면서 구매에 실질적인 변화가 있는지 측정할 수 있다(표 15_4 참조).

농화학 분야와 제약산업 분야를 대상으로 사업을 하고 있는 한 생명공학 관련 기업은 이 두 분야의 고객 거래 패턴이 서로 완전히 다르고, 변화도 심하다는 사실을 발견했다. 이들 고객은 거래 패턴도 다를 뿐 아니라 해마다 거래 실적에 있어서의 변화도 너무 커서 고객 구매 패턴을 측정한 결과, 특정 결론을 도출해 내지 못하고 현황만 파악한 것으로 만족할 수밖에 없었다. 특히 소형 거래가 아닌 대형 거래를 하는 기업일수록 구매량 변화가 심하다는 것이 전문가들의 의견이다. 세계적인 차원에서 거래를 하는 충성고객들의 경우 자신들의 국제적인 지위와 가치를 내세우며 거래 시 이를 가격에 반영해줄 것을 요구한다. 빠르게 변화되는 소비재 시장의 경우, 브랜드가 현상 유지만 해주어도 영업 담당 직원들이나 간부들에게 보너스를 주는 회사가 있을 정도로 시장의 요동이 심한 것이 현실이다.

고객의 충성도는 고객이 경쟁기업의 할인 가격 유혹에 얼마나 잘 저항을 하는지로도 평가될 수 있다. ICI그룹 산하 기업인 퀘스트(Quest)는 식품의 향과 맛을 좌우하는 미향제품을 생산하는 세계적인 기업이다. 네덜란드 나아아르덴에 본사를 두고, 세계 28개국에서 사업을 하는 퀘스트는 이 분야에서 타의 추종을 불허하는 선두기업이다. 이 회사의 브랜드가 워낙 세계적으로 잘 알려져 있고, 이 회사가 제공하는 제품 및 서비스의 품질이 탁월

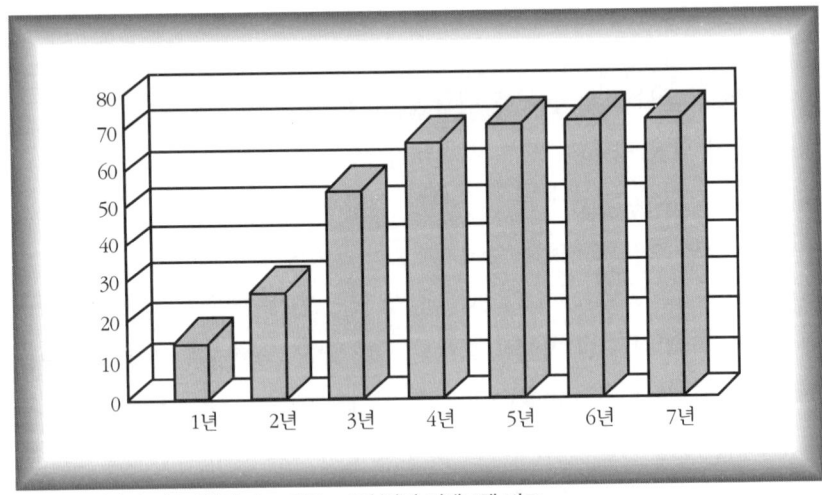

표 15_4 거래년도/구매액의 비교 평가 – 1년/다년 거래고객 비교

하다고 식품산업에 소문이 나면서, 퀘스트와 거래하는 고객기업들은 퀘스트 경쟁기업들이 저가공세로 유혹을 해도 전혀 끄덕도 하지 않는다.

우리 회사는 과연 잘 하고 있는 것일까?

앞서 언급했듯이 대고객관계를 제대로 평가하려면 올바른 측정 방법을 선택하는 것이 무엇보다 중요하다. 올바른 비교 지표를 선택한 후 올바른 방법으로 비교하는 것이 중요한데, 고객관계 평가에서 시간의 중요성, 다시 말하면 장기적인 거래 관계 평가에 큰 비중을 두어야 한다. 또한 고객에게 얼마나 신속하게 서비스를 제공하는지 시간적으로 평가해 보는 것도 중요한데, 이를 위해서는 경쟁기업이 주요 고객에게 어떻게 서비스를 제공하는지 분석해 보는 작업이 필수적이다. '우리 회사는 고객의 기대치를 얼마나 만족시키고 있는가? 우리 회사는 경쟁기업에 비해 고객 만족도가 높은가 아니면 낮은가?' 이 질문에 대한 답변을 찾아야 한다.

- **고객 기대치와 비교해 본다** 많은 기업들이 고객들을 대상으로 1에서 10까지의 수치로 고객 만족도를 평가한다. 물론 1은 만족도가 낮다는 것을 의미하고 10은 고객이 완전히 만족한다는 것을 의미한다. 그렇다면 어느 정도가 고객이 만족한다는 의미인가? 조사를 하는 기업은 그 기준치를 정해야 하는데, 고객에게 더 만족스러운 서비스를 제공하기 위해서는 기준치를 높게 잡는 것이 바람직하다. 예를 들어 10점 만점에 8점도 못받으면, 그 고객은 충성을 다하지 않은 것이라고 평가하면 된다.

  델(Dell)의 웹사이트에 가면, 존 디어(John Deere)사에 컴퓨터 및 관련 장비를 설치해준 팀에 대한 성공적인 사례가 나와 있다. 이 팀은 고객이 새로운 제품으로 교체할 때마다 만족도 조사를 하고, 새로운 델 컴퓨터 환경에 고객이 적응할 수 있도록 최선의 서비스를 제공했다. 이 팀은 고객이 컴퓨터나 장비를 교체한 경우, 이에 익숙해지는 데 필요한 무료 연수를 받을 것을 권고했으며 새로운 환경에 필요한 소프트웨어를 찾아서 제공했다. 이 팀은 고객 만족도 조사에서 6점 만점에 5점을 받았다.

● **경쟁기업과 비교해 본다** 영국의 텔레폰 뱅크인 퍼스트 다이렉트(First Direct)는 리서치 기관에게 하청을 주어 자사 고객 500명, 그리고 타사 고객 500명을 대상으로 소비자 만족도를 조사했다. 이렇게 조사를 한 결과 타사의 서비스가 자사의 서비스에 비해 현격히 떨어진다는 사실을 확인하고, 이 은행은 더 큰 자부심을 갖고 일할 수 있게 되었다. 이 조사 결과는 후에 신문에 보도되었는데, 이 은행 고객들의 90%가 '매우 만족/극도로 만족' 부류에 들어간 반면, 경쟁사 고객들의 평가는 이보다 훨씬 더 낮게 나왔다.

세계적으로 앞서 나가는 기업들과 크로스 분석

세계 수준의 고객들은 당연히 세계 수준의 제품 공급 및 고객 서비스를 기대한다. 특정 산업에서 선두 대열에 있는 기업들은 그 분야에서 1위 자리에 만족하지 않고, 다른 사업 분야의 1위 기업들을 벤치마킹한다. 이들은 특히 고객 만족도 분야에서 타의 추종을 불허하는 타산업 기업들의 경우를 벤치마킹하여 고객 서비스 향상 비법을 배우려고 노력하는데, 이러한 대표적인 기업들 중의 하나가 닛산(Nissan)을 비롯한 자동차 제조업체들이다.

타산업에서 교훈을 얻으려는 기업들은 배워야 할 요소들을 정한 뒤, 그 분야에서 선두를 달리는 기업을 벤치마킹하는 방법을 사용하고 있다. 3M의 경우 치과 산업 제품을 다른 사업과 벤치마킹하고 있다. 예를 들어 고객 서비스에서 최고라는 평가를 받고 있는 이스트만 코닥(Eastman-Kodak)과 3M 덴탈을 비교해서 이스트만보다 더 나은 서비스를 제공하기 위해 노력하는 것이다. 한편 3M은 공장 안전도 부분에 있어서는 세계 최고라고 인정받고 있는 듀퐁(Dupont)사와 자사를 비교하고 있다.

맺음말

믿을 수 있는 고객과의 관계가 효율적으로 지속되고 있는지에 대한 점검은 미래의 트렌드를 예측하고, 고객의 기대를 충족시키며, 나아가 기업의 미래 전략을 결정하는 데 꼭 필요하다. 이렇게 고객 만족도를 조사했다면, 조사에 그치지 않고 그 결과가 회사 이사회에까지 보고되어야만 한다. 모든 산업의 선도기업들은 상위 우수고객에 대해서는 이처럼 정기적인 고객 만족도를 조사하여 이 정보를 대고객관계강화를 위해 사용한다.

운동신경질병협회(Motor Neurone Disease Association)

모범사례
example

운동신경질병협회(일명 MND협회)는 폭넓은 고객관계와 수준 높은 관계유지로 잘 알려진 영국의 자선단체이다. 이 단체가 보여주는 깊고 폭넓은 관계 수준은 영리, 비영리 수준을 떠나 모든 조직이 벤치마킹해야 할 바람직한 사례이기 때문에 이 자리를 빌려서 소개하고자 한다.

운동신경질병(MND)은 이름 그대로 뇌와 척수에 있는 운동신경을 마비시키는 질병이다. 운동신경은 우리의 근육을 콘트롤 하는 신경세포인데, 이 운동신경이 죽으면, 근육이 일을 하지 않는다. 그렇기 때문에 일단 MND에 걸리면, 그 질병의 진척 속도가 매우 빠르고, 결과도 치명적이다. 이 병에 걸리면 걸을 수 없게 되며, 말도 할 수 없게 되고, 혼자서 식사도 하지 못하게 된다. 그러나 지능이나 감각은 손상되지 않는다. 일단 질병 진단을 받은 후 평균 생존기간이 14개월에 불과할 정도로 위험한 질병이다.

나는 이 협회의 조지 레비(George Levvy) 대표이사와 만나 MND협회가 어떻게 수많은 관련 단체 및 후원자들과의 관계를 성공적으로 관리하고 있는지 그 비법에 대해서 물어보았다.

우리는 우리의 모습을 바깥 세상에 조금 더 잘 알리기 위해 모든 안테나를 풀 가동하고 있습니다. 무엇보다 우리 단체가 MND에 걸린 환자들, 후원자들, 의료종사자들, 과학자들, 다른 자선단체들, 보건사회부, 국회, 그리고 다른 공공기관으로부터 어떠한 평가를 받고 있는지 파악하는 일이 중요합니다.

MND협회가 외부 기관들과의 관계를 중요시 여기는 데에는 그럴 만한 이유가 있다. 보건사회 분야 종사자들, 정부 정책 결정자들, 그리고 의회에게 어떻게 보이느냐에 따라 이 질병에 걸린 환자들의 운명이 좌우되기 때문이다.

이 협회는 국민들이 이 질병에 대해 들어보았는지 질병의 특성에 대해 알고 있는지 매년 여론 조사를 실시한다. 또한 MND에 걸린 환자와 그 가족들을 대상으로 제일 큰 걱정거리, 병원 시설 및 MND협회가 제공하는 서비스에 대한 만족도, 그들의 특별한 경험에 대한 앙케트 조사를 실시한다. 기부를 하는 사람들과 단체에게 이 질병의 위험과 심각성에 대해 알리는 일 또한 중요하다. 이 협회는 기부를 하는 단체와 개인에 대해 모두 기록해서 기부 횟수, 기부 금액 등을 분석한다. 또한 이 질병에 대한 새로운 연구가 행해지고 있는지, 매스컴에서 다루어지는 횟수는 얼마나 되는지에 관해서 측정하는 일도 소홀히 할 수 없다.

MND협회가 무엇보다 중요시하는 것은 이 협회 및 질병에 대한 일반 국민들의 인식도이다. 이 협회의 기금모집 담당 이사 제인 번즈(Jane Burns)는 주요 관계 분야마다 협회측에서 담당 책임자를 내세워 그 분야를 책임지게 한다는 얘기를 했다. 관련 분야의 책임자는 가능한 한 관련 분야의 여러 사람들과 접촉하면서 의견 조사도 하고, 이를 협회에 보고해 필요하다면 시정 조치를 취하면서 관련자들과 장기적인 관계를 유지하기 위해 최선을 다한다.

MND협회가 어떤 관계보다 중요시 여기는 관계는 의료연구 커뮤니티와의 관계이다. 브리이언 디키(Brian Dickie) 연구담당 이사는 의료연구 분야에 긍정적인 여론을 조성하는 것이 특히 중요하다는 얘기를 했다. MND분야 연구를 하는 것이 과학적으로 얼마나 가치있는 일인지 설명하고, 연구비를 후원받을 수 있도록 조처를 취해주고, 연구 결과 얻은 정보를 함께 공유하는 것이 이 협회의 중요한 목표이기 때문이다. 이 협회는 의료과학 분야의 인식을 더욱 더 높이기 위해서 매년 신경전문과 의사들, 보건사회 관계자들, 그리고 많은 관련 분야 학자들이 참여하는 International Amyotrophic Lateral Sclerosis/Motor Neurone Disease Symposium을 후원하고 있다. 2000년에는 덴마크 아아르후스에서, 2001년에는 미국 샌프란시스코에서, 그리고 2002년에는 호주 멜버른에서 개최된 이 심포지엄에는 매회 600명이 넘는 세계적인 학자와 관계자들이 참석하고 있다. "같은 생각을 가진 전문가들을 한 자리에 모아놓음으로써 MND협회는 전세계 전문가들 간의 협력증진에 크게 기여하고 있을 뿐 아니라, 한 발 더 나아가 과학 및 의학 발전에 크게 기여하고 있다"고 런던 킹스칼리지 부속병원에 근무하는 신경전문의인 크리스 쇼우 박사는 말했다. 물론 심포지엄이 끝나고 나면, 이 협회와 공유하고자 하는 새로운 지식 및 연구 결과가 협회에 피드백 된다.

MND협회의 홍보 이사인 로라 시몬즈(Laura Simons)는 이 협회가 영국 정부 및 의회와도 관계 증진과 계몽을 위해 많은 노력을 하고 있다고 밝혔는데, 이 협회는 특히 MND 질병을 앓는 환자들이 장애 수당을 받을 수 있도록 하기 위해 국회의원, 관계 공무원들과 계속 협력을 하고 있다고 한다. 이러한 노력의 결과 2000년 릴루졸(Riluzole)이라는 새로운 MND 치료약을 개발하도록 국립의학연구소에 요청하여, 결국 이 약 사용에 대한 정부 승인을 받아내는 데 성공할 수 있었다. 이 협회는 대정부 관계 결속에 특히 큰 관심을 기울이고 있는데, "정부는 우리 협회가 발전하고 있는지, 발전이 정체중인지, 또는 그 세가 약해지고 있는지에 관심을 가진다. 중요한 것은 우리가 계속 노력하며 성장하고 있다는 사실을 정부에 보여주어, 실질적인 성과를 정부로부터 얻어내는 것이다"라고 홍보 이사는 강조했다.

점검 15 exercise

우리 회사의 고객관계 점수는 얼마나 될까?

우리 회사의 고객관계를 점수로 계산해 보자. 표 15_5를 참조하여 각 카테고리별로 믿을 수 있는 고객에 대한 우리 회사의 서비스를 평가하는 3가지 기준을 마련해 보자.

직원들을 대상으로 한 평가	고객/유통업체들을 대상으로 한 평가	비즈니스 거래 상황에 대한 평가	금전적 수치로 본 평가
•	•	•	•
•	•	•	•
•	•	•	•

표 15_5 고객관계 평가 점수표

참고 문헌

Ambler, Tim (2000) *Marketing and the Bottom Line*, Financial Times/Prentice Hall.

Kaplan, Robert S. and Norton, David P. (1996) 'Using the Balanced Scorecard as a Strategic Management System', *Harvard Business Review*, January/February.

Reicheld, Frederick (2000) 'E-Royalty: your secret weapon on the web', *Harvard Business Review*, July/August.

Van de Vliet, Anita (1997) 'Are they being served?' *Management Today*, February.

자네, 결국 이혼하기로 결정을 내렸나?

　응, 그래서 고통스러워. 굉장히 고통스러워.

뭐가 제일 힘든가?

　내 지갑이 텅 빌 거라는 사실을 제일 참을 수가 없어!

앞의 3장에서 믿을 수 있는 충성고객과 긴밀한 관계를 유지하려면 인간관계에 적용되는 8가지 특징을 대고객관계에도 적용해야 한다는 사실을 설명했었다. 이 인간적인 특징을 고객관계에 반영할 때 비로소 사업관계도 그 결속력이 강해진다. 그러나 관계가 늘 좋을 수만은 없으며 위기가 야기될 때가 있다. 이럴 때일수록 한편으로는 인센티브를 제공하고, 다른 한편으로는 이탈에 대한 불이익 조처를 제공함으로써 고객의 이탈을 방지하기 위해 최선을 다해야 한다. 허들 경기처럼 중간 중간 장애물을 배치하여 고객이 끝까지 가지 못하고 지치도록 하는 방안을 마련하는 것이 특히 중요하다. 특히 고객에게 이탈에 대한 대가를 치루어야 한다는 사실을 상기시키는 것이 중요한데, 그 대가에는 금전적인 대가와 심리적인 대가가 있다. 사업에 있어 대성공을 거둔 기업들은 모두 여기 저기에 울타리를 쳐놓고, 그 울타리를 뛰어넘기가 쉽지도 않을 것이며, 뛰어넘으면 다친다는 사실을 은근히 주지시키는 방법으로 고객 이탈을 방지한다.

관계의 불화

우리는 앞서 개인적 교류에 필요한 8가지 특징이 사업상 거래에서도 필요한 이유를 설명했다. 모든 조건이 같다면, 이런 특징이 가미된 사업거래가 더 오래 지속된다. 그러나 사업을 하다 보면 문제가 늘 발생한다. 그것도 하나가 아닌 여러 문제가 동시 다발적으로 발생하는 일이 비일비재하다. 공급이 부족하게 되면 고객기업은 그 상황을 타개하기 위해 구매담당 책임자를 교체한다. 그리고 구매담당 책임자 교체를 기다렸다는 듯이 경쟁기업에서는 턱없이 낮은 할인 가격으로 그 구매담당 책임자를 유혹한다. 이처럼 인간관계에서처럼 사업관계에도 해뜨는 날이 있으면 비오는 날이 있게 마련이다.

이탈을 방지할 울타리가 없다면 무슨 일이 발생할까?

정상적인 상황이라면 불화가 발생해도 고객은 좋았던 시절을 생각하고 참아 넘긴다. 그러나 여러 가지 문제가 동시에 얽히다 보면, 고객은 아무리 장기적인 관계였다고 하더라도 이 관계에 대해 다시 고려해보게 된다. 그리고 사업 거래 관계에 종지부를 찍으려는 시도를 하게 된다. 바로 이러한 때에 고객에게 현재의 문제는 일시적인 것에 불과한 것이며 이를 극복하면 고객이 많은 이익을 얻게 될 것이라고 설득하고, 다른 한편으론 쉽게 빠져 나가지 못하도록 여기 저기 장애물을 설치하는 것이 중요하다(표 16_1).

거래를 계속 하도록 하기 위한 인센티브	이탈방지를 위한 조처
• 믿을 수 있는 상품과 서비스 보장 • 효율적인 쌍방향 대화창구 개설 • 장기적인 관계 인정 및 사적 관계 강화 • 협력 강화 및 비전 공유	• 이탈방지를 위한 장애물 설치

표 16_1 고객 이탈방지 방안

고객 이탈을 방지하기 위한 울타리를 설치하지 않으면, 아무리 장기적인 관계를 지속했던 고객이라도 빠져나갈 위험이 있다. 일단 관계가 악화되면 고객은 순식간에 빠져나가 버릴 수 있다. 프루덴셜(Prudential)이 보유한 영국 인터넷 은행인 에그(Egg)의 고객들은 7월부터 9월 30일까지 3달 동안 계좌에서 총 4억4천3백만 파운드의 돈을 빼내 버렸다. 이렇게 돈을 빼버린 고객들의 개인 평균 잔액은 5~10만 달러 정도 되었다. 불행하게도 이 은행은 고객 이탈을 방지할 만한 아무런 장애물을 설치해두지 않고 있었다. 그 결과 수많은 고객들이 동시에 더 나은 조건을 찾아 돈을 빼버리는 사태를 막지 못했던 것이다.

어떤 종류의 장애물을 설치할 수 있을까?

탈출을 봉쇄하는 장애물에는 두 가지 부류가 있다(표 16_2). 그 중의 하나는 금전적인 형태의 페널티이다. 이러한 페널티에는 계약 위반금 등의 직접적인 페널티와 이탈할 경우 고객기업이 많은 추가 경비를 부담하게 만드는 등 간접적인 페널티가 있을 수 있다. 두 번째 부류의 장애물은 심리적인 페널티인데, 이탈 결정권자에게 거래업체 변경으로 인한 많은 문제와 불확실성을 상기시킴으로써 이탈을 방지하는 방법이다. 이와 같은 금전적 그리고 심리적 타입의 장애물 모두 고객업체 이탈을 방지하는 데에 효과가 있다.

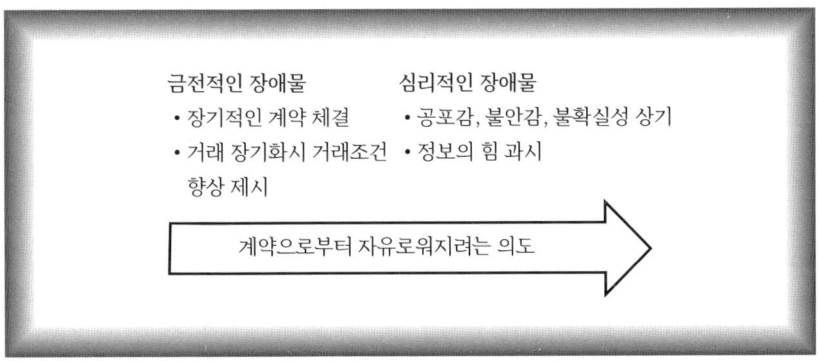

표 16_2 이탈방지를 위한 장애물

실질적이고 확실한 금전적 대책

그렇다면 이제부터는 고객의 이탈을 억제할 수 있는 20종류의 방안에 대해서 한번 살펴보자.

1. **결제 대금 지불 시기 연장** 어느 분야이건 시장 선도기업들은 장기적인 거래 고객들 덕분에 경쟁기업들보다 더 높은 마진을 유지할 수 있다. 이렇게 높은 마진 덕분에 이러한 기업들은 가격 인하 등 단기적인 조처보다는 조금 더 장기적인 안목의 조처를 취하며 경쟁기업들을 따돌린다. 그 중의 한 방법이 결제 대금 지불 시기를 늦추어주는 방법이다. 텐트 및 캠핑용품을 제조하는 한 업체는 2월달에 새로운 시즌 제품을 배달해 주면서, 대금 결제는 60일 후에 하도록 한다. 그 기간 동안 소매업체인 고객들이 재고품들을 판매해 결제 대금을 벌 수 있는 시간을 주기 위해 취해진 조처이다. 대부분의 경우 고객이 이탈을 생각한다는 것은 경쟁기업에서 같은 조건을 제시했거나, 금전적인 페널티를 각오할 만큼 더 큰 요인이 있을 경우라는 사실을 잊지 말자.

2. **페널티 계약 체결** 많은 공급업체들이 계약을 체결할 때, 할인 조건과 최소 거래 기간을 연계시키는 계약을 체결한다. 영국의 대형 음반사업체인 브리타니아 뮤직(Britannia Music)은 처음 계약 시 고객이 CD를 패키지로 구입하게 하는 대신 파격적인 가격 할인 혜택을 주되, 향후 2년 동안 적어도 6번에 걸쳐 정상적인 가격으로 CD를 구입한다는 약속을 하게 한다. 물론 이러한 계약 조건을 준수하지 않는 경우 벌금을 물어야 한다.

3. **시간과 더불어 거래 조건 개선** 우리가 앞의 4장에서 살펴보았듯이, 일반적으로 공급업체들의 경우 거래 기간이 길어지면 길어질수록 수익이 증가한다. 그러한 점에서 이러한 수익 증가 혜택을 고객과 나누는 제도가 필요하다. 물론 이를 위해 실질적인 가격 인하 조처를 취하는 것도 중요하지만, 시간이 가면서 거래가 장기화되면 여러 가지 면에서 많은 경비를

절약할 수 있다는 사실을 고객에게 상기시켜주어야 한다. 예를 들어 고객 기업의 경영을 도와주어 경비를 절약하게 해준다든가, 고객기업의 직원 고용비를 지원해준다든가, 또는 고객기업이 효율적으로 인력관리를 하여 인건비를 절약할 수 있도록 해줄 수 있다는 사실을 상기시킨다.

4. **시장 가격 보장** 범용상품 시장이나 거의 범용화된 상품 시장의 경우, 상품 가격이 수요공급의 원칙에 의해 춤을 춘다. 2000년 유시너 코러스 앤 티센크루프(Usinor, Corus and ThyssenKrupp)는 시장 성장이 그리 빠르지 않은 반면 아시아와 브라질에 새로운 생산능력 시설의 급증으로 세계 철강 가격이 현격히 하락하고 있다는 사실을 발견했다. 이러한 상황에서 고객들은 당연히 더 낮은 가격을 제시하는 쪽으로 이동을 하기 마련이다. 범용 시장의 이러한 특성을 감안하여 유럽의 한 시멘트 생산업체는 '시장 가격 적용제'를 선언했다. 다시 말해 고객기업이 100% 이 회사에서만 시멘트를 구입하는 경우, 선적 인보이스를 발행할 때마다 그 당시의 시장가격을 적용하겠다는 선언을 한 것이다. 이러한 조처는 고객이 더 나은 가격을 찾아 이동하는 것을 방지하면서 동시에 고객이 쓸데없는 고민으로 시간과 돈을 낭비하는 것을 막을 수 있게 해준다. 물론 최소한의 수익이 보장될 수 있는 이 조치는 기업에게 가격이 다시 상승할 때까지 기다릴 수 있는 보장조치가 되기 때문에 기업에게도 이익이 된다.

5. **재고품 재구매 보장** 소비자들의 입맛 및 취향이 신속하게 변하는 식품 등 소비재 시장의 경우, 선도기업들은 팔리지 않고 남아 있는 고객기업들의 제품을 다시 재구매해준다. 잡지나 신문 관련 기업들도 이러한 방식으로 거래선을 확보한다. 이렇게 잡지사나 신문사가 재구매를 해주기 때문에, 판매업자들은 부담없이 많은 양을 구매하게 된다. 많이 사다가 많이 팔릴 수도 있을 거라는 기대 때문이다. 물론 남은 신문 잡지 처리 비용은 발간 기업이 담당한다. 고객이 재고 부담 때문에 제품을 안 사가는 경우, 결국에는 기업도 그 고객기업도 발전 가능성이 전혀 없다. 그러한 점에서 낙관적인 상황을 기다리면서 취할 수 있는 재

구매 보장 조처는 기업과 고객 모두에게 이로운 조처이다.

6. **미래 트렌드 예측 서비스** 작은 고객기업의 경우 아무래도 전문성이 떨어지고 그러다 보면 환율이나 금리 변동 등 중요한 미래 트렌드 변화에 대해 적응 능력이 떨어진다. 이러한 고객을 위해 향후 변화에 대비할 수 있도록 예측 서비스를 해주게 되면 고객은 이를 높이 평가하고 이탈을 결정하지 않는다. 보통은 중요하게 생각하지 않을 수도 있는 이 서비스가 고객 로열티를 결정하는 중요한 요소가 될 수 있다는 사실을 잊지 말자.

7. **고객 재고 관리** 공급업체가 고객의 재고를 관리해 주는 경우 이 업체와 거래를 중단한다는 것은 결국 재고 관리 비용이 추가된다는 것을 의미한다. 한 문구 제조업체는 고객의 종이, 펜, 연필, 잉크 카트리지 등 모든 재고를 관리해준다. 그만큼 고객기업은 재고 관리에 들어가는 비용을 절약할 수 있다. 이 공급업체와 거래를 중단하는 경우, 고객기업들은 이 업무를 담당할 전용 직원들을 고용해야만 하는 것이다. 그 만만찮은 비용을 고려하면 고객업체들은 이탈을 생각할 수 없을 것이다.

8. **고객 사업 개선에 필요한 시스템 제공** 일부 제조업체들은 고객기업의 재고 관리나 제조 공정 관리에 필요한 소프트웨어 같은 여러 생산 지원 프로그램을 제공한다. 이러한 소프트웨어는 보통 사업의 장기적인 관계 지속을 고려하여 무료로 제공된다. 이 상황에서 고객기업이 거래선을 변경한다는 것은 이러한 무료 서비스 혜택을 더 이상 누리지 못하고, 똑같은 조건을 유지하기 위해서 더 많은 경비를 지출해야 함을 의미한다.

9. **장비 및 공구 제공** 브랜드 보유 기업들은 고객기업의 판매를 증진시키고 장기적인 충성도 확보를 위해 소매체인에 대한 구매 대출 등 여러 가지 서비스를 제공한다. 장비나 제품 생산 공정 전문 기업들은 특정 고객만을 위한 금형이나 장비 또는 프레스 등을 제공하는 경우, 판매하는 대신에 임대하는 방식을 채택하고 있다. 이러한 경우, 고객기업의 거래 중단은 새로운 기계 및 장비 구입을 의미한다. 결국 그 추가 비용

을 감안하여 고객은 이탈을 생각하지 못하게 된다.

10. **합작 투자** 일부 산업계에서는 공급업체와 고객기업이 공동으로 장비를 공유하면서 사용하는 경우도 있다. 이런 경우 어느 한 쪽이 실패하면 상대도 위기에 빠질 수 있다. 그러나 공동 소유 정책은 고객 이탈을 방지하는 데 있어 효율적인 방안 중의 하나이다.

11. **산업 분야 표준 규격 제시** 제조업체가 국내시장뿐 아니라 국제시장에서도 표준 스탠다드를 제시하는 선두기업인 경우, 고객기업은 이 공급업체의 손에서 벗어날 수가 없다. 그 공급업체와 거래를 중단한다는 것은 최종소비자에게 표준규격이 아닌 상품을 판매한다는 것을 의미하기 때문이다. 독일의 대그룹 지멘스(Siemens)는 독일 산업표준화협회와 긴밀한 협력 관계를 유지하면서 자사 제품이 스탠다드가 되도록 로비를 하고 있다. 보청기 관련 제품을 생산하는 한 기업은 바타(Varta) 배터리를 표준화하여 생산함으로써 고객들이 다른 기업의 배터리를 사용하지 못하도록 한다. 이처럼 제품의 표준화도 고객의 이탈을 방지하는 좋은 수단이 된다.

12. **원자재 관련 브랜드 창출** 듀퐁과 같은 제조회사들은 테프론(Teflon)이나 가벼운 소재인 케플러(Kevlar) 같은 브랜드를 만들어냈다. 네덜란드의 첨단소재 개발 및 생산업체인 DSM은 밧줄이나 활을 만드는 데 사용되는 초강력 섬유 소재를 개발하여 디니마(Dyneema)라는 브랜드로 생산하고 있다. 2000년 시드니 올림픽에 참가한 양궁선수들 중 이 디니마 브랜드로 만든 활을 사용한 선수들은 모두 메달을 받았다. 이제 양궁 제조업체들은 디니마가 아닌 다른 소재를 사용한다는 것은 상상조차 하지 못하고 있을 정도이다. 인텔의 'Intel Inside' 라는 로고는 컴퓨터 제조업체가 인텔 부품을 내장하지 않고서는 컴퓨터를 만들 수 없으며 인텔을 사용하지 않으면 수익이 감소할 것이라는 인식을 심어주는 데 성공했다.

13. **공동 카탈로그 작성** 강력한 바이어와 맞서 시장을 장악하기 위해 아시아의 한 공급업체는 다른 두 비경쟁 공급업체에 접근했다. 그리하여 이 세 공급업체는 그들의 모든 부품에 번호를 매겨 공동 카탈로그를 만들

어 하나의 CD에 담았다. 많은 고객기업들이 사용하는 이 부품들 중 다수가 이 공동 카탈로그에 담겨 있어서, 이 CD는 사실상 그 산업 분야의 스탠다드가 되어 버렸다. 이렇게 세 기업이 함께 공동 카탈로그를 제작함으로써 이 기업들은 제작에 드는 시간과 경비를 절약할 수 있었을 뿐만 아니라 고객의 이탈도 방지하는 이중의 성과를 누리고 있다.

14. **전자 링크제도** 고객기업으로 하여금 특별한 정보에 대해서 다운로드 받을 수 있고 구매에 관한 완벽한 정보를 공급업체와의 연결 링크를 통해 구할 수 있게 되면, 이것 또한 고객 이탈을 방지하는 수단이 될 수 있다.

15. **상호 간 크로스 거래** 상호 간의 양자 거래도 고객 이탈을 방지하는 중요한 수단이 된다. 공급업체가 고객기업으로부터 구입하는 상품의 액수가 많지 않더라도, 이것은 상징적인 의미를 지닌다. 이러한 상호 거래는 양자 사이에 동등한 거래와 커뮤니케이션이 이루어지고 있다는 의식을 고객기업에게 심어주게 되고, 거래에 문제가 발생해도 고객기업이 이탈을 망설이게 하는 큰 요인으로 작용한다.

16. **고객을 위한 디자인 서비스** 고객기업에게 디자인 서비스를 제공하는 경우 고객기업은 크게 경비를 절약할 수 있다. 디자이너를 고용해 연수를 시키고, 새롭게 장비 시설을 갖추는 데 드는 비용은 생각보다 많이 들어간다.

17. **고객의 고객을 위한 디자인 서비스** 고객의 고객을 위한 서비스 제공은 고객의 사업 발전에 크게 기여하게 된다. 세계적으로 잘 알려진 고급 종이 생산 회사인 파피루스(Papyrus)는 고객기업의 광고 에이전시에 특별 지원을 해주어 파피루스 고객기업들에게 꼭 맞는 광고를 고안할 수 있도록 지원해주는 것으로 유명하다.

18. **고객의 고객을 위한 헬프라인 가동** 많은 소비재 상품 브랜드는 그들의 웹사이트에 고객의 필요에 부응하는 여러 가지 사이트를 운영하고 있다. 이러한 기업들을 위해서 공급업체가 사이트 운영에 여러 가지로 도움을 주게 되면(특히 고객기업이 어려울 때), 이것이 이탈을 방지하

는 하나의 수단이 될 수 있다.

19. **고객업체 직원 연수** 사업 환경이 신속하게 변화함에 따라 직원들의 연수 필요성은 점점 더 증가하고 있다. 직원들의 교육이 필요한 고객기업을 위해 특별 연수 프로그램을 제공해 준다면, 이것은 물론 장기적인 관계 유지에 큰 기여를 한다.

20. **아웃소스 서비스** 공급업체가 고객기업의 비행기 타이어 재고 관리를 해준다든지, 쓰레기 처리를 해준다든지 하는 등 고객기업의 사업에 있어 중요한 역할을 하는 경우, 고객이 이 공급업체와의 거래를 중단하게 되면 금전적으로 큰 손실을 보게 될 것이다.

고객들의 의견을 듣고 평가하다 보면 이탈 시의 대가에 대해서 고객들이 충분히 인식하고 있다는 사실을 확인할 수 있다. 고객들은 이탈 시 치러야 할 금전적 대가에 대해 의식하기 이전에 현재의 관계에 큰 중요성을 부여한다. 다만 최악의 경우를 대비하여 이러한 대책을 세워놓자는 것이다.

심리적인 장애물

영국 산업자원부에서 실시한 조사에 따르면(2000년 11월), 이러한 장애물 설치는 고객의 이탈방지에 확실히 효과가 있는 것으로 나타났다. 이 조사에 의하면, 조사 응답자들의 32%가 지난 5년 동안 주택대출 모기지 은행을 고려했었는데, 여러 가지 페널티를 고려하여 12%만이 실제로 은행을 바꾸는 결정을 내렸다고 한다. 주택 모기지에 관한 다른 경쟁 은행들의 제안이 수없이 많이 제시되는 현실에서 마음만 먹으면 조금이라도 더 좋은 조건의 금리를 찾아 소비자들은 은행을 바꿀 수 있었을 것이다. 그러나 이로 인해 감수해야 할 페널티 때문에 그러한 결정을 내리지 않았는데, 여기에는 변화를 두려워하는 심리적인 요인도 크게 한 몫을 한 것으로 드러났다.

그럼 이제부터는 고객 이탈을 방지할 수 있는 16가지 심리적인 장벽에 대해서 살펴보기로 하자. 이러한 장애물 설치 방안 뒤에 자리잡은 중요한 생각은 고객들이 무엇보다 마음의 평화를 중요시한다는 것이다.

1. **서비스 개런티** 대형 기업들의 경우 국제적으로 사업을 하는 관계로 서비스의 속도 및 상품 선택 면에 있어서 현지 기업과는 비교될 수 없는 수준을 갖추고 있다. 예를 들어 세계적으로 잘 알려진 복사기 전문 브랜드 제록스(Xerox)는 국제 수준의 제품과 서비스 제공으로 고객기업의 이탈을 방지하고 있다.

2. **고객 만족 중심 가격** 자신들의 상품이나 서비스에 확신하는 기업들은 만약 고객에게 만족할 만한 서비스를 제공하지 못했을 때 돈을 환불해주는 조처를 마련하고 있다. 2001년 1월 영국의 유명한 호텔체인인 트래블인(Travel Inn)은 산하 호텔 260개를 대상으로 고객 100% 만족 보장 정책을 발표했다. 이 그룹 호텔에 머무는 동안 고객이 조금이라도 만족하지 못하는 상황이 발생했을 경우, 호텔숙박비를 전부 환불해주겠다는 것이 이 정책의 요지였다. 실제 매일 이 호텔에 투숙하는 하루 1만여 명의 투숙객들 중에 하루에 30~40명 정도가 불평을 – 주로 이웃방의 무분별한 투숙객들로 인해 – 호소한다고 한다. 고객 불만족에 대한 이러한 환불제도가 다른 기업에 의해 도입되지 않았다면 이 조처는 고객의 이탈을 방지하는 데 있어서 상당히 효과적이다. 가격이 낮을 때조차도(특히 낮을 때에) 이 조처는 효과적이다.

3. **백업 서비스** 믿을 만한 백업 서비스를 제공하는 것도 고객 이탈방지에 큰 역할을 한다. 몇몇 IT 시스템 제공업체들은 계약을 체결할 때 고객기업에게 발생할 수 있는 문제들에는 어떤 것이 있는지 사전에 파악한다. 시스템 전체에 발생하는 문제든 아주 사소한 문제든 모든 문제들을 사전에 다 파악해놓은 다음 어떤 문제는 얼마만한 시간을 들여서 해결해 줄지, 어떻게 문제 발생을 사전에 예방할 수 있을지 상세한 방안을 고객에게 제시한다. 이러한 평가는 매우 현실적이어서 고객기업들은 이에 수긍을 하게 되고, 결국 고객들은 공급업체가 의도한 방향으

로 가게 된다. 이러한 조처야말로 고객들에게 심리적인 안정감을 주어 고객 이탈을 방지하는 데 큰 기여를 하게 된다.

4. 연수 및 교육 새로운 제품이 탄생하거나 고객기업이 신입 직원을 채용한 경우 기계나 시설에 익숙해질 시간이 필요하다. 이를 위한 교육이나 연수를 제공하는 것도 고객에게 좋은 인상을 남기는 방법이다. 생리대를 생산하는 회사인 올웨이즈(Always)는 십대 소녀들을 둔 어머니들에게 꼭 필요한 정보를 제공하면서도 동시에 십대 사춘기 소녀들을 대상으로 상담을 하는 여러 보건 관련 분야 종사자들과 긴밀한 협력 관계를 유지하고 있다. 이 회사의 웹사이트(www.always.com)에는 십대 소녀들, 부모 그리고 상담원들을 대상으로 하는 많은 정보를 찾을 수 있다.

5. 전문 대학 및 대학 교육 후원 교육이나 연수를 받으면서 특정 상품에 익숙해진 경우 그 상품을 평생 사용하게 된다. 예를 들어 헤어 스타일리스트들이 처음 교육받을 때 특정 브랜드의 샴푸나 컨디셔너를 사용해 봤다면 계속 그 브랜드 제품을 사용할 것이다.

6. 정보 제공 고객이 공급업체의 어떤 특정 분야 정보에 대해서 의존을 해야만 하는 경우, 이것은 고객 이탈을 방지하는 데 중요한 역할을 하게 된다. 예를 들어 영국 로지스틱스 전문 회사인 유니파트(Unipart)는 유통전문 고객들에게 동종 유통업자들의 실적을 모두 비교해 고객기업이 어느 정도 위치에 있는지 비교해 주는 서비스를 제공한다. 이 정보를 받은 고객기업은 자신들이 다른 기업에 비해 판매가 월등히 높은지 또는 월등히 낮은지 파악하게 되고, 이에 자극을 받아 장래 정책 방향을 결정하게 된다.

7. 브랜드 이미지 고객들은 브랜드 이미지에 높은 점수를 주는데, 특히 상품들 간 기술 차이가 크게 나지 않고 브랜드 메시지가 유사한 경우에는 유명 브랜드를 선택하게 된다. 그리하여 한번 유명해진 브랜드는 더욱 더 큰 산업 브랜드로 성장하게 되는 것이다. 이코노미스트(2000년 11월 25일자)는 야후나 아마존 같은 인터넷 관련 기업의 성공은 특

히 브랜드 이미지 덕분이라고 분석하고 있다. 이 두 브랜드의 성공은 pets.com이나 jewellery.com 등과 비교가 된다. 똑같은 분야라도 bike.com은 사업 부진으로 고전하고 있는 반면 전설적인 선수인 세계 챔피언, 마이크 헤일우드(Mike Hailwood)의 이름을 딴 MH900 등의 슈퍼바이크를 생산 판매하는 www.ducati.it는 하루에 1만 건, 분간 31 건의 조회 횟수를 기록하며 판매가 급증하고 있다(파이낸셜 타임즈, 2000년 2월 1일자).

8. **품질관련 상 수상** 외부 기관으로부터 품질에 대해 탁월한 기업으로 상을 받는 경우 이것은 무엇과도 비교될 수 없을 만큼 고객 이탈방지에 큰 효과가 있다. 예를 들어 많은 기관으로부터 품질 대상을 받은 BBC는 영국 관련 프로그램의 세계적인 판매에 있어 그 덕을 톡톡히 보고 있다.

9. **혁신에 대한 명성** 영국 기업 RHM은 혁신적인 식품관련 기술을 개발하여 고객기업의 사업발전에 기여하고 있다. 예를 들어 이 회사는 다양한 곡식, 씨앗, 과일, 채소 등의 성분을 분석해내는 데 아이소일렉트로닉(isoelectronic) 기술을 사용하고 있다. 또한 고객기업에게 신속한 프로토타입 제작 서비스를 제공하고 있는데, CAD를 통해 고객이 개발하고자 하는 상품, 포장 등 여러 가지 내용을 3차원(3D)으로 프린트해 제공해주고 있다.

10. **국제 규격 이상의 품질과 성능** 볼보 자동차는 안전도 면에 있어서 국제 규격을 능가하는 것으로 유명하다. 이러한 특징 때문에 어린 자녀들이 있는 고객은 가족용 자동차를 선택할 때 다른 자동차 메이커가 제시한 조건에 흔들리지 않고, 계속 볼보 자동차를 고르게 된다.

11. **가치의 중요성 상기** 영국에서는 모든 자선기관에게 1년 중 하루를 선택해 길거리로 나와 모금운동을 하도록 법적으로 허용하고 있는데, 이때 많은 기부자들이 한 단체에서 다른 단체로 쉽게 옮겨간다. 이러한 철새 기부자들 때문에 자선단체들이 고민하고 있는 가운데 마리퀴리 암환자 지원센터(Marie Curie Cancer Charity)는 이에 대한 해결책을

찾았다.

　이 단체가 길거리 모금운동에 나서는 날은 봄철이어서 사람들은 이 날을 '수선화의 날'이라고 부른다. 노란색의 아름다운 수선화는 희망과 부활의 상징이다. 이 기관은 마리퀴리 암환자 지원센터에 의존하는 사람들의 삶에 희망을 주어야 한다는 메시지에 이 수선화보다 더 좋은 상징은 없다고 생각했다. 그리하여 길거리 모금운동이 있는 날이면 수천 명의 자원봉사자들이 거리로 나가 천으로 된 수백만 개의 모조 수선화를 나누어 주기 시작했다. 이 모조 수선화에는 마리퀴리 센터에 보내면 진짜 수선화 구근으로 교환해주는 교환권이 붙어 있다. 기부를 하면서 수선화 구근을 받은 후원자들은 여름이 지나고 그 다음 해 봄이 되면 그 수선화꽃을 볼 수 있다. 이렇게 수선화 구근을 나누어 주면서 기부를 받음으로써 이 자선단체는 기부자에 대한 주소 및 상세한 정보를 파악할 수 있게 되고, 다음 해에 수선화꽃이 필 때쯤이면 후원자들은 잊지 않고 다시 기부를 하고 수선화 구근을 받게 되는 반복적 자선이 계속되고 있다.

12. **사용자 간 인트라넷 그룹 멤버십** 최근에는 인터넷 대화 및 정보 교환을 통해 고객들 사이에도 큰 유대감이 조성되고 있다. 이들은 서로 제품이나 서비스에 대해 제안, 비판, 칭찬, 추천을 하고 아이디어를 교환한다. 고객들은 서로 자유롭게 의견을 내놓을 수 있는 이러한 공간을 높이 평가하는데, 이 공간을 제공하는 기업과 거래를 중단한다는 것은 그 그룹에서 탈퇴해야 한다는 것을 의미한다.

13. **특별 시설 이용권** 보통 항공사들은 여행을 많이 하는 특별 고객들을 위한 별도 휴식공간을 마련하고 있다. 한 항공사에서 이런 특별 대우를 받는 승객이 다른 항공사를 이용하는 경우, 이러한 특권을 누리지 못할 수도 있다.

14. **웹사이트 링크** 많은 기업들이 고객 편의를 위한 사이트 링크제도를 마련해 놓고 있다. 예를 들어서 BMW 웹사이트(www.bmw.co.uk)를 방문하는 중고차 구매자들은 자신들이 찾고 있는 기준을 입력한다. 그러

면 서치엔진이 그런 차를 보유하고 있는 딜러들의 전화번호, 주소, 이
메일, 그리고 웹사이트를 알려준다. 이러한 정보 제공이야말로 고객들
의 이탈방지에 심리적으로 큰 기여를 한다.

15. **위기에 대한 포커스 경영** 거래하는 업체와 관계를 중단하는 경우 위생
    이나 안전 면에서 큰 문제가 있을 수 있다는 발언은 고객 이탈을 억제
    하는 심리적인 장애물 역할을 한다. 전혀 알려지지 않은 공급업체를
    선택했을 때에 겪을 수 있는 안전이나 위생 문제는 생각만 해도 끔찍
    해서 고객은 현재 관계를 지속시키는 쪽으로 결정을 하게 된다.

16. **이탈로 인한 문제를 상기** 고객의 이탈을 방지하는 가장 효율적인 방법
    중의 하나는 이탈로 인해 끔찍한 문제를 겪은 사례를 들려주는 것이
    다. 입소문을 통해 이탈에 대한 대가가 얼마나 끔찍한가에 대해 들은
    고객들은 쉽게 이탈을 결정하지 않는다.

영국에서는 가스 및 전기 공급업체들 사이의 경쟁이 치열해지면서 가격
혈전이 벌어졌는데, 결국 2000년 9월 인디펜던트 에너지라는 작은 공급업
체가 도산하고 말았다. 그 도산을 기다렸다는 듯이, 런던 일렉트리시티
(London Electricity)는 인디펜던트의 도산을 알리면서 가격이 저렴하다고
해서 작은 영세기업과 거래하는 것이 얼마나 위험한지를 알리는 배너광고
를 했다. 이 회사는 '당황하지 마십시오. 그저 전화 한 통화만 걸어주시면
됩니다' 라는 광고 메시지를 내보냈는데, 특히 이 회사가 얼마나 큰 회사이
고, 따라서 얼마나 안전한 회사인지를 강조했다.

점점 더 높은 장애물을 설치해야 한다

금전적인 페널티를 물게 하는 방법은 확실히 효과적이다. 그러나 그것
만으로 고객의 이탈을 억제하기에는 역부족이다. 특히 요즘에는 정보 및
기술을 공유하는 오픈 시스템 제도가 실시되고 있어, 고객들을 움직이지

못하도록 가두어두기는 쉽지 않다. 정부 또한 타국 기업에 맞서기 위한 산업 경쟁력 강화의 일환으로 기업 간 정보의 공유를 장려하고 있다. 이러한 이유로 일부 기업들은 눈에 보이는 금전적인 장벽 대신에 고도의 심리적 장애물을 설치하는 방안을 선택하고 있다.

한 중공업 회사는 동종 기업들이 모두 선호하는 확정기간 계약이 아닌 언제든지 원하면 계약을 종료할 수 있는 계약 방식을 선택했다. 이 회사의 대표는 계약 기간을 명시하는 경우 계약 기간이 종료되었을 때 고객기업에서 재계약을 조건으로 협상을 요청해오는 것이 관례화된 반면, 계약 기간이 명시되지 않은 오픈 방식의 경우 계약을 갱신할 필요도 없고 협상 때문에 실갱이를 할 필요도 없다고 이 제도의 장점을 얘기하고 있다. 물론 이 회사는 고객 이탈을 방지하기 위한 여러 가지 심리적 장벽을 설치해놓고 고객 이탈을 억제하고 있다.

애쉬리지 매니지먼트 칼리지(Ashridge Management College)

모범사례
example

애쉬리지 매니지먼트 칼리지는 경영 및 조직 개발 분야에 있어 세계 권위를 자랑하는 경영대학원이다. 이 학교가 비영리 경영대학원의 형태로 간부사원 계발 프로그램, 매니지먼트 리서치, 조직적인 컨설팅에 관한 MBA 프로그램을 제공한 지도 벌써 40년이 지났다. 2000년 파이낸셜 타임즈가 기업 간부사원들에 대한 최고 교육기관을 조사 평가한 바 있는데, 애쉬리지는 유럽의 '탑 세븐' 안에 랭크되었다.

영국 허트포드셔에 위치한 애쉬리지 경영대학원은 매년 6천 명의 기업 간부사원들을 교육시키고 있다. 이들 중 많은 간부사원들은 기업이 특별히 마련한 전략에 부응하기 위해 교육을 받으러 온 고위간부들이다. 이렇게 조직 차원에서 간부 교육을 시키고 있는 기업들로는 알카텔, 불, 도이치뱅크, 일렉트로룩스, 로이드 TSB, MCI 월드컴, 프라이스워터하우스쿠퍼스 그리고 폭스바겐 등이 있다.

애쉬리지 경영대학원은 고객 이탈방지율 부분에서 타대학의 추종을 불허하고 있다. 예를 들어 소비재생산 다국적 기업인 유니레버는 무려 30년이 넘게 애쉬리지 프로그램에 간부 연수를 의뢰하고 있다. 이러한 고객기업과의 장기적이고 성공적인 관계를 유지할 수 있는 비결은 고객기업들이 애쉬리지와의 관계에서 확실히 얻어갈 수 있는 유형의 또는 무형의 성과가 있기 때문이다.

이 경영대학원의 CEO인 레슬리 한나(Leslie Hannah)는 이 학교의 고객 이탈방지 비결을 '쓰리 아이(Three Is)'로 평가하고 있었는데, 그 중 첫째는 Innovation, 즉 애쉬리지의 끊임없는 혁신 노력에 있고, 두 번째는 International thinking, 즉 이 학교의 국제적인 마인드에 있으며, 마지막 세 번째 비결은 Impact, 즉 이 교육이 비즈니스에 미치는 영향력이라고 말한다.

첫 번째 비결인 혁신 노력에 관해서 살펴보자면, 애쉬리지는 늘 새로운 프로그램을 마련하여 이미 과거에 교육을 받은 간부사원들도 다시 돌아오지 않고서는 견딜 수 없게 만든다. 애쉬리지는 영국에서 최초로 간부사원 전문 MBA 프로그램을 상설한 학교이다. 애쉬리지 러닝리소스센터(Ashridge Learning Resource Center)는 유럽 최고 수준의 비즈니스 전문 도서관이고 이 도서관의 앤드류 에틴저 관장은 1998년 유럽 최고의 비즈니스 도서관인으로 선정된 바 있다. 에틴저 관장은 도서관 운영의 효율성을 증진시키고 보다 더 효과적으로 정보를 제공하기 위해 1999년 사이버 러닝리소스센터를 개관했다. 이 사이버 도서관에 가면 애쉬리지가 제공하는 온갖 종류의 자료를 볼 수 있는데, 애쉬리지의 탑고객들은 자신들의 사무실에 앉아 인트라넷을 통해 생생한 정보를 다 찾아볼 수 있다.

혁신은 이 학교의 여러 분야에서 동시에 진행되고 있다. 예를 들어 매년 1월에는 '자기 계발'을 위한 주간을 운영한다. 이 기간 동안 애쉬리지는 고객에게는 문을 닫고, 학교 관계자들에게 새로운 기술 개념을 익히기 위한 자기계발 교육을 실시한다. 이 교육에는 학교 정원사팀, 국제적인 교수들, 기숙사 서비스 담당팀 등 학교의 모든 관련자들이 더 나은 발전을 위해서 참여한다. 물론 애쉬리지는 자신들이 개발한 지적 자산을 다이렉션스(Directions)라는 잡지 발간을 통해 고객들과 공유하고 있으며, 'Thinking Aloud'라는 세미나를 통한 워크숍도 실시하고 있다.

두 번째 'I'인 국제적인 마인드는 고객기업들이 국제적으로 사업을 하기 위해서 꼭 획득해야 하는 중요한 사업 요소이다. 애쉬리지의 고객 중에는 국제적인 기업들이 많은데, 애쉬리지의 80여 명의 교수진은 이들에게 더 큰 신뢰를 얻을 수 있는 방법들을 가르치고 있다. 애쉬리지의 교수진은 그 출신 국가도 다양한데, 이러한 사업 문화적인 배경을 감안한 교육 및 정보제공은 간부사원 학생들에게 큰 도움을 주고 있다. 실제 애쉬리지에서 MBA 코스를 하고 있는 간부사원 코스 등록자 중 3분의 2는 외국에서 왔다. 국내 시장을 보는 안목에만 익숙해 있는 간부사원들에게 국제적인 안목을 갖도록 교육시키는 일이야말로 애쉬리지가 크게 중점을 두는 부분이다.

마지막 'I' 비결은 바로 이 교육이 비즈니스에 미치는 영향력이다. 간부교육이 사업에 미치는 영향력을 중요시하여 1959년 애쉬리지가 설립될 당시, 창립 멤버로 참여한 사람들은 모두 대기업에서 오랫동안 간부직으로 경험을 쌓은 유능한 인재들이었다. 실제 애쉬리지에서 교수를 하려면 적어도 특정 분야에서 중역을 지낸 경력이 있어야 한다. 이렇게 이론이 아닌 실무에 강한 교수진이 강의를 하기 때문에 애쉬리지의 교육은 현실적일 수밖에 없다. 애쉬리지는 유럽 경영대학원으로는 유일하게 컨설팅 회사를 운영하고 있기도 하다. 급격히 변화하는 사업 환경에 대응할 수 있도록 세계 선도기업들에게 컨설팅 서비스를 제공하는 것이다.

요약해서 말하자면, 혁신, 국제적인 사고 그리고 교육을 통한 사업 발전이야말로 애쉬리지가 고객 이탈을 억제할 수 있는 애쉬리지만의 비결인 것이다.

점검 16 exercise 우리 회사의 고객 이탈방지를 위한 전략은 무엇인가?

1. 고객이 우리 회사를 이탈하게 되면 치러야 할 실질적인 대가와 심리적인 대가에는 어떠한 것이 있는지 점검해 보자.

2. 어떻게 페널티 장벽을 높일 수 있을까? 이를 위해서 고객과 고객 사업별로 특정 모델을 마련하는 연구와 전략을 구상해보자.

3. 고객의 이탈방지를 위한 새로운 전략에는 어떠한 것이 있을까?

참고 문헌

Buckingham, Richard (2001) *Customer Once, Client Forever. 12 tools for building lifetime customer relationships*, Kiplinger.

그는 스스로 떨어졌을까? 아니면 누구한테 떠밀렸을까?

사업상 거래를 하다 보면 맨 처음 거래를 시작했을 때 가졌던 희망처럼 그렇게 장밋빛이 아닐 때가 있다. 그런 상황이 오면 황당하기만 하다. 특히 절대 떠나지 않을 것이라고 믿었던 충성고객이 이탈을 결정한 경우 타격은 더욱더 크다. 그렇다면 고객의 이탈은 무조건 기업에게 해가 되는가? 그렇지만은 않다. 고객이 떠난 이유를 분석해봄으로써 기업은 중요한 교훈을 얻을 수 있으며 그 결과 더 많은 고객이 이탈을 결정하기 전에 보완조처를 마련할 기회를 가질 수 있다.

때로는 고객의 이탈이 기업의 바람직한 발전을 위해서 좋을 때도 있다. 이런 경우는 특히 수익성이 떨어지는 고객의 경우인데, 그런 고객에게 쏟을 정성을 믿을 수 있는 충성고객에게 쏟는다면 기업의 수익이 훨씬 더 증가하기 때문이다. 이런 수익성 없는 고객의 자발적인 이탈은 고맙게까지 여겨지는데, 기업에게 도움이 안 되는 고객이 자발적으로 떠나지 않으면 '보따리를 꾸리게' 만들어야 한다. 그렇다면 어떻게 짐을 싸서 떠나게 만들 수 있을까? 우선은 기업에게 도움이 안 되는 고객을 파악해서 개선의 여지가 없는지 검토해보는 것이 중요하다. 그리고 불가피하게 경쟁기업으로 가도록 내버려둘 경우 기업에게 어떤 이득이 있는지 따져 보아야 한다.

실패한 관계

insight@TMW의 기획담당 이사인 얀 로빈슨은 고객을 복잡하게 세분화하여 파악하지 말고 단순하게 세 부류로 분류하도록 권고하고 있다(마케팅 다이렉트, 2000년 2월). 최고의 고객, 최악의 고객, 그리고 경쟁업체의 유혹에 가장 쉽게 넘어가기 쉬운 중간층 고객 이렇게 세 부류로 분류하라는 것이다. 앞서 설명했듯이, 이 책은 이 세 부류 중에서도 믿을 수 있는 충성고객인 '최고의 고객'과의 관계에 초점을 맞추어 쓰여졌고, 이 최고 고객과의 관계강화가 기업뿐만 아니라 고객에게도 얼마나 큰 이익을 가져다 주는지 이미 충분히 강조한 바 있다. 그러나 이혼하는 부부가 탄생하듯이 고객과의 관계에도 단절이 필요할 때가 있는데, 특히 기업에게 도움이 안 되는 고객들과는 일찌감치 '헤어짐'의 수순을 밟는 것이 좋다. 그래도 실망할 필요가 없다. 왜냐하면 이렇게 실패로 끝난 관계에서도 의외로 많은 교훈을 얻을 수 있기 때문이다.

문제의 고객들

고객들, 특히 믿을 수 있는 최고의 고객들을 대상으로 앙케트 조사를 실시하여 사업 거래, 서비스, 그리고 기술적 지원 등에 대한 만족도를 파악하는 것은 중요한 일이다. 이러한 고객 조사를 하다 보면 기쁨과 불만 등 고객의 느낌을 쉽게 파악할 수 있기 때문이다. 그러나 이 조사에는 한계가 있다. 고객에게도 착시현상이 올 때가 있다. 또한 자신들의 느낌은 그렇지 않은데, 주변의 반응이나 분위기에 좌우되어 서비스에 불만이 있어도 아무 문제가 없다고 대답하는 고객들도 있다. 반대로 실제로는 별 문제가 없는데 가격 협상을 하기 위해 괜한 트집을 잡는 고객도 있다. 그러한 점에서 고객에 대한 만족도 조사에는 한계가 있다는 사실을 인정해야 한다. 때로는 문제가 있는데도 고객이 이를 의식하지 못할 때도 있고, 또 어떤 경우에는 불만이 있는데도 이것을 공급업체에게 말하기를 꺼리는 고객도 있다.

이러한 모든 점을 감안하여 고객 만족도 조사가 아닌 세심한 관찰을 통해 경쟁업체로 떠날 가능성이 있는 고객들을 파악해두어야 한다. 유감스

럽게도 어떠한 고객들이 떠날 가능성이 있는지 가장 쉽게 파악하는 길은
고객을 잃고 나서 떠난 이유를 분석해 보는 방법이다.

떠나는 또는 떠난 이유 파악

사직서를 제출하는 직원들에게는 왜 회사를 떠나려고 하는지 그 이유를
묻는 것이 기업 등 조직에서는 관례로 되어 있다. 이들에게 사직 이유를
물어 문제가 있다면 상황을 개선하여 다른 직원들의 이탈을 사전에 방지
하기 위해서이다.

떠나는 이유는 다양하다. 정신적인 갈등 때문일 수도 있고, 근무 조건이
안맞거나 안전상의 위험 때문에 떠나는 사람도 있다. 직원들이 떠날 때와
마찬가지로 고객들이 이탈을 원하는 경우에도 그 이유를 꼭 파악해야 한
다. 소매 매장의 경우 더 이상 그 매장에 출입을 하지 않는 구고객들을 대
상으로 포커스 그룹을 형성해서 왜 그러한 결정을 내렸는지 원인을 파악
하기도 한다. 소비재상품 시장의 경우 다른 상품 브랜드로 옮겨간 고객들
을 대상으로 심도있게 그 이유를 파악하는 노력을 하고 있다.

B2B 거래의 경우, 고객기업이 떠난 후 1~3달 정도의 시차를 두고 고객
기업을 방문하여 이탈 결정의 이유를 파악한다. 그렇게 하는 이유는 고객
이 다시 돌아오기를 바래서가 아니라 문제점을 파악하기 위해서이다. 물
론 그렇게 해서 고객이 다시 돌아온다면 더 이상 바랄 것이 없다. 주로 공
급업체 중역이 이러한 임무를 맡는데, 이탈을 결정한 이유들을 조사하되
특히 최종 결정에 크게 기여한 요인이 무엇이었는지 파악하려 노력한다.
물론 떠났거나 떠나기로 결정한 고객과의 인터뷰에는 감정이 섞여 있을
수도 있지만, 중요한 것은 이 대화 내용을 냉정하게 평가해서 개선 조처를
취해야만 한다는 것이다. 크게 개혁을 해야 할 부분도 있고, 작은 개선 조
처만 취하면 될 때가 있다. 이때 꼭 잊지 말아야 할 것은 이러한 조처를 취
했다는 사실을 고객들이 알게 해야 한다는 것이다.

영국의 한 맥주 제조회사는 술집, 식당, 클럽 등을 경영하는 주요 고객들의 거래 중단 이유 중 배달원들에 대한 불만이 가장 크다는 사실을 파악했다. 또한 이들 배달원들의 말에 고객이 귀를 기울인다는 사실도 파악했다. 그 결과 배달원들에게 회사의 전략, 품질향상 프로그램, 브랜드 계획 등 상세한 내용을 설명해 주고 특별 연수를 시키고 있다.

이탈의 징조를 미리 눈치챌 수는 없을까?

혹시 고객이 현재 관계에 불만을 품고 이탈을 고려하는 경우, 기업에게 가장 바람직한 것은 이탈 결정 전에 고객이 고민하고 있다는 사실을 고객의 행동을 통해 느끼고 분석하여 이탈을 막는 것이다. 고객관계 관리 전문 컨설팅 회사인 KPMG가 고객 관리에 관해 실시한 조사(마케팅 다이렉트, 1999년 2월호)에 따르면, 연간 매출이 2억 파운드가 넘는 회사들 중 43%가 왜 고객을 잃었는지 그 이유를 파악하지 못하고 있다고 한다. 또 이보다 더 많은 회사들은 어떤 고객이 이탈 가능성이 있는지 파악조차 못하고 있다고 한다.

그러나 잘 관찰해보면 이탈을 고려하고 있는 고객들의 행동에는 공통점이 있다. 남녀 간의 관계에 있어서도 사랑이 식으면 상대의 행동이 차가워지고 더 독립적으로 변해간다. 고객의 태도나 행동도 개인적인 인간관계에서와 크게 다르지 않다. 고객의 만족도가 떨어지면 여러 가지 행동이 나타난다(표 17_1 참조).

고객이 이탈을 고려하고 있는지 제대로 파악하려면, 일단 이미 이탈한 고객들의 행동을 돌이켜 분석해보는 것이 좋다. 완전하게 구매를 중단하기 전에 어떤 행동을 보였는가? 무슨 이유 때문에 거래를 중단하고 이탈을 결심했을까? 신용카드 회사의 경우 카드 사용 횟수와 월간 사용액을 비교 분석해보면 거래를 중단하려는 고객을 파악할 수가 있다. 제일 확실한 징표는 자동차 주유 거래를 중단하는 경우인데, 그때는 이미 다른 카드사가 접근해서 그 유혹에 넘어간 다음이다.

KPMG 컨설팅은 회사 웹사이트(www.kpmgconsulting.com)에서 경쟁사들의 유혹 때문에 문제에 당면한 한 텔레콤 회사의 예를 실어놓았다. 이 사례에 따르면, 경쟁사들은 이 텔레콤 회사의 고객에게 무려 3달 동안 끈질기게 달라붙어 그 고객을 빼가려는 시도를 한다고 한다. 다시 말해 3개월 동안 무료로 전화를 사용해본 다음 결정해도 좋다고 유혹하는 것이다. 특히 현재 거래하는 텔레콤 회사와 조금이라도 문제가 있었던 회사의 경우 더 적극적으로 매달리게 된다. 갑자기 전화 사용량이나 사용 횟수가 감소했다면 이 3개월 무료 사용의 유혹의 덫에 걸렸다고 해석하면 된다.

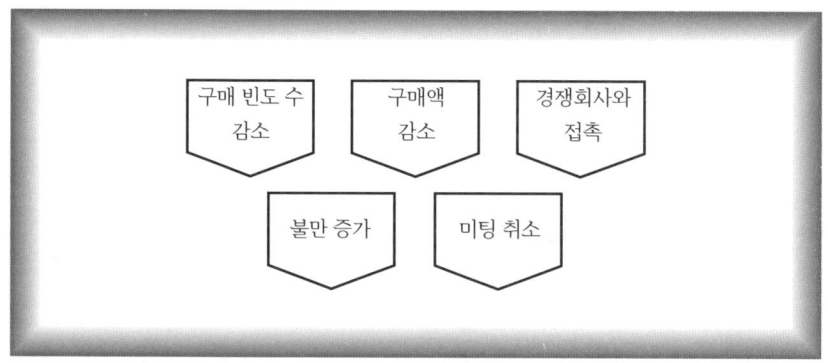

표 17_1 이탈의 조기 징후

다른 이탈의 징후는 불만의 갑작스러운 증가이다. 관계가 원만할 때는 쉽게 눈감아주던 사안들에 대해 관계에 문제가 생기면 고객은 갑작스럽게 불만을 얘기하기 시작한다. 영국의 서점 겸 문구 소매체인인 WH스미스의 경우 로열티카드를 발행하며 38개의 대고객관계팀이 집중적으로 고객관계를 관리하고 있는데, 이 팀들은 특히 고객 불만 및 코멘트를 집중 분석한다. 피터 크러쉬(Peter Crush)가 타임즈(2000년 4월 25일)에 기고한 기사에 따르면, 만일 고객이 특정 주제를 놓고 불평을 하는 경우, 다음에 그 고객에게 메일을 보낼 때에는 고객을 자극하지 않도록 그에 관계되는 사안은 빼고 보낸다고 한다.

다른 산업 분야에서도 이탈의 징후는 다양하게 나타난다. 그 중 제일 대표적인 징후는 기업이 주최하는 여러 행사의 초대에 응하지 않는다거나, 월례 미팅 또는 분기별 미팅을 취소하는 행위이다.

이탈 징후 고객 집중 관리 방법

앞서 언급한 이탈의 조기 징후가 보이는 경우 그러한 고객들은 집중 관리를 해야 하며, 그 관리 과정과 방법은 다음과 같다.

- **분석** 분석을 해야 한다는 것은 사용자, 바이어 또는 기타 영향력이 있는 관계자들에게 질문을 던져 정확한 상황 파악을 해야 한다는 뜻이다. 그리고 이탈 징후를 보이는 고객의 행동을 집중적으로 관찰하여 실제 행동의 변화가 있는지 파악해야 한다.
- **상황 개선** 상황을 개선한다는 것은 문제가 있는 고객을 중심으로 상황의 개선 여지를 따져보아야 한다는 것이다. 상품, 서비스, 기술 지원, 시스템 지원 등에 있어 고객의 마음을 돌리려면 어떤 방안이 필요한지 이 단계에서 강구해야 한다.
- **개선된 방안 실천** 고객에게 판매하는 제품의 내역이 변화될 예정이거나 서비스 등에 있어 전반적인 변화가 있을 때는 이를 회사 전직원에게 알려야 하고 또 이에 필요한 교육을 시킨다. 물론 고객들에게도 이 변화에 대해 알린다. 단, 고객이 '이탈 가능성이 있는 위험 고객'일 때는 이러한 정책 변화가 왔다는 사실을 눈치채게 해서는 절대 안 된다.
- **결과 측정 평가** 심하게 아픈 환자가 병원 중환자실에서 집중 감시 관리되듯 '문제의 기업'도 옆에서 세심하게 관찰해야 한다. 고객이 이탈을 포기하고 제자리로 돌아오겠다는 결심을 할 때까지 절대 방심해서는 안 된다.

고객의 이탈이 오히려 기쁘게 여겨진다면
위의 대응방법은 공급업체인 기업이 고객의 이탈을 절대 원하지 않을 경우에 채택해야 할 대응방법이다. 그러나 분석결과 이탈을 고려하는 고객과 계속 거래를 하는 것이 기업의 수익 증가에 전혀 도움이 안 되고, 오히려 그러한 고객을 만족시키기 위해 비용이 더 들어가는 경우가 있다. 이런 경우에는 고객을 만족시키려고 노력할 필요가 없다. 이때 제일 좋은 방법은 고객이 이탈을 결정하는 경우 아무런 조치도 취하지 않고 떠나가도록 내버려두는 것이다.

우리 회사에 맞지 않는 고객은 누구일까?

　기업과 고객과의 관계에 단절이 올 때 대개는 고객이 이탈을 결심해서 그러한 사태가 발생한다. 그러나 반대로 공급업체가 자신의 이익을 위해 고객과의 관계 단절을 결심하는 경우도 있다. 그렇다면 어떤 고객과 관계 단절을 하는 편이 더 나을까?

잘못 선택된 고객
　고객과의 관계강화를 강조하기 전에 제일 중요한 것은 어떤 고객을 선택하는가이다. 우리는 어떤 고객을 선택해야 하는지 앞 6장에서 살펴보았다. 그러나 신중하게 고객을 선택하였음에도 불구하고 거래를 하다 보면, 고객이 기업의 기대에 미치지 못할 때도 있고, 고객의 필요나 거래 스타일이 바뀔 때도 있다. 어떤 고객은 기업의 타깃 고객과는 완전히 동떨어진 경우도 있다. 옛날에는 감히 원치 않는 고객이 있을 거라는 사실은 생각할 수도 없는 일이었다. 과거에는 '움직이면, 무조건 쏴라'라고 가르쳤기 때문이고, 모든 고객은 다 가치가 있다고 생각했기 때문이다. 사실 양측 관계가 그리 중요하지 않고 모든 거래가 계약 없이 자유롭게 이루어지는 관계에서는 꼭 필요한 고객, 필요없는 고객의 구분이 없다. 그러나 계약을 통해 관계가 성립되고, 모든 구매 행위가 기업의 발전과 직결되는 관계의 경우 원하지 않는 고객과의 관계는 과감히 청산해야 한다.

행동에 문제가 있는 고객

오늘날 많은 기업들이 고객에게 들어가는 서비스 비용과 서비스 결과를 측정 계산한다. 예를 들어 고급 레스토랑 주인들은 아무리 많은 돈을 지불해도 식당 직원들에게 거칠게 대하거나 소리를 지르는 '안하무인족' 손님들은 사양한다. 이러한 사람들 때문에 다른 고객들이 그 레스토랑에 오기를 꺼리기 때문이다.

신용이 나쁜 고객

미국의 텔레콤 회사 스프린트(Sprint)는 파이낸셜 타임즈(2000년 9월 21일)에 고객 이탈률이 그 전 분기에 비해 2.3% 상승했다고 발표했다. 그 이유는 신용이 불량한 고객에 대해서는 과감하게 관계를 청산했기 때문이었다.

수익을 깎아먹는 고객

미국 남부에 위치한 한 은행은 은행에 서비스를 요구하는 고객들에 대해 서비스를 제공한 만큼 경비를 지불하도록 요구하고 있다. 수익에는 별 도움이 안 되면서 서비스만 요청하는 사람들이 있기 때문이다. 이 은행의 모든 고객은 수익성에 따라 순위가 매겨지는데 이렇게 수익성을 따지는 이유는 분명하다. 상위 20%의 고객이 전체 수익의 80%를 책임지기 때문이다. 그리고 중간에 있는 40%의 고객이 수익의 30% 정도를 책임진다. 나머지 밑바닥 40%의 고객의 경우 수학적 계산을 통해 짐작할 수 있듯이 오히려 은행의 수익 10%를 깎아먹는다. 다시 말해 은행에게 10% 손실을 가져오는 것이다(표 17_2 참조).

고객 분류	수익
상위 20%의 고객	80%
중간 40%의 고객	30%
하위 40%의 고객	(10%)

표 17_2 한 은행의 고객 수익성 기여도

문제의 고객들, 어떻게 관리해야 할까?

그렇다면 기업에게 수익을 보장하기는커녕 오히려 손실만 주는 고객 문제를 어떻게 해결하면 좋을까?

거래 조건에 제약을 단다

일부 기업은 수익성이 낮은 고객에 대해서는 충성고객이 이용할 수 있는 모든 시설을 다 개방하지 않고 일부만 이용할 수 있도록 한다. 예를 들어 피델리티 인베스트먼트(Fidelity Investments)는 이 회사의 수익성과 커미션을 충분히 보장해주지 못하는 고객에게는 전화 서비스를 받지 못하도록 제약을 가할 계획을 세우고 있다.

스스로 짐을 싸게 만든다

이코노미스트(1999년 1월 9일자)는 텍사스에 위치한 대형 컴퓨터 메이커의 사례를 소개하고 있는데, 이 회사는 우선 수익성에는 기여하지 못하면서 쓸데없이 많은 서비스를 요구하는 고객 리스트를 작성한다고 한다. 그래서 리스트에 오른 고객이 주문을 하는 경우, 이 회사는 경쟁 컴퓨터제작회사가 만든 컴퓨터 모델을 보내준다고 한다. 회사의 손실도 줄이고 골치 아픈 고객을 처리하기 위해 경쟁사로 고객을 떠넘기는 작전을 구사하는 것이다. 이와 유사한 사례가 영국에도 있는데, 영국의 한 보험회사는 리스크가 높은 고객에게서 전화가 오는 경우 이 사람들을 경쟁사 번호를 가르쳐 주며 그쪽으로 떠넘긴다고 한다.

행동을 변화시킨다

고객의 행동에 문제가 있고, 고객이 수익성을 보장해주지 못한다고 해서 무조건 짐을 싸서 떠나게 해서는 안 된다. 우선 당장은 수익성을 보장해주지 못한다 해도 거래상 변화가 있어 장래에는 수익성을 보장해 줄 수 있을지 평가를 해보는 것이 중요하다. 신용이 불량인 경우 결제를 제대로 하게 할 수도 있고, 지나친 서비스를 요청하는 경우 서비스를 덜 요구하게 만들 수도 있다.

호주에서 가장 큰 회사는 멜버른 소재 전화 회사인 텔스트라(Telstra)이다. 호주 법에 의하면, 어느 누구도 전화 신청을 할 때 연결을 거부해서는 안 된다. 그러나 이 회사는 젊은층들이 수시로 이사를 하고, 그 결과 젊은층의 전화요금 청구서 제작 및 발송 비용이 일반 고객에 비해 3배가 더 든다는 사실을 발견했다. 그리하여 마케팅팀은 경비가 많이 드는 고객의 경우 전화 가입시 수익성이 보장되는 추가 서비스를 이용하도록 설득하여 청구서 때문에 들어가는 경비를 보상받을 수 있도록 노력하고 있다(이코노미스트, 1999년 1월 9일자).

강제로 떠나보낸다

많은 노력을 했음에도 불구하고 서로 헤어지는 것이 양측 모두를 위해서 더 나을 때가 있다. 예를 들어 고객이 직원들을 구타하거나 모욕을 주었다든가, 고객의 윤리의식이 기업의 가치관에 어긋난다든가, 또는 미래에도 그 고객과 거래하면 계속 손해를 감수할 수밖에 없는 경우 고객과의 관계 단절을 선택할 수밖에 없다. 사실 냉정한 현실이지만 재산도 없고 장래성도 없고 그리고 직업도 없는 편모의 경우 수익성이 적어 은행 대출을 받기가 어렵다. 요새는 컴퓨터의 발달 덕분에 많은 기업들이 수익성 모델에 따라 고객 순위를 매기는데, 일부 고객들의 경우 기업에 수익을 보장해주기는커녕 손실을 발생시키는 것으로 나타나고 있다. 고객의 부류와 관계없이 고객을 붙들고 애원하던 시대는 이제는 과거가 되어 버렸다.

명예의 손상 없이 떠나보내는 방법

고객이 짐을 싸서 떠나게 할 경우 잘못하면 그것은 기업의 명예에 큰 손실을 줄 수 있다. 그러한 점에서 바람직하지 못한 고객의 퇴출이 기업에게 이득을 주는 것만은 아니다. 자신이 퇴출되었다는 것을 눈치챈 고객이 기업의 행위에 불만을 품고 언론에 이 사실을 유포하는 경우 기업의 이미지에 큰 손상이 올 수가 있다. 악의적인 입소문 또한 기업의 명예를 추락시킬 수 있다. 이러한 점을 고려하여 바람직하지 않은 고객을 퇴출시킬 때는 각별히 주의를 해야 한다.

그렇다면 어떠한 절차를 밟아야 별 문제 없이 원하지 않는 고객들을 퇴출시킬 수 있을까? 그 다섯 가지 절차를 한번 살펴보자(표 17_3 참조).

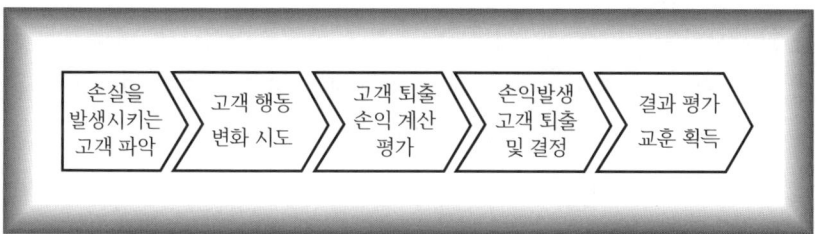

표 17_3 고객 퇴출 과정

손실을 발생시키는 고객 파악

고객별로 서비스 지원, 기술 지원, 배송, 재고 관리 등 고객에게 드는 가공 비용을 계산하여 그 고객이 기업에게 가져다 주는 수익과 비교를 해보자. 특정 부류 고객의 구매 패턴이나 거래 패턴을 연구해 보면, 지금은 손실을 끼치고 있지만 장래에 수익형 모델로 바뀔 수 있는 고객은 누구인지 쉽게 파악할 수가 있다. 예를 들어 고객이 대학생인 경우 현재는 수익형 모델에 속하지 않지만, 일단 이들이 대학을 졸업하고 나서 2년 정도가 지나면 수익형 모델로 바뀌게 된다.

문제는 현재에도 손실형 모델에 속하고 미래에도 여전히 손실형 모델에 속하게 될 고객들이다. 특히 물건을 구매한 후 자주 환불을 요구해 오거나 제품을 반환시키는 고객 그리고 엄청난 서비스를 끊임없이 요구하는 고객은 전형적인 손실형 모델인데, 이러한 고객들의 경우에는 퇴출을 결정하는 것이 좋다.

고객 행동 변화 시도

일단 퇴출을 결정했다 하더라도 바로 행동에 옮기지 말고 우선은 이 퇴출 대상자들의 행동을 변화시킬 여지가 있는지 살펴보아야 한다. 고객의 상품 구매 및 서비스 요구 패턴을 변화시켜 수익형 모델로 바꿀 수도 있고, 고객 전화 응대비가 많이 드는 경우 자동화 시스템으로 응대방법을 바꾸는 경우도 있다. 앞서 모범 사례로 소개했던 록웰 오토메이션의 경우, 고객들의 전화 문의에 답변하는 시간과 인건비가 많이 드는 점을 감안하여 새로운 시설을 구입한 고객에게는 구입과 함께 패키지로 고객기업 엔지니어들을 교육시키는 전략을 채택했다. 물론 교육 덕분에 전화 문의는 현격히 줄었고, 그러한 기업들은 수익형 모델의 대열에 들어설 수 있게 되었다.

금전적인 조처도 고객의 행동을 변화시킬 수 있다. 예를 들어 무료 이용 전화 사용 횟수를 제한한다든가 하는 방법으로 고객의 요청 횟수를 줄일 수 있다. 인터넷 서점 북스온라인(Books On Line, www.bol.com)은 고객이 책을 한 권 주문할 때 드는 비용이 여러 권 주문할 때보다 수익성이 떨어져서 고민을 한 끝에, 동시에 10권 이상 주문하면 우편송부료를 2.95달러만 받는 제도를 채택했다.

사실 서비스를 많이 요구하는 고객에 대응하느라 드는 비용 중 제일 부담이 큰 부분은 인건비이다. 인건비는 자동응답시스템을 통해 현격히 줄일 수 있다. 영국의 소매체인 알고스(Argos)는 매장 내에 컴퓨터 터미널을 설치해서 쇼핑객들이 직원에게 상품이 매장 내에 있는지 없는지 확인하는 대신 터미널을 이용해 찾도록 만들었다. 이러한 정책 덕분에 쓸데없이 많은 질문만 하고 물건은 잘 구입하지 않는 고객들을 퇴출하고, 또 인건비도 줄일 수 있었다.

고객 퇴출 손익 계산 평가

퇴출 대상 고객의 행동에 개선 여지가 있다면 더 바랄 게 없지만 그렇지 못한 경우 이제 퇴출을 결정해야 한다. 확실한 퇴출 결정에 앞서 기업은 그 고객을 퇴출했을 경우 수입과 지출에 어느 정도 변화가 오는지 먼저 계산해 보아야 한다. 이 고객의 구매가 없다고 할 때 미래 사업에 어떠한 변화가 올지도 따져보아야 한다. 한 맥주제조회사는 거리상 먼 위치 때문에 배달비만 많이 들게 하면서 구매액은 미미한 고객들과의 관계를 정리하면서 불필요한 창고 수, 인력, 그리고 배달인원도 감소시키는 성과를 누릴 수 있었다. 무엇보다 퇴출 리스트에 올라 있는 고객들로 인해서 어떠한 추가 비용이 더 드는지를 평가하는 것이 중요하다. 또한 퇴출 결정이 직원들에게 미치는 영향도 같이 평가해 보아야 한다. 물론 언제 퇴출시킬지 타이밍도 매우 중요하다.

손익발생 고객 퇴출 결정

이제 손실형 고객 퇴출을 결정해야 할 때가 왔다. 문제는 어떻게 하면 회사의 명성에 해가 되지 않도록 이들을 조용히 퇴출시키는가 하는 데에 있다. 그럼 이들을 조용히 퇴출시키는 방법 8가지(표 17_4 참조)에 대해서 살펴보자. 중요한 것은 고객 퇴출안 중 특별한 방법을 채택했다면, 그것에 관해 모든 관련 직원들에게 사전에 주지시키고 이에 대해 훈련을 시켜야 한다는 것이다. 필요하다면 롤플레이를 통해 연습을 하는 것도 좋다.

- 차별 가격제 적용
- 도매업자와 거래 주선
- 경쟁업체를 통한 문제 해결
- 상황을 변화시킬 기회 제공
- 직접 비교
- 새로운 서비스 제도 채택
- 서비스 철회
- 판촉 서비스에 대한 정보를 주지 않음

표 17_4 고객을 은밀히 퇴출시키는 방법

- **차별 가격제 적용** 손실형 고객에게 제품이나 서비스 가격을 파격적으로 인상할 경우 대부분은 경쟁기업으로 가버린다. 예를 들어 건설업자들은 원하지 않는 고객들에게 비싼 건설비를 제안한다. 서비스 요금을 요

구하는 방법도 퇴출에는 효과가 있다. 보통 가격 협상을 할 때는 리베이트도 협상 내역에 포함이 되는데, 가격이 더 올라가도록 리베이트를 서서히 줄여나가는 것도 하나의 방법이 된다.

- **도매업자와 거래 주선** 가치가 낮은 고객은 도매업자들에게 보내자. 일반적으로 도매업자들은 제조업체들에 비해 적은 비용을 들여 사업을 하기 때문에, 이러한 고객들을 언제든지 수용할 수 있다.

- **경쟁업체를 통한 문제 해결** 고객이 불만을 제기할 때 경쟁 공급업체라면 그 문제를 해결해 줄 수 있다며 신속하게 경쟁업체로 보낸다.

- **상황을 변화시킬 기회 제공** 새로운 프로젝트를 시작하거나 담당직원이 바뀐 경우 그것을 기회로 공급 조건을 변화시키는 시도를 한다.

- **직접 비교** 그 분야에 종사한 기업들의 사업 내역을 비교 분석해서 고객에게 제시한 후 다른 기업이 고객의 요구를 훨씬 더 잘 충족시킬 수 있다고 설득한다. 이럴 경우 구체적인 설명과 함께 선택권을 해준다.

- **새로운 서비스 제도 채택** 회사의 특별고객 우선 서비스 제도 채택에 대해 설명한 다음, 수익성이 낮은 모델은 수익성 우선 원칙에 의거하여 제일 늦게 서비스가 제공된다는 사실을 강조한다.

- **서비스 철회** 불가피하게 서비스를 철회하게 되었음을 통고하고, 다른 공급업체를 추천한다.

- **판촉 서비스에 대한 정보의 무제공** 대화의 횟수를 줄이며 재계약을 서두르지 않는다. 새로운 판촉 상품이 나와서 그에 대한 정보를 보낼 때도 손실형 고객은 제외시킨다.

결과 평가 및 교훈 획득

고객 퇴출 작업이 끝났다면, 이제 퇴출에 대한 결과를 평가해야 한다. 특히 어떠한 유형이 수익형 모델이 될 수 있고, 어떠한 모델이 손실형 모델이 될 수 있는지 잘 파악하여 이 다음 신규고객 유치 시 그 기준을 적용해야 한다. 또 수익을 조금이라도 더 증가시키면서 고객의 요구에 더 잘 부응할 수 있는 방안을 모색해 보아야 한다. 예를 들어 신규고객을 유치할 때는 보증내용을 변화시켜 본다.

어떻게 하면 미래를 더 잘 준비할 수 있을까?

손실형 모델을 경쟁기업에 보냈다고 좋아하면서 방심해서는 안 된다. 여기에서 상기해야 할 점은 경쟁사들도 똑같이 위에서 언급한 방법들을 적용하여 손실형 고객들을 이쪽 회사로 보낼 수 있다는 점이다. 이러한 점에서 신규고객을 유치할 때는 각별히 조심해야 한다. 힘들여 손실형 고객들을 퇴출시켜 놓고, 경쟁기업이 퇴출시킨 또 다른 손실형 모델을 받아들이면 큰일나기 때문이다.

마지막으로 명심해야 할 것은 우리 회사에는 도움이 안 된다 하더라도 그 고객의 장래를 위해 고객의 요구에 가장 잘 부응할 수 있는 경쟁기업을 선택해 줄 수 있도록 최선을 다해야 한다는 것이다.

싱가포르 서비스(Singapore Services)

모범사례
example

이번에 사례로 들고자 하는 기업은 아시아의 한 기업인데, 이름을 밝힐 수 없는 관계로 편의상 '싱가포르 서비스'라고 부르려고 한다. 이 회사의 고객 이탈에 관한 중대한 정보를 알아낸 부서는 영업이나 마케팅 부서가 아닌 바로 IT 부서였다. IT 부서의 책임자가 중대한 발견을 한 것이다. 싱가포르에 본사가 있는 이 회사는 아시아 15개 시장에서 영업을 하고 있는데, 사업체, 특히 금융기관에게 서비스를 제공하는 회사이다. 이 회사는 25년 동안 놀랄 만한 발전을 이룩했으며, 공격적으로 달려드는 경쟁기업에게 일부 고객을 빼앗기기는 했어도 여전히 신규고객을 유치하여 사업을 잘 하고 있는 기업이다.

이 회사 IT 부서 책임자는 지난 3개월 동안 이 회사의 서비스를 더 이상 구매하지 않기로 결정한 8개 고객기업 중 5개 회사의 공통점을 어떻게 발견했는지 그 과정을 내게 설명해 주었다. 이 IT 팀장은 호기심에서 거래를 중단한 5개 고객기업들의 지난 1년 동안의 거래내역을 조사해 거래를 중단한 시점까지 월별 그래프로 만들어 보았다. 이 그래프를 만들기 전에는 그 고객들이 서서히 주문을 줄여 나가다가 결국 관계를 단절했을 거라고 이 팀장은 예상했다. 그런데 막상 그래프로 상황 파악을 해보니 그게 아니었다. 구매는 내내 정상적인 수준으로 유지되다가 갑작스럽게 고객측에서 관계 중단을 선언해 온 것으로 밝혀진 것이다.

이 결과에 놀란 IT 팀장은, 그의 표현을 빌리자면, '굴의 끝까지 파고 들어가 보기로' 결심을 했다. 그리고 세세한 거래내역을 분석해 보았다. 특히 이 회사가 제공하는 5개 서비스 분야의 거래내역을 5개 고객별로 추적해 보았다. 그랬더니 이들 5개 기업의 구매 변화 그래프가 다음과 같이 나왔다(표 17_5 참조).

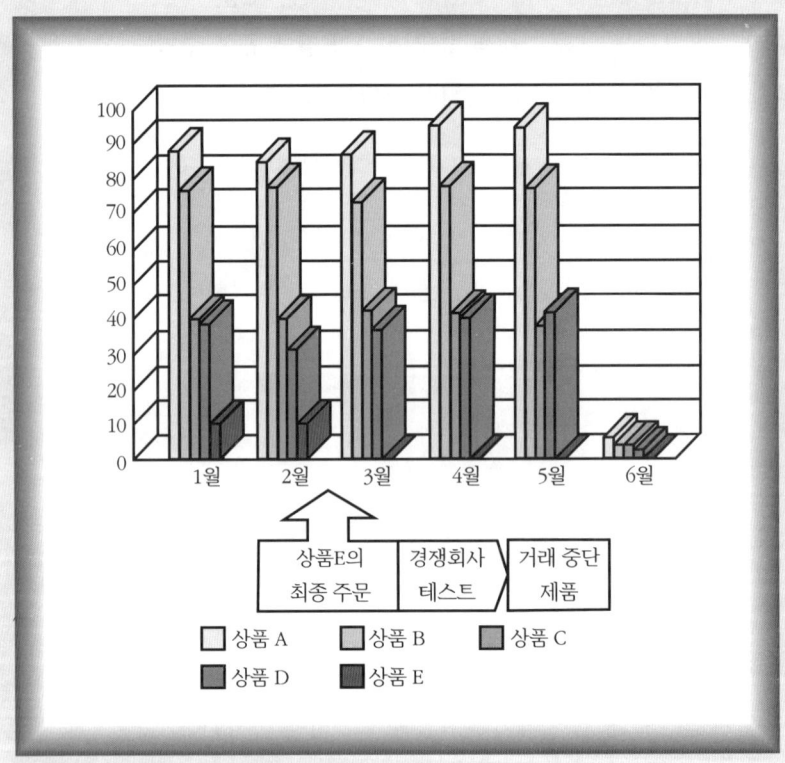

표 17_5 거래 패턴

위의 그래프를 보고 싱가포르 서비스의 IT 팀장은 이탈한 고객의 그래프가 똑같은 패턴으로 나타난다는 사실을 확인했다. 가장 중요한 두 분야와 중간 두 분야의 경우 구매량에 큰 변화를 보이지 않았다. 그러나 최종 주문을 하고 거래를 끝내기 이전 3~4달 사이에 모든 고객들이 한결같이 가장 덜 중요한 분야 상품인 E의 거래를 줄여나가거나 거의 중단했다. 바로 그 순간이 이 회사가 '아이구!' 하고 긴장을 해야 했던 순간이었다.

그는 이 회사의 서비스에 만족을 느끼지 못한 고객들이 상품 E의 구매를 줄여나가면서 그 기간 동안 경쟁사의 상품을 실험삼아 사용해보고 있었다는 사실도 짐작할 수 있었다. 이 고객들은 리스크를 최소화하기 위해 제일 위험도가 적은 상품 E를 가지고 실험을 했던 것이다. 그리고 경쟁사의 상품이 만족스럽고 경쟁사가 처음 내세웠던 약속을 준수하자 나머지 상품에 대해서도 경쟁회사를 선택한 것이다.

IT 팀장은 이 발견 내용을 회사의 공식 미팅에서 발표했다. 그가 아시아 지역으로 자리를 옮긴 지 얼마 되지 않기도 했고, 그의 접근 방식이 너무 이론적이어서 그가 발견한 내용을 모두 예의바르게 받아들이기는 했지만, 이 회사는 이에 대한 어떠한 조처도 취할 생각을 하지 않았다.

그러나 그는 포기하지 않고 그가 발견한 기준에 의거해서 '이탈 가능성이 큰' 고객 리스트를 작성했다. 그 기업들은 한결같이 지난 4개월 동안 제일 중요도가 낮은 분야인 상품 E의 구매를 중단한 고객들이었다. 그는 이 리스트를 동료들에게 넘겨주었다. 그리고 그 다음 6주라는 기간 동안 두 개의 고객이 또 다시 이탈했는데, 빠져나간 그 두 개는 바로 IT 팀장이 지적했던 기업이었다!

그 회사는 그제서야 IT 팀장이 위대한 발견을 했다는 사실을 깨달았다. 그리고 즉시 문제에 대한 대응 방안을 모색했다. 영업 및 애프터서비스팀은 문제의 리스트에 있는 고객들에 대해 특히 신경을 쓰게 되었으며, 서비스가 필요한 경우 이 리스트에 있는 고객들을 먼저 해주었다. 고위 중역들은 수시로 이 명단에 있는 회사들을 직접 방문해서 문제가 없는지 확인을 했다. 문제나 불만이 발견되는 경우 회사로 돌아와 즉시 해결 방안을 모색했다. 물론 이미 떠나간 고객들을 다시 불러들이는 일은 매우 어려운 일이라는 말을 그 IT 팀 장은 했다. 한 번 내린 결정에 대해서 다시 번복하는 일은 체면상 거의 불가 능하기 때문이다. 그러나 아직 이탈을 확실하게 결정하지 않고 고민하고 있 는 고객의 경우, 이러한 회사의 적극적인 문제 해결 노력과 집중적인 서비스 에 감동을 받게 되고 따라서 이탈을 하지 않고 다시 주저앉게 된다.

IT 팀장의 새로운 발견 덕분에 이 회사는 이제 고객의 요구에 훨씬 더 유 연하게 대처하는 방안을 강구하게 되었으며, 고객의 세심한 변화에도 신경 을 쓰게 되었다. 이 회사의 사례에서 우리가 얻을 수 있는 교훈은 이미 이탈 한 고객의 경우를 잘 연구해 보고 문제점을 찾으면, 다른 고객들의 이탈을 사전에 방지할 수 있다는 것이다.

점검 17 exercise — 우리 회사의 이탈 가능 고객은?

1. 고객들과의 모든 거래 관계를 점검할 이탈 가능 고객 관리팀을 만들자.
2. 지난 1년 동안 우리 회사로부터 구매를 중단한 고객 리스트를 작성해 보자.
3. 이 고객들이 거래 중단을 선언하기 3~6개월 동안의 거래 패턴을 살펴보자.
4. 이 고객들의 결제 실적은 어떻게 변화하고 있었는지 평가해보자.
5. 이 고객들의 불만 토로 횟수 및 내용이 어떻게 변화했었는지 평가해보자.
6. 이 고객들과의 미팅 및 거래 평가 모임 횟수 변화에 대해서 평가해보자.
7. 이 고객들의 우리 회사 주최 여러 사교 행사 참여율 변화에 대해서 평가해보자.
8. 이 평가에서 가장 눈에 띄는 3개의 이탈 기준을 찾아 이탈 가능성이 있는 기업에게 적 용해보자.
9. 이탈 가능성이 있는 고객들은 특별히 집중 관리하자.
10. 결과를 모니터하자.

참고 문헌

Spector, Rober (2000) *Lessons from the Nordstrom Way*, John Wiley & Sons.

우리는 단순한 고객과 공급업체 관계 이상이라고 생각합니다.

　물론이죠. 거래 파트너라고 할 수 있겠죠.

'우리는 서로에 대해 잘 이해하고 있는 거죠?'

　이해 이상이죠. 상호 발전을 위한 바람직한 관계라고 표현하고 싶군요.

고객과의 성공적인 관계는 단순히 금전적인 관계로만 평가될 수는 없다. 금전적인 거래는 관계의 한 면에 지나지 않는다. 무엇보다 함께 일을 하면서 공급업체와 고객 모두 마음의 평화를 느낄 수 있다. 이 관계를 더욱 더 돈독히 하여 상호 간의 더 큰 발전을 도모하고 싶다면 다음 12가지 상호 지원 방법을 배워보자(표 18_1). 이 상호 지원 방안이야말로 기업이 믿을 수 있는 충성고객과의 성공적인 관계를 모색할 수 있는 최상의 방안이다.

- 상호 크로스 구매
- 자회사들과 거래
- 정부에 공동 영향력 행사
- 마케팅 지원
- 상호 공동 목표 설정
- 시설 공유
- 지식 공유
- 고객과 공동 벤치마킹 시도
- 인력 공유
- 신입 직원 차출 연수
- 고객회사 중역 연수 채용
- 지역사회 활동 공동 참여

표 18_1 상호 이익과 발전을 위한 방안

상호 크로스 구매

기업과 고객의 관계가 효율적으로 유지되다 보면 양측은 늘 상대의 이익을 보장해주기 위해 노력하게 되고, 상대의 사업이 더 발전할 수 있는 크고 작은 방안들을 찾아주기 위해 동분서주하게 된다. 상호관계 발전의 가장 대표적인 것이 바로 상호 크로스 거래이다.

물론 모든 공급업체가 고객업체로부터 상품이나 서비스를 구입하는 것은 아니다. 그러나 그럴 수만 있다면, 이것은 단순한 구매행위 이상의 의미를 지닌다(표 18_2 참조). 예를 들어 요식산업 전문업체들은 단순한 음식 제공 수준을 떠나서 고객의 파티에 관한 모든 과정을 다 책임지면서 고객의 성공을 도와준다. 롤스로이스 앤 프래트앤휘트니(Rolls Royce and Pratt & Whitney)의 중역들은 여행을 할 때 자사의 엔진을 장착한 비행기를 구매한 항공사를 이용한다. 일렉트릭 엔지니어링 회사들은 도매전문 고객회사로부터 필요한 부품을 구매하기도 한다.

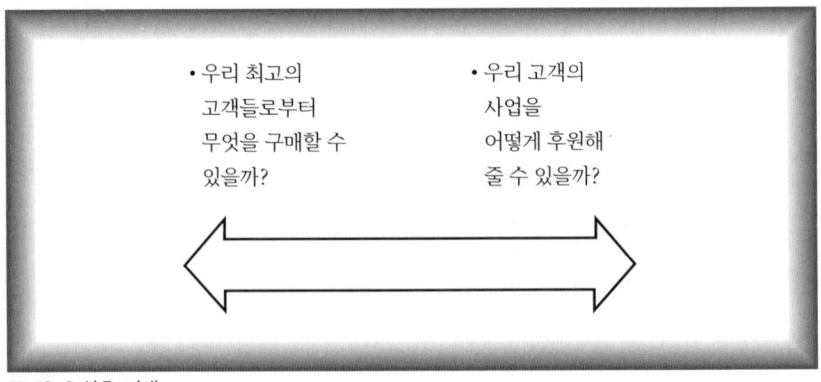

표 18_2 상호 거래

자회사들과 거래

공급업체와 고객기업 간의 관계를 더욱 더 돈독히 할 수 있는 또 다른 방안의 하나는 상호 간의 자회사와 거래하거나 자회사를 다른 기업에 추천해주는 것이다. 고객기업뿐만 아니라 그 자회사와 거래한다면 양측 관계는 이중으로 돈독해질 수밖에 없다. 반대로 고객기업이 공급업체 자회사로부터 물건을 구매하는 경우에는 더 폭넓은 관계가 형성될 수 있다.

영국에 있는 리얼리티 그룹(Reality Group)은 구스 PLC(GUS PLC)의 계열사로 연매출 4억 파운드를 기록하고 있는 회사이다. 총직원 수가 2만 명이나 되는 리얼리티 그룹은 프로세스 아웃소싱에 있어 선두를 달리고 있다. 24시간 운영되는 고객접촉 센터, 3천만 입방피트에 달하는 저장창고, 그리고 완전 자동화된 소포분류 센터, 85%의 영국 가정에 60분 이내에 배달해줄 수 있는 소포보관 창고 38개를 운영하는 대기업이다. 이 회사의 보고서에 따르면, 이 회사가 제공하는 서비스 중 하나를 이용해 본 고객은 다른 서비스들도 차례로 이용하게 된다고 한다. 특히 수년 동안 물류서비스를 이용했던 리더스 다이제스트는 거래 분야를 넓혀 송금과정 관리 계약도 리얼리티에 의뢰하는 계약을 체결했다고 한다.

정부에 공동 영향력 행사

공급업체와 고객이 장기적인 관계를 유지하다 보면 미래의 법안 채택에 공동으로 영향력을 행사하는 일도 할 수 있게 된다. 믿을 수 있는 고객들과 함께 시장에 접근하고 상호 이익을 위해 같이 일할 수 있는 것만큼 소중한 것은 없다. 유럽의 경우 많은 제조업체들이 이들과 거래하는 공급업체들과 함께 특정 강령을 향후 법안에 포함시키거나 제외시키기 위해 유럽연합본부에 치열한 공동 로비활동을 벌이고 있다.

법률 채택 로비에 있어 일찌감치 이름을 날렸던 사람은 미국의 헨리 하인즈(Henry Heinz)였다. HJ 하인즈(HJ Heinz)의 창업자였던 하인즈는 열성 소비자들과 힘을 합쳐 식품법 탄생을 위한 로비활동으로 그의 말년을 보냈다. 20세기에 접어들어 여러 화학 첨가제와 방부제가 개발되면서 많은 소비자들이 이러한 제품을 식품에 첨가하는 것에 대해 우려를 표명하기 시작했다. 하인즈는 이러한 화학물질의 식품 첨가를 규제하는 법을 채택할 것을 주장한 반면, 다른 식품제조업체들은 이 법에 반대하는 로비를 벌였다. 그러나 결국 1906년 6월 '불량물질이나 화학첨가물, 독성물질이나 부패된 물질, 마약, 특별 약품, 그리고 알콜의 생산이나 수송을 금지하고 이를 거래하거나 다른 목적으로 이용하는 것을 규제하는' 식품 및 약물 사용 거래 제한 특별법이 채택되었다. 특히 이 법의 4장에서는 식품이나 약물의 성분은 반드시 농무부 화학사무소의 확인절차를 거치거나 이 사무소의 여러 감시 규제의 대상이 되고, 이 사무소는 식품에 그러한 성분이 들어있는지 발표를 한다는 내용을 명시하고 있다. 결국 하인즈는 고객과 힘을 합쳐 미국 소비자들의 건강을 좌우하는 역사적인 일을 해낸 것이다.

마케팅 지원

공급업체와 고객업체가 모두 신설 시장에 진입할 때 공동 마케팅 전략은 큰 효과를 볼 수 있다. 1990년대 중부 유럽 시장이 개방되면서, 많은 식품업체들이 신규시장 확보를 위해 이 지역에 생산 공장을 설치했다. 이들은 대부분 성공을 거두었는데, 이때 식품생산업체들뿐만 아니라 포장업체들도 함께 이 시장에 진출했다. 포장업체들은 현지 포장전문업체들과 협력하여 브랜드 규격에 맞는 포장재를 생산하여 식품업체도 돕고 자신들도 새로운 시장을 개척하는 성과를 누릴 수 있었다.

신규시장이 아닌 기존시장이라면 입소문 마케팅도 상호 발전에 큰 도움이 된다. 예를 들어 고객기업이 특정층 고객 확보를 위해 노력하고 있는 경우 이 특정 고객들을 대상으로 고객기업을 적극 추천·홍보해주는 일을 할 수 있다. 이때 단순한 입소문 수준을 떠나 구체적인 통계수치를 제공하며 홍보를 해준다면 고객기업으로부터 훨씬 더 큰 힘을 얻을 수 있을 것이다. 고객기업의 충고에 귀를 기울이는 것도 고객 입장 이해에 많은 도움이

되며, 나아가 새로운 형태의 관계 관리 방안을 마련하고 개선하는 데 기여
할 수 있다.

마케팅 지원을 위해서는 공급업체나 고객기업에 관한 광고를 대신 해주
는 방법도 많이 활용되고 있다. 미국 소프트웨어 회사인 네이비슨
(Navison)은 소프트웨어 제작 및 비즈니스 매니지먼트 시스템 전문 회사
인데, 자사가 발행하는 잡지에 자사의 고객기업을 선정해 다음과 같은 광
고를 내준 바 있다. '슈타인웨이 앤 선스는 세계 최고의 피아노 메이커입
니다.'

상호 공동목표 설정

공급업체와 고객기업 간에 재정, 기술, 경쟁력 확보 등 여러 면에서 공동
목표가 있는 경우 그 관계는 훨씬 더 크게 발전할 수 있다. 소니 컴퓨터 엔
터테인먼트(Sony Computer Entertainment)가 영국에서 플레이스테이션
을 처음 선보였을 때, 소니와 광고 에이전시 시몬스 팔머 덴튼 클레모우 앤
존슨(Simons Palmer Denton Clemmow & Johnson)은 야심찬 목표를 세
워 같이 추진하기로 합의를 보았다. 그리고 이 목표는 모두 달성되었다.
그해 겨울 이 광고 에이전시 크리스마스 파티에 소니 유럽담당 사장이 비
밀스럽게 가방 하나를 가지고 나타났다. 모든 사람들의 관심은 그 가방에
쏠렸고, 소니의 사장이 그 가방을 열었을 때 그 가방에서는 현금 2만5천
파운드가 쏟아져 나왔다. 소니와 광고 에이전시의 계약에는 성과급에 관
한 조항이 들어 있었던 것이다. 이 깜짝 해프닝을 통해 이 광고회사 직원
들은 성공은 또 다른 보상을 가져온다는 사실을 확인할 수 있었다.

공급업체와 고객기업 간에 체결할 수 있는 또 다른 타입의 목표는 안전
에 관한 목표이다. 록웰 오토메이션은 제조공장의 안전에 있어 세계에서
타의 추종을 불허하는 대기업이다. 이 회사는 국제안전보건 위원회로부터
전세계에서 단 한 개의 기업에게 수여되는 안전혁신기업상을 받았다. 록

웰의 안전의식은 자사 차원에 머무르지 않는다. 이 회사는 고객기업을 도와 직원들의 직업병으로 인한 결근율을 줄이기 위해 최선을 다하고 있다.

미국에서 실시한 한 연구에 따르면, 공장에서 기계 작동 버튼을 하루에 수십 번씩 누르는 현장 직원들의 경우 손목 근육병에 시달리고 이로 인해 결근율도 높다고 한다. 이러한 문제점을 개선하기 위하여 모색된 방법은 터치식으로 만지기만 하면 기계가 자동으로 작동되는 시스템 개발이었다. 그러나 이 시스템은 더 큰 문제를 야기했다. 단순히 먼지가 닿아도, 그리고 옷깃이 스치거나 나사가 터치 화면을 건드려도 기계는 작동되었다.

이런 문제를 발견한 록웰 오토메이션은 부상을 줄이면서 고객기업 직원들의 직업병도 줄일 수 있는 방안을 연구해 결국 해답을 찾았다. 록웰이 개발한 Allen-Bradly Zero Force 800Z에는 인체공학적으로 설계된 두 개의 센서가 부착되어 있는데, 두 개의 센서는 모두 터치 후 0.2초 후에 작동되며 기계 작동을 위해 작동 스크린을 터치했는지 실수로 터치했는지를 구분해 내는 놀라운 성능을 보유하고 있다. 실제로 테스트를 해본 결과 이 기계를 사용하고 나서부터는 고객기업 직원들의 부상률이 놀라울 정도로 감소했다.

시설 공유

시설 공유도 상호 지원을 강화할 수 있는 좋은 방안이다. 우선은 공동으로 시설을 이용함으로써 상호 간에 인력관리 및 재정적인 면에서 큰 이익을 볼 수 있다. 두 번째로는 공급업체 직원들과 고객기업 직원들 간에 개인적 유대관계가 강화될 수 있다. 고객기업 사무실에 공급업체의 책상을 놓고 일을 하게 해주는 경우 그리고 여러 테스트 시설이나 창고를 공동으로 이용하는 경우 모두 상호 관계 강화에 큰 도움이 된다.

이러한 시설 외에 기술도 공유할 수 있는데, 예를 들어 커뮤니케이션 시스템이나 제조 공정을 공유할 수도 있다. 물류 분야의 협력을 보면, 파워툴과 가전제품 생산회사인 블랙앤데커(Black & Decker)는 재고 감소를 위해 소매점들과 물류를 공유하고 있다. 이렇게 '판매도 함께, 선적도 함께, 발전도 함께'의 철학은 블랙앤데커뿐만 아니라 고객기업들에게도 인건비를 크게 줄여주고 있다.

지식 공유

고객과 살아 있는 진정한 관계를 유지하고자 한다면, 함께 배우고 지식을 공유하며 문제를 함께 해결해 나갈 수 있어야 한다. 요즘에는 점점 더 많은 기업들이 고객들에게 정보를 제공해주고 지식을 공유하려 노력하고 있다. 지식 공유는 기술 개발 분야뿐만 아니라 경쟁력 강화 방안에 있어서도 적용되고 있다. 대규모로 고객과 지식 공유를 하고 있는 대표적인 기업은 영국의 로열 메일(Royal Mail)이다. 이 회사는 고객들에게 앙케트 조사지를 돌려 고객이 관심있는 분야와 고객이 전혀 관심 없는 분야를 적게 하여, 관심있는 분야에 대해서는 각 가정에 필요한 메일을 보내준다. 물론 관심없는 분야에 대해서는 절대 메일을 보내지 않는다.

고객과 공동 벤치마킹 시도

벤치마킹도 공급업체와 고객기업 사이의 상호 이익을 증가시킬 수 있는 바람직한 방안이다. 양측 관계가 창의적으로 발전하다 보면 얼마든지 다양한 벤치마킹이 가능하다. 예를 들어 유통, 창고 관리, IT, 시스템 업그레이드, 직원 연수, 사내 아이디어 공모 제도, 직원들 간 커뮤니케이션, PR 등 많은 분야에서 공동 벤치마킹을 시도할 수 있다.

이렇게 공급업체와 고객기업의 공동 벤치마킹 시도에는 두 가지 목적이 있다. 함께 배워 양쪽 사업의 공동 발전을 달성하자는 것이 하나의 목표이고, 양측 직원들 간의 결속을 더욱더 강화하자는 것이 또 다른 목표이다.

양자간 벤치마킹은 다음 단계로 진행된다.

1. 한 쪽 기업의 발전 · 개선시키고 싶은 분야 파악
2. 개선 목표 달성 기간 결정 : 보통은 6주에서 12주(이보다 더 길어지면 협력관계가 느슨해질 수 있다).
3. 상대방과 함께 달성해야 할 목표를 정한다.
4. 팀의 결성 : 보통은 그 분야에서 전문성과 신뢰를 얻고 있는 양쪽 직원들 4~6명으로 팀을 결성한다.
5. 현재의 상황을 점검한다 : 팀 전체가 상황을 검토하고 관련 서류도 함께 검토한다.
6. 상대방과 일정을 맞추어 현장을 방문하고, 비교 대상 기업과 비교를 하고 어떻게 하면 문제점을 해결할 수 있는지 모색한다.
7. 결론을 도출한다.
8. 발견한 내용을 발표한다.
9. 새로운 제도 시행을 결정한다.
10. 결과를 측정 발표한다.

인력 공유

많은 중소기업들에게 무역전시회 참여는 제한된 경제력 및 인력 때문에 쉽지 않은 일이다. 그러나 공급업체와 돈독한 관계를 유지하고 있다면 공급업체와 함께 공동 스탠드를 마련할 수 있다. 이렇게 하면 고객업체뿐만 아니라 공급업체도 자신들의 아이템이나 여러 그래픽을 통한 정보를 전시함으로써 양쪽 모두에게 경비도 절약하면서 큰 효과를 거둘 수 있다.

직원 상호 연수

같이 배운다는 것은 상호 간에 직원들을 교환·연수시킨다는 의미도 포함되어 있다. 특히 함께 새로운 산업에 뛰어드는 경우 양쪽이 공동 인력 채용 정책을 실시하는 방안도 바람직하다. 이러한 시도는 특히 그 산업계와 시장에 강력한 인상을 줄 수 있는 일석이조의 효과가 있다. 물론 상호 간 직원 교환 및 연수의 경우 상대방의 시선에서 관계를 점검하자는 것이 가장 큰 목표이다. 특히 일방통행이 아닌 쌍방통행인 경우 이러한 교환은 더욱더 큰 성과가 있다.

맥주 제조업체 및 유통업체들은 직원을 거래 술집에서 일주일 정도 일하도록 파견근무를 시킨다. 또 고객업체 신입직원은 도매업자인 공급업체에 가서 하루에서 일주일 동안 사업현황을 지켜보고 배운다. 그렇게 도매업체 현장을 배우고 나면, 그 직원은 오전 8시부터 2시간 동안은 절대 유통업체에 전화를 하지 않는다. 그 시간에 유통업체는 대부분 필요한 물품 배송 작업을 하는데, 그때 길이나 고속도로에서 전화를 받는 경우 큰 사고가 날 수도 있다는 사실을 누구보다 잘 알기 때문이다.

고객기업 중역들 연수 채용

배우는 노력은 신입직원들만의 몫이 아니다. 나이가 들어도 여전히 배워야 한다. 한 다국적 대기업의 인사담당 이사는 기업들 간의 인수 합병으로 인해 중복되는 임무를 맡은 중역들이 고객기업에서 많이 배출되고, 그에 따라 일부 중역들은 보직을 맡지 못하는 사태가 발생하여 갈곳이 없는 이들이 MBA 공부를 시도한다는 사실을 발견했다.

그래서 유능한 인재가 사장되는 것을 안타까워한 나머지 이렇게 밀려난 유능한 인재들의 교육을 지원하는 프로그램을 설치했다. 그리하여 고객기업에서 보직을 맡지 못하고 밀려난 간부사원들을 3~4달간 연수를 시키는

데, 물론 교육 비용은 공급업체인 다국적 기업이 댄다. 교육이 다 끝나면 간부사원들을 다국적 기업이 채용한다. 이 방법은 직장을 잃을 위기에 처해 있던 간부사원에게는 새롭게 도전할 기회가 주어져서 좋고, 대기업은 새로운 인재를 확보할 수 있어서 좋으며, 고객기업은 자신의 인재가 공급업체에서 실력을 발휘함으로써 관계를 증진시키는 일석삼조의 효과를 가져온다.

지역사회 활동 공동 참여

공급업체든 고객기업이든 모두 지역사회 발전을 위해 일하기를 원한다. 그러한 면에서 지역사회 발전을 위해 공동의 노력을 기울이는 시도가 많은 기업들에 의해 이루어지고 있다. 공급업체와 고객기업이 같은 지역에 위치하고 있다면 함께 지역사회 발전을 위한 여러 활동에 특히 더 적극적으로 참여할 수 있다. 공동으로 연례 자선행사를 실시한다면 직원들에게 지역사회 발전에 기여할 기회를 줄 수 있어서 좋다. 여러 나라의 공급업체들과 그들의 고객기업들이 협력하여 학교에 책이나 컴퓨터를 보내주는 기금모집 운동에 참여하는 경우도 많다. 이렇게 공동으로 지역사회 활동을 하다 보면 양자간 관계뿐만 아니라 지역사회와의 관계도 개선되고, 양쪽 모두의

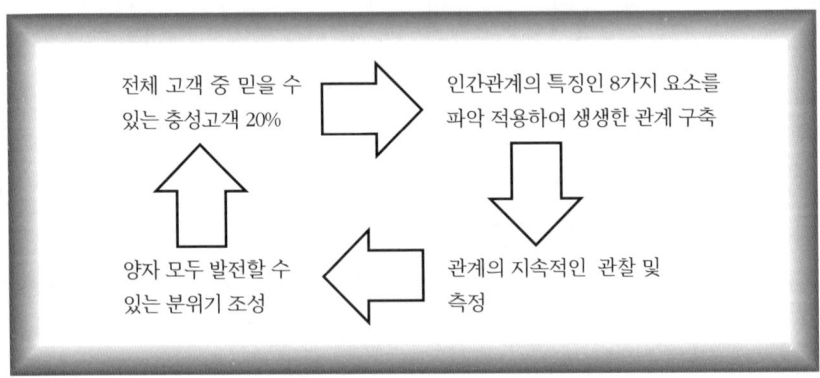

표 18_3 믿을 수 있는 충성고객과의 관계 구축

이미지도 개선되는 효과를 누릴 수 있다. 물론 모든 고객과 함께 이런 활동을 할 수는 없다. 최고의 소수 정예 고객들에게만 초점을 맞추자.

맺음말

믿을 수 있는 고객은 기업의 발전뿐만 아니라 개인의 발전도 보장해준다. 앞에서도 몇 번이나 언급했지만, 고객의 20%가 공급업체 매출과 수익의 80%를 차지한다. 아이디어 구축 혁신, 새로운 시장 모색 부분 협력에 있어서는 이 20%의 고객이 전체의 90%를 차지하기도 한다. 이들 고객기업들과 인간관계에 적용되는 8가지 특징을 적용해보자. 그리하여 인간관계에서처럼 살아있는 생생한 관계를 구축해보자. 그러한 시도는 양쪽 모두에게 건전한 발전을 가져다 준다.

마지막으로 이 책을 읽는 모든 독자들에게 믿을 수 있는 충성고객들과의 관계가 모두 다 성공적으로 지속되길 기원한다.

DSM 폴리프로필렌(DSM Polypropylene)

모범사례 example

Vestolen P는 온수·냉수를 가압상태에서 운반하는 위생 파이프 분야에서 세계 최고의 리더로 알려진 브랜드이다. Vestolen P는 또한 오래 사용할 수 있으면서도 시간이 지나도 물맛이 변하지 않는 파이프의 재료를 판매한다. 세계적으로 유명한 네덜란드의 생명공학 및 화학 전문 그룹에 소속되어 있는 DSM Polypropylene이 독일에서 생산하는 Vestolen P 브랜드는 유럽 시장의 50%를 점유하고 있으며, 아르헨티나, 이집트, 쿠웨이트, 중국 등에서도 상당한 시장 점유율을 보이고 있다. 지난 25년 동안 이 브랜드는 믿을 수 있는 품질, 안정성, 안전도 면에서 전세계에 이름을 날렸다.

DSM Polypropylene 파이프쉬트 담당 사업이사인 렘코 구다펠은 내게 그 공장의 실험실에서는 1975년에 설치한 파이프를 아직도 사용하고 있으며 이 파이프는 고온 고압에도 끄덕이 없다고 자랑을 했다. Vestolen P는 품질만 자랑할 만한 게 아니다. 고객관계 또한 자랑할 만한데, 이 브랜드는 혼자만의 발전을 추구하지 않고 고객들과의 공동 발전에 큰 중점을 두고 있다.

구다펠 이사는 Vestolen P가 어떻게 파이프 메이커, 파이프 설치회사들과 함께 상호 이익을 위해 노력하는지 그 전략에 대해 설명해주었다. 그는 이 관계에서 모두가 무엇인가를 얻을 때 사업관계는 한층 더 강화된다고 믿고 있다.

상호 이익 추구 전략 중 제일 첫 번째 파트는 바로 지식과 아이디어 공유를 통한 협력 강화이다. 예를 들어 구다펠 이사가 이끄는 팀은 2000년 여름 세미나를 개최했다. 이 세미나에는 전세계 25개 고객을 대표하는 50명이 참가해 이틀에 걸쳐 많은 지식을 배웠다. 이 세미나에서는 Vestolen P의 연구원들이 상품과 상품 개발을 위한 연구 현황에 대해서 보고했으며, 생산담당 직원들은 해외에서 온 고객들에게 생산 현장을 구경시켜 주었다. 반대로 모든 세미나 참석자들은 현지 시장에 관한 생생한 정보와 이슈에 대해 알려주어 DMS Polypropylene 팀 또한 이 세미나를 통해 현장 감각을 익힐 수 있었다. 구다펠 이사는 덧붙여 말했다.

해외 주요 고객을 위해 그러한 세미나를 개최함으로써 우리는 고객이 실질적으로 원하는 것이 무엇인지 알아내고 토론할 기회를 얻어서 좋다. 그리고 고객에 대해 더 잘 파악하게 되고 고객의 가치관에 부응하는 상품을 만들어내기 위해 노력하게 된다. 이것은 단순하게 고품질의 상품을 일방적으로 판매하는 것과는 차원이 다르다.

가장 중요한 것은 정보 공유가 상호 간에 이루어진다는 것이다. 이 세미나에 참가한 한 고객 대표는 "이 회사는 정말 많은 노하우를 보유하고 있는데, 이것을 다 독점하려 하지 않고 우리에게도 공개를 하기 때문에 이것이 얼마나 우리 사업에 도움이 되는지 모른다"라는 발언을 했다. 이 세미나 외에도 멀리서 온 회의 참가자들은 하노버에서 열린 엑스포2000 전시장을 방문하여 여러 다른 시장의 발전 현황을 살펴보았다. 세미나가 끝나고 돌아간 사람들은 참으로 많은 것을 얻어갈 수 있었다. 물론 지식도 얻어갔지만, 국제적으로 경험이 많은 전문가 친구들을 사귀게 되어 스스로 해결하기 힘든 문제가 발생할 때마다 네트워크를 통해 자문을 구할 수 있게 되었다. 이것이야말로 상호 이익의 대표적인 사례이다.

Vestolen P는 오로지 이 브랜드로부터만 재료를 구매하는 터키의 주요 고객업체와의 관계 관리에서 단순한 거래관계를 떠나 새로운 차원으로 발전시킬 계획을 가지고 있다. 터키의 이 파이프 메이커는 파이프 설치업자들과 정기적인 미팅을 갖고 있다. 이렇게 터키 업자 간의 만남에 Vestolen P는 기술 대표단을 파견해 제품의 특성과 수익성을 최대로 높일 수 있는 방법에 대해 설명해줄 예정이다. Vestolen P의 전문가들은 또한 터키의 설치업자들에게 어떻게 하면 효율적으로 파이프를 설치해서 추가로 매출을 더 올릴 수 있는지 시범을 보일 계획이다. Vestolen P 기술 대표단의 터키 방문은 일방적인 지식 전달에만 그 목적이 있는 것은 아니다. 이 방문에는 현지 정보 수집 목적도 들어 있다. 특히 DMS 상품을 실험해 볼 좋은 기회를 얻을 수 있어, 그 결과를 본사로 가져와 보완을 하고 또 다른 시장 개척에 그 지식을 사용할 수 있을 것이라는 기대를 걸고 있다.

다른 한편으로 이 터키 고객이 필요한 재원도 지원해주는 한편, 브랜드 이미지를 더 고양시키는 것도 상호 이익을 증가시키는 방안에 들어가 있다. 이외에도 이 고객기업의 최고 세일즈맨 20명에게는 'Vestolen P by DSM'이라는 브랜드가 새겨진 용접도구가 상품으로 주어질 예정이다. 물론 이렇게 함으로써 Vestolen P측이 얻을 수 있는 가장 큰 성과는 바로 입소문과 브랜드에 대한 신뢰이다. 이렇게 공급업체의 특별한 배려와 지원을 받은 고객기업이 어떻게 이 공급업체를 다른 회사에 추천하지 않을 수 있겠는가?

상호 직원 교환 또한 이 고객기업과의 상호 발전 전략에 포함되어 있다. Vestolen P는 고객들과의 좀더 폭넓은 문화 기술 교류를 실시하기 위하여 이 터키 파이프 메이커의 생산직원 2명을 독일 본사로 초대해 연구개발 센터에서 연수시킬 예정이다. 독일에 파견된 이 직원들은 원자재 및 원자재 가공 방법에 대해서도 상세히 배울 예정이다. 물론 이러한 기술적인 면 외에도 다른 나라를 방문하고 그 나라에서 일할 기회를 갖는다는 것은 터키 고객업체 직원들에게는 특별한 경험으로 기억에 남을 것이다.

구다펠 이사는 말했다. "이 모든 계획을 실천에 옮기려는 이유는 바로 우리 회사와 고객업체 모두가 발전할 수 있는 가치를 창출하고 싶어서이다."

점검 18 exercise 상호발전에 이익이 되는 관계는 무엇인가?

1. 고객과 합동 창작팀을 만들자.
2. 고객이 가치 창출(단순한 판매 수준을 넘어서)을 할 수 있도록 지원하는 방안을 마련하자.
3. 고객이 우리 회사가 가치 창출(단순한 구매행위를 넘어서)을 하는 데에 어떠한 도움을 줄 수 있을지 생각해 보자.
4. 양측에서 도움을 줄 수 있는 가장 실용적인 방안 3개씩을 찾아서 평가를 해보자. 그리고 도저히 현실성이 없어 보이는 제안(양쪽 모두에게 비실용적으로 보이는 아이디어)을 하나 골라보자.
5. 상호 간에 이익이 되는 방안을 균형있게 실천할 수 있는 방법을 모색해보자.

Customers
that
      Count
믿을 수 있는 고객 만들기

초판 1쇄 인쇄 2004년 3월 22일
초판 1쇄 발행 2004년 3월 25일

지은이 토니 크램
옮긴이 김민주, 송희령
펴낸이 성의현
펴낸곳 미래의창

등 록 제 10-1962 (2000년 5월 3일)
주 소 서울시 마포구 합정동 411-2 평화빌딩 3층

전 화 338-5175
팩 스 338-5140

E-mail miraebook@miraebook.co.kr / edit@miraebook.co.kr

ISBN 89-89353-64-5 03320